Industrie- und Handelskammern Niedersachsen:

Niedersächsischer Industrie- und Handelskammertag:
www.n-ihk.de

IHK Lüneburg-Wolfsburg:
www.ihk24-lueneburg.de

IHK Oldenburg:
www.ihk-oldenburg.de

IHK Osnabrück-Emsland:
www.osnabrueck.ihk24.de

IHK Stade für den Elbe-Weser-Raum:
www.stade.ihk24.de

IHK für Ostfriesland und Papenburg:
www.ihk-emden.de

Begriffserklärungen:

Duden Schülerlexikon:
www.schuelerlexikon.de

Freies Lexikon:
www.wikipedia.org
www.wissen.de

Zeitungen/Zeitschriften:

Spiegel:
www.spiegel.de

Focus:
www.focus.de

Stern:
www.stern.de

Süddeutsche Zeitung:
www.sueddeutsche.de

Handelsblatt:
www.handelsblatt.de

Gewerkschaften und Arbeitgeberverbände:

Deutscher Gewerkschaftsbund:
www.dgb.de

Ver.di Vereinte Dienstleistungsgewerkschaft:
www.verdi.de

IG Metall:
www.igmetall.de

IG Bau-Agrar-Umwelt:
www.igbau.de

Bundesvereinigung der Deutschen Arbeitgeberverbände:
www.bda-online.de

Bundesverband der Deutschen Industrie e.V.:
www.bdi-online.de

Statistiken und Schaubilder:

Bundesamt für Statistik:
www.destatis.de

Landesbetrieb für Statistik und Kommunikationstechnologie Niedersachsen:
www.nls.niedersachsen.de

Hans-Böckler-Stiftung:
www.boeckler.de

Institut der deutschen Wirtschaft:
www.iwkoeln.de
www.globus-infografik.de

Suchmaschinen:

Google:
www.google.de

Yahoo:
http://de.yahoo.com

Metager:
www.metager.de

Wirtschaft Gesamtband

Herausgeber
Hans Kaminski

Autoren
Katrin Eggert
Manfred Hübner
Ursel Imhof
Hans Kaminski
Maida Pech
Ortrud Reuter-Kaminski

westermann

© 2009 Bildungshaus Schulbuchverlage
Westermann Schroedel Diesterweg Schöningh Winklers GmbH, Braunschweig
www.westermann.de

Das Werk und seine Teile sind urheberrechtlich geschützt. Jede Nutzung in anderen als den gesetzlich zuge-
lassenen Fällen bedarf der vorherigen schriftlichen Einwilligung des Verlages.
Hinweis zu § 52a UrhG: Weder das Werk noch seine Teile dürfen ohne eine solche Einwilligung gescannt
und in ein Netzwerk gestellt werden. Dies gilt auch für Intranets von Schulen und sonstigen Bildungseinrichtungen.
Auf verschiedenen Seiten dieses Buches befinden sich Verweise (Links) auf Internet-Adressen. Haftungshinweis:
Trotz sorgfältiger inhaltlicher Kontrolle wird die Haftung für die Inhalte der externen Seiten ausgeschlossen.
Für den Inhalt dieser externen Seiten sind ausschließlich deren Betreiber verantwortlich. Sollten Sie bei dem
angegebenen Inhalt des Anbieters dieser Seite auf kostenpflichtige, illegale oder anstößige Inhalte treffen, so
bedauern wir dies ausdrücklich und bitten Sie, uns umgehend per E-Mail davon in Kenntnis zu setzen, damit
beim Nachdruck der Verweis gelöscht wird.

Druck A ^{2} / Jahr   2009
Alle Drucke der Serie A sind im Unterricht parallel verwendbar.

Redaktion: Sylvia Bock, Marion Martens
Herstellung: Andreas Losse
Umschlaggestaltung: Schreiber VIS, Joachim Schreiber, Seeheim
Innenkonzept: init. Büro für Gestaltung, Bielefeld
Satz: O & S Satz GmbH, Hildesheim
Druck und Bindung: westermann druck GmbH, Braunschweig

ISBN 978-3-14-**116178**-6

INHALTSVERZEICHNIS

Einführung   7

I   Arbeit – Einkommen – Wirtschaften   10

1 Was die Wirtschaft in Gang bringt:
Bedürfnisse...12
Urlaub oder Spielkonsole?......................13
Konflikt bei Familie Reinke 14
M Methode: Rollenspiel................................16
2 Arbeit und Einkommen als
Lebensgrundlage.....................................18
Einkommensquellen der privaten
Haushalte..18
Bedeutung von Arbeit und
Arbeitsteilung...20

M Methode: Lernkartei..............................22
V Vertiefen: Formen der Arbeitsteilung......23
3 Auskommen mit dem Einkommen..........24
Das Einkommen ist knapp! 24
Ausgaben müssen geplant werden.........25
V Verstehen: Markenware ist Trumpf.........26
Einkommensverwendung von Kindern
und Jugendlichen 27
4 Die Rolle des Geldes beim Kauf von
Gütern 28
L Lernbilanz 30

Beruf 1: Erwartungen, Interessen und Fähigkeiten   32

1 Deine Interessen und Fähigkeiten............33
Mein persönlicher Berufswahlordner 34
Meine Schulleistungen und meine
Schullaufbahn 36

M Methode: Erstellung eines Kompetenz-
profils...37
2 Was die Berufswahl beeinflussen kann ...38
C Checkliste...39

II   Aufgaben und Ziele von Unternehmen   40

1 Was ist ein Unternehmen? 42
2 Die Aufgabe von Unternehmen..............43
Steckbrief der Firma CeWe Color 44
3 Mit Unternehmen werden Ziele
verfolgt 46
Interviewfragen zu
Unternehmenszielen................................46
4 Unterschiedliche Ziele von Unternehmern
und Beschäftigten 48
5 Privatwirtschaftliche und öffentliche
Unternehmen...49
Öffentliche Unternehmen – haben die
keine Ziele? 49

6 Die betrieblichen Grundaufgaben 50
Beschaffung – Produktion – Absatz in
einem Fotounternehmen.........................50
Beschaffung 52
Produktion 54
Absatz...55
M Methode: Arbeitsplatzerkundung 58
7 Wirtschaftliches Handeln und
Umweltbelastung 60
V Verstehen: Umweltschutz in Unter-
nehmen..62
V Vertiefen: Erfolgreiches Duo:
Ökonomie und Ökologie?.......................63
L Lernbilanz 64

III   Wirtschaften braucht Regeln und Akteure   66

1 Wirtschaften braucht Regeln 68
Der Staat von morgens bis abends 69
Die Rolle des Staates im Wirtschafts-
prozess..70
V Verstehen: Gut, wenn alles funktioniert! ..72
V Vertiefen: Selbstkontrolle oder Staats-
kontrolle?..73
Aufgaben des Staates in der
Marktwirtschaft..74
Der Staat benötigt Einnahmen................75
Unterschiede zwischen privater und
öffentlicher Wirtschaft.............................76

2 Gruppen im wirtschaftlichen Geschehen ..78
Unterschiedliche wirtschaftliche
Tätigkeiten und Interessen 79
Wirtschaftsprozesse sind Tauschprozesse .80
Fassen wir zusammen: Unser Dorf –
eine Volkswirtschaft im Kleinen 81
3 Der Wirtschaftskreislauf: Modelle als
Werkzeuge für das Denken 82
Wir erweitern das Grundmodell:
der Staat 84
M Methode: Internetrecherche...................85
L Lernbilanz 86

Beruf 2: Berufsorientierung und Berufswahl 88

1 Die Ordnung der Berufe und der Ausbildungswege 89
2 Welche Entscheidung ist die richtige? 90
Bedeutung einer Ausbildung 90
Weiter zur Schule 91
Betriebliche Ausbildung 92
3 Berufskundliche Entscheidungshilfen 95
M Methode: Erkundung eines BIZ 96
M Methode: Internetrecherche 97

Das Betriebspraktikum: Vorbereitung – Durchführung – Auswertung 98
Die Vorbereitung 99
Im Praktikum 100
Auswertung des Praktikums 100
M Methode: Die Praktikumspräsentation ..101
C Checkliste 103

IV Leben und Arbeiten in unserer Region 104

1 Was ist ein regionaler Wirtschafts-raum? 106
Niedersachsen in der Statistik 107
2 Wie vergleicht man unterschiedliche Regionen? 108
3 Infrastruktur – was ist das? 110
4 Wie untersucht man einen regionalen Wirtschaftsraum? 112
5 Metropolregion Bremen-Oldenburg im Nordwesten 113
6 Ausbildung und Arbeit in der Region 114
M Methode: Erkundung des regionalen Arbeits- und Ausbildungsmarktes 115

7 Unsere Waren – aus aller Welt, in alle Welt 116
8 Wie profitiert die Region von der weltweiten Wirtschaft? 118
Exporte sind wichtiger als Importe 119
V Verstehen: Außenhandel der Bundes-länder 120
V Vertiefen: Die Wirtschaftskrise sorgt für einen Rückgang der Exporte 121
M Methode: Projektarbeit: Wir erkunden den regionalen Wirtschaftsraum 122
L Lernbilanz 124

V Einflüsse auf das Verbraucherverhalten 126

1 Jugendliche beeinflussen den Konsum ..128
Zwang zum Konsum? 129
2 Werbung beeinflusst das Verhalten von Verbrauchern 130
Jugendliche und Werbung 130
Die Rolle der Werbung 130
13 Fragen für die Auseinandersetzung mit Werbung 131
Werbung: Information oder Manipulation 131
Werbung für junge Kunden 132
3 Kaufverhalten und Verbraucherschutz ..134
Muss guter Rat teuer sein? 134
Preisvergleich bei Alltagskäufen 135

Beim Kauf von Gebrauchsgütern: Planmäßig vorgehen 136
V Vertiefen: Schutz des Konsumenten auf dem Markt 138
4 Das ökonomische Prinzip 139
5 Konsum und ökologische Verantwortung 140
Abschied von der Ex-und-Hopp-Mentalität 140
V Verstehen: Müllproduzent Haushalt 141
Umweltverträgliche Entscheidungen und nachhaltiger Konsum 142
L Lernbilanz 144

VI Arbeitsbeziehungen in Unternehmen 146

1 Wie ist ein Unternehmen organisiert? ...148
Das Unternehmen als Organisation 148
Aufbau- und Ablauforganisation 149
Formale und informale Organisation eines Unternehmens 150
M Methode: Fallstudie: Hier stimmt etwas nicht mit der Organisation 152
2 Die Arbeitsbeziehungen in einem Unternehmen 154

Unternehmen – ein Netzwerk von Verträgen 154
3 Mitbestimmung – die gesetzlichen Regelungen 155
Die Mitbestimmung im Unternehmen ..155
Pflichten des Arbeitgebers – Rechte des Arbeitnehmers 156
Das Betriebsverfassungsgesetz 157
Der Betriebsrat 158

Betriebliche Jugend- und
Auszubildendenvertretung 161
4 Wer bekommt wie viel Lohn und
warum? 162
Wie werden Arbeitnehmer entlohnt? ...165
5 Wenn der Lohn nicht reicht 167
V Verstehen: Gleicher Lohn für gleiche
Arbeit? 168

V Vertiefen: Schluss mit dem Unsinn! 169
6 Tarifverträge und Tarifautonomie 170
Die Tarifvertragsparteien und die
Rolle des Staates 170
Der Ablauf der Tarifverhandlung 172
L Lernbilanz 174

II Soziale Marktwirtschaft 176

1 Was ist eine Wirtschaftsordnung? 178
Ordnungsformen und Ordnungs-
elemente 179
Was bedeuten diese Ordnungsformen
im Einzelnen? 180
2 Unsere Wirtschaftsordnung:
die Soziale Marktwirtschaft 183
Die Entwicklung der Sozialen Markt-
wirtschaft 183
Die Währungsreform 183
Die deutsche Einheit 1989/90 184
V Vertiefen: Die Wirtschaftsordnung als
gesellschaftliche Subordnung 185

3 Soziale Gerechtigkeit und soziale
Sicherheit 186
Die Bundesrepublik als demokratischer
und sozialer Bundesstaat 186
Die soziale Sicherung 187
V Verstehen: Risiken der
Erwerbsfähigkeit 191
M Methode: Fallstudie Renten-
versicherung 192
L Lernbilanz 194

III Die Region und die Welt verändern sich 196

1 Der Wettbewerb der Standorte 198
Standortfaktoren 198
Standortmarketing in Oldenburg 199
2 Die Wirtschaft verändert sich 200
Wie kommt es zu Strukturwandel? 200
Welche Folgen hat der wirtschaftliche
Strukturwandel? 202
Strukturwandel in der Landwirtschaft ...203
M Methode: Erkundung 204
Strukturwandel in der Fotobranche 206
3 Entwicklungsmöglichkeiten eines
regionalen Wirtschaftsraumes 207
Interview mit Herrn Janssen von der
Wirtschaftsförderung Wilhelmshaven ...208

M Methode: Expertenbefragung 209
V Verstehen: Ein Konflikt: Brauchen wir
ein neues Einkaufszentrum? 210
V Vertiefen: Kräfte, die die Strukturpolitik
beeinflussen 211
4 Internationaler Handel 212
Warum gibt es internationalen Handel? ..212
Jeder macht das, was er am besten
kann 213
Wie kann man internationalen Handel
erklären? 214
Wie kann man internationalen Handel
messen? 215
L Lernbilanz 216

IX Märkte, Preise, Verträge 218

1 Aufgabe von Märkten 220
Wo es überall Märkte gibt 220
Marktgeschehen 221
Einteilung von Märkten 222
Funktion des Marktes 223
2 Preisbildung am Markt 224
Modelle als Erkenntnishilfen 224
Das Modell vom Markt 225
Preisbildung im Modell –
Angebot und Nachfrage 226
3 Preisbildung in der Marktwirklichkeit 228

4 Funktion der Preise 229
V Verstehen: Veränderungen im
Marktgeschehen 230
V Vertiefen: Computer im Wirtschafts-
system 231
5 Bargeldloser Zahlungsverkehr 232
Electronic Cash 232
Kaufen im Internet 233
6 Rechtsgeschäfte im Alltag 234
Geschäftsfähigkeit 234
Der Kauf – ein Vertrag 235

INHALTSVERZEICHNIS

M Methode: Rollenspiel............................236
Absicherung durch Individual-
versicherungen.......................................237

L Lernbilanz 238

Beruf 3: Die Bewerbung — 240

1 Die Bewerbung 241
  Das Bewerbungsschreiben...................241
  Der Lebenslauf.....................................242
  Die Online-Bewerbung.........................243

Der Einstellungstest 244
Das Vorstellungsgespräch.....................245
M Methode: Rollenspiel............................246
C Checkliste 247

X Veränderungen in der Arbeitswelt — 248

M Methode: Gründung einer Schüler-
  firma 250
1 Der Einfluss von Neuen Technologien...256
  Neue Technologien verlangen
  Weiterbildung 257
  Einfluss der Informationstechnik auf
  Berufe 258

2 Lebenslanges Lernen 259
V Verstehen: Beschäftigungsverhältnisse –
  so unterschiedliche Formen 260
V Vertiefen: Selbstständigkeit 261
L Lernbilanz 262

XI Soziale Marktwirtschaft – Herausforderungen — 264

1 Probleme der Sozialen
  Marktwirtschaft....................................266
2 Herausforderung Arbeitslosigkeit..........266
  Formen der Arbeitslosigkeit 266
V Verstehen: Wie entsteht
  Arbeitslosigkeit? 270
  Folgen der Arbeitslosigkeit 271
  Jugendarbeitslosigkeit –
  Eine Herausforderung für jede(n)
  Einzelne(n) und für den Staat 272

M Methode: PowerPoint-Präsentation......274
V Vertiefen: Arbeitslosenquote 276
3 Umwelt und Energie.............................277
  Das Kyoto-Protokoll 280
  Alternative Energiequellen im
  Energiemix 280
  Umweltpolitik......................................282
  CO_2-Emissionshandel 283
L Lernbilanz 284

XII Wirtschaften ist international — 286

1 Die Europäische Union (EU) 288
  Die EU im Überblick 288
  Wir sind Europäer! 290
  Welche Ziele hat die Europäische
  Union...292
  Auf dem Weg zur politischen Union.....293
  Problemfelder der Europäischen Union.296
2 Globalisierung 298

Was ist „Globalisierung"? 298
Woher kommt Globalisierung, was
bewirkt sie?..300
M Methode: Rollenspiel............................301
V Verstehen: Globalisierung im Überblick 302
V Vertiefen: Deutschland im weltweiten
  Standortwettbewerb 303
L Lernbilanz 304

Glossar 306
Stichwortverzeichnis 309
Bildquellenverzeichnis...............................311

EINFÜHRUNG

Wirtschaft überall

Immer und überall gilt: Menschen haben vielfältige Bedürfnisse. Sie müssen essen, trinken, sie benötigen eine Wohnung, ein geregeltes Einkommen, einen Arbeitsplatz und vieles mehr. Als arbeitender und wirtschaftlich tätiger Mensch werdet ihr euch im Laufe des Lebens in verschiedenen Situationen wiederfinden:
– in der Situation als Verbraucher/-in,
– in der Situation als Arbeitnehmer/-in oder als Selbstständige/-r,
– als Wirtschaftsbürger/-in.

In diesem Arbeitsbuch werden die verschiedenen Situationen näher beschrieben. Ihr werdet erfahren, wie häufig euch diese unterschiedlichen Positionen immer wieder im täglichen Leben begegnen.

Das Buch soll euch in den folgenden drei Schuljahren helfen, die wirtschaftlichen Zusammenhänge zu verstehen, mit denen ihr täglich zu tun habt.

Man kann sie in vier große Themenfelder einteilen:

1. Verbraucher und Erwerbstätige im Wirtschaftsgeschehen
Hier geht es um Fragen zu eurer Rolle als Verbraucher. Es geht um Bedürfnisse, um euer Verhalten als Verbraucher und wer darauf Einfluss hat.
Es geht aber auch darum, dass Arbeit als eine Einkommensquelle und für eure persönliche Entwicklung wichtig ist. Ihr lernt die Arbeitsteilung kennen sowie die Funktionen, die das Geld in unserer Volkswirtschaft übernimmt. Außerdem erfahrt ihr, was ein Markt ist und was dort passiert.

2. Ökonomisches und soziales Handeln im Unternehmen
Unternehmen sind für die Wirtschaft eines Landes von überragender Bedeutung. Sie sind nicht nur ein Ort, an dem sich Einkommen erzielen lässt, um z.B. sein Leben gestalten zu können. Unternehmen sind auch Orte, die Produkte und Dienstleistungen herstellen, die sie verkaufen wollen, um damit Gewinne zu erzielen.
In diesem Bereich geht es auch darum, wie Unternehmen bei der Produktion von Sachgütern und der Bereitstellung von Dienstleistungen vorgehen und welche Aufgaben immer wieder zu erfüllen sind.

3. Aufgaben des Staates im Wirtschaftsprozess
Das Handeln der Verbraucher, der Erwerbstätigen und der Unternehmen wird von Regeln beeinflusst. Der Staat schafft dafür in Deutschland mit einer marktwirtschaftlichen Ordnung den rechtlichen Rahmen, ohne den wirtschaftliches Handeln nicht bestehen und sich nicht weiterentwickeln könnte.

---

1. Verbraucher und Erwerbstätige im Wirtschaftsgeschehen
– Konsumentenverhalten
– Bedeutung und Organisation von Arbeit
– Aufgaben von Geld

2. Ökonomisches und soziales Handeln im Unternehmen
– Erzielung von Einkommen und Gewinn
– Aufgaben von Unternehmen
– Produkte und Dienstleistungen

3. Aufgaben des Staates im Wirtschaftsprozess
– Unsere marktwirtschaftliche Ordnung und ihre Weiterentwicklung

EINFÜHRUNG

4. Ökonomisches Handeln regional, national und international
– Vom lokalen, regionalen zum internationalen Rahmen des Wirtschaftens

4. Ökonomisches Handeln regional, national und international

Alles wirtschaftliche Handeln erleben wir schon in unserem Haushalt, in unserer Stadt, unserer Gemeinde. Damit sind wir aber auch Teil des Bundeslandes, des Staates und der Welt. Wir leben aber nicht auf einer „kleinen abgeschirmten Insel", sondern das, was in der Welt geschieht, hat auch direkte Auswirkungen auf uns selbst.

Der Aufbau der Kapitel

Ihr lernt ab Klasse 8 grundlegende wirtschaftliche Sachverhalte kennen und baut euer Wissen Schritt für Schritt auf. Genauso, wie ihr euch anfangs in Mathematik mit den Grundrechenaufgaben befasst habt und dann von Schuljahr zu Schuljahr weitere mathematische Kenntnisse und Arbeitstechniken erwerben konntet, wird es auch im Fach Wirtschaft geschehen:
Auf der ersten Seite eines jeden Kapitels findet ihr daher eine **Grafik**, die euch durch das jeweilige Thema leitet. Sie wird in jedem Schuljahr erweitert, weil ihr immer mehr über das Thema erfahrt. Dabei erscheint alles, was ihr bereits wisst, in grauer Schrift, alles Neue in schwarz.

Arbeitsaufträge
Die Arbeitsaufträge stehen immer unten auf der Seite und sind durchnummeriert. Wir haben sie mit drei Symbolen gekennzeichnet: ○ ◑ ●

Diese Symbole bedeuten:

1. **Fachwissen**: Man muss etwas wissen, d. h. das kleine Einmaleins der Wirtschaft ist zu erlernen. ○

2. **Erkennen**: Dieses Wissen soll euch helfen, Schritt für Schritt wirtschaftliche Vorgänge besser zu verstehen und zu erkennen. ◑

3. **Beurteilen und bewerten:** Zu einer wirtschaftlichen Frage kann es unterschiedliche Ansichten geben. Deshalb muss man lernen, mit seinem Wissen bestimmte wirtschaftliche Situationen zu beurteilen, unabhängig davon, ob es sich dabei um eine Situation aus dem Haushalt, dem Unternehmen, der Gemeinde oder der Stadt handelt, in der ihr lebt. D. h., ihr müsst lernen, euch selbst ein eigenes Urteil zu bilden. Und dazu benötigt man Wissen, und man muss Zusammenhänge verstehen, bevor man ein Urteil abgeben kann. ●

Methodenseiten
Auf extra gekennzeichneten Methodenseiten findet ihr die Arbeitstechniken, die euch helfen sollen, die Aufgaben zu lösen. Ebenso wie ein Handwerker, der sein Arbeitswerkzeug für seine Arbeit kennen muss, um es gut einsetzen zu können, benötigt man auch im Wirtschaftsunterricht Werkzeuge, z. B.:

Wie wird eine Erkundung vorbereitet, durchgeführt und ausgewertet? Oder: Wie bereitet man sich auf ein Gespräch mit einem Experten aus einem Unternehmen, einer Behörde usw. vor? Oder: Wie wird ein Konfliktfall untersucht? Wie muss ein Rollenspiel eingesetzt werden? Und schließlich: Wie kann das Internet als eine gute Informationsquelle genutzt werden? (M)

Lernbilanzseiten
Am Ende eines jeden Kapitels findet ihr zwei Lernbilanzseiten, mit denen ihr den Inhalt des Kapitels noch einmal nachvollziehen könnt. (L)

Binnendifferenzierung: Verstehen und Vertiefen
Außerdem findet ihr in jedem Kapitel eine Verstehen-Seite, die mit einem Haken gekennzeichnet ist. Sie soll euch helfen, die Inhalte besser zu verstehen. (✔)
Die Vertiefen-Seiten, auf denen ihr eine Lupe seht, sind etwas kniffliger, und ihr könnt sie bearbeiten, wenn ihr ein Thema vertiefen möchtet. (🔍)

Beispiel- und Quellentexte
Auf den Kapitelseiten findet ihr manchmal ein großes (B). Dieses markiert Texte, in denen alltägliche Situationen beispielhaft dargestellt werden.
Ein großes (Q) steht für Quellentexte, die bereits woanders veröffentlicht wurden. Die zugehörige Quellenangabe befindet sich immer in der Randspalte.

Berufsorientierung
Eine Aufgabe wird euch durch alle drei Jahre begleiten. Es geht um die Fragen: Was will ich später einmal werden? Welche Wünsche habe ich? Welche Fähigkeiten kann ich einbringen? Wer hilft mir beim Berufswahlprozess? Welche Ausbildungswege gibt es? Welchen Einfluss haben Eltern, Freunde, die Arbeitsagentur, die regionale Wirtschaft?
Es ist wichtig, sich damit sorgfältig auseinanderzusetzen. Deshalb wird euch das Thema in drei Kapiteln begleiten, die wir etwas anders gestaltet haben, damit ihr sie besonders zur Kenntnis nehmt.
Auch hier seht ihr zu Beginn in einer **Grafik,** wie sich die einzelnen Schritte aufeinander aufbauen.
Am Ende jedes Kapitels findet ihr eine **Checkliste,** die euch helfen soll, an alles zu denken, was für eure berufliche Orientierung wichtig ist. (C)

Und wir hoffen natürlich, dass ihr einen Ausbildungsplatz findet, der euren Wünschen und Fähigkeiten entspricht.

Viel Spaß und Erfolg mit dem Buch.

I Arbeit – Einkommen – Wirtschaften

In diesem Kapitel erfahrt ihr etwas über Bedürfnisse und dass man viele davon befriedigen kann, wenn man über genügend Einkommen verfügt. Arbeit ist eine Einkommensquelle und bedeutet noch viel mehr, als Geld zu verdienen. Geld kann gespart oder ausgegeben werden, man muss mit dem Einkommen wirtschaften.

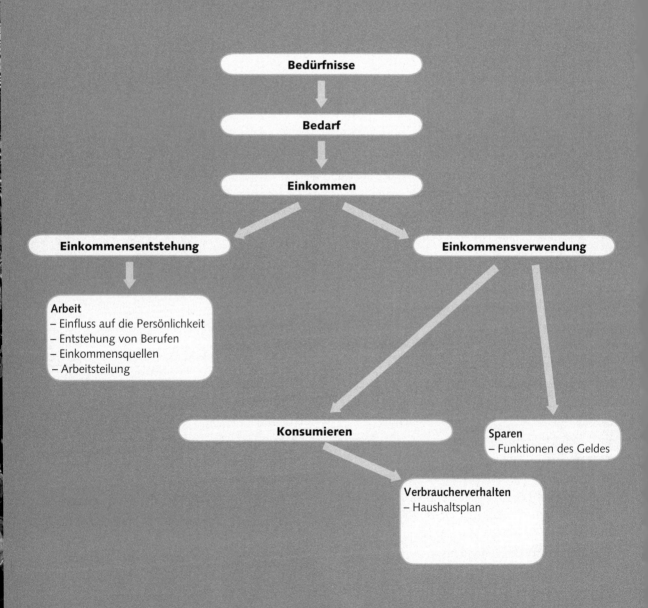

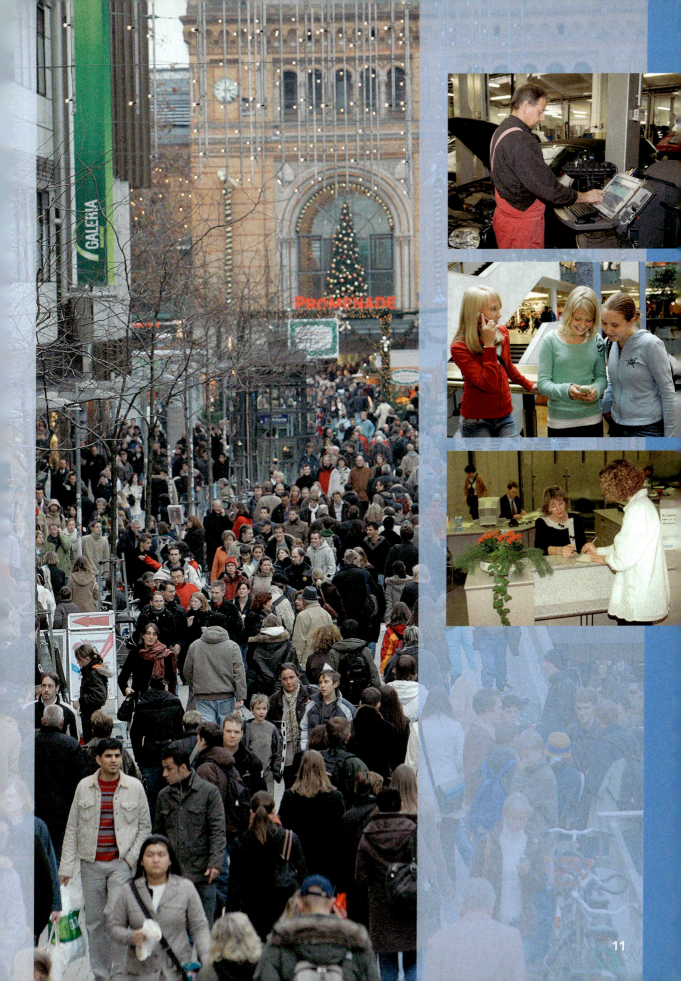

ARBEIT – EINKOMMEN – WIRTSCHAFTEN

Fahrradkauf

Computer

Zärtlichkeit

1 Was die Wirtschaft in Gang bringt: Bedürfnisse

Jeder Mensch hat Wünsche – ob jung oder alt, ob arm oder reich. Wünsche nennt man auch Bedürfnisse. Ihr habt sicherlich vielfältige Bedürfnisse, die ihr befriedigen möchtet. **Materielle Bedürfnisse** kann man durch den Kauf von Waren oder Dienstleistungen befriedigen. Sie sind in der Regel größer als die vorhandenen Geldmittel, man spricht dann von einer **Knappheit**. Wir sind gezwungen, mit dem zur Verfügung stehenden Geld zu wirtschaften. Man muss also entscheiden, welche Bedürfnisse am wichtigsten sind und welche zurückgestellt werden müssen, bis das Geld wieder reicht.

Es gibt aber auch Bedürfnisse nach Glück, Erfolg, Liebe, Zuneigung, Anerkennung usw. Diese **immateriellen Bedürfnisse** sind für jeden Menschen ganz wichtig und nicht mit Geld zu befriedigen. Allerdings verstehen es Werbefachleute, diese Bedürfnisse zu nutzen. Sie versuchen uns einzureden, dass wir durch den Kauf eines bestimmten Produktes z. B. Erfolg im Sport, im Beruf oder beim anderen Geschlecht hätten.

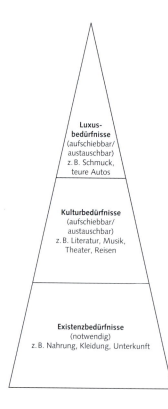

1. Mit der **Methode Brainstorming,** einer Ideen- und Stoffsammlung, sollt ihr zum Thema „Bedürfnisse" gemeinsam möglichst viele Wünsche zusammentragen. ○
   – Schreibt jeden für euch wichtigen Wunsch (Bedürfnis) groß und deutlich quer auf jeweils eine Karte.
   – Nun werden alle eure Karten mit Kreppband auf Packpapier oder an der Tafel befestigt und dabei geordnet. Doppelbenennungen werden übereinandergeheftet, damit man ihre Häufigkeit erkennt.
   – Jetzt bildet ihr Kartengruppen mit ähnlichen Bedürfnissen. Die Karten werden evtl. umgehängt und mit Überschriften versehen.
   – Notiert die Bedürfnisse, die für euch am wichtigsten sind (etwa zehn), und versucht eine Rangfolge aufzustellen. Die nebenstehende Bedürfnispyramide kann euch dabei helfen.

Urlaub oder Spielkonsole?

B Mark ist 14 Jahre alt, geht in die 8. Klasse und hat immer mit dem gleichen Problem zu kämpfen: Das Geld reicht vorne und hinten nicht! Und das, obwohl er neben seinen 30 Euro Taschengeld im Monat noch ein bisschen Geld in den Ferien verdient. Gerade im Moment ist es wieder ganz schlimm. Eigentlich wollte er in drei Monaten mit seiner Clique auf große Fahrradtour gehen, alles ist schon lange geplant, günstige Unterkünfte sind schon ausgeguckt, und das Gesparte vom letzten Geburtstag liegt zur Abhebung bereit. Da erzählt sein Klassenkamerad Mike ihm, dass aus der Parallelklasse jemand seine Spielkonsole günstig verkaufen will, inklusive einiger Top-Spieletitel. Auf so eine Gelegenheit wartet Mark schon lange. Und nun? Beides geht nicht! Und selbst wenn er auf die Zähne beißt, seine Eltern um einen Vorschuss bittet und die Oma anbettelt, das wird kaum reichen. Und wenn doch, dann bleibt für die sonstigen Ausgaben rein gar nichts mehr. Über Monate kein neues Teil zum Anziehen, kein Kinobesuch ... Das kommt gar nicht infrage! Aber was soll er machen? Mark ist sauer. „Warum muss ich mich immer einschränken, der ganze Stress in der Schule, und dann kann man sich nicht mal was leisten!"

Bedürfnisse müssen mit Einkommen und Preisen in Einklang gebracht werden.

Mark hat, wie alle anderen Menschen, unterschiedliche Bedürfnisse. Diese Bedürfnisse werden von verschiedenen Seiten beeinflusst. Jemand, der in einer kalten Region lebt, hat bei der Ausstattung der Wohnung und bei der Kleidung andere Bedürfnisse als jemand, der in einem heißen Land lebt. Auch beeinflussen Freunde, Familie und die Medien die Bedürfnisse.

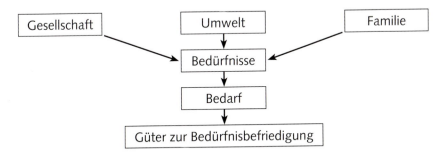

Leider reichen Marks vorhandene Geldmittel nicht aus, um alle seine Bedürfnisse zu befriedigen. Ein Punkt, der auf annähernd alle Menschen zutrifft. Wie bereits beschrieben, spricht man in diesem Fall von Knappheit. Das mag in einem Land wie Deutschland mit dem riesigen Konsumangebot überraschen. Man spricht immer dann von Knappheit, wenn die Bedürfnisse größer sind als die zu ihrer Befriedigung vorhandenen Mittel.

Wenn Mark sein Bedürfnis nach einer neuen Hose befriedigen möchte, hat er einen **Bedarf**. Ein Bedürfnis, das zum Kauf von Gütern führt, nennt man Bedarf.

ARBEIT – EINKOMMEN – WIRTSCHAFTEN

Konflikt bei Familie Reinke – Ausgangssituation für ein Rollenspiel

B Familie Reinke ist ein Haushalt mit vier Personen. Herr und Frau Reinke haben ihrem Sohn Sebastian, der 17 wird, vor geraumer Zeit einen Computer versprochen. Jana, die 14 Jahre alt ist, wünscht sich schon seit Längerem ein neues Mountainbike.

An dem Abend, an dem Herr Reinke mit seinem Sohn den Computer kaufen will, kommt er verspätet mit dem Bus nach Hause. Sein Wagen ist auf dem Heimweg liegen geblieben und musste in die Werkstatt abgeschleppt werden. Der Motor ist hin. Herr Reinke würde jetzt am liebsten ein neues Auto kaufen, obwohl er eigentlich das alte noch weiterfahren wollte. Einen neuen Wagen kann die Familie sich allenfalls leisten, wenn
- der Sohn auf seinen Computer verzichtet,
- die Tochter doch kein neues Fahrrad bekommt,
- die geplante Urlaubsreise der ganzen Familie im Sommer nach Spanien ausfällt.

Die Mutter schlägt vor, einen preisgünstigen Wagen oder einen neuen Motor zu kaufen, um doch noch in den Urlaub fahren zu können.

Ökonomie:
Bezeichnung für die Wirtschaft. Ein ökonomisches Problem ist also ein wirtschaftliches Problem.

Das Problem der Familie Reinke ist eines der ökonomischen Probleme, mit denen jede Familie fast täglich zu kämpfen hat. Wie soll man mit dem Einkommen auskommen?

Unsere Beispielfamilie hat die Entscheidung zu treffen, ob sie sich ein neues Auto kaufen soll oder einen Gebrauchtwagen. Das gleiche Problem stellt sich für jedes Mitglied anders dar. Am Abendbrottisch kommt es zur Diskussion zwischen den Familienmitgliedern. Dabei wird deutlich, dass jeder versuchen wird, seine Bedürfnisse durchzusetzen und zu begründen, warum z. B. der Sohn den Computer braucht, und zwar sofort, oder warum das neue Fahrrad unverzichtbar ist. Die Urlaubsreise betrifft die ganze Familie, aber das Interesse daran kann unterschiedlich sein. Ausschlaggebend für die Lösung ist, welche Dringlichkeit hinter den Wünschen steckt.

Ein neues Auto muss her?!

Und Janas Mountainbike?

Und der Urlaub?

Und Sebastians Computer?

B *Sebastian:* Was wird nun …? Ich will endlich wissen, ob ich meinen Computer bekomme oder nicht.

Vater: Freut euch, ich habe noch mal alles genau durchgerechnet. Bald steht der neue Wagen vor der Tür. Wir müssen zwar einen Kredit aufnehmen, aber mit den 243 Euro, die wir monatlich übrig haben, können wir die Raten abzahlen. Das reicht gerade.

Mutter: Aber ein Gebrauchtwagen würde es sicherlich auch tun oder vielleicht ein neuer Motor … Dann brauchen wir auch nicht auf die Urlaubsreise zu verzichten.

Vater: Mit dem alten Rostschlitten fahre ich nicht mehr. In spätestens zwei Jahren müssten wir so oder so einen neuen Wagen haben. Ich habe gestern schon mit dem Händler gesprochen. Der Kauf ist so gut wie perfekt. Ich muss froh sein, dass er mir so kurzfristig einen neuen Wagen besorgen kann.

Sebastian: Das ist doch mal wieder typisch! Du entscheidest allein und wir gucken in die Röhre.

Mutter: Ich versteh dich wirklich nicht, Andreas.

Jana: Was hast du eigentlich erwartet? Hast du es schon mal erlebt, dass Vater eine Entscheidung nicht alleine trifft? Du kennst doch seine Meinung. Wer das Geld nach Hause bringt, der entscheidet auch, wofür es ausgegeben wird. Da ist es dann auch egal, dass ich auf mein Mountainbike noch ewig warten kann.

Vater: Ja, ja … ist ja gut.

Mutter: Wir sollten noch mal gemeinsam über das Problem sprechen. Dann kann jeder von uns erneut seinen Standpunkt darstellen.

INFO

Kriterien zur Analyse von Konflikten
– *Konfliktgegenstand*
  Worum geht es bei dem Konflikt? Wird der Konfliktgegenstand in der Spielszene benannt oder wird er verschleiert?
– *Konfliktursache*
  Wo liegen die Ursachen für den Konflikt?
– *Status (Stellung) der Konfliktparteien*
  Wer argumentiert gegen wen? Wer verbündet sich mit wem?
– *Austragungsweise*
  Wie wird der Konflikt ausgetragen? Sind die Auseinandersetzungen sachlich, handgreiflich oder emotional (gefühlsbetont)?
– *Argumentation*
  Wie und durch welche Hinweise begründen die Konfliktparteien ihre Meinungen und Handlungen?
– *Konfliktverlauf*
  Was gibt den Anstoß zum Ausbruch des Konflikts? Wie setzt er sich fort?

---

1. Bearbeitet die nachfolgenden Methodenseiten zum Rollenspiel. ●
  a) Lest die Spielsituation und die einzelnen Rollenkarten für die Familienmitglieder.
  b) Bildet zur Vorbereitung des Rollenspiels Gruppen für Mutter, Vater, Jana und Sebastian.
  c) Bezieht die Standpunkte der Familienmitglieder ein und sucht Argumente für die Meinungen.
  d) Führt das Rollenspiel entsprechend der Methodenbeschreibung (S.16f.) mit je einem Vertreter der Gruppe durch.
  e) Diskutiert und bewertet die gefundenen Lösungen danach, wie dringlich und sinnvoll sie erscheinen.

METHODE

Rollenspiel: Wie werden Konflikte ausgetragen?

Information

Definition
Das Rollenspiel ist geeignet, Konflikte oder Interessengegensätze zu verdeutlichen, soziale Verhaltensweisen einzuüben und Lösungsstrategien zu entwickeln und zu erproben. Rollenspiele konfrontieren uns mit einer vorgegebenen Konflikt- und Problemsituation, die durch spielerisches Handeln bewältigt werden soll.

Verlauf des Rollenspiels
1. Informationsphase:
- „Anwärmen" der Gruppe,
- Konfrontation mit dem Problem.

Vorbereitung

2. Vorbereitungsphase für das Rollenspiel:
- Konfliktsituation darstellen,
- verschiedene Rollen vorstellen,
- Rollenkarten erstellen,
- Teilnehmer für das Rollenspiel festlegen,
- Planen des Szenenaufbaus/der Sitzordnung,
- Einstellen der Zuschauer auf ihre Rolle als teilnehmende Beobachter,
- Verteilung von Beobachtungsaufträgen.

Die Rollenspieler lesen ihre Rollenkarten und sammeln Argumente für das Rollenspiel. Alle Schülerinnen und Schüler, außer den Rollenspielern, lösen Aufgaben zur Informationskarte.

Durchführung

3. Rollenspielphase:
Die Teilnehmer spielen das Rollenspiel, die anderen Schülerinnen und Schüler verfolgen die Diskussion der Rollenspieler, bilden sich eine eigene Meinung und notieren Beobachtungen. Es kann sinnvoll sein, einen zweiten und dritten Durchgang durchzuführen und die Durchgänge danach zu vergleichen. Achtet darauf, dass nicht immer dieselben Argumente vorgebracht werden. Spielt eure Rolle so realistisch wie möglich.

Diskussion

4. Diskussionsphase:
Nach den verschiedenen Durchgängen des Rollenspiels wird in der Klasse über die vorgebrachten Argumente der Rollenspieler diskutiert. Das Spielgeschehen wird besprochen und analysiert. Vor allem geht es um das Verhalten und die Aussagen der Spieler:
- Waren die Argumente stichhaltig?
- Sind die Spieler aufeinander eingegangen?
- Wer hat sich durchgesetzt?
- Wie hat sich der Spieler/die Spielerin durchgesetzt?
- Wie haben die Spieler sich gefühlt?

5. Ergebnisphase:
Durch den Spielleiter, Lehrer oder andere Schülerinnen und Schüler werden die Ergebnisse der Diskussion zusammengefasst (z. B. an der Tafel).

6. Verallgemeinerungsphase:
Alle Schülerinnen und Schüler erhalten Informationen, die über das spezielle Thema des Rollenspiels hinaus allgemeine Erkenntnisse vermitteln. Weitere Rollenspieldurchgänge können das Ergebnis bestätigen oder vertiefen.

7. Übertragungsphase:
Die gewonnenen Informationen und Erkenntnisse aus dem Rollenspiel ermöglichen die Lösung anderer Fallsituationen.

Um den Konflikt der Familie Reinke einmal oder mehrmals durchspielen zu können, braucht ihr vier Rollenspielkarten, die ihr noch erweitern könnt:

Andreas Reinke (Vater), 50 Jahre, Angestellter
– „Bringt das Geld nach Hause."
– Ist der Meinung, dass seine Kinder eigentlich alles haben, was man sich wünschen kann.
– Ist seit Langem mit dem alten Auto unzufrieden und möchte die entstandene Situation für die Neuanschaffung des Pkw nutzen.

Ingrid Reinke (Mutter), 46 Jahre, Hausfrau
– Mag es nicht, wenn über Geld gestritten wird.
– Findet, dass ihre tägliche Arbeit im Haushalt zu wenig gewürdigt wird.
– Legt großen Wert auf Urlaub und will nicht darauf verzichten.

Sebastian Reinke, 17 Jahre, Schüler
– Bezeichnet sich selbst als Computerfreak.
– Braucht dringend einen neuen PC, weil der alte seinen Anforderungen seit Langem nicht mehr genügt.
– Erwartet von seinen Eltern, dass sie seinen Wunsch erfüllen, da er sich mit der Computerarbeit ja auch auf das spätere Berufsleben vorbereitet.
– Ihm ist es egal, was für ein Auto die Familie fährt bzw. wohin sie in Urlaub fährt, er will sowieso nicht mehr mit.

Jana Reinke, 14 Jahre, Schülerin
– Hat das Gefühl, sich in der Familie nie durchsetzen zu können, sie ist der Meinung, dass sich am Ende der Vater sowieso durchsetzt.
– Findet es peinlich, mit dem alten Hollandrad ihrer Mutter zur Schule fahren zu müssen.
– Denkt, dass sie jetzt auch mal dran ist und dass ein neues Fahrrad wirklich nicht zu viel verlangt ist.
– Urlaub wäre schon schön, aber das Fahrrad ist wichtiger.

Ergebnis

Verallgemeinerung

Übertragung

ARBEIT – EINKOMMEN – WIRTSCHAFTEN

Arbeitseinkommen

Unternehmereinkommen

Besitzeinkommen

Transfereinkommen

2 Arbeit und Einkommen als Lebensgrundlage

Vieles von dem, was wir zum Leben brauchen, kostet Geld. Woher bekommen wir das Geld, das wir benötigen? Wie kann man Einkommen erzielen? Die Bilder in der Seitenspalte und der Text zeigen die wesentlichen Einkommensquellen.

Einkommensquellen der privaten Haushalte

Woher kommen die Einnahmen?
– Einkommen aus unselbstständiger Arbeit
Dies sind in der Regel die Löhne und Gehälter für die Arbeitsleistungen der Beschäftigten. Sie werden von den Unternehmen an die Arbeitnehmer gezahlt. Es ist für die meisten Menschen die wichtigste Einkommensquelle.

– Einkommen aus Unternehmertätigkeit
Hier sind es die Einkommen, die ein Unternehmer oder eine Unternehmerin mit einem Betrieb erzielt. Auch Ärzte und Rechtsanwälte erhalten dieses Einkommen, sie sind selbstständige Freiberufler. Wenn eure Eltern eine Wohnung vermieten oder ein Stück Land verpachten und dafür Miete bzw. Pacht erhalten, bekommen sie ebenfalls Einkommen aus Unternehmertätigkeit.

– Einkommen aus Vermögen/Besitz
Nehmen wir an, ihr habt ein Sparkonto bei der Bank oder ihr besitzt sogar eine von eurer Oma geschenkte Aktie. Dann bekommt ihr dafür ein Einkommen und zwar in Form von Zinsen oder einer Dividende für eure Aktie.

– Transfereinkommen
Dieses Einkommen wird „transferiert", d. h. übertragen. Der Staat überträgt z. B. auf die Bürger Einkommen wie Renten, Kinder- und Wohngeld oder Sozialleistungen wie das Arbeitslosengeld, das Krankengeld, eine Unfallrente usw. Die Zahlung des Transfereinkommens ist meistens zeitlich befristet, außer bei der Rente.

1. Wer erhält welches Einkommen? Ordnet zu. ○
   Personen: Beamter, Angestellter, Geschäftsmann, Schauspieler, Beamter im Ruhestand, Arbeitsloser, Arzt, Arbeiter, Grundstücksverpächter, Vermieter, Angestellter/Arbeiter im Ruhestand.
   Einkommensarten: Lohn, Gehalt, Rente, Pension, Pacht, Gage, Arbeitslosengeld, Miete, Honorar, Pension

2. Erkundigt euch, welche Einkommensarten es in eurer Familie gibt. ○

3. Stellt dar, mit welchen Jobs Kinder und Jugendliche schon Einkommen erwerben können. ◉

Einkommen von Kindern und Jugendlichen

Das Einkommen von Kindern und Jugendlichen ist abhängig vom Einkommen des Haushaltes, in dem sie leben. Eine Befragung von mehr als 2 000 Kindern und Jugendlichen im Jahr 2003 über ihr Einkommen zeigt, dass diese Gruppe je nach Alter ein unterschiedliches Einkommen hat. Laut Kids-Verbraucheranalyse haben in Deutschland diese ungefähr 11,28 Millionen Jungen und Mädchen von 6 bis 19 Jahren insgesamt 20,43 Milliarden Euro im Jahr zur Verfügung. Sie erhalten Taschengeld, Geldgeschenke zum Geburtstag und zu Weihnachten, haben kleine Neben- und Ferienjobs sowie Sparguthaben. Kein Wunder, dass Kinder und Jugendliche für die Werbung eine besonders interessante Zielgruppe sind und eine wichtige Rolle für die Wirtschaft spielen.

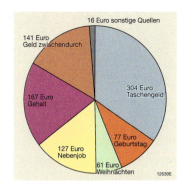

Taschengeld: mal so – mal so

B Evelins Eltern geben ein festes Taschengeld und wenn sie es ausgegeben hat, gibt's Neues. Evelin: „Einmal bin ich sogar drei Wochen damit ausgekommen."

Natalies Eltern geben einen festen Betrag pro Monat, nicht zu viel, nicht zu knapp. Natalie: „Für größere Anschaffungen muss ich allerdings sparen, das kann ganz schön hart sein."

Jans Eltern geben kein festes Taschengeld. Wenn er Geld braucht, meldet er sich bei ihnen. Jan: „Und ich melde mich oft."

Ankes Eltern geben einen festen Betrag pro Monat. Damit kann sie machen, was sie will. Kommt sie damit nicht aus, hat sie Pech gehabt. Anke: „Für größere Anschaffungen reichen die paar Kröten sowieso nicht aus. Und dann muss ich wieder ‚bitte, bitte' machen."

Jan bekommt Taschengeld

1. Stellt Gründe zusammen, weshalb das Taschengeld selbst bei Schülerinnen und Schülern der gleichen Altersstufe unterschiedlich hoch sein kann. ○

2. Führt in eurer Klasse/Schule eine anonyme Befragung durch:
   a) Wie hoch ist euer monatliches Taschengeld?
   b) Wie hoch ist euer monatliches zusätzliches Einkommen, z. B. durch Jobs?
   c) Wie hoch sind durchschnittlich die einmaligen Zuwendungen, z. B. Geld zum Geburtstag?
   d) Vergleicht eure Angaben mit der Statistik.

3. Beurteilt die Situationen im Text „Taschengeld: mal so – mal so". Wie sollte eurer Meinung nach Taschengeld gezahlt werden? Begründet eure Meinung. ●

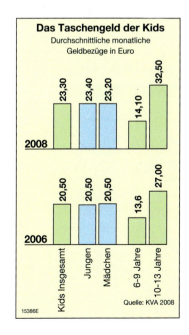

ARBEIT – EINKOMMEN – WIRTSCHAFTEN

Arbeitsteilung in der Familie?

Bedeutung der Arbeit und Arbeitsteilung

Durch Erwerbsarbeit beschaffen sich die Menschen das notwendige Geld für Nahrung, Kleidung, Wohnung und somit die Voraussetzung für ein menschenwürdiges Dasein. Der Beruf ist die wichtigste Einkommensquelle. Aber der Beruf ist noch mehr. Er bestimmt das Ansehen eines Menschen in der Gesellschaft. Viele Menschen sind stolz auf ihren Beruf, andere sind mit den Tätigkeiten, die sie im Beruf ausüben, unzufrieden. Die berufliche Arbeit beeinflusst alle Lebensbereiche: das Familienleben, die Freizeit, das gesellschaftliche, politische und kulturelle Leben.

Kunterbunte Hausarbeit

Wohnung aufräumen, reinigen, Fenster putzen
Wäsche waschen, auf- und abhängen, zusammenlegen, bügeln, stopfen, nähen
Mahlzeiten vor- und zubereiten
Kuchen backen
abwaschen, abtrocknen, Geschirr wegräumen
Vorratshaltung
Blumenpflege, Gartenarbeit
Betten machen
Nahrung preis- und qualitätsbewusst einkaufen
Müll umweltgerecht entsorgen
Reparaturen im Haushalt
Feste vorbereiten
Tisch auf- und abdecken
Haustiere versorgen

Bedeutung der Arbeitsteilung im Haushalt

Es gibt nicht nur berufliche Tätigkeiten bzw. Erwerbsarbeit. Auch die Arbeit im Haushalt ist eine wichtige Tätigkeit, die leider viel zu wenig anerkannt wird. Durch die unentgeltliche Eigenleistung im Haushalt wird Einkommen eingespart und die Versorgung der Haushaltsmitglieder ist für das Wohlbefinden von großer Bedeutung.

In vielen Familien sind beide Elternteile berufstätig und müssen außerdem ihre Hausarbeit organisieren. Sie sind erwerbstätig, weil sie Freude am Beruf haben oder gezwungen sind, für den Unterhalt der Familie mitzuverdienen. Da ist es notwendig, die anfallenden Arbeiten im Haushalt sinnvoll auf alle Familienmitglieder aufzuteilen. Wichtig ist, zu überlegen, wer welche Aufgaben eigenverantwortlich übernehmen könnte bzw. welche Arbeiten gemeinsam oder im Wechsel erledigt werden können. Jede Hausarbeit ist erlernbar, wenn man es nur will.

Bei der Aufgabenverteilung ist auch der erforderliche Zeitaufwand für die einzelnen Arbeiten zu berücksichtigen, ob sie täglich anfallen oder nur einmal in der Woche bzw. noch seltener.

1. Diskutiert die Bedeutung von Arbeit und Beruf für den Menschen.

2. Beschreibt die Arbeitsteilung in eurer Familie.
   a) Legt eine Tabelle mit den täglich und wöchentlich anfallenden Arbeiten im Haushalt an. Die Auflistung „Kunterbunte Hausarbeit" kann euch dabei helfen.
   b) Tragt daneben ein, wer die Arbeiten in eurem Haushalt erledigt.

3. Beurteilt, ob die Arbeit gerecht aufgeteilt ist.

4. Wo kommt es häufig in der Familie zu Konflikten? Macht Verbesserungsvorschläge.

5. „Auch Schularbeit ist Arbeit." Nehmt dazu Stellung.

Kfz-Werkstatt früher ...   ... und heute

Arbeitsteilung als Voraussetzung für die Entstehung von Berufen
Die Berufe, in denen die Menschen heute arbeiten, haben zum Teil eine Entwicklung von vielen Jahrhunderten hinter sich. Diese Entwicklung ist eng mit der Arbeitsteilung und der technischen Entwicklung verbunden. Arbeitsteilung war und ist aber auch eine wesentliche Ursache für die Entstehung von Berufen.

Geschlossene Hauswirtschaft
In der Frühzeit der Menschheit versorgten sich die einzelnen Familien oder Sippen selbst mit allem, was sie benötigten. Sie stellten die Waren für den Eigenbedarf her. Einige Mitglieder des Stammes konnten bestimmte Tätigkeiten besser als andere. Mit der Zeit übernahmen sie diese Tätigkeiten für den gesamten Stamm. Daraus entwickelten sich erste Formen der Arbeitsteilung: Schuhe fertigte der Schuster, Hufeisen der Schmied usw.

Entwicklung der handwerklichen Arbeitsteilung
Große Bedeutung für die Arbeitsteilung hatte die Städtebildung im Mittelalter. Einige Handwerker aus den ländlichen Gebieten wanderten in die Städte ab. Zwischen diesen Gebieten und den Städten entwickelte sich ein reger Handel auf den Märkten. Die Handwerker gewannen beachtlichen Einfluss und sie organisierten sich zu Zünften. Die handwerklichen Grundberufe gliederten sich im Mittelalter immer mehr auf, z. B. der Handwerksberuf des Schmiedes in Hufschmied, Nagelschmied, Wagenschmied usw.

Arbeitsteilung in der Industrialisierung
Mit der Erfindung der Dampfmaschine im 18. Jahrhundert veränderte sich die Erwerbsarbeit. Viele neue Berufe entstanden und alte veränderten sich. Um 1900 entstand die Fließbandproduktion. Dabei wurden viele Produkte, die früher mit der Hand hergestellt wurden, maschinell gefertigt.

1. Beschreibt die Entstehung von Berufen an Beispielen.
2. Diskutiert und bewertet die Bedeutung von Arbeit und Beruf in der heutigen Zeit der internationalen Arbeitsteilung.

> **INFO**
>
> **Wusstest du, dass**
> - die Teile eines normalen Rasierapparates eines deutschen Unternehmens heute oft aus zehn und mehr Ländern kommen? Der Stahl kommt aus Schweden, der Stecker aus der Türkei, das Gehäuse aus Singapur usw. Zusammengebaut und verpackt wird dann alles in Deutschland.
> - ca. 70 % der Rosen, die wir in Deutschland im Blumenladen um die Ecke von deutschen Händlern kaufen, aus dem Ausland kommen? Sie werden z. B. in Ecuador und Kolumbien angebaut und von dort mit Flugzeugen hierher gebracht.

METHODE

Information

Schreiben

Diskussion

Die Lernkartei

„Übung macht den Meister" – wie oft muss man diese Erfahrung machen. Wenn wir das Gelernte nicht gelegentlich wiederholen und üben, dann ist es meistens schnell vergessen. Die Lernkartei ist eine Möglichkeit, die das verhindern soll. Sie kann für die Klasse erstellt werden, aber jeder kann sie auch für sich selbst erstellen. Sie ist so etwas wie ein kleines Lexikon auf Karteikarten, das Schritt für Schritt ergänzt werden kann.

Wie lässt sich eine Lernkartei erstellen?

1. Ihr überlegt am Beispiel dieses Kapitels, welche Begriffe und Sachzusammenhänge wichtig sind, und verfasst dazu einen kurzen Text für eine Karteikarte.
2. Ihr sucht selbst Begriffe aus, die ihr für wichtig haltet, schreibt auf die Vorderseite einer DIN-A7-Karte (halbe Postkartengröße) den Begriff und setzt auf die Rückseite die Begriffserklärung.
3. Besprecht eure selbst erstellten Beispiele im Unterricht.
4. Um die Karteikarten immer wiederfinden zu können, gibt es zwei Ordnungsmöglichkeiten:
   – Ihr ordnet eure Begriffe alphabetisch, wie z. B. Namen in einem Telefonbuch oder
   – ihr nehmt die Themen des Bandes als Gliederungspunkte.

Wie kann man mit einer Lernkartei arbeiten?

– Ihr könnt für euch allein bestimmte Begriffe einüben und mit Beispielen versehen.
– Im Unterricht fragt ein Schüler die Klasse drei Begriffe ab und lässt sie sich durch ein Beispiel erklären.
– Ihr könnt die Lernkartei bei den Hausarbeiten verwenden oder für die Vorbereitung eines Tests zur Übung und Wiederholung.

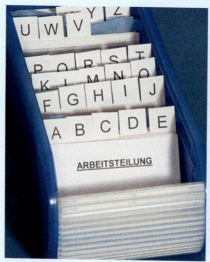

Formen der Arbeitsteilung

Innerbetriebliche Arbeitsteilung
Bei der innerbetrieblichen Arbeitsteilung wird der Arbeitsprozess in viele Einzelschritte aufgeteilt. Jeder/jede Beschäftigte hat eine bestimmte Aufgabe zu lösen, die dazu beiträgt, die Gesamtaufgabe des Betriebes (z. B. die Reparatur eines Pkws, die Herstellung eines Schrankes usw.) zu lösen.

Innerbetriebliche Arbeitsteilung

Zwischenbetriebliche Arbeitsteilung
Da nicht jeder Betrieb alle Güter produziert, die er selbst für die Herstellung seiner Produkte benötigt, muss er diese von anderen Betrieben kaufen. Dies hat auch den Vorteil, sich spezialisieren zu können, z. B. kauft sich ein Pkw-Produzent Reifen, Motoren, Keilriemen, Lampen usw. von anderen Betrieben. Sie heißen in diesem Fall Zulieferer oder Zulieferbetriebe.

Zwischenbetriebliche Arbeitsteilung

Internationale Arbeitsteilung
Länder betreiben untereinander Handel mit Produkten und Dienstleistungen, die sie herstellen und anbieten. Jedes Land spezialisiert sich vor allem auf jene Waren, die es selbst am besten herstellen kann. Wichtige Faktoren sind: Lohnkosten, Entwicklungsstand eines Landes, klimatische Bedingungen, Rohstoffvorkommen usw.

Internationale Arbeitsteilung

B Kaffee ist in Deutschland das Volksgetränk Nummer 1. Nach Erdöl ist es das zweitwichtigste Welthandelsprodukt und wird in fast 80 Ländern der Erde angebaut. Es gibt Länder, deren Export in andere Länder fast vollständig aus Rohkaffee besteht. Dazu zählen die südamerikanischen Staaten. In Deutschland verbreitete sich der Kaffee vor allem über die Häfen, zuerst in Bremen und Hamburg, danach in allen größeren Städten.

1. Um welche Formen der beschriebenen Arbeitsteilungen handelt es sich in dem Infokasten auf Seite 21? Ordne zu.

2. Erstelle eine Lernkartei zu dem Thema Arbeit – Bedeutung für den Menschen.

3. Welchen Zusammenhang gibt es zwischen der Arbeitsteilung und der Entstehung von Berufen? Erstelle dazu eine Lernkartei.

4. Die Bedeutung der internationalen Arbeitsteilung und des internationalen Handels, wie sie am Beispiel des Kaffees geschildert wurde, lässt sich auch beim Gang in den Supermarkt, beim Kauf von Geräten der Unterhaltungselektronik, Kleidung usw. beobachten.
   Findet weitere Beispiele für internationale Arbeitsteilung und internationalen Handel.

ARBEIT – EINKOMMEN – WIRTSCHAFTEN

3 Auskommen mit dem Einkommen

Das Einkommen ist knapp!

Das grundlegende Problem allen Wirtschaftens ist die Knappheit (s. S. 13). Alle Haushalte stehen vor der Aufgabe, wie sie mit ihrem Einkommen auskommen und trotzdem möglichst viele Bedürfnisse befriedigen können. Dies hängt natürlich von der Höhe des Einkommens ab. Da gibt es Personen, die sich ein Luxusauto anschaffen wollen, und andererseits gibt es Familien, die von Arbeitslosigkeit betroffen sind und wo die Eltern darüber nachdenken, wie sie für ihre drei Kinder neue Schuhe kaufen können.

Wir erkennen, dass die Wünsche, also die Bedürfnisse der Menschen, unterschiedlich sind. Sie sind abhängig vom Einkommen. Es stehen aber alle vor der Entscheidung: Wie soll das zur Verfügung stehende Einkommen verwendet werden?
Das heißt: Was soll für den Konsum, z. B. von Nahrungsmitteln, für Bekleidung, Wohnung usw. ausgegeben werden? Was lässt sich eventuell sogar sparen für eine spätere größere Anschaffung (Zwecksparen) oder für eine finanzielle Absicherung in Notzeiten (Vorsorgesparen)?

Miete

Bäckerei

Kleidungskauf

Wühltisch

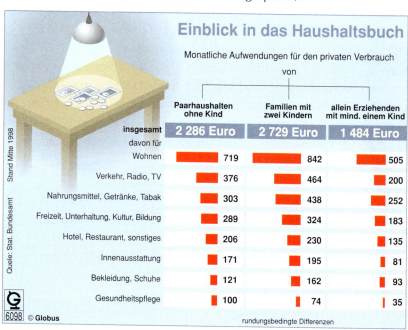

1. Beschreibe, welche grundsätzlichen Entscheidungen ein Haushalt bei der Verwendung des Einkommens treffen muss. ○

2. Untersucht die Grafik „Einblick in das Haushaltsbuch". Vergleicht die Anteile der Ausgaben für Wohnen, Nahrungsmittel und Bildung in den drei Haushalten und begründet, warum sie so unterschiedlich sind. Nehmt dabei die Bedürfnispyramide von S. 12 zu Hilfe. ◒

Ausgaben müssen geplant werden

Der Haushaltsplan

„Wo ist nur das Geld geblieben?" Diesen Ausspruch habt ihr sicherlich schon alle einmal gehört. Meist sind die Wünsche größer als das zur Verfügung stehende Geld. Darum ist es wichtig, einen Ausgabenplan zu machen, damit man nicht für einige Dinge zu viel Geld ausgibt, das dann anderswo fehlt.

Da in jeder Familie eine andere Geldsumme verfügbar ist, aber auch die Wünsche und Interessen unterschiedlich sind, wird jeder Haushaltsplan anders aussehen. Bestimmte Ausgabengruppen wiederholen sich bei allen. Wenn eine Familie neben dem Haushaltsplan auch Buch führt über die festen Ausgaben und die täglichen, veränderlichen Ausgaben, kann sie jederzeit überprüfen, ob der Plan eingehalten werden kann oder in einigen Posten verändert werden muss.

Die Verbraucherberatungsstellen sind bei der Aufstellung von Haushaltsplänen behilflich. Eine weitere Hilfe sind vorgedruckte Haushaltsbücher, die die Kontrolle der Ausgaben erleichtern.

Haushaltsbuch der Verbraucherzentrale

INFO

Beispiele für feste Ausgaben
- Miete mit Nebenkosten
- Strom, Gas, Wasser, Heizenergiekosten
- Versicherungen
- Beiträge, Gebühren
- Haushaltskosten (z. B. Taschengeld, Zeitung)
- monatliche Sparbeiträge

Beispiele für veränderliche Ausgaben
- Ernährung, Getränke, Genussmittel
- Kleidung, Schuhe
- Wasch- und Putzmittel
- Körper- und Gesundheitspflege
- Bildung, Freizeit, Unterhaltung
- Autos
- Wohnen (Hausrat, Anschaffungen)

1. Nennt Gründe, warum es sinnvoll ist, einen Haushaltsplan aufzustellen und ein Haushaltsbuch zu führen. ○

2. Fertigt jeder für sich selbst ein „Haushaltsbuch" an. Tragt eure Einnahmen sowie feste und veränderliche Ausgaben für einen Monat ein. Ihr könnt euch dafür „Das Haushaltsbuch" kostenlos bei der örtlichen Sparkasse oder bei der Verbraucherberatungsstelle besorgen. Für Jugendliche steht die Broschüre „Mein Taschengeldplaner" als Planungshilfe bei den Sparkassen zur Verfügung. ◐

Datum	Ernährung, Getränke, Außerhausverpflegung	Genussmittel	Kleidung, Schuhe	Wasch- und Putzmittel
1.1.	Pizzeria 32,80			
2.1.				
3.1.	Lebensmittel 34,90			
4.1.			Schuhe Ina 98,00	
5.1.		Kaffee 9,58		
6.1.				
7.1.				Waschm. 7,98

Haushaltsbuch zum Eintragen von veränderlichen und festen Ausgaben (Ausschnitt)

Ausgaben	Januar
Miete	690,00
Kreditrate	125,00
Versicherungen	68,00
Telefongrundgebühr	22,00
GEZ	22,55
Vereinsbeiträge	–
Abos	28,00
Gesamtsumme	955,55

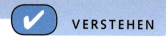

Markenware ist Trumpf

Manche Eltern treibt es zur Verzweiflung, dem Einzelhandel macht es Freude: Wenn Teenager einkaufen, dann darf es nicht jede x-beliebige Jeans sein. Ist die Jugend von heute besinnungslos dem Konsumrausch verfallen?

Anna kauft Turnschuhe.

INFO

Konsum = Verbrauch
Konsument = Verbraucher

Quelle:
nach: FTD, 07. 08. 2007 (Wofür Kinder ihr Geld ausgeben) und TAZ, 08. 08. 2007 (Kinderstudie: 1,5 Milliarden Euro Taschengeld)

Markentreue – von Kopf bis Fuß ein Individuum

Die Kinder von heute sind laut Kids-Verbraucheranalyse 2007 (einer Studie zum Verbraucher- und Medienverhalten von Sechs- bis Dreizehnjährigen) Markenkenner und möchten ihre Individualität schon früh auch über den Besitz eigener Produkte ausdrücken.

Die Individualität macht sich insbesondere in der Abgrenzung zu den Erwachsenen und zu den kleineren Geschwistern bemerkbar. Sie dürfen ihre Konsumentscheidungen immer häufiger alleine treffen, so ein Ergebnis der aktuellen Kids-Verbraucheranalyse.

Ralf Bauer, der Leiter der Marktforschung im Egmont Ehapa Verlag, bekräftigt dieses Ergebnis: „Die Möglichkeiten, sich durch das Konsumverhalten individuell auszudrücken, werden immer größer."

Besonders wichtig ist für Heranwachsende indes die Meinung der Gleichaltrigen. Hierbei ist es von besonderer Bedeutung, z.B. bei der Kleidung die richtige Marke zu tragen, um vor allem in der Clique auf Anerkennung zu stoßen. Markenkleidung gilt diesbezüglich als besonderer „In-Faktor".

Das richtige Logo spielt in erster Linie bei Turnschuhen eine große Rolle. Nach der Studie legen 57 % der Sechs- bis Dreizehnjährigen Wert auf die Marke von Turnschuhen. Taschen oder Rucksäcke (53 %) und Bekleidung (50 %) erfüllen zudem eine wichtige Funktion als Statussymbole bei den Kindern. Es folgen Schulsachen (44 %), Handy (41 %) und Spielwaren (34 %). Wenngleich die Sechs- bis Dreizehnjährigen laut Kids-Verbraucheranalyse immer mehr Geld zur Verfügung haben, fällt es vielen Eltern schwer, diesem Markenbewusstsein zu folgen und die damit verbundenen Kosten zu tragen bzw. tragen zu wollen.

---

1. Arbeitet aus dem Zeitungsartikel heraus, welche Ursachen und Auswirkungen die „Markenmacke" auf Jugendliche und Erwachsene hat.

2. „Ich ziehe an, was mir gefällt. Was die anderen sagen, ist mir egal."
   „Ich gehöre zu den Konsum-Kids, die der Markenmacke verfallen sind."
   Welche Aussage trifft eher auf euch zu? Begründet eure Meinung.

3. Überprüft das Warenangebot z. B. für Turnschuhe in einem Supermarkt, in einem Warenhaus, in einem Schuhfachgeschäft und in einem Youth-Shop. Vergleicht Preise, Menge und Breite des Angebots.

4. Viele Schulen (z. B. in England) haben eine einheitliche Schulkleidung eingeführt. Was haltet ihr davon? Diskutiert das Für und Wider.

Einkommensverwendung von Kindern und Jugendlichen

Die Zahlen über das Einkommen verdeutlichen die Bedeutung dieser Gruppe für die anbietende Wirtschaft. Die Anschaffungswünsche der Jugendlichen liegen vor allem im Elektronikbereich. Das Markenbewusstsein spielt dabei eine große Rolle, ähnlich wie bei Anschaffungen von Bekleidung. Die Ausgaben von Jungen und Mädchen unterscheiden sich allerdings.

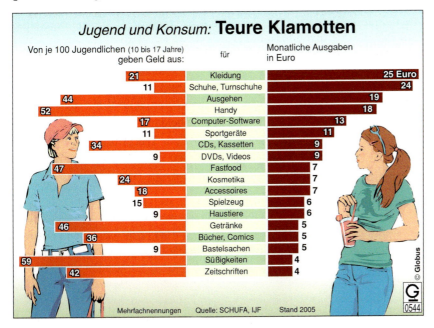

Nicht nur ausgeben, sondern auch sparen

Wenn man die Ersparnisse der Kinder und Jugendlichen im Alter von sechs bis 13 Jahren betrachtet, dann ergeben auch hier ganz erstaunliche Summen. Viele Jugendliche überlegen genau, wie sie das zur Verfügung stehende Geld ausgeben. Sie wägen ab, was sie sofort haben wollen und was sie für große Anschaffungen sparen wollen. Dazu muss man genau planen.

B So stellt Lara für sich zunächst eine Liste ihrer Sparziele zusammen, die ihr die Entscheidung erleichtern soll. Dann rechnet sie aus, mit welchen Einnahmen sie im nächsten Monat rechnen kann. Lara beschließt: „Ich werde erst die Jeans und das Playstation-Spiel kaufen, die CD wünsche ich mir von meinen Freunden zum Geburtstag. Den Rest spare ich für den Fotoapparat. Was ich in den nächsten Monaten beim Babysitten verdiene, spare ich ebenfalls."

1. Führt eine Umfrage unter Schülern im Alter von 13 bis 14 Jahren an eurer Schule durch. Fragt, wofür sie ihr Taschengeld ausgeben.
2. Vergleicht die Ergebnisse eurer Umfrage mit denen der Kids-Verbraucheranalyse.

Laras Einnahmen im nächsten Monat:

20,00 € Taschengeld
100,00 € zum Geburtstag von Patentanten
5,00 € für eine Eins in Mathe von den Eltern
20,00 € für Babysitting bei Familie Raub
25,00 € von Oma
170,00 € insgesamt

Sparliste Lara

1. Digitaler Fotoapparat, mind. 6 Megapixel 269,00 €
2. Jeans, schmal geschnitten 99,90 €
3. Sims-2-Erweiterung: Freizeit-Spaß 27,95 €
4. Monrose-CD 13,95 €
Summe: mindestens 410,80 €

ARBEIT – EINKOMMEN – WIRTSCHAFTEN

4 Die Rolle des Geldes beim Kauf von Gütern

Geld als Rechen- und Tauschmittel

Julius und Ruben sind sich fast einig: Julius hat genau das handsignierte Fußballtrikot, das Ruben gerne möchte, Ruben dafür ein Rad, das Julius gefällt. Sie wollen miteinander tauschen, sind sich aber noch nicht einig, ob beide Gegenstände gleich viel wert sind – schließlich will keiner der beiden ein schlechtes Geschäft machen. Julius Schwester beendet den Streit der beiden: „Ihr geht am besten in ein Fachgeschäft und lasst eure Gegenstände schätzen, dann wisst ihr, was sie wert sind."

Die beiden folgen dem Rat. Im Geschäft sagt der Verkäufer ihnen: „Das Rad schätze ich auf 150 Euro." Aus dem Internet erfahren die Freunde, dass das Fantrikot 125 Euro wert ist. Die beiden werden sich jetzt schnell einig. Ruben bietet an: „Du gibst mir dein Trikot und, weil du mein Freund bist, 15 Euro und ich gebe dir dafür mein Rad." „Topp, der Handel gilt."

Geld ist Rechen- und Tauschmittel

Die kleine Geschichte zeigt, welchen Stellenwert Geld im täglichen Leben einnimmt. In unserem Beispiel ist das Rad 150 Euro wert, das Fantrikot 125 Euro. Über das **Rechenmittel** Geld können wir also unterschiedlichste Güter miteinander vergleichen.

Zugleich ist das Geld **Tauschmittel**. Ruben tauscht sein Fahrrad teilweise gegen Geld; in der Regel tauschen wir täglich Güter gegen Geld. Du tauschst, wie viele andere Kunden, beim Bäcker Backwaren gegen Geld, dagegen tauscht der Bäcker beim Fotohändler eine Kamera ein usw.

Wir sehen: Durch Geld sind alle Güter miteinander vergleichbar und die Menschen sind bereit, Güter gegen Geld zu tauschen, weil sie wissen, dass sie für dieses Geld wiederum andere Güter bekommen.

Geld als Zahlungsmittel

Anne fährt mit ihren Eltern regelmäßig in den Winterferien in das Riesengebirge zum Skifahren. Sie ist ganz begeistert von der herrlichen Landschaft, der teilweise noch unberührten Natur und den Wintersportmöglichkeiten in Tschechien. Als sie sich in diesen Winterferien erkältete und in einem Textilgeschäft einen Schal kaufen wollte, sagte ihr die Verkäuferin – natürlich auf Tschechisch, das Anne auch verstand: „Nein, Euro nehme ich nicht, hier musst du mit Kronen bezahlen."

Geld ist Zahlungsmittel

Die Verkäuferin hätte auch Euro nehmen können, aber sie muss es nicht, denn in Tschechien ist die Tschechische Krone bei Barzahlungen gesetzliches Zahlungsmittel, genau wie bei uns in Deutschland der Euro. Hier sind seit 2002 die Euro-Banknoten und -Münzen gültiges Zahlungsmittel.

Geld als Wertaufbewahrungsmittel

B Oma Irmgard ist passiert, was man immer wieder in der Zeitung liest. Sie hatte zwei Trickbetrügerinnen die Tür geöffnet. Während die eine Oma Irmgard ablenkte und sich von ihr etwas im Wohnzimmer zeigen ließ, hatte die andere Zeit, die Küche zu durchsuchen. Sie fand schnell Omas „todsicheres" Versteck unter dem Geschirrkasten. „Ich wollte mir doch nur etwas für später aufheben", klagte sie. „Aber Oma", sagte Christian, „ich spare doch auch, aber mein Geld für ein Campingzelt liegt auf der Sparkasse, da bekomme ich sogar noch Zinsen."

Geld ist Wertaufbewahrungsmittel

Omas Verhalten zeigt genau wie das von Christian, wie Geld noch verwendet wird: als **Wertaufbewahrungsmittel**. Geld kann nicht verderben und der Wert, den es darstellt, kann später in Güter umgesetzt werden: in ein Zelt, wie Christian plant, oder als Notgroschen für später, wie Oma Irmgard es vorhatte. Hier werden zwei weitere Eigenschaften des Geldes deutlich: Geld muss wertbeständig sein und leicht aufbewahrbar.

Geld kann aber auf andere Weise „verderben". Wenn du heute für deine Sportschuhe 50 Euro bezahlst und genau ein Jahr später für die gleichen Schuhe 55 Euro, dann hat das Geld an Wert verloren, und zwar 10 %. Die Kaufkraft deines Geldes ist gesunken, es gab eine Inflation.

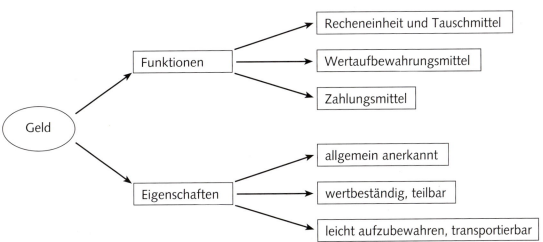

1. Analysiert die verschiedenen Funktionen und die Bedeutung des Geldes beim Kauf von Gütern und Dienstleistungen.

2. Geld ist ein Wert für verschiedene Gegenstände und deshalb ein geeignetes Tauschmittel. Könnt ihr euch auch andere vorstellen? Welche würdet ihr akzeptieren?

3. Diskutiert die Funktionen des Geldes an folgendem Beispiel: Klaus möchte ein Fantrikot von Werder Bremen gegen ein Fahrrad tauschen. Findet andere Beispiele, die ihr schon mal erlebt habt.

L LERNBILANZ

Bevor wir uns den Aufgaben und Zielen von Unternehmen zuwenden, könnt ihr in der Lernbilanz euer bisher erworbenes Wissen testen und vertiefen. Ihr findet in diesem Buch zu jedem Hauptkapitel jeweils eine Lernbilanz.

Am Ende dieses Kapitels solltest du:
– verschiedene Bedürfnisse und Bedarf benennen können,
– Einkommensquellen benennen können,
– beschreiben können, welche Bedeutung Arbeit für den Menschen als Einkommensquelle und für die Persönlichkeitsentwicklung hat,
– die Entstehung von Berufen beschreiben können,
– die Bedeutung des Geldes kennen,
– Möglichkeiten der Verwendung von Einkommen beschreiben können.

Zur Wiederholung und Festigung eures Wissens könnt ihr euch eine Lernkartei anlegen, in der ihr die wichtigsten Begriffe erläutert.
Begriffserklärungen könnt ihr auch im Internet finden, z. B. unter www.wikipedia.org, http://lexikon.meyers.de und www.wissen.de.

Mit den folgenden Aufgaben kannst du überprüfen, ob du diese Kompetenzen erworben hast:

1. Ordne je vier verschiedene Bedürfnisse den Existenzbedürfnissen, Kulturbedürfnissen und Luxusbedürfnissen zu. Stelle dabei eine Bedürfnisrangfolge auf. ◗

2. Welche Art von Einkommen beziehen die folgenden Personen?
Ordne sie in die Tabelle „Einkommensarten" ein. ◗
a) Frau P. verkauft am Wochenende selbst gemalte Bilder auf dem Flohmarkt.
b) Bernd mäht für 10 Euro den Rasen von Frau Meier.
c) Herr K. erhält Sozialhilfe und verdient sich im erlaubten Maße mit Gelegenheitsjobs etwas dazu.
d) In den Semesterferien arbeitet der Student Erik in einer Fabrik und verpackt Fahrräder.
e) Herr T. hat im Lotto gewonnen und lebt heute von den Zinsen des angelegten Geldes.
f) Familie S. hat ein großes Stück Land geerbt und an einen befreundeten Landwirt verpachtet.
g) Vera P. ist Schauspielerin am Stadttheater. In ihrer Freizeit tritt sie manchmal auch auf Betriebsfesten u. Ä. auf.
h) Frau B. müsste eigentlich gar nicht mehr arbeiten, bei all dem Geld auf ihren Sparbüchern und den daraus hervorgegangenen Zinsen. Doch die Arbeit als Chefsekretärin in der Meier-Paper AG macht ihr immer noch viel Spaß.

30

Einkommen aus unselbstständiger Arbeit	Einkommen aus selbstständiger Arbeit	Einkommen aus Vermögen	Transfereinkommen
…	…	…	…
…	…	…	…
…	…	…	…

3. Beschreibt, welche Bedeutung Arbeit für den Menschen hat. Das wird besonders deutlich, wenn jemand arbeitslos geworden ist. ○

4. Erklärt die Notwendigkeit von Arbeitsteilung und Spezialisierung. ◐

5. Beschreibt die Entstehung von Berufen im Laufe der Zeit aufgrund der Arbeitsteilung und technischen Entwicklung. ○

6. Erklärt an einem Musterhaushalt, wie eine sinnvolle Arbeitsteilung in der Familie funktionieren kann. ◐

7. Nennt Beispiele für feste Ausgaben und veränderliche Ausgaben. ○

8. Erläutert, wieso es sinnvoll ist, einen Haushaltsplan aufzustellen und ein Haushaltsbuch zu führen. ◐

9. Worin unterscheiden sich die Ausgabenbereiche von Jungen und Mädchen? Überlegt, warum sie sich unterscheiden. ◐

10. Begründet, warum Jugendliche für die anbietende Wirtschaft eine interessante Zielgruppe sind. ●

11. Beschreibe die Bedeutung des Geldes beim Kauf von Gütern und Dienstleistungen. Welche drei Aufgaben hat es? ○

Beruf 1: Erwartungen, Interessen und Fähigkeiten

Ihr solltet sorgfältig planen, was ihr nach dem Schulabschluss macht und beantwortet folgende Fragen: Was möchte ich in Zukunft gerne tun? Was kann ich? Wozu fühle ich mich befähigt? Wer und was beeinflusst meine Entscheidung für einen Beruf?

Berufsorientierung

Was möchte ich, welche Erwartungen habe ich?

Was kann ich?
– Mein Kompetenzprofil

Wer beeinflusst meine Berufswahl?
– Freunde
– Eltern
– Unternehmen

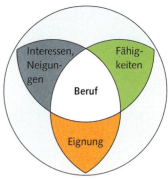

1 Deine Interessen und Fähigkeiten

„Warum schon jetzt in der 8. Klasse an die Berufswahl denken? Bis zur Schulentlassung ist es noch lange hin", werdet ihr sagen.

Wer sich einen neuen Computer anschaffen will, besorgt sich vor dem Kauf Prospekte, erkundigt sich bei Freunden und Experten, prüft, vergleicht, rechnet und entscheidet sich schließlich. Dürft ihr da bei der Wahl des Berufes weniger sorgfältig sein? Die Berufswahl ist doch kein Glücksspiel, das ihr dem Zufall überlassen könnt. Einen Großteil eurer Lebenszeit werdet ihr nämlich an euren beruflichen Arbeitsplätzen verbringen. Deshalb ist eine sorgfältige und langfristige Planung notwendig. Damit du auf diese Überlegungen bis zum Ende deiner Hauptschulzeit immer wieder zurückgreifen kannst, legst du dir am besten einen Berufswahlordner an. Du wirst ihn im Laufe der kommenden Jahre nach und nach mit deinen Unterlagen und Notizen füllen. Was du darin aufheben kannst, steht in dem nebenstehenden Kasten.

1. Bei den Überlegungen zu deiner Berufswahl kann dir das oben stehende Schaubild helfen. Diese Aufgabe begleitet dich über mehrere Jahre. Deine Interessen können sich ändern, du entwickelst dich und du gewinnst neue Erfahrungen durch den **Berufswahlunterricht** und das Testen deiner Fähigkeiten in Schulprojekten und Betriebspraktika. Schreibe auf,
  – welche Interessen und Neigungen du zurzeit hast,
  – welche Fähigkeiten dich kennzeichnen,
  – welchen Wunschberuf du momentan hast.

Inhalte deines **Berufswahlordners:**
– Schulleistungen, Zeugnisse,
– Schullaufbahn,
– Interessen und Neigungen,
– persönliche Stärken und Schwächen,
– Erfahrungen durch Betriebserkundungen und Betriebspraktika,
– Fremdbeurteilungen,
– Informationsmaterialien über Berufe,
– Informationsmaterialien der Berufsberatung,
– Informationsmaterialien von Betrieben,
– Bewerbungsunterlagen,
– betriebliche Eignungstests,
– Etappenziele der beruflichen Lebensplanung.

ERWARTUNGEN, INTERESSEN UND FÄHIGKEITEN

Mein persönlicher Berufswahlordner

Folgende Hilfestellungen erleichtern dir das Führen deines persönlichen Berufswahlordners:

Welche Interessen habe ich?

Was euch interessiert, wisst ihr selbst am besten. Um euren Interessen auf die Spur zu kommen, die auch Bedeutung für eure Berufswahl haben, solltet ihr euch zunächst diese Fragen beantworten:
– Welche Schulfächer machen mir Spaß?
– Welche Hobbys habe ich?
– Womit beschäftige ich mich in meiner Freizeit gerne?
– Was macht mir mehr Mühe, was weniger?

Welche Fähigkeiten habe ich?

Seine eigenen Fähigkeiten richtig einzuschätzen ist schwieriger, als über seine Interessen Auskunft zu geben. Interesse an einem Beruf zu haben ist zwar wichtig, denn man sollte sich für einen Beruf entscheiden, der auch Freude macht. Schließlich will man ihn wenigstens für die Dauer der Ausbildung ausüben.

Welche Erwartungen habe ich?

Interessen, Neigungen und Fähigkeiten sind nicht alleine ausschlaggebend. Auch das Ansehen von Berufen in der Öffentlichkeit und der Verdienst sowie berufliche Zukunftsperspektiven beeinflussen die Berufswahl. Man kann sich zwar für einen Beruf entscheiden, weil er zunächst interessant erscheint, aber evtl. nur gering entlohnt wird. Dann muss man sich aber auch mit der Frage auseinandersetzen, ob man dies für sein ganzes Leben gerne so haben möchte. Hier gilt es, auch darüber nachzudenken, was für Konsequenzen dies für die Zukunft hat.

Die folgende Geschichte zeigt, was schiefgehen kann:

B Ronny, Musik-Fan, bewarb sich bei „Hammer Music" als Einzelhandelskaufmann. Und so hatte er sich das vorgestellt: Das Hobby zum Beruf machen, immer die neuesten Hits hören, verbilligt CDs zum Mitarbeiterpreis bekommen. Er bekam den Ausbildungsvertrag, doch noch in der Probezeit kündigte er. Seiner Clique erklärte er: „Mein Chef fand ja ganz gut, dass ich Bescheid wusste, aber er nörgelte immer: ‚Junge, du musst den Mund aufmachen, die Leute wollen von dir was hören. Mit ‚is Klasse', ‚nö, würd ich nich kaufen' kannst du nie ein guter Verkäufer werden. Du musst anständig reden können, die Kunden überzeugen, mit den verschiedenen Kunden unterschiedlich sprechen.' Da kam ich mir wie im Deutschunterricht vor, wenn die Renner immer sagte: ‚Sprich in ganzen Sätzen, verwende auch mal andere Worte.' Außerdem habe ich das dauernde Stehen nicht ausgehalten. Auch unser Hausarzt meinte, dieser Beruf sei nichts für meine Wirbelsäule."

Ronny hätte sich diese Erfahrung ersparen können, wenn er auch seine Fähigkeiten getestet hätte. Dabei helfen dir:

– Selbsteinschätzung: Wie sehe ich mich selbst?
Für die Selbsteinschätzung könnt ihr die folgende Tabelle zu Hilfe nehmen:

Fähigkeiten	kann ich/ist bei mir		
	gut	geht so	nicht gut
Körperliche Leistungsfähigkeit	?	?	?
Gesundheit	?	?	?
Räumliches Vorstellungsvermögen	?	?	?
Rechnerisches Denken	?	?	?
Sprachbeherrschung	?	?	?
Logisches Denken	?	?	?
Kontaktfähigkeit	?	?	?
Gewissenhaftigkeit	?	?	?
Ausdauer	?	?	?
Ideenreichtum	?	?	?
Hand- und Fingergeschick	?	?	?

– Fremdeinschätzung: Wie sehen mich andere?
Viele Menschen neigen dazu, sich eher positiv zu sehen, andere sind da pessimistischer und sehen bei sich nur Schwächen.

Du kannst deine Eltern, Verwandte, Freunde, Mitschüler, aber auch deine Lehrer bitten, dich zu beurteilen. Auch Fremdbeurteilungen sind nicht immer „objektiv". Denk auch daran, ob du von einer bestimmten Person die erforderliche Ehrlichkeit bei den Einschätzungen erwarten kannst oder ob dich diese Person vielleicht nicht verletzen möchte usw.

Erst wenn die Beobachtungen anderer mit deinen Einschätzungen übereinstimmen, kannst du davon ausgehen, dass du einigermaßen richtig liegst. Beachten musst du allerdings, dass nicht alle Beteiligten deine Interessen und Fähigkeiten gleich gut einschätzen können.

Auf der folgenden Seite findest du einen Fragebogen, den du von einem Freund oder einer Freundin ausfüllen lassen kannst.

ERWARTUNGEN, INTERESSEN UND FÄHIGKEITEN

Ronnys Freundin Ines sieht ihn so:

... er kann besonders gut: ... er kann nicht so gut:

1. _____ ?   1. _____ ?

2. _____ ?   2. _____ ?

3. _____ ?   3. _____ ?

Er interessiert sich für _____ ?

_____ ? _____ ?

Mit Menschen kann er sehr gut/gut/nicht so gut umgehen.

Ich meine, folgende Berufe passen zu ihm:

– Die Arbeitsplatzerkundung oder das Praktikum: Ihr schätzt eure Fähigkeiten ab oder probiert sie sogar aus (vgl. Kapitel II und Beruf 2).

Meine Schulleistungen und meine Schullaufbahn

Lege in deinem Berufswahlordner ein eigenes Kapitel an, in dem du deine Schulleistungen dokumentierst. Dazu gehören nicht nur deine Zeugnisse, sondern auch Urkunden, Belege und sonstige Auszeichnungen, z. B. über sportliche Leistungen, Teilnahme an Arbeitsgemeinschaften, am Erste-Hilfe-Kurs, an Schulprojekten, Computerkursen, Wettbewerben.

Für alle Schulfächer sollst du deine Leistungsbeurteilungen bei Probearbeiten und Abfragen festhalten, damit du deine Stärken und Schwächen leichter erkennst, über Leistungsschwankungen nachdenkst und in Fächern, die für deinen Wunschberuf wichtig sind, dich besonders anstrengst.
Diese Aufzeichnungen sind für die Planung deiner weiteren Schullaufbahn von grundlegender Bedeutung.

1. Beginnt mit dem Selbsttest. Übertragt die Tabelle in euren Berufswahlordner und füllt sie aus.

2. Legt die Tabelle von Seite 35 anderen vor und lasst euch beurteilen. Dazu könnt ihr den oben abgebildeten Fragebogen zu Hilfe nehmen.

3. Vergleicht die Ergebnisse. Fühlt ihr euch gerecht beurteilt?

Erstellung eines Kompetenzprofils

Deine Interessen, Erwartungen und Fähigkeiten beeinflussen deine Berufswahl in entscheidendem Maße. Deshalb solltest du ganz ehrlich zu dir selber sein, und dich aber auch von anderen genauso ehrlich einschätzen lassen. Die Ergebnisse einer solchen Einschätzung kannst du dann verschieden darstellen, um dir einen Überblick zu verschaffen. Zur Einschätzung dieser Bereiche kannst du einen Selbsterkundungsbogen ausfüllen bzw. von Freunden, Eltern, Bekannten usw. ausfüllen lassen.

Du kannst aber auch einen Kompetenzstern als Persönlichkeitsprofil anlegen, der wie folgt aussehen könnte:

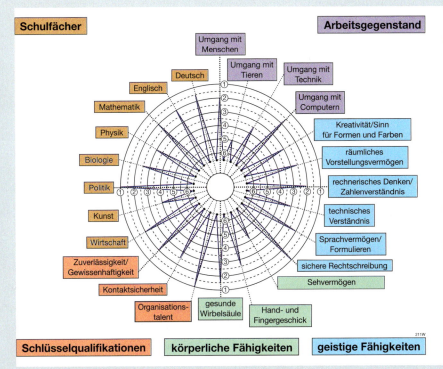

Markiere jeweils auf den Strahlen, die von innen nach außen führen, gemäß der Schulnoten von 1 bis 6, wie gut du dich zu den einzelnen Punkten einschätzt (auch Zwischennoten sind möglich). Verbinde dann diese Punkte mit den Punkten am Innenkreis, sodass – wie im Beispiel – ein wirklicher „Stern" entsteht.

Quelle:
nach: Praxis 9 Arbeit – Wirtschaft – Technik Hauptschule Bayern 9/M9, Braunschweig 2006, Seite 29

Eine weitere Möglichkeit wäre, deine Fähigkeiten mithilfe einer Kompetenzkurve darzustellen, die wie folgt aussieht:

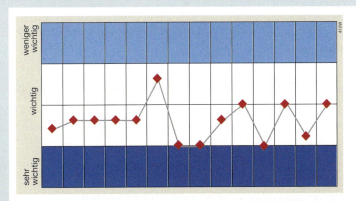

1 Fähigkeit, zu planen und zu organisieren
2 Umstellungsfähigkeit (wechselnde Aufgaben)
3 Schriftliches Ausdrucksvermögen
4 Sprachliches Ausdrucksvermögen
5 Rechnerische Fähigkeiten
6 Verhandlungsgeschick
7 Verschwiegenheit, Taktgefühl
8 Denken in Zusammenhängen
9 Befähigung zum Umgang mit Menschen
10 Einfühlungsvermögen in andere Menschen
11 Bereitschaft und Fähigkeit zu Teamarbeit
12 Akzeptieren von/Bereitschaft zu Alleinarbeit
13 Ertragen von Stress (Arbeitsspitzen)
14 Gepflegtes Äußeres

ERWARTUNGEN, INTERESSEN UND FÄHIGKEITEN

INFO

Artikel 12 Abs. 1 Grundgesetz
Alle Deutschen haben das Recht, Beruf, Arbeitsplatz und Ausbildungsstätte frei zu wählen. Die Berufsausübung kann durch Gesetz oder aufgrund eines Gesetzes geregelt werden.

2 Was die Berufswahl beeinflussen kann

Unser Grundgesetz garantiert in Artikel 12 jedem die freie Wahl der Ausbildungsstätte. Aber: Niemand kann gezwungen werden, euch auszubilden. Ob ihr einen Arbeitsplatz bekommt oder nicht, hängt auch von folgenden Faktoren ab, auf die ihr keinen Einfluss habt.

B

1. Antwort des Lehrers auf eine Schülerfrage in der Oberschule: „Ob du Bauingenieur werden kannst? Aber natürlich. Das hängt von deinen künftigen Zensuren, Schulabschlüssen und Prüfungsergebnissen ab. Wenn du möchtest, kann ich dir die verschiedenen Möglichkeiten erklären."

2. Lehrer im Unterricht „Berufswahlvorbereitung": „Die Chancen für Schulabgänger waren früher besser. Damals haben sich die Firmen geradezu um die Auszubildenden gerissen. Natürlich haben sie nur erzählt, wie toll der Beruf und wie toll ihr Betrieb sei. Heute haben sie das nicht mehr nötig. Die Ausbildungsplätze sind knapp, die Konkurrenz groß. Da müsst ihr schon selbst was tun, um euch zu empfehlen."

3. Kfz-Meister Hallmann zu Kollegen: „Der Mehmet macht sich wirklich gut: pünktlich, fleißig, geschickt, will alles genau wissen. Seinem Lehrer zuliebe hatte ich ihm eine Praktikumsstelle gegeben und merkte sofort, was er draufhat. Ob ich allerdings sonst einem Türken einen Ausbildungsplatz gegeben hätte? Ich weiß nicht …"

4. Herr Kröger, Bäckermeister mit gut gehendem Café zu Herrn Marks, Maschinenfabrikant, beim Skatabend: „Deine Britta und mein Sven kommen ja nächstes Jahr aus der Schule. Nimmst du meinen, nehme ich deine, abgemacht? Ich mache aus Britta eine fähige Bäckerin und Sven lernt bei dir Zerspanungsmechaniker."

5. Herr Löffler, Leiter der Jugendfahrradgruppe im Sportverein, zu seiner Frau: „Claudia, erinnerst du dich noch an die kleine Katharina? Die, die schon seit sechs Jahren bei uns mitfährt, hat so viel Spaß, dass sie nun auch noch Zweiradmechanikerin werden will. Für uns ist das toll, dann haben wir endlich professionelle Hilfe bei den Reparaturen. Klasse, wenn ein Hobby zum Beruf werden kann."

1. Schreibt zu jedem der fünf Beispiele auf, wodurch eine Berufswahl beeinflusst werden kann.

2. Ihr sucht einen Ausbildungsplatz: Worauf solltet ihr achten und wie solltet ihr handeln, wenn
   – viele Ausbildungsstellen frei sind, aber nur wenige Jugendliche eine Stelle suchen?
   – nur wenige Ausbildungsstellen zur Verfügung stehen, auf die sich aber viele Jugendliche bewerben?
   Lest dazu noch einmal Beispiel 2.

C CHECKLISTE

Christian heftet Notizen in seinen Berufswahlordner

Am Ende dieses Kapitels geht es darum, für dich persönlich „abhaken", was du in Bezug auf deine Berufsorientierung schon erledigt hast, und um festzustellen, was du noch erledigen musst. Du solltest dir vor allen Dingen Notizen machen und diese bis zum Ende deiner Schulzeit immer zur Verfügung haben.

– Ermittle deine Interessen und Fähigkeiten und lass sie von Personen, die dich gut kennen, bestätigen.

– Lege einen persönlichen Berufswahlpass in Form eines Ordners oder einer Datei an und ergänze ihn ständig (siehe Seite 34).

– Beschreibe deine Erwartungen an einen möglichen späteren Beruf.

– Dokumentiere deine Schulleistungen und deine Schullaufbahn.

– Stelle ein Kompetenzprofil für dich grafisch dar.

– Diskutiere mit deinen Eltern oder Freunden Faktoren, die Einfluss auf deine Berufswahl haben können, und überlege, wie du darauf reagieren könntest. Halte deine Überlegungen schriftlich fest.

Weitere Aufträge:
– Im Internet findet ihr zum Berufswahlpass weitere Informationen, einige befinden sich gerade in Bearbeitung. Suche Informationen zu Niedersachsen auf www.berufswahlpass.de.
– Unter www.arbeitsagentur.de findest du eine Checkliste mit Einstiegsfragen, unter „was kann ich?" (siehe Infokasten).

Auszüge aus dem Berufswahlpass

INFO

www.arbeitsagentur.de/
nn_26260/zentraler-Content/A03-Berufsberatung/
A031-Berufseinsteiger/Allgemein/Berufswahl.html

II Aufgaben und Ziele von Unternehmen

In diesem Kapitel werden die Aufgaben und Ziele von Unternehmen und ihren Beschäftigten vorgestellt. Im Mittelpunkt der Betrachtung steht ein Fotounternehmen, an dem die Inhalte verdeutlicht werden sollen. Wichtige Bereiche eines jeden Unternehmens sind die Beschaffung, die Produktion und der Absatz. Hier finden sich auch unterschiedliche Arbeitsplätze und Arbeitsbedingungen. Des Weiteren wird aufgezeigt, dass unternehmerisches Handeln gleichzeitig auch Verantwortung für die Umwelt beinhalten muss.

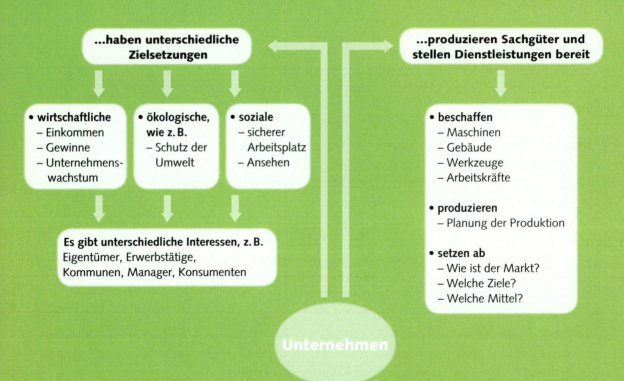

AUFGABEN UND ZIELE VON UNTERNEHMEN

1 Was ist ein Unternehmen?

Unternehmen sind wichtige Teilnehmer in einer jeden Volkswirtschaft. Zuallererst sind sie Einrichtungen, in denen Beschäftigte und Eigentümer ihr Einkommen erzielen wollen. Für die Arbeit bekommt der Arbeitnehmer sein Einkommen, und der Unternehmer selbst erzielt mit dem Unternehmen seinen Gewinn.

Aber Unternehmen sind auch Orte, an denen Produkte (z. B. Lebensmittel, Küchenmaschinen, Autos, Schrauben usw.) erstellt und Dienstleistungen (z. B. durch Reisebüros, Rechtsanwaltskanzleien, Frisörläden, Fitnessstudios, Beratungsfirmen usw.) bereitgestellt werden, um die vielfältigen Bedürfnisse der Bürger eines Landes zu befriedigen.

Für Menschen, die einen wesentlichen Teil der Lebenszeit in Unternehmen verbringen, ist das Unternehmen nicht nur ein Ort, an dem sie arbeiten. Unternehmen sind auch Orte, an denen es vielfältige soziale Beziehungen gibt, die von den Menschen als angenehm oder auch als belastend empfunden werden. Gerade die Qualität der sozialen Beziehungen in einem Unternehmen hat eine hohe Bedeutung für die Leistungsfähigkeit aller Beschäftigten.

In diesem Kapitel wird ein erster Überblick über wichtige Aspekte eines Unternehmens gegeben. Als Beispiel wird dafür eine Branche gewählt, mit der fast jeder Bürger schon einmal zu tun hatte, vor allem nach dem Urlaub, nach Familienfesten und Feiertagen: die Fotobranche.

2 Die Aufgabe von Unternehmen

Betrachten wir die zahlreichen Unternehmen in einer Region, dann lässt sich leicht erkennen, dass sie unterschiedliche Aufgaben haben. Einige stellen etwas her: Sie produzieren Sachgüter wie Kleidung, Nahrungsmittel, Zeitungen usw. Andere Betriebe bieten Dienstleistungen an.

Natürlich gibt es auch Produkte, die nicht unmittelbar für den menschlichen Konsum gedacht sind, sondern die beispielsweise von anderen Unternehmen wiederum für die Produktion von Gütern benötigt werden. So gibt es z. B. spezielle Maschinen, die bei der Produktion von Autoteilen eingesetzt werden.

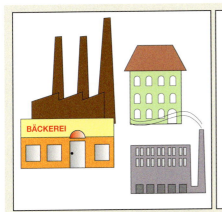
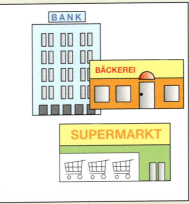

In Produktionsbetrieben werden:

- Rohstoffe gewonnen, z.B. Kohle, Holz,

- Güter hergestellt, die zur weiteren Produktion notwendig sind, z. B. Maschinen, Fließbänder, Backöfen,

- Güter hergestellt, die dem Konsum dienen, z. B. Möbel, Brötchen, Kleidung.

In Dienstleistungsbetrieben wird/werden:

- gehandelt, z. B. beim Verkauf von Nahrungsmitteln oder Kleidung,

- der Transport geregelt, z. B. durch Schulbusse, die Bahn,

- Bankgeschäfte geregelt, z. B. die Bereitstellung von Geld, Beratung für Sparanlagen,

- Versicherungen angeboten, z. B. Lebensversicherungen, Krankenversicherungen,

- und sonstige Dienste angeboten, wie z. B. Haare schneiden, Kleidung reinigen, Kinder betreuen.

1. Dienstleistung ist Kundendienst – im Bereich Tourismus also alles, was dem Kunden dient, einen schönen Urlaub zu verbringen. Nenne Unternehmen, die in der Touristikbranche Dienstleistungen anbieten. ○

AUFGABEN UND ZIELE VON UNTERNEHMEN

Steckbrief der Firma CeWe Color

Heinz Neumüller

B 1961: Senator h. c. Heinz Neumüller gründet die CeWe Color-betriebe im Stammhaus Carl Wöltje in Oldenburg.

1964: Übergang von der Schwarzweiß- zur Farbfotografie: CeWe Color errichtet ein Labor mit 4000 m^2 Produktionsfläche.

1971: CeWe Color wird erstmals im Ausland aktiv. Erschließung des niederländischen Marktes.

1972: Die Produktionsfläche in Oldenburg wird verdoppelt.

1973–1989: Fusionen mit anderen Unternehmen, Übernahmen anderer Unternehmen und Einrichtung von Laboren in Deutschland.

1992: Die Firmengruppe wird neu strukturiert. Eröffnungen von Verkaufsniederlassungen in Tschechien und einem Labor in Südfrankreich; damit wird CeWe Color nun auf allen angrenzenden Auslandsmärkten tätig.

1993: Börsengang, neue Labors in Dänemark und Frankreich.

1996: Eine Grenze wird überschritten: CeWe Color entwickelt mehr als 1,2 Milliarden Farbbilder.

1997: In der Fotobranche gibt es mehr und mehr digitale Produkte. Gründung der Cewedigital GmbH.

1999: CeWe Color beteiligt sich mit 63 % an einer norwegischen Fotofachhandelskette.

2000/2001: Übernahme weiterer Fotounternehmen in Deutschland und Europa.

2003: CeWe Color wird führender Foto-Dienstleister (Fotofinisher) für den Handel sowie für Internetunternehmen.
Einführung der Fotobestellsoftware „HomePhotoService" und Online-Abfrage von Fotoaufträgen.

2006: CeWe Color stellt sich aktiv auf die veränderten Marktverhältnisse durch den Wandel von der analogen zur digitalen Fotografie ein.
Bei CeWe Color findet man sowohl Produktions- als auch Dienstleistungsbereiche. Darüber hinaus sind noch weitere Unternehmen an dem Verkauf von Fotoprodukten beteiligt.

Produktionsbereich: Datenausleseplätze

Dienstleistungsbereich: Ein Drogeriemarkt als Verkaufspartner

Unternehmen einer Volkswirtschaft sind miteinander auf vielfältige Weise verflochten und gegenseitig voneinander abhängig. So braucht man für die Herstellung und den Verkauf eines Kleiderschrankes z. B. den Rohstoff Holz, Sägemaschinen, Lacke, Möbelhäuser usw.

> **INFO**
>
> **Volkswirtschaft**
> Bezeichnung für alle wirtschaftlichen Prozesse in einem Land

1. Auf den Fotos sind Bereiche zu sehen, die an der Herstellung und dem Verkauf von Fotoprodukten beteiligt sind.
Nenne die Bereiche und zähle weitere auf, die an der Herstellung und dem Verkauf eines Fotoproduktes beteiligt sein können. ○

2. Erkläre ihren Beitrag zur Herstellung von Fotoprodukten. ◐

3. Veranschauliche die Beziehungen der Unternehmen mithilfe einer Grafik. ◐

45

AUFGABEN UND ZIELE VON UNTERNEHMEN

3 Mit Unternehmen werden Ziele verfolgt

Ein Unternehmen kann seinen Absatzprozess in mehreren Schritten untersuchen.
Die folgenden Überlegungen sollen dabei helfen. Auch hier bleiben wir bei unserem Beispiel aus der Fotobranche.

Welche Ziele hat ein Unternehmer?

Der oder die Eigentümer eines Unternehmens wollen mit dem Unternehmen Einkommen erzielen, mit dem sich ihre Bedürfnisse befriedigen lassen.
Dies gilt auch für die Beschäftigten in einem Unternehmen: Für sie sind die erhaltenen Löhne und Gehälter die Grundlage für die Sicherung ihrer Existenz. Für ein Unternehmen dagegen sind die Löhne und Gehälter Kosten, die bei der Erstellung von Gütern entstehen. Es gibt hier unterschiedliche Interessen zwischen den Beschäftigten und den Eigentümern der Unternehmen: Die Beschäftigten wollen möglichst hohe Löhne und Gehälter, die Eigentümer des Unternehmens möglichst geringe Kosten. Daraus können Konflikte entstehen, wie dies z. B. bei den alljährlichen Tarifauseinandersetzungen zu beobachten ist. Die Gewerkschaften fordern dabei höhere Löhne und Gehälter, die Unternehmen wehren sich gegen die Erhöhung ihrer Kosten.

Interviewfragen zu Unternehmenszielen

Zum Interview-Partner:
Dr. Rolf Hollander, Vorstandsvorsitzender der CeWe Color Holding AG und der Neumüller CeWe Color Stiftung

Dr. Rolf Hollander

Frage: Sie sind Unternehmer. Welche Ziele verfolgen Sie vorrangig mit Ihrem Unternehmen?

Der Technologiewandel von der analogen zur digitalen Fotografie hat die Fotobranche kräftig in Bewegung versetzt. CeWe Color hat den Technologiewandel früh erkannt und neue digitale Produkte und Dienstleistungen als „First Mover" entwickelt.
Unser Ziel ist es, den Technologiewandel aktiv zu gestalten und erfolgreich zu bewältigen, um u. a. unseren Marktanteil in Europa weiter auszubauen.

Frage: Das Bild des Unternehmens in der Öffentlichkeit wird zuweilen recht kritisch gesehen, so nach dem Motto: Der Unternehmer hat nur ein Ziel im Kopf, Gewinnsteigerung, und alles andere wird dem letztendlich untergeordnet. Entspricht so ein Unternehmensbild der Realität?

Das Management ist ein Prozess, in dem die Manager durch ihr Handeln versuchen, Menschen in Unternehmen so zu beeinflussen, dass sie während ihrer Arbeit alle Möglichkeiten gut nutzen (materielle, personelle und finanzielle), um die Ziele des Unternehmens zu errei-

46

chen. Gewinnmaximierung steht nicht im Vordergrund von CeWe Color, sondern die positive Bewältigung des Technologiewandels und die Neuentwicklung von Produkten und Dienstleistungen rund um das Foto, um damit auch die Zukunft des Unternehmens zu sichern.

Frage: Was meinen Sie: Welche Ziele verfolgen Ihre Beschäftigten in Ihrem Unternehmen?

Unsere Mitarbeiter arbeiten aktiv mit an der Verbesserung unseres Ausbaus des Produktsortimentes, an der Qualität der Produkte, damit CeWe Color nicht nur Technologieführer, sondern auch Marktführer mit dem attraktivsten Produktsortiment ist. Generell sind unsere Mitarbeiter sehr bemüht, die Unternehmensziele zu erreichen, getrieben von der Möglichkeit, ihre Bedürfnisse und Ziele zu befriedigen.

Frage: Kommt es manchmal zu Konflikten zwischen Ihren Interessen und denen der Mitarbeiter?

Wir informieren unsere Mitarbeiter kontinuierlich über die Ziele und wichtigsten Ereignisse im Unternehmen. Dieses führt dazu, dass die Mitarbeiter die Entscheidungen der Unternehmensleitung besser aktiv mittragen und umsetzen können. Die neuen Bedürfnisse des zunehmenden digitalisierten Fotomarktes führen auch zu neuen Anforderungen an unsere Mitarbeiter. Sie müssen sich stets fortbilden, damit wir über das entsprechende Wissen in der Unternehmensgruppe verfügen. Unsere durchschnittliche Betriebszugehörigkeit von über 13 Jahren u. a. an unserem Oldenburger Produktionsstandort bestätigt, dass es der richtige Weg ist, die Interessen von Unternehmen und Mitarbeiter zu bündeln.

Frage: Als Unternehmer hat man sicherlich positive und aber auch negative Aufgaben zu erfüllen. Können Sie einige nennen?

Wie bereits kurz erwähnt, hat die Fotobranche durch den Technologiewandel von der analogen zur digitalen Fotografie einen gewaltigen Umbruch erfahren. Dieses stellte CeWe Color leider vor die unschöne Aufgabe, die Produktionskapazitäten in der Unternehmensgruppe anzupassen. Auf der anderen Seite haben wir mit dem CEWE FOTOBUCH ein neues, sehr erfolgreiches Produkt in unserem Produktsortiment. In den Auf- und Ausbau neuer digitaler Druckkapazitäten haben wir in den letzten 10 Jahren über 200 Mio. Euro investiert. Heute ist CeWe Color mit über 45 Digitaldruckmaschinen die größte Digitaldruckerei Europas.

1.
Für mich bedeutet es:
– hoher Gewinn
– geringe Personalkosten
– neue Technik
– …

2.
Für mich ist wichtig:
– sicherer Arbeitsplatz
– guter Verdienst
– nette Kollegen
– …

3.
Für mich ist wichtig:
– saubere Umwelt
– wenig Lärmbelästigung
– keine hässlichen Gebäude
– …

4.
Für mich bedeutet es:
– hohe Steuereinnahmen für die Stadt
– die Bedeutung der Region steigt
– Auswirkungen auf die Infrastruktur
– …

5.
Für mich bedeutet es:
– Macht und Ansehen
– Entscheidungsmöglichkeiten
– Verantwortung
– …

INFO

Anpassung der **Produktionskapazität** meint, dass der Umfang der Produktion verringert würde. Das zieht i. d. R. auch eine Verringerung des Personals nach sich.

ökonomisch
wirtschaftlich

1. Ermittle aus dem Interview die ökonomischen und sozialen Ziele, die Herr Hollander genannt hat. ○

2. In der Grafik stehen Äußerungen von fünf Personen, welche Ziele bzw. welche Interessen sie mit einem Betrieb erreichen wollen. Ermittelt, welche Personen diese Äußerungen gemacht haben. ●

AUFGABEN UND ZIELE VON UNTERNEHMEN

4 Unterschiedliche Ziele von Unternehmern und Beschäftigten

Nicht nur die Leiter von Unternehmen haben Ziele, sondern auch die Mitarbeiter. Selbst Personen, die nicht dem Betrieb angehören, verfolgen Ziele, indem sie bestimmte Anforderungen an Betriebe stellen, wie die Grafik auf Seite 47 zeigt. Dabei können Konflikte auftreten, wenn die unterschiedlichen Gruppen versuchen, ihre Interessen durchzusetzen bzw. ihre Ziele zu erreichen.
In der folgenden Konfliktsituation sind unterschiedliche Personen mit ihren jeweiligen Zielsetzungen beteiligt.

- „Ich möchte auf jeden Fall mein Kind gut versorgt wissen."
- „Ich möchte auf dem aktuellen Stand in meinem Beruf bleiben, aber nicht immer wieder was Neues lernen müssen."
- „Die neuen Arbeitszeiten werden eine hohe Belastung für uns als Familie sein."

Lea Müller

B Lea Müller, Fotolaborantin möchte nach zwei Jahren Erziehungsurlaub zurück an ihren Arbeitsplatz. Sie hat ein Gespräch in der Personalabteilung geführt und erfahren, dass sich vieles geändert hat. Nun berichtet sie bei der Geburtstagsfeier ihres Mannes von den neuen Gegebenheiten: „Meine Arbeit bei CeWe Color hat mir immer viel Spaß gemacht. Ich habe mich schon gefreut, mit meinen alten Kollegen zusammenzuarbeiten. Leider haben sich durch die digitale Fotografie unsere Arbeitszeiten geändert. Die Leute bestellen zu anderen Zeiten als früher, und der Betrieb muss darauf flexibel reagieren. Das wird schwer, die Kleine nun in eine feste Betreuung zu bekommen. Außerdem muss ich mich auch noch an einem neuen Arbeitsplatz einarbeiten und bekomme neue Kollegen. Die technischen Entwicklungen haben alles verändert. Ob ich wirklich will?"

- „Wir müssen das neue Haus abbezahlen."
- „Lea braucht die Arbeit und ihre Kollegen."
- „Kinder können das ab, wenn die Mutter nicht immer da ist."

Wolfgang Müller

Wolfgang Müller, Bankkaufmann: „Also ich freue mich, wenn Lea wieder arbeiten geht, dann wird es finanziell doch etwas leichter. Außerdem hat sie dann bessere Laune und bleibt in ihrem Beruf. Für die Kleine werden wir schon eine Lösung finden. Zur Not ist ja Oma noch da."

- „Ich will meine Familie nicht vernachlässigen."
- „Ich mache mich nicht von den Arbeitszeiten anderer abhängig."
- „Eine gute Tagesmutter ist selten."

Frauke Junge

Frauke Junge, Freundin von Lea, Tagesmutter: „Ich habe meine festen Zeiten für die Kinder, die ich betreue. Auch wenn Lea eine gute Freundin ist, Ausnahmen kann ich da nicht machen, schließlich habe ich selber eine Familie."

- „Mitarbeiter müssen flexibel sein."
- „Man muss sich den Kundenwünschen anpassen."

Bernd Anders

Bernd Anders, Bruder von Lea Müller, Ladenbesitzer: „Das ist heute als Unternehmer nun mal so. Man muss von seinen Angestellten auch mal unangenehme Dinge verlangen. Ich musste meinen Verkäuferinnen auch gerade beibringen, dass meine Filiale im neuen Einkaufszentrum bis 22.00 Uhr geöffnet hat und dass wir am 6. Dezember eine Shoppingnacht bis 24.00 Uhr haben."

1. Spielt die sich anschließende Diskussion bei der Kaffeerunde durch. Alle notwendigen Informationen zum Rollenspiel findet ihr im Kapitel I, S. 16–17.

5 Privatwirtschaftliche und öffentliche Unternehmen

Öffentliche Unternehmen – haben die keine Ziele?

Öffentliche Unternehmen sind Wirtschaftsunternehmen, die von der „öffentlichen Hand" (Kommunen, Land, Bund) betrieben werden. Man findet sie besonders in den folgenden Bereichen:
1. Energieversorgung,
2. Verkehr und Telekommunikation,
3. Kreditwirtschaft (z. B. Sparkassen),
4. kommunale Unternehmen (z. B. Abfallbeseitigung).

Aber ebenso wie bei einem privaten Unternehmen wird ein wirtschaftlicher Zweck verfolgt. Auch öffentliche Unternehmen produzieren und verkaufen Sachgüter und Dienstleistungen für die Bürger und Bürgerinnen. Die anfallenden Aufgaben möchte man selbstverständlich wirtschaftlich erledigen. Das vorrangige Ziel öffentlicher Unternehmen ist nicht die Erzielung von Gewinnen. Dennoch soll aber die Erledigung der Aufgaben z. B. möglichst ohne zu hohen Personalaufwand erfolgen. Der Verwaltungsaufwand soll sich für die Menschen unkompliziert gestalten und in Grenzen halten.

Im Unterschied zu privaten Unternehmen sind die öffentlichen Unternehmen auch nicht in vergleichbarer Weise dem Wettbewerb wie private Unternehmen ausgesetzt. Die Müllabfuhr kann man sich nicht aussuchen. Zum öffentlichen Nahverkehr, zum Theater oder zum Krankenhaus gibt es nur wenige oder keine vergleichbaren Alternativen.

Es gibt gegenüber öffentlichen Unternehmen immer wieder den Vorwurf, dass die Leistungen, die sie anbieten, nicht ausreichend den Wünschen der Bürger entsprechen oder zu teuer sind, zu viele Personen damit befasst sind und für die Finanzierung zu viele Gebühren und Steuern aufgewendet werden müssen. Deshalb wird in den letzten Jahren auch immer wieder nach Möglichkeiten gesucht, die Kosten durch eine andere Organisation zu reduzieren oder sogar Aufgaben an private Unternehmen zu verlagern.

Ein Energieversorgungsunternehmen

1. Benenne wichtige öffentliche Unternehmen (siehe dazu Punkt 1. bis 4.) in deiner Stadt, deinem Dorf oder deiner Region und beschreibe ihre jeweils wesentlichen Aufgaben. ○

2. Ermittle, welche Aufgaben an private Unternehmen übertragen werden könnten. Suche Beispiele. ○

3. Überlege, welche Probleme es geben könnte, wenn öffentliche Aufgaben von privaten Unternehmen ausgeführt werden. ◐

6 Die betrieblichen Grundaufgaben

Beschaffung – Produktion – Absatz in einem Fotounternehmen

Ein Unternehmen, das auf Dauer existieren will, hat drei immer wiederkehrende Aufgaben zu erfüllen.

1. Es muss die sogenannten betrieblichen Produktionsfaktoren wie z. B. Arbeitskräfte, Betriebsmittel und Werkstoffe beschaffen **(Grundfunktion: Beschaffung)**.

2. Mithilfe der betrieblichen Produktionsfaktoren werden Güter produziert **(Grundfunktion: Produktion)**.

3. Die produzierten Güter müssen verkauft, abgesetzt werden, und zwar an Konsumenten oder an andere Unternehmen **(Grundfunktion: Absatz)**.

Diesen zunächst noch sehr einfachen Zusammenhang von Beschaffung, Produktion und Absatz werden wir auf den nachfolgenden Seiten am Beispiel der Herstellung von Fotoprodukten konkret untersuchen.

Bilder können mehr
13.09.2006

Die Freude an der digitalen Fotografie hält an. Das zeigen auch die Entwicklungen des Foto- und Imagingmarktes in Deutschland, Europa und der Welt, die der Photoindustrie-Verband kürzlich im Hinblick auf die Photokina 2006 vorstellte.

Trotz heftigen Wettbewerbs hat sich der Markt für digitale Fotografie auf hohem Niveau halten können, Marke und Qualität sind den Verbrauchern besonders wichtig. In Deutschland wurden in 2005 insgesamt 8,4 Millionen Kameras verkauft, davon 7,43 Millionen Digitalkameras, das entspricht rund 88 Prozent. […] Kameras werden nicht nur gekauft, sondern auch aktiv genutzt. Die Fotografieranlässe haben sich nicht geändert.

Im Blickpunkt stehen Urlaub, Familie und Feste. Dies zeigt, dass es dem Verbraucher in erster Linie darum geht, Erinnerungen in Fotos festzuhalten, Erlebnisse zu bewahren.
Zur Verdeutlichung: Im Durchschnitt hat jeder Digitalkamerabesitzer in Deutschland rund 470 Mal im Jahr den Auslöser betätigt. Drei bis vier Filme pro Jahr waren früher der Durchschnitt. Das entsprach etwa 140 Aufnahmen. […]

INFO

Photokina
Weltweit bedeutendste Messe für Fotografie

Quelle:
www.pbsreport.de/archiv/?id=7722

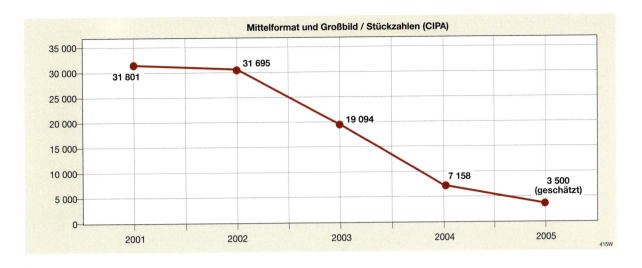

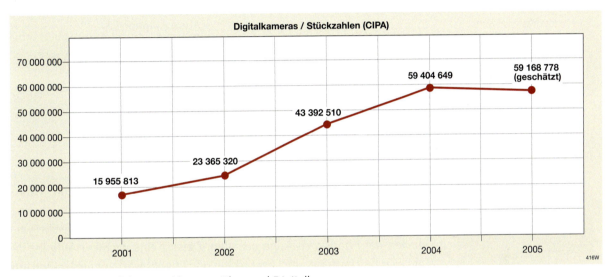

Entwicklung der Produktionszahlen von Film- und Digitalkameras

1. Fasst die wichtigsten Aussagen des Textes „Bilder können mehr" zusammen. ○

2. Untersucht mit einer Internetrecherche (vgl. Seite 85), welche weiteren Fotoprodukte durch die Digitalfotografie möglich geworden sind. ◓

3. Ermittelt mithilfe einer Umfrage, wie sich das Fotografierverhalten in eurer Umgebung geändert hat. ○

4. Stellt eure Ergebnisse grafisch dar und vergleicht sie mit den beiden Grafiken von oben. ◓

5. Problematisiert in der Klasse die Vor- und Nachteile der Entwicklung in der Fotografie für unterschiedliche Altersgruppen. ◓

> **INFO**
>
> **CIPA**
> Camera & Imaging Products Association

51

AUFGABEN UND ZIELE VON UNTERNEHMEN

Beschaffung

Es ist November, und der ist für den Fotomarkt eine Hauptsaison: Weihnachten steht vor der Tür. Ein Unternehmen wie CeWe Color muss seine Produktion lange im Voraus planen und die Entwicklungen im Bestellverhalten der Kunden im Auge behalten. Dies ist eine wichtige Aufgabe im Bereich Beschaffung, um Lagerkosten und Engpässe zu vermeiden und auf die Qualität der Produkte und natürlich auf die Preise zu achten.

Ein Beispiel:

> **Q** In den vergangenen Jahren hat sich durch den Wegfall von AGFA und Konica-Minolta die Zahl der Lieferanten für Fotopapier verringert. Deshalb hat CeWe Color neue Lieferbeziehungen zu einem chinesischen und einem japanischen Lieferanten aufgebaut und gefestigt. Aktuell werden wir von vier Fotopapierherstellern beliefert. Damit haben wir das Lieferantenrisiko deutlich reduziert.
>
> Insbesondere der Absatzerfolg des CEWE FOTOBUCHES, aber auch die zunehmende Vermarktung der Foto-Geschenkartikel erfordern die Beschaffung neuer Roh- und Hilfsstoffe wie Tassen, Kalender, Grußkarten und Fotoleinwände. Diese von CeWe Color vorher nicht oder kaum bearbeiteten Beschaffungsmärkte, vornehmlich in Mittelosteuropa und Asien, gehörten 2007 zu den wichtigen Aufgaben des Zentraleinkaufs.

INFO

Lieferantenrisiko
Meint das Risiko, dass der Lieferant nicht liefern kann.

Quelle:
Geschäftsbericht der CeWe Color
2007.
www.cewecolor.de/index.php?id=1109

Ausbildung zum/zur Buchbinder/in

Standort: Oldenburg

Dauer der Ausbildung: 3 Jahre

Ausbildungsbereiche: In Ihrer Ausbildung zum Buchbinder lernen Sie an den modernsten Druckmaschinen Ihr Handwerk und sind insbesondere an der Erstellung unserer erfolgreichen Innovation, den CEWE FOTOBÜCHERN, beteiligt. Durch Schneiden, Falzen, Sammeln, Zusammentragen, Heften oder Kleben erstellen Sie als Buchbinder aus den Rohbögen das eigentliche Druckprodukt. Sie sind auch für das Verpacken, Lagern und Versandfertigmachen und das Sichern der Qualität verantwortlich.

Gefragt sind: Abitur oder Realschulabschluss, gute PC-Kenntnisse, gutes Seh- und Farbvermögen, Kreativität und gestalterische Fähigkeiten, Engagement und Flexibilität.

Aufstiegschancen: Führungsnachwuchs in einem Fotolabor, z. B. Abteilungsleiter oder Führungskraft in der Branche der Buchbinderei, Meister, Leiten einer Buchbinderei

Weiterbildung: Geprüfter Industriemeister Buchbinderei

Ausbildungsbetrieb Oldenburg

Interessiert?
Dann bewerben Sie sich bitte online.

Direkt bewerben

Beschaffung: Personalbeschaffung

Das Beispiel macht deutlich: Wer seine Kunden richtig bedienen, ihre Wünsche erfüllen will, muss dafür Sorge tragen, dass die erforderlichen betrieblichen Produktionsfaktoren, d. h. Arbeitskräfte, Betriebsmittel und Werkstoffe, in der ausreichenden Menge verfügbar sind, um produzieren zu können.

– Unternehmen haben Entscheidungen zu treffen. Für ein Unternehmen ergibt sich daraus ein fortdauerndes Problem, Entscheidungen genau zu überlegen.
– Jedes Unternehmen (in diesem Falle ein Fotodienstleister) hat zu entscheiden,
   a) welche Produkte (Fotobuch, bedruckte Tassen, Fotokalender),
   b) in welcher Vielfalt (verschiedene Formate, Materialien, Designs),
   c) in welchem Umfang (nach Auftrag),
   d) in welcher Qualität (verschiedene Preisklassen …),
   e) mit welcher Technologie (Handarbeit, maschinell …),
   f) mit welchen Zielen (Erzielung von Gewinn, Einnahmen für Lohnzahlungen …),
produziert werden sollen und was dafür beschafft werden muss.

1. Überlegt, welche Risiken ein Unternehmer bei den Entscheidungen a–f zu beachten hat.

2. Untersucht die oben abgebildete Stellenanzeige im Hinblick auf die geforderten Qualifikationen, die ein Bewerber haben sollte.

3. Begründe, warum der Beruf des Buchbinders ein Beruf mit Zukunft ist.

AUFGABEN UND ZIELE VON UNTERNEHMEN

Auftragseingangssortierung

Datenausleseplätze

Digitale Ausbelichtung

Digitalfoto-Produktion

Analoge Printer

Produktion

Für ein Fotounternehmen besteht die Aufgabe, seine Tagesplanung auf die Kundenbestellungen abzustimmen. Dabei müssen besonders die Hauptbestellzeiten, z. B. sonntagabends oder nach der Urlaubszeit, z. B. dem Ende der Schulferien, beachtet und die Produktion danach geplant werden.

Sehen wir uns den Produktionsprozess näher an: Wenn wir ein fertiges Urlaubsfoto in den Händen halten, können wir uns kaum vorstellen, wie viele Arbeitsvorgänge erforderlich sind, um dieses Foto zu erstellen.

Der Produktionsprozess ist auf den Fotos in acht Schritten dargestellt. Das Unternehmen muss seine Produktion so einrichten, dass die verschiedenen Produktionsschritte nacheinander an den verschiedenen Arbeitsplätzen durchlaufen werden können (Reihenfertigung).

Der komplette Produktionsprozess ist dabei weitgehend automatisiert.

Packautomat

Auftragstaschen

Versandanlage

1. Beschreibe den Produktionsprozess anhand der Fotos. Du kannst auch Seite 45 zu Hilfe nehmen. ○

2. Erkläre, was „automatisierter Produktionsprozess" bedeutet. ◒

3. Vergleiche die Fertigung eines Fotos mit der Anfertigung einer Gardine bei einem Raumausstatter. Du kannst dazu auch unter http://berufenet.arbeitsagentur.de nachschlagen. ◒

Absatz

Ein Unternehmen muss für seine Produkte und Dienstleistungen Abnehmer finden, d. h. Konsumenten und Konsumentinnen, die damit ihre Bedürfnisse befriedigen wollen. Solche Abnehmer findet es nur, wenn
- für die Produkte und Dienstleistungen beim Verbraucher Bedürfnisse vorhanden sind oder diese geweckt werden können;
- die Verbraucher glauben, mit den angebotenen Produkten und Dienstleistungen ihre Bedürfnisse befriedigen zu können;
- die Verbraucher auch über die nötige Kaufkraft verfügen und bereit sind, ihr Geld für diese Produkte und Dienstleistungen auszugeben.

Eine Möglichkeit des Absatzes: der „Music Creator", mit dem man eigene CDs zusammenstellen kann.

Lageanalyse
a) Mit welchen Konsumenten hat das Unternehmen zu tun?
Ein Unternehmen benötigt eine Fülle von Informationen: Wie ist z. B. die Entwicklung des Käuferverhaltens, welche Gewohnheiten hat die Kundschaft, welche Fotoprodukte werden bevorzugt?
b) Mit welchen Konkurrenten muss das Unternehmen rechnen?
Ein Unternehmen ist nicht alleine auf dem Markt. Das Unternehmen benötigt deshalb Kenntnisse zum Verhalten der Wettbewerber: Wer ist noch Anbieter von Fotoprodukten? Was machen die anderen Wettbewerber besser, schlechter, genauso gut?
c) Welches sind die geeigneten Vertriebswege für die Produkte des Unternehmens?
d) Auf welchen Wegen gelangen die Produkte am besten an die Konsumenten und Konsumentinnen (z. B. über das Internet, den Einzelhandel usw.)?

1. Erläutere, welche Bedürfnisse beim Verbraucher mit dem „Music Creator" geweckt werden.

> **INFO**
>
> **Gewerkschaft**
> Interessenverband der Arbeitnehmer
>
> **Tarifauseinandersetzung**
> Verhandlungen zwischen Arbeitgebervertretern und Gewerkschaften z. B. um Lohn- und Gehaltshöhen.

Mit welchen Mitteln, welchen Instrumenten sollen die Ziele erreicht werden?

Ein Unternehmen setzt im Allgemeinen vier Instrumente ein, um seine Produkte oder Dienstleistungen an Konsumenten zu verkaufen:

a) Produktpolitik,
b) Preispolitik,
c) Absatzwegepolitik,
d) Kommunikationsmaßnahmen.

Produktpolitik

Als Produkt gilt alles, was auf dem Markt als Objekt angeboten wird. Das können konkrete Gegenstände wie Brötchen, Torten, Schrauben, Zahnbürsten und Fahrräder sein; aber auch Dienstleistungen wie ein Reiseangebot, ein Haarschnitt beim Frisör oder eine Rechtsberatung sind Produkte.

Hauptziel eines Unternehmens ist es, dass die Käufer die Produkte wegen ihres Nutzwertes und der Qualität positiv beurteilen und kaufen. Zur Produktpolitik gehört auch die Gestaltung des Produktes, der Produktname, die Verpackung, die Service- und Garantieleistungen eines Unternehmens.

Produktpalette bei CeWe Color

Preispolitik

Darunter wird verstanden, wie der Preis des Produktes oder der Dienstleistung gestaltet sein soll. Der Preis kann hoch oder niedrig sein, je nach Qualität und Käuferschicht, die man erreichen möchte.

Preise in einem Drogeriemarkt für Fotos

Absatzwegepolitik

Ein Unternehmer muss überlegen, auf welchem Weg sein Produkt am besten den Kunden erreicht, z. B. über einen Großhandel an den Einzelhandel, direkt von der Fabrik, durch den Verkauf über das Internet usw.

Auf dem Weg zu den Händlern

Drogeriemarkt als Händler

Kommunikationspolitik

Wer seine Produkte verkaufen will, muss die Konsumenten von den Vorteilen seines Produktes überzeugen. Dies geschieht zwar vor allem über die Qualität und über den Preis eines Produktes. Aber das Unternehmen muss auch für seine Produkte werben. Werbemaßnahmen sind ein wesentlicher Bestandteil der Kosten eines Unternehmens.

Messestand des Anbieters

METHODE

Arbeitsplatzerkundung

Arbeitsplätze in einem Unternehmen

Wenn ihr etwas über Arbeitsplätze in einem Unternehmen erfahren wollt, müsst ihr Arbeitsplätze erkunden, z. B. um zu erfahren, was eine Person an einem Arbeitsplatz macht, unter welchen Bedingungen sie arbeitet, welche Qualifikation sie benötigt usw.

Das Ergebnis fällt z. T. unterschiedlich aus – je nachdem, aus welcher Sicht ihr den Arbeitsplatz betrachtet. Für die Geschäftsleitung, die „Chefin" oder den „Chef" ist der Arbeitsplatz in erster Linie eine „Stelle". Wer auf ihr sitzt, muss bestimmte Aufgaben erledigen. Für die Arbeitsperson ist der Blickwinkel anders.
Die Arbeitsplatzerkundung hat einen klassischen Ablauf: Wo wird etwas getan? Was wird getan? Wie wird etwas getan?

Vorbereitung

1. Soll mit dieser Methode erfolgreich gearbeitet werden, ist diese Erkundung sorgfältig vorzubereiten. Als Hilfsmittel der Beobachtung könnt ihr benutzen:

> **B** **Merkmale eines Arbeitsplatzes**
> Wer einen Arbeitsplatz aus der Sicht der Arbeitsperson untersuchen will, sollte sieben Merkmale zur Unterscheidung von Wichtigem und Unwichtigem kennen, hier am Beispiel des Kfz-Mechatronikers:
>
> 1. Die Arbeitsaufgabe: *Reparatur von Personenkraftwagen*
> 2. Die Eingabe (input): *Dazu gehören die Materialien und die Informationen, die zur Erfüllung der Arbeitsaufgabe erforderlich sind, etwa Öle, Farben, Schaltpläne usw.*
> 3. Die Betriebsmittel: *Geräte, Maschinen, Anlagen, die zur Erfüllung der Arbeitsaufgabe nötig sind*
> 4. Der Arbeitsablauf: *die notwendigen Arbeitsschritte, die zu erledigen sind*
> 5. Die Arbeitssituation: *z.B. Einzelarbeit oder Teamarbeit*
> 6. Umgebungseinflüsse: *Einflüsse, die auf den Arbeitsplatz einwirken, z. B. Lärm, Schmutz, Kälte, Wärme, blendendes Licht*
> 7. Die Ausgabe (output): *das Arbeitsergebnis in Form eines Produkts oder einer Dienstleistung*

Erkundung

2. Die Arbeitsplatzerkundung wird nach dieser Vorbereitung durchgeführt.

Ergebnisse auswerten

3. Die Ergebnisse dieser Arbeitsplatzerkundung werden dann in der Klasse besprochen, um sie im Unterricht für die weitere Arbeit zu nutzen.

Vorschlag für einen Erkundungsbogen am Arbeitsplatz einer Fotografin

Ein Teil der Fragen ergibt sich aus dem Vergleich zwischen der Arbeit, die ihr geleistet habt, und der Arbeit im Fotobetrieb. Die weiteren Fragen solltet ihr aus der Grafik auf dieser Seite entwickeln.

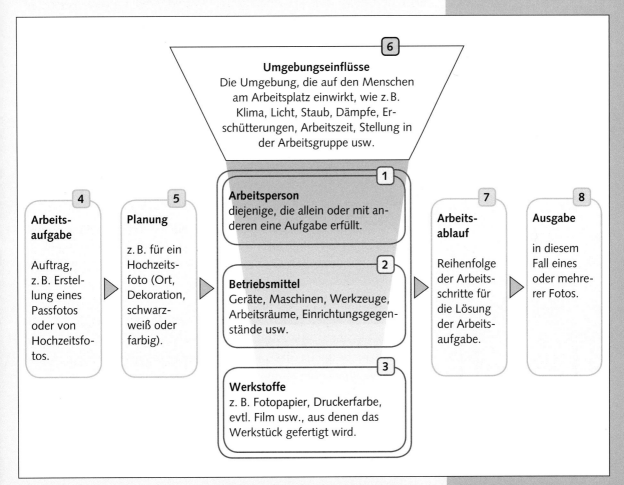

Merkmale des Arbeitsplatzes einer Fotografin (Die Nummern zeigen die Reihenfolge der Beobachtungen.)

B **Fragen zur Erkundung des Arbeitsplatzes einer Fotografin**

1. Beobachtet den Arbeitsablauf bei digitaler und analoger Fotografie und vergleicht sie. Worin unterscheiden sich die Tätigkeiten?

2. Welche Materialien werden verwendet?

3. Wie viel Zeit ist erforderlich bei der Erstellung eines Fotos?

4. Ein Kunde möchte ein Passfoto haben. Welche Arbeitsschritte sind dazu notwendig?

AUFGABEN UND ZIELE VON UNTERNEHMEN

7 Wirtschaftliches Handeln und Umweltbelastung

Täglich lesen wir in den Zeitungen oder erfahren über Rundfunk und Fernsehen immer neue Schreckensmeldungen über die zunehmende Verschmutzung und Zerstörung unserer Umwelt. Klimawandel, Waldsterben, Ozonloch, Fischsterben und Grundwasservergiftung sind nur einige Begriffe aus den Schlagzeilen zur Umweltproblematik.

Für die Verschmutzung bzw. die Zerstörung der Umwelt sind sowohl die privaten Haushalte, die Unternehmen als auch der Staat verantwortlich. Durch die Abgabe von Schadstoffen aus Produktion und Konsum (Emissionen) wird die Umwelt in vielfacher Weise geschädigt, da sie sie verändern (Immissionen).

Durch unser wirtschaftliches Handeln, d.h. durch Produktion, Konsum, Handel und Verkehr, sowie durch unsere Freizeitaktivitäten, zerstören wir die Umwelt vor allem in dreifacher Hinsicht:

1. Wir verbrauchen unwiederbringbar die Rohstoffe (Ressourcen) wie z.B. die Bodenschätze Öl, Kupfer, Eisen und Kohle. Das Wirtschaftswachstum geht einher mit erhöhtem Verbrauch von Rohstoffen und Energie. Das Ziel muss sein, mit dem Wachstum der Wirtschaft nicht in gleicher Weise den Ressourcenverbrauch zu erhöhen.

2. Wir verschmutzen Boden, Wasser und Luft. Mehr Wohlstand bedeutet mehr Abfälle, mehr Abwässer, mehr Luftverschmutzung. Auch hier muss das Ziel darin bestehen, das „Mehr" an Wohlstand nicht mit dem gleichen „Mehr" an Umweltbelastung zu verbinden.

3. Wir zerstören damit die ökologischen Systeme wie Wasserkreislauf, Ökosystem Wald, Nahrungsketten usw. Immer mehr Platz wird für Siedlungen und Industriegebiete benötigt. Für den wachsenden Verkehr werden immer neue Straßen gebaut. Im Zuge der Modernisierung der Landwirtschaft und Steigerung ihrer Produktion sind ganze Landschaften tiefgreifend verändert worden.

In unserem verwendeten Beispiel des Fotodienstleisters wird bei der Auswahl der Chemikalien eine Möglichkeit gezeigt, wie im Bereich Produktion die Umweltbelastung verringert werden kann.

> **Q** Die CeWe Color Gruppe verfolgt eine Unternehmenspolitik, bei der profitables Wachstum und Umweltschutz keine Gegensätze sind, sondern sich sinnvoll ergänzen. [...]
> Insbesondere die fotografische Entwicklung im Bereich der Bilder auf Fotopapier nutzt bereits im Material enthaltene Farbvorläufer, die bei der Entwicklung gezielt in bildgebende Farbstoffe umgewandelt werden. Außerdem legt CeWe Color im weiteren Prozess besonderen Wert

---

INFO

Emission
Aussendung von Störfaktoren in die Umwelt

Immission
Einwirken der Emission auf die Umwelt

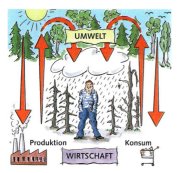

Der Zusammenhang von Wirtschaft und Umwelt – Emissionen und Immissionen

Quelle: nach:
www.cewecolor.de/index.php?id=1103

auf höchstmögliche Recyclingquoten. Zusätzlich arbeitet CeWe Color konsequent an der Minimierung von Abwassermengen und Abwasserbelastungen durch den Einsatz biologisch abbaubarer Bleichbäder und formalinfreier Schlussbäder.

Was ist eine Ökobilanz?

Um die negativen Umweltauswirkungen eines Produktes verringern zu können, ist es wichtig, den gesamten Lebensweg eines Produkts zu kennen. Eine Möglichkeit dazu ist das Erstellen einer Ökobilanz.

Die Ökobilanz ist ein Werkzeug, das die Umwelteinwirkungen messen kann, die bei der Produktion (Rohstoffgewinnung, Energiebereitstellung, Transport von Rohstoffen und der fertigen Produkte) entstehen. Außerdem werden die Nutzung und die Entsorgung des verbrauchten Produktes untersucht. Sie berücksichtigt den gesamten Lebensweg eines Produktes.

Fallbeispiel Mobiltelefon: Überraschend!

Q Auch für Experten bringen Ökobilanzen oft überraschende Ergebnisse. Der schwedische Mobiltelefon-Anbieter Ericsson hat anhand von Ökobilanzen berechnet, in welcher Lebensphase die von ihm angebotenen Handys die Umwelt am stärksten belasten. Demnach gehen 48 Prozent der gesamten Belastung auf das Konto jener Benutzer, die ihre betriebsbereiten Handys mitnehmen, die Ladegeräte aber nicht aus der Steckdose ziehen, sodass diese unnötig Strom fressen. Gute Ladegeräte verfügen deshalb über automatische Schalter, welche die Stromzufuhr unterbrechen, sobald die Batterien geladen sind. Dieses Fallbeispiel zeigt, dass Ökobilanzen unerwartete Ergebnisse ans Licht bringen können. So werden die ökologischen Schwachstellen eines Produkts aufgedeckt und können mit einfachen, kostengünstigen Maßnahmen behoben werden.

INFO

Recycling
Rückgewinnung von Rohstoffen aus Abfällen

Formalin
Chemische Lösung für die Konservierung von Fotos

INFO

Die in dem Text erwähnten guten Ladegeräte sind mittlerweile Standard.

Quelle:
Jordi B. (2001): Dem Lebensweg von Produkten auf der Spur. In: Umwelt (3/01), S. 51–53. BAFU, Bern.

---

1. Beschreibe mithilfe des Quellentextes, wie CeWe Color im Bereich der Digitaldrucktechnologie den Umweltschutzgedanken umsetzt. ○

2. Beschreibe, in welcher Lebensphase Handys die Umwelt am stärksten belasten. ○

3. Ermittle die Lösung für das Problem. ○

4. Veranschaulicht mithilfe von Beispielen, wer in besonderer Weise als Verursacher für einzelne Umweltgefahren mitverantwortlich ist. ◗

5. Diskutiert, inwiefern das Unternehmensziel, möglichst viel Gewinn zu machen, dem Gedanken des Umweltschutzes im Weg steht. Überlegt, welches Ziel für euch im Vordergrund stehen würde, und begründet eure Meinung. ●

VERSTEHEN

Einsparungen durch Umweltmanagement		
Maßnahme	Einsparung (Menge)	Euro
Energie	9 714 201 kWh	834 919,50
Abfall	1 315 t	842 968,96
Rohstoffe	39 t	555 062,32
Wasser	54 916 m³	434 478,75
Gefahrstoffe	19 t	115 612,00
Emissionen	2 586 CO$_2$ in t	
interne Prozesse		322 493,00
Einsparung gesamt		3 105 533,53
Investitionen gesamt		1 382 683,66

Quelle: www.existenzgruender.de/imperia/md/content/pdf/publikationen/gruenderzeiten/gz_05.pdf

INFO

Nachhaltiges Wirtschaften schaut nicht nur auf Wachstum und Gewinn, sondern auch auf die Folgen beim Gebrauch und bei der Entsorgung der Güter. Deshalb sollen
– weniger Rohstoffe verbraucht werden,
– nicht erneuerbare Rohstoffe durch nachwachsende ergänzt oder ersetzt werden,
– technische Verbesserungen zum geringeren Verbrauch der Rohstoffe führen,
– erneuerbare Rohstoffe nur in der Menge genutzt werden, wie sie sich in der gleichen Zeit regenerieren,
– in die Umwelt nur so viele Stoffe „entlassen" werden, wie dort aufgenommen werden können.

Umweltschutz in Unternehmen

Verbraucher kaufen immer häufiger Produkte umweltbewusster Unternehmen. Diese Zeichen der Zeit hat auch Molkereibesitzerin Dinter erkannt. Schon seit Längerem versucht sie, ihre Molkerei nach ökologischen Gesichtspunkten umzustellen.

 Eine clevere Geschäftsfrau:
Frau Dinter hat z. B.
– Firmenwagen mit Rußpartikelfilter angeschafft,
– FCKW-freie, energiesparende Kühlräume in ihre Molkerei einbauen lassen,
– die Plastikjoghurtbecher durch kompostierbare Becher ersetzt.

Auf diese Weise spart Frau Dinter nicht nur Geld, sie schont auch die Ressourcen und steigert sogar ihren Gewinn.
Die Entscheidung von Frau Dinter zugunsten der Umweltfreundlichkeit fiel nicht nur aus rein selbstlosen Gründen. Frau Dinter ist vielmehr eine kluge Geschäftsfrau: Vonseiten des Staates wird mehr und mehr auf Umweltschutz Wert gelegt. Dies zeigt sich in steuerlichen Nachlässen; außerdem werden immer mehr Umweltvorschriften erlassen, für deren Einhaltung Frau Dinter dank ihrer ökologischen Betriebsumstellung kaum noch Kosten aufwenden muss. So sichert sie sich auch ihre zukünftige Wettbewerbsposition.
Doch Frau Dinter möchte noch mehr: Sie will mit einem offiziellen Zeichen werben, dass sich ihr Unternehmen für die Umwelt einsetzt. Deshalb kümmert sie sich um die Teilnahme an dem sogenannten Öko-Audit (Audit bedeutet Überprüfung), das sich auf eine Verordnung der EU von 1993 gründet.

1. Veranschauliche anhand der Statistik, welche Vorteile der Umweltschutz Unternehmen bieten kann.

2. Erläutere mithilfe des Beispieltextes, warum es sich für Frau Dinter lohnt, umweltbewusst in ihrem Unternehmen zu handeln.

VERTIEFEN

Erfolgreiches Duo: Ökonomie und Ökologie?

Nachhaltiges Wirtschaften in Unternehmen sollte nicht nur auf Wachstum und Gewinn schauen, sondern auch auf die Folgen beim Gebrauch von Gütern. Hier tragen Unternehmer eine große Verantwortung.

Q Interview mit Prof. Dr. Maximilian Gege, Bundesdeutscher Arbeitskreis für umweltbewusstes Management e. V. (B.A.U.M.)

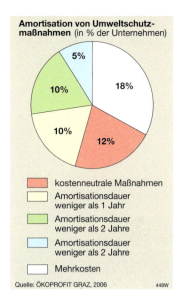

Frage: Was bedeutet nachhaltiges Wirtschaften?

Im Idealfall wird ein Unternehmen zunächst eine ökologische Schwachstellenanalyse durchführen, um festzustellen, wie hoch beispielsweise der Energie- und Wasserverbrauch ist, wie viel und welche Abfälle und Abwässer entstehen, welche umweltbelastenden Stoffe benutzt werden usw. […]

Frage: Das hört sich sehr anspruchsvoll an. Ist es auch umsetzbar?

Viele mittelständische Unternehmer sind zeitlich überfordert. Wir sagen deshalb: Man sollte die Latte nur so hoch hängen, dass möglichst viele noch darüber springen können. Das bedeutet: Der Unternehmer sollte zunächst einmal die Erfolgspotenziale von Umweltschutzmaßnahmen in seinem Betrieb abschätzen, um festzustellen, wie viele Kosten sich damit vermeiden ließen. Danach sollten Kosteneinsparungen vorgenommen werden, die sehr schnell umsetzbar sind, z. B. Nutzung von Energiesparlampen, Abstellen der Computer am Abend, Einbau von Zeitschaltuhren für Lampen. […]

Frage: Betrieblicher Umweltschutz ist bekannt als Querschnittaufgabe, die alle Unternehmensbereiche betrifft. Wie bewältigt man diese Aufgabe am besten?

Eine Voraussetzung für nachhaltigen Umweltschutz ist vor allem die Einführung eines Umweltmanagementsystems. Dazu brauche ich den „Machtpromoter", das wäre der Unternehmer, der sagt: „Ja, Umweltschutz hat einen hohen Stellenwert bei uns im Unternehmen." Außerdem brauche ich den „Fachpromoter", also den Umweltmanager, der in der Lage ist, fachlich das ganze Thema mit hoher Ausstrahlung, mit ausgeprägtem Umweltbewusstsein, viel Fingerspitzengefühl und entsprechendem Know-how im Betrieb erfolgreich umzusetzen. […]

INFO

Amortisation meint, dass anfängliche Aufwendungen für ein Objekt durch entstehende Erträge allmählich gedeckt werden.

promoten für etwas werben

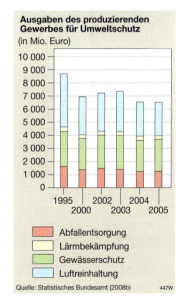

Quelle: GründerZeiten, aktualisierte Ausgabe Mai 2006, Hg. Bundesministerium für Wirtschaft und Technologie

---

1. Beschreibe Möglichkeiten, wie Unternehmen ohne viel Aufwand Umweltschutz betreiben können. ○

2. Diskutiere die Vor- und Nachteile, die mit dem Umweltschutz für Unternehmen verbunden sind. Nutze dazu auch die Statistiken. ●

LERNBILANZ

Am Ende dieses Kapitels solltest du die Aufgaben eines Unternehmens kennen und beschreiben können. Außerdem solltest du wissen, welche Ziele und Interessen Unternehmer einerseits und Beschäftigte andererseits haben.
Die betrieblichen Grundfunktionen Beschaffung, Produktion und Absatz wurden anhand eines Fotodienstleisters vorgestellt. Ihre Bedeutung und die Zusammenhänge zwischen den Bereichen solltest du wissen.
Weiterhin wurde in diesem Kapitel verdeutlicht, dass bei wirtschaftlichem Handeln die Umwelt beachtet werden muss und welche Maßnahmen Unternehmen dazu ergreifen könnten.
Mit den folgenden Aufgaben kannst du dein Wissen überprüfen:

1. Erkläre die Bedeutung von Unternehmen aus der Sicht von fünf unterschiedlichen Personen.

2. Nenne Ziele, die in einem Unternehmen sowohl vom Unternehmer als auch von den Beschäftigten verfolgt werden können.

3. Nimm Stellung zu folgender Aussage: „Mein Unternehmen ist keine Wohlfahrtseinrichtung, ich muss Gewinne machen. Wenn Produktivität und Wirtschaftlichkeit nicht stimmen, kann ich meinen Laden zumachen und davon haben meine Beschäftigten auch nichts."

4. Analysiert die durchgespielte Konfliktszene auf Seite 48 nach den nebenstehenden Kriterien.

5. Beschreibe die drei Grundaufgaben (Beschaffung, Produktion, Absatz) eines Betriebes am Beispiel eines Handwerksbetriebes. Betrachte dazu das Foto.

Kriterien zur Analyse von Konflikten
- Konfliktgegenstand
  Worum geht es bei dem Konflikt? Wird der Konfliktgegenstand in der Spielszene benannt oder wird er verschleiert?
- Konfliktursache
  Wo liegen die Ursachen für den Konflikt?
- Status (Stellung) der Konfliktparteien
  Wer argumentiert gegen wen? Wer verbündet sich mit wem?
- Austragungsweise
  Wie wird der Konflikt ausgetragen? Sind die Auseinandersetzungen sachlich, handgreiflich oder emotional (gefühlsbetont)?
- Argumentation
  Wie und durch welche Hinweise begründen die Konfliktparteien ihre Meinungen und Handlungen?
- Konfliktverlauf
  Was gibt den Anstoß zum Ausbruch des Konflikts? Wie setzt er sich fort?

64

6. Ordne die folgenden Tätigkeiten den jeweiligen Bereichen eines Unternehmens in einer Tabelle zu.

Produkte gestalten, Material bearbeiten, Personaleinstellungen vornehmen, Prospekte drucken lassen, Werkzeuge einkaufen, Kunden beraten, Ersatzteile besorgen, Waren ausliefern, Verkaufsgespräche führen, Arbeitsabläufe planen.

Beschaffung	Produktion	Absatz
…	…	…

7. Welche Aussagen sind richtig oder falsch? Begründe.
   a) Unternehmen brauchen sich keine Gedanken um die Umwelt zu machen. Das ist Aufgabe des Staates!
   b) Ich selber kann etwas für die Umwelt tun.
   c) CeWe Color beachtet die Umwelt bei der Produktion.
   d) Ökobilanz ist ein neues Modewort und nicht von Bedeutung!

8. Erkläre, warum die auf den Bildern gezeigten Tätigkeiten die Umwelt belasten können, und entwickle Vorschläge, diese Belastung zu verringern.

III Wirtschaften braucht Regeln und Akteure

Ihr habt euch bisher schon mit Haushalten und Verbrauchern auseinandergesetzt. Grundwissen zu den Aufgaben von Unternehmen besitzt ihr auch schon. Zwischen den Unternehmen und den Haushalten gibt es vielfältige Beziehungen. Damit diese Beziehungen, z. B. kaufen und verkaufen, nach sicheren Regeln ablaufen können, schafft der Staat mit Gesetzen und Verordnungen dafür die Voraussetzungen. Die Beziehungen zwischen Haushalten und Unternehmen und dem Staat könnt ihr mithilfe einer Methode kennenlernen: dem Wirtschaftskreislauf.

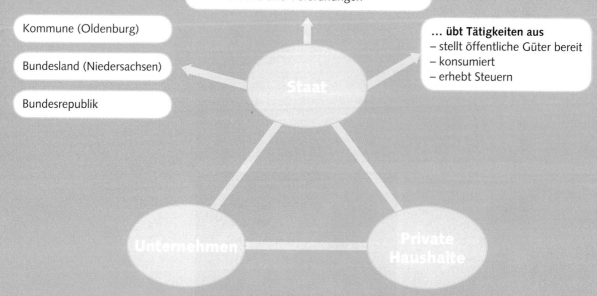

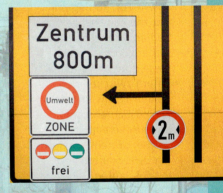

WIRTSCHAFTEN BRAUCHT REGELN UND AKTEURE

1 Wirtschaften braucht Regeln

Normalerweise weiß jeder, wie ein Fußballspiel abläuft. Es ist bekannt, wie viele Personen mitspielen dürfen, wie groß das Spielfeld ist, was als Foul gilt, wofür ein Strafstoß, ein Freistoß, ein Elfmeter verhängt wird, wie groß ein Tor ist und vieles mehr.

Jeder kennt das Ziel des Fußballspiels. Das heißt: Insgesamt weiß ein jeder, nach welchen Regeln gespielt wird und welches Ziel das Spiel hat. Der Spieler weiß, dass er diese Regeln einzuhalten hat, wenn er keine Bestrafung in Kauf nehmen will oder sogar vom Feld verwiesen werden könnte. Die Regeln gelten für die Bundesliga wie für die Kreisklasse.

Was nun aber sehr wichtig ist: Im Rahmen der Regeln kann man als Fußballspieler so kreativ sein, wie es nur geht, um das Spiel zu gewinnen, und der Linksaußen kann deshalb, wenn es die Spielsituation erforderlich macht, auch auf der rechten Seite des Platzes laufen und ein Tor schießen.

Solche Regeln bieten Sicherheit: Jeder Spieler weiß, wie er sich verhalten soll und dass Verstöße bestraft werden. Dies gilt auch für die Wirtschaft eines Landes. Eine Wirtschaftsordnung hat ebenfalls „Spielregeln", die man kennen muss, wenn man ihre Funktionsweise verstehen will.

> Auszug aus den Fußballregeln:
> - Die Partie wird von zwei Teams bestritten, von denen jedes höchstens elf Spieler aufweist.
> - Mit dem Anstoß wird die Partie begonnen oder fortgesetzt. Er erfolgt: zu Beginn des Spiels, nach einem Tor, zu Beginn der zweiten Halbzeit, zu Beginn jeder Hälfte einer Verlängerung (wenn diese notwendig ist).
> - Sofern zwischen den beiden Teams und dem Schiedsrichter nichts anderes vereinbart wurde, besteht ein Spiel aus zwei Hälften von je 45 Minuten Dauer.

1. Benenne den wesentlichen Unterschied zwischen den Regeln des Fußball- und des Handballspiels.
Wenn du das Handballspiel an dieser Stelle nicht kennst, dann findest du die Regeln unter: www.handballregeln.de. ○

2. Fritz: „Ich schlage vor, die Regeln des Eishockeys mit den Regeln des Fußballspiels einfach zu mischen. Das Beste aus beiden." Beurteile diesen Vorschlag. ●

68

Der Staat von morgens bis abends:

B Ein Tag im Leben der Jessica Meyer

An diesem nasskalten Novembermorgen wäre Jessica nach dem Klingeln des Weckers fast wieder eingeschlafen, hätte sie nicht das laute Rumpeln der Müllabfuhr aus dem Halbschlaf geweckt.
Sie eilt in das gut geheizte Bad, steigt unter die Dusche; der Wechsel von warmem und kaltem Wasser weckt ihre Lebensgeister. Nach einem etwas hektischen Frühstück radelt sie mit dem Fahrrad zur Schule, zunächst durch die spärlich beleuchteten Straßen ihres Wohnviertels, dann auf dem Fahrradweg entlang der taghell beleuchteten Hauptstraße. Ein Feuerwehrauto bahnt sich mit Blaulicht und Martinshorn seinen Weg durch den dichten Berufsverkehr. Vor einer Baustelle staut sich der Verkehr; hier werden die großen Rohre der Kanalisation, die das Schmutz- und Regenwasser aufnehmen, erneuert.

Feuerwehr im Einsatz

Nach wenigen Minuten stellt Jessica ihr Fahrrad im Keller des Schulgebäudes ab. In der ersten Stunde hat sie Physik im großen Übungsraum, dessen Einrichtung erst vor Kurzem auf den neuesten technischen Stand gebracht worden ist. Ganz anders sieht es im Klassenraum der 8a aus; eine Jahreszahl neben der Tür verrät, dass er vor über zwanzig Jahren zum letzten Mal renoviert worden ist. Auch die Fenster scheinen schon seit Langem nicht mehr geputzt worden zu sein. Dafür sei zurzeit leider kein Geld da, berichtete auf dem letzten Elternabend der Klassenlehrer. In der fünften und sechsten Stunde geht die Klasse zum Schwimmen ins nahe gelegene Hallenbad.

Eine Schule

Auf dem Rückweg erledigt Jessica noch einige Besorgungen. An der Kasse des Stadttheaters holt sie die bestellten Karten für die Vorstellung am Freitagabend ab; in der Bibliothek des Kulturzentrums leiht sie ein Buch für ihr Geschichtsreferat aus. Vor dem Rathaus herrscht große Aufregung; eine Gruppe von Müttern mit ihren Kindern protestiert mit Transparenten und Trillerpfeifen gegen die Kürzung der städtischen Zuschüsse für die Kindergärten. Auf dem Weg zum Bürgerbüro kommt Jessica an großen Schautafeln vorbei, auf denen die Bebauungspläne für das Neubaugebiet im Süden der Stadt und das neue Gewerbegebiet auf dem ehemaligen Bundeswehrgelände ausgestellt sind.

Ein städtisches Museum

1. Zähle die staatlichen Einrichtungen auf, die Jessica während des Tages in Anspruch genommen hat – oder denen sie begegnet ist. ○

2. Nimm einen Stadtplan oder Ähnliches und markiere die Stellen, an denen sich die Einrichtungen deiner Kommune befinden. Berichte, welche Dinge man hier erledigen kann und welche Erfahrungen du selber bereits gemacht hast. ⊖

Straßenbahn

WIRTSCHAFTEN BRAUCHT REGELN UND AKTEURE

Die Rolle des Staates im Wirtschaftsprozess

Wenn vom „Staat" gesprochen wird, sind damit Bund, Länder, Städte und Gemeinden gemeint. Diese sind in dreifacher Weise am Wirtschaftsprozess einer Volkswirtschaft beteiligt:

a) Der Staat produziert, konsumiert und erbringt Dienstleistungen (z. B. Gesundheitswesen, Sicherheit, Verwaltung).
b) Der Staat erhebt Steuern (z. B. Einkommensteuer, Gewerbesteuer, Kraftfahrzeugsteuer, Hundesteuer usw.) und verwendet diese für bestimmte Aufgaben (wie beispielsweise Sozialausgaben, Verteidigung, Forschung, Subventionen).
c) Der Staat versucht, durch Gesetze und Verordnungen den Rahmen für die Art und Weise des wirtschaftlichen Handelns abzustecken.

Viele Menschen glauben, wenn man von Staat spricht, dass damit ausschließlich die Bundesregierung in Berlin gemeint sei. Dies ist zwar nicht ganz falsch, aber auch nicht ganz richtig. Da in der Bundesrepublik staatliche Aufgaben von vielen Stellen erledigt werden, kommen wir als Bürger mit dem Staat auf verschiedenen Ebenen in Berührung. In unserer Gemeinde, der Kommune, sehen wir eine Fülle von staatlichen Einrichtungen wie z. B. das Bürgermeisteramt, das Ordnungsamt usw. Die Gemeinde, die Stadt und der Kreis befinden sich in einem Bundesland, in eurem Fall im Bundesland Niedersachsen. Die Landesregierung hat ihren Sitz in Hannover.

Im Landesparlament und in der Landesregierung werden jene Entscheidungen gefällt, über die ein Bundesland nach dem Grundgesetz der Bundesrepublik Deutschland allein entscheiden darf.

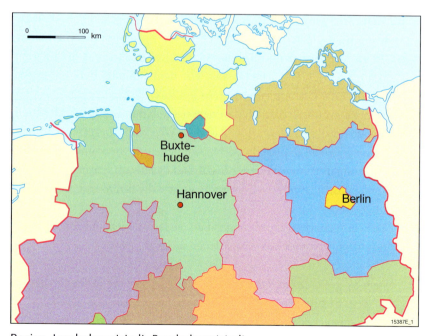

Region, Landeshauptstadt, Bundeshauptstadt

Je mehr Aufgaben der Staat zu bewältigen hat, desto komplizierter werden die Abläufe in der Verwaltung und damit für die Bürger oft auch unübersichtlicher und undurchschaubarer. Oft beschweren die Bürger sich über die „ausufernde Bürokratie". Viele Gemeindeverwaltungen nehmen die Kritik der Bürger ernst und bemühen sich um größere „Bürgernähe". In den heutigen Ämtern werden Bürger nicht länger als Antragsteller angesehen, sondern als „Kunden", denen man den bestmöglichen „Service" gewähren will, z. B. durch vielfältige Informations- und Beratungsangebote im Internet.

1. Nenne Beispiele, wo du oder deine Familie mit Behörden zu tun gehabt haben. ○

2. Benenne, worin für dich eine „kundenfreundliche" Gemeindeverwaltung besteht. ○

3. Überprüfe die Serviceangebote und Öffnungszeiten der Einrichtungen deiner Gemeinde unter dem Gesichtspunkt der „Kundenfreundlichkeit". ●

4. Stelle die Schritte zusammen, die für die Beantragung eines Personalausweises erforderlich sind. ◓

5. Versucht herauszufinden, welche Schritte erforderlich sind, eine Imbissstube zu eröffnen. Hinweis: Viele Städte und Gemeinden haben inzwischen eine Homepage, auf der man erste Informationen zur Lösung dieser Aufgabe herausfinden kann. ◓

71

VERSTEHEN

Gut, wenn alles funktioniert!

Unfall nach Ampelausfall
LAPPAN Polizisten müssen Verkehr auf Kreuzung regeln

OLDENBURG/RD – Nach einem Ampelausfall sind am Dienstag gegen 16 Uhr zwei Autofahrerinnen auf der Lappan-Kreuzung zusammengestoßen. Nach Polizeiangaben wollte eine Fahrerin von der Straße Am Stadtmuseum in den Heiligengeistwall einbiegen, die zweite Fahrerin war von der Moslestraße in Richtung Heiligengeistwall unterwegs. Eine Beifahrerin verletzte sich leicht. Laut Polizei waren die Ampeln auf der Kreuzung aufgrund eines technischen Defekts ausgefallen. Fünf Polizisten regelten im strömenden Regen bis 17.40 Uhr den Verkehr. Zeitweise kam es zu Staus.

Polizeieinsatz: Fünf Beamte regelten nach dem Ampelausfall den Verkehr auf der Lappan-Kreuzung. Bild: Von Reeken

Quelle: Nordwest-Zeitung, 14.01.2009

INFO

Konsequenz
Folge, Folgerichtigkeit

1. Beschreibt, was geschehen ist.

2. Überlegt, welche weiteren Folgen der Ampelausfall für den Verkehr in der Stadt gehabt haben kann.

3. Überlegt in einer Gruppe, welche Konsequenzen der Stromausfall für die privaten Haushalte, die Unternehmen, für öffentliche Einrichtungen (z. B. Krankenhäuser) haben könnte.

4. Habt ihr selbst bereits eine solche Situation erlebt? Beschreibt, was passiert ist und wie darauf reagiert wurde.

5. Nehmen wir Folgendes an: Es hat sich herausgestellt, dass die Störung durch defekte Leitungen verursacht worden ist. Es wird vermutet, dass noch weitere Leitungen in dem Ampelbereich betroffen sind.
Findet heraus, welche Konsequenzen dies für die Stadt haben könnte und erörtert, welche Maßnahmen getroffen werden müssten, um diese zu beheben.

Selbstkontrolle oder Staatskontrolle?

Tankstellen verpflichten sich: Kein Alkohol mehr an Jugend
Sucht Künftig flächendeckende Ausweiskontrollen geplant

Berlin/dpa – Im Kampf gegen das zunehmende Rauschtrinken Jugendlicher wollen die Tankstellen Minderjährigen künftig keinen Alkohol mehr verkaufen. Mit den geplanten flächendeckenden Ausweiskontrollen bis zu einem geschätzten Alter von 25 Jahren gebe die Branche ein Vorbild für den gesamten Handel, sagte die Bundes-Drogenbeauftragte Sabine Bätzing (SPD) am Donnerstag in Berlin. Grüne, Suchtexperten und Kinderhilfe zweifelten am Nutzen der Selbstverpflichtung und forderten Verkaufsverbote oder höhere Bußgelder. „An den Tankstellen in Deutschland soll an Jugendliche kein Alkohol mehr verkauft werden", sagte Karl-Friedrich Lihra, Vorstand des Bundesverbandes Tankstellen. Schnaps soll es wie vom Gesetz vorgeschrieben für Personen unter 18 Jahren nicht mehr geben, für unter 16-Jährige auch kein Bier und keinen Wein. Die Verbände der Tankstellen und der Mineralölwirtschaft sagten in einer in der Branche einmaligen Einmütigkeit verstärktes Einhalten des Jugendschutzes zu. Bätzing hofft auf eine Komplett-Umsetzung bis Jahresende. Künftig sollen vermehrt Kassencomputer das Personal warnen, wenn Alkohol oder Zigaretten über den Ladentisch gehen sollen. Ein Drittel der Geräte solle bis Jahresende auf- oder umgerüstet werden. Die Mitarbeiter der 15 000 Tankstellen sollten eine Online-Schulung erhalten, sagte Lihra. Laut Verbänden ist es für viele Angestellte schwer, „Nein" zu sagen.

Quelle: Nordwest-Zeitung, 06.06.2008

1. Beschreibt, weshalb Tankstellen sich selbst verpflichten sollen, keinen Alkohol an Jugendliche zu verkaufen. ○

2. Veranschaulicht grafisch, welche wirtschaftlichen Folgen der Nicht-Verkauf von Alkohol an Jugendliche für Tankstellen haben könnte, mithilfe eines Kreislaufmodells. ◐

3. Beschreibt, welche weiteren Branchen durch den Nicht-Verkauf von Alkohol an Jugendliche an Tankstellen positiv bzw. negativ betroffen sein könnten. ○

4. Problematisiert, weshalb man Zweifel haben kann, dass die Selbstverpflichtung durch Tankstellen etwas nützen wird, das Alkoholproblem der Jugendlichen zu verringern. ●

WIRTSCHAFTEN BRAUCHT REGELN UND AKTEURE

Gesetzestexte

Aufgaben des Staates in der Marktwirtschaft

a) Schaffung einer Rechtsordnung

Die erste und wichtigste Aufgabe des Staates ist es, eine Rechtsordnung zu schaffen, mit der die vielfältigen wirtschaftlichen Aktivitäten der Bürger gewährleistet werden können. Damit verbunden ist die Schaffung von Einrichtungen, beispielsweise Verwaltungen und Finanzbehörden, mit denen sich diese Regeln überwachen lassen.

Was heißt das? Es muss Regelungen dafür geben, was wir als Bürger tun/nicht tun dürfen, z. B. ob wir ein Unternehmen gründen dürfen. Im Grundgesetz ist geregelt, dass die Gewerbefreiheit es erlaubt, ein Unternehmen zu gründen. Der Bürger hat dabei die Möglichkeit, selbst zu entscheiden, ob er einen Kiosk, eine Möbelfabrik oder einen Partyservice eröffnet.

b) Bekämpfung von Störungen im Wirtschaftsprozess

Eine weitere wichtige Aufgabe ist es, dass der Staat versucht, Störungen, die im Wirtschaftsprozess auftauchen können, zu mindern. Dies ist eine besonders schwierige Aufgabe, die von den betroffenen Unternehmen und den Konsumenten unterschiedlich eingeschätzt wird: Eine Branche verlangt nach **Subventionen** für Kohle, eine andere ruft nach Subventionen für Werften oder für Landwirte. Andere wiederum sagen, dass Subventionen eines der größten Übel in einem marktwirtschaftlichen System seien, weil sie den notwendigen Strukturwandel nur verhinderten. Die Bürger wollen Steuersenkungen, neue Schulen, höhere Renten.

c) Strukturpolitik

Der dritte wichtige Bereich ist die Strukturpolitik: Nicht in allen Regionen in der Bundesrepublik gibt es gleichwertige Arbeits- und Lebensbedingungen. Deshalb fordern die Bürger einzelner Regionen, dass der Staat mithilft, um die Arbeits- und Lebensbedingungen für alle Menschen in der Bundesrepublik möglichst gleichwertig zu gestalten (vgl. Kapitel IV).

> **INFO**
>
> **Subvention**
> Zweckgebundene Unterstützung, die der Staat an private Haushalte, an Unternehmen oder andere Staaten aus öffentlichen Mitteln leistet.

Bundestag verabschiedet Konjunkturpaket II

Berlin – Der Bundestag hat am Freitag das zweite Konjunkturpaket der Bundesregierung verabschiedet. Mit den Maßnahmen will Deutschland die weltweite Finanz- und Wirtschaftskrise bekämpfen.
Mit einem Volumen von 50 Milliarden Euro für 2009 und 2010 ist es das umfangreichste Maßnahmenpaket der Nachkriegszeit. Das Gesetz sieht unter anderem eine Förderung der Investitionen bei Bund, Ländern und Gemeinden vor. Der Bundesrat muss noch zustimmen.

Quelle: Nordwest-Zeitung vom 13.02.2009

Geplante Strecke der A 22

1. Erich Kästner hat einmal gesagt: „Wenn ein Deutscher hinfällt, steht er nicht sofort auf, sondern fragt, wen kann ich verklagen?" Erklärt, welches Problem damit angesprochen wird. 🌗

2. Nehmt Stellung: Der Bau einer Autobahn hat für die Bürger einer Region Vorteile/Nachteile. ⬤

Der Staat benötigt Einnahmen

So wie die privaten Haushalte und Unternehmen hat auch der Staat Einnahmen, mit denen er die Vielzahl seiner Aufgaben versucht zu erfüllen. Die Steuern sind die wichtigste Einnahmequelle für Bund, Länder und Gemeinden.
Wichtige Einnahmequellen sind:

a) Die Lohn- und Einkommensteuer
Diese Steuer zahlt jeder, der ein Einkommen bezieht, unabhängig davon, ob er ein kleines Geschäft betreibt oder in einem Unternehmen beschäftigt ist, d. h. jeder in Deutschland muss auf seine Einkünfte Steuern zahlen. Die Höhe der Steuern ist abhängig von der Höhe des Einkommens: Wer viel verdient, muss im Verhältnis mehr Steuern bezahlen als jemand, der wenig verdient. Diese Steuer wird als direkte Steuer bezeichnet, weil sie direkt vom Einkommen abgezogen und dem Staat zugeführt wird.

b) Die Umsatzsteuer
Die Umsatzsteuer ist die Steuer, die wir fast täglich unbewusst zahlen, beispielsweise beim Einkaufen. Egal, ob wir uns einen Pullover kaufen, eine CD, einen Computer, eine Busfahrt machen, jedes Mal zahlen wir Umsatzsteuer. Im Alltag ist sie noch besser als Mehrwertsteuer bekannt.
Sie wird auch als indirekte Steuer bezeichnet. Da sie im Kaufpreis „versteckt" ist, wird sie auf einem Umweg über die Unternehmen erhoben und an den Staat abgeführt.

c) Unternehmen als Steuerzahler
Selbstverständlich zahlen auch Unternehmen Steuern. Zum einen sind es die Einkommensteuern, weil neun von zehn Unternehmen in Deutschland Personenunternehmen sind, d. h., die Inhaber zahlen auf ihre Gewinne Einkommensteuern.
Andere Unternehmen, wie GmbH und AG, müssen Körperschaftsteuer zahlen.

Quittung mit ausgewiesener Mehrwertsteuer

1. Ermittelt, wie hoch die Einnahmen des Staates insgesamt bei der Lohn- und Einkommensteuer sowie der Umsatzsteuer im Jahre 2008 in Deutschland gewesen sind. ○

2. Diskutiert, welche Gesichtspunkte bei der Höhe der Lohnsteuer aus eurer Sicht besonders berücksichtigt werden sollten, und überprüft eure Arbeitsergebnisse. Welche Faktoren werden tatsächlich bei der Höhe der Lohn- und Einkommensteuer berücksichtigt? ●

3. Überlegt: Wenn die Unternehmen die Mehrwertsteuer an den Staat abführen, ist das nicht günstig für die Verbraucher – oder? ●

WIRTSCHAFTEN BRAUCHT REGELN UND AKTEURE

Unterschiede zwischen privater und öffentlicher Wirtschaft

Gelegentlich ist vom sogenannten „Vater Staat" die Rede. „Vater Staat" bezeichnet jemanden, der wie ein fürsorglicher Familienvater immer das Beste für seine Familienmitglieder im Auge hat und danach strebt, dass es allen gut geht und sie ohne Not leben können.

Diese Vorstellung vom Staat ist nicht ungefährlich. Der Staat besteht eben auch „nur" aus solchen Menschen, die, wie alle anderen auch, neben ihren beruflichen auch sehr persönliche Interessen haben, wie z. B. Macht, Einkommen, beruflicher Aufstieg.

Konsumentin vergleicht Preise

Alle Beschäftigten arbeiten im Rahmen einer Ordnung in einer Behörde, beim Finanzamt, beim Bürgeramt, bei der Polizei, in einem Ministerium oder sie sind Mitglieder einer Partei, eines Verbandes usw. Sie haben dennoch verständlicherweise persönliche Ziele und Interessen.

Was sind deshalb die wesentlichen Unterschiede zwischen einer privaten und einer öffentlichen/staatlichen Wirtschaft?

Eigeninteresse und Gesamtinteresse

In einer privaten Wirtschaft handeln Konsumenten und Produzenten nach ihrem Eigeninteresse: Die Verbraucher wollen hochwertige Waren und Dienstleistungen zu möglichst geringen Preisen kaufen, um so mit dem ihnen zur Verfügung stehenden Geld möglichst viele Bedürfnisse befriedigen zu können.
Die Produzenten wollen ihre Produkte verkaufen, um Gewinne zu erzielen. Diese benötigen sie für die eigene Existenz und die ihrer Unternehmen. Verbraucher und Produzenten haben also jeweils ein Eigeninteresse, das sie auf Märkten zu realisieren versuchen.

Die Konsumenten suchen sich deshalb die Produkte und Dienstleistungen bei jenen Anbietern aus, die ihnen die günstigsten Bedingungen bieten. Auf diese Weise haben sie mit ihrem Kaufverhalten Einfluss auf Produzenten und sind „Aufpasser" für die Anbieter.

Unternehmer betrachten Einnahmen

Dadurch, dass jeder Konsument und jeder Unternehmer *seine* Interessen verfolgt, ist dies für *alle* von Vorteil.

Wie sieht es beim Staat aus?

Natürlich hat der Staat die Pflicht, für das Wohl der Allgemeinheit zu arbeiten. Aber der Staat ist nicht nur ein künstliches Gebilde, sondern besteht aus vielen einzelnen handelnden Personen, die alle wiederum auch eigene Interessen haben. Das eigene Interesse muss nicht gleich dem Wohl der Allgemeinheit sein.

Deshalb muss der Staat auf vielen Ebenen selbst kontrolliert werden, z. B. durch gesetzliche Regelungen und durch die Oppositionsparteien in den Parlamenten. Medien, wie Zeitungen und das Fernsehen, spielen bei der Kontrolle eine wichtige Rolle.

Eigenes und fremdes Geld
Was machen die Unternehmen mit ihren Einnahmen, mit ihrem Gewinn und die Konsumenten mit ihrem Einkommen?
Die Unternehmen können ihre Gewinne investieren, um z. B. neue und bessere Maschinen anzuschaffen, um Arbeitsplätze zu schaffen und so die Wettbewerbsfähigkeit des Unternehmens zu sichern. Die Konsumenten verwenden ihr Einkommen oder ihre Ersparnisse dazu, sich die Sachgüter und Dienstleistungen zu kaufen, die sie haben möchten.

Dies heißt: In einer privaten Wirtschaft geben die Unternehmer und die Konsumenten ihr *eigenes Geld* aus, um ihre eigenen Bedürfnisse zu befriedigen. Mit ihrem eigenen Geld werden sie sorgfältig umgehen und es nicht gedankenlos verschwenden.

Wie sieht es nun beim Staat aus? Der Staat erzielt Einnahmen durch Steuern von den Bürgern und arbeitet dann mit diesen Einnahmen. Die Versuchung besteht darin, dass Regierungs- oder Parteimitglieder mehr darauf achten, ihre persönlichen, parteipolitischen Interessen zu verfolgen, ohne das „Gesamtwohl" der Bevölkerung unbedingt im Auge zu haben.

Staat finanziert Brückenbau

Vor Wahlen werden nicht selten Versprechungen für die Zukunft abgegeben, die zwar schädliche Folgen haben können, mit denen aber die Bevölkerung dazu gebracht werden soll, eine bestimmte Partei zu wählen.

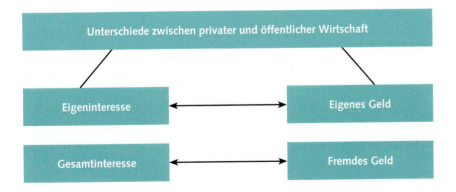

1. In den letzten Jahrzehnten sind in vielen Dörfern, Städten ehemals staatliche Aufgaben privatisiert worden. Erkundet in eurer Gemeinde, welche früheren Gemeindeaufgaben von privaten Einrichtungen übernommen worden sind. Untersucht, welche Absichten mit der Privatisierung von ehemals staatlichen Aufgaben verfolgt werden.

WIRTSCHAFTEN BRAUCHT REGELN UND AKTEURE

2 Gruppen im wirtschaftlichen Geschehen

Wir haben bisher gelernt, dass ohne feste Regelsysteme wirtschaftliches Handeln nicht möglich ist und Produzenten und Konsumenten mit großen Unsicherheiten auf allen Ebenen zu rechnen hätten.

Nun interessiert uns des Weiteren die Frage, wie sich die verschiedenen Akteure im wirtschaftlichen Geschehen unterscheiden lassen und wie ihr Handeln zusammenhängt.

Dabei werden wir auf die Wirtschaft unseres Landes aus der Vogelperspektive schauen.

> **INFO**
>
> **Akteur**
> Handelnder im Wirtschaftsgeschehen, z. B. Haushalte, Unternehmen, Staat

Wir beschäftigen uns mit der gesamten Gruppe der Unternehmen und der Konsumenten. Also blicken wir nicht mehr nur auf *einen* Konsumenten, z. B. Herrn Müller, oder *ein* Unternehmen, z. B. die Firma Schumacher aus Quakenbrück, sondern wir beobachten die gesamten Unternehmen und alle Konsumenten in Deutschland.

Und wir wollen feststellen, wie der Staat in das wirtschaftliche Geschehen eines Landes einzugreifen versucht. Dass die staatlichen Regeln erhebliche Auswirkungen auf die Unternehmen und die privaten Haushalte haben, wissen wir bereits.

Was aber besonders wichtig ist: Ihr lernt nun mit dem Wirtschaftskreislauf eine Analysemethode kennen, mit der sich das wirtschaftliche Geschehen näher untersuchen lässt.

1. Ordne die folgenden Aussagen den Akteuren im Wirtschaftsgeschehen zu. Wer könnte vermutlich was gesagt haben?
  – „Die Lohnkosten fressen mich auf."
  – „Die Steuereinnahmen haben sich schlechter entwickelt, als wir es vermutet haben."
  – „Bei diesen Zinsen können wir unser Haus wohl nicht lange halten."
  – „Die spinnen wohl, die Gewerbesteuer zu erhöhen."

Unterschiedliche wirtschaftliche Tätigkeiten und Interessen

Menschen können viele Tätigkeiten ausüben: essen, trinken, ein Buch lesen, ins Kino gehen, eine Fahrradtour machen, eine Disco besuchen, Freunde treffen, an einer politischen Versammlung teilnehmen, eine Zeitung lesen usw. Manche Tätigkeiten sind lebensnotwendig, andere machen einfach Spaß und/oder sind interessant.

Uns interessieren vor allem wirtschaftliche **Tätigkeiten**. Welche lassen sich unterscheiden?

a) Sachgüter und Dienstleistungen produzieren und verkaufen
Dabei kann es sich sowohl um die Produktion eines Tisches als auch um die Produktion von Brot, Butter, den Verkauf einer Urlaubsreise oder das Haareschneiden beim Frisör handeln.

Güter produzieren

Zum Herstellen von Produkten und zur Bereitstellung von Dienstleistungen werden nicht nur Güter von anderen Unternehmen benötigt, sondern auch menschliche Arbeitsleistungen, Räume, Werkshallen, Grundstücke, aber auch Maschinen usw.
Das heißt, wir benötigen Produktionsfaktoren wie z. B. Boden, Kapital und Arbeit (vgl. dazu auch Kapitel II).

b) Einkommen empfangen und verwenden
Wofür wird produziert? Personen arbeiten, um Einkommen zu erzielen und damit ihre Bedürfnisse aus Sachgütern und Dienstleistungen befriedigen zu können.

Einkommen verwenden

c) Vermögen bilden und anlegen
Einige Personen kommen mit ihrem Einkommen nicht aus, weil es tatsächlich zu niedrig ist oder weil sie vielleicht über ihre Verhältnisse leben. Andere wiederum sind in der Lage, von ihrem Einkommen etwas zu sparen, das Geld auf einem Konto bei der Sparkasse anzulegen oder eine Aktie zu kaufen usw.
Diese Personen bilden Vermögen für Konsumausgaben in der Zukunft.

Vermögen anlegen

d) Kredite kaufen und verkaufen
Für die Anschaffung einer neuen Küche oder für die Erweiterung eines Unternehmens benötigt man einen Kredit, der bei der Bank gekauft werden kann. Dieser Kredit muss zu einem bestimmten Zeitpunkt mit zusätzlichen Zinsen zurückgezahlt werden.
Diese Zinsen sind der Preis, den man für den Kredit bezahlen muss.

1. Überlegt, welche weiteren Beispiele ihr zu den Punkten a–d kennt, und schreibt sie auf. ○

Kredite kaufen und verkaufen

WIRTSCHAFTEN BRAUCHT REGELN UND AKTEURE

Alle Menschen, die mit diesen unterschiedlichen Tätigkeiten in irgendeiner Form am wirtschaftlichen Geschehen beteiligt sind, müssen nicht die gleichen **Interessen** haben. Derjenige, der Güter produziert und sie an Konsumenten verkaufen will, möchte möglichst viele Einnahmen für seine Produkte erzielen. Dagegen möchte ein Konsument für qualitativ gute Produkte möglichst wenig zahlen. Derjenige, der spart und sein Geld auf ein Bankkonto einzahlt, will hohe Zinsen dafür erhalten, während die Bank lieber geringe Zinsen zahlen möchte. Wer einen Kredit in Anspruch nehmen will, möchte diesen möglichst billig kaufen. Die Bank hingegen möchte möglichst hohe Zinsen vom Kreditnehmer erhalten.

Deshalb ist das wirtschaftliche Geschehen von sehr unterschiedlichen Interessen aller Beteiligten geprägt.

Wirtschaftsprozesse sind Tauschprozesse

B Beim Abendessen ergibt sich folgendes Gespräch zwischen Herrn und Frau Weber und den Kindern Frank und Ute:

Frau Weber: Gerd, ich brauche unbedingt neue Wintersachen. Mit den alten lasse ich mich nicht mehr auf der Straße blicken.
Herr Weber: Das ist okay, Ilse – ich konnte den alten Mantel sowieso nicht leiden. Hol dir das Geld vom Sparbuch. Ich war bei der Sparkasse. Unser Girokonto ist leider schon überzogen. Übrigens, den Schlafzimmerschrank kann ich bei uns in der Firma billiger bekommen. 550 Euro soll er noch kosten.
Frau Weber: Da kommt ja einiges auf uns zu.
Herr Weber: Sicherlich, aber wir können doch nicht erst zwei Zimmer anbauen, weil's uns hier zu eng wird, und dann lassen wir die neuen Räume leer stehen.
Frau Weber: Sicherlich, aber denk daran, dass morgen die vierteljährlichen Zinsen für das Baudarlehen wieder fällig werden.
Frank: Sparen, Sparen! Das hört ihr doch jeden Tag im Fernsehen. Ha, ich bin etwas sparsamer mit meinen Piepen umgegangen. Habe gerade wieder 66 Euro auf mein Sparbuch eingezahlt.
Ute: Habt ihr beim Essen keine anderen Gesprächsthemen als immer nur Geld, Schulden, Sparen? Ich wollte nachher mit Susanne ins Kino. Wer unterstützt denn mal eine arme Schülerin?
Herr Weber: Sieh mal an, unsere bescheidene Tochter, die Disco-Queen aus Celle – das Taschengeld ist wohl schon wieder weg. Deine Jeans in der letzten Woche haben auch 80 Euro gekostet.

Familie Weber beim Abendessen

1. Stellt in Gruppenarbeit die jeweils unterschiedlichen Interessen der Familienmitglieder gegenüber und versucht, ihre Bedürfnisse in eine Reihenfolge zu bringen. Vergleicht euer Ergebnis mit denen der anderen Gruppen und bewertet die Unterschiede bzw. Gemeinsamkeiten.

Fassen wir zusammen:
Unser Dorf – eine Volkswirtschaft im Kleinen

So wie in unserer Familienszene kann der wirtschaftende Mensch vier verschiedene Tätigkeiten ausüben.
Er kann
- etwas herstellen (produzieren), z. B. Möbel, eine Waschmaschine, eine Leiter, ein Auto, ein Radio usw.,
- ein Produkt konsumieren oder eine Dienstleistung in Anspruch nehmen, wie z. B. Lebensmittel, Kleidung, eine Schnellreinigung, einen Kfz-Betrieb für die Reparatur eines Autos usw.,
- etwas sparen und Vermögen bilden, z. B. zahlt Frank 66 Euro auf sein Sparbuch ein,
- Kredite kaufen bzw. verkaufen, z. B. hat sich Familie Weber bei der Bank ein Baudarlehen besorgt.

Durch diese vier unterschiedlichen wirtschaftlichen Tätigkeiten entstehen in einer Wirtschaft vielfältige Tauschvorgänge (Tauschprozesse).

Da in unserer Volkswirtschaft viele Millionen Menschen irgendeine dieser wirtschaftlichen Tätigkeiten ausüben, ergibt sich daraus für den außenstehenden Betrachter ein verwirrendes und kompliziertes Gefüge von Tauschprozessen.

WIRTSCHAFTEN BRAUCHT REGELN UND AKTEURE

3 Der Wirtschaftskreislauf: Modelle als Werkzeuge für das Denken

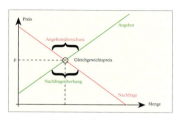

Ein Denkmodell

Die millionenfachen wirtschaftlichen Vorgänge (produzieren, verkaufen, Einkommen erzielen und verwenden, Kredite kaufen, verkaufen usw.) können durch Denkmodelle vereinfacht und übersichtlich geordnet dargestellt werden, damit ihr wichtige Zusammenhänge erkennen und euer Verständnis für wirtschaftliche Vorgänge verbessern könnt.

In Kapitel IX werdet ihr euch mit einer Denkweise auseinandersetzen, um wirtschaftliches Geschehen besser untersuchen zu können. Ihr lernt dort das „Denken in Modellen" am Beispiel der Preisbildung kennen und werdet untersuchen, wovon die Preise für ein Produkt oder eine Dienstleistung abhängig sind. Mit dem Wirtschaftskreislauf habt ihr dann eine Analysemethode, um die wesentlichen wirtschaftlichen Beziehungen mit den Geldströmen zwischen den Unternehmen, den privaten Haushalten und dem Staat darzustellen und zu beurteilen.

Auch andere Fächer wie Chemie, Physik z. B. haben bestimmte Denk-Werkzeuge, mit denen etwas untersucht wird. Dort ist beispielsweise eine typische Denk-Methode das Experiment, mit dem bestimmte chemische oder physikalische Probleme näher untersucht werden sollen.

Das Grundmodell

Das Grundmodell des Wirtschaftskreislaufs besteht aus zwei Akteuren: Private Haushalte und Unternehmen. Was machen diese?

In **Unternehmen** werden Güter hergestellt, wie z. B. Maschinen, Lebensmittel, Bekleidung, Autos. Oder sie bieten Dienstleistungen an, wie z. B. der Friseur, Banken oder eine Schnellreinigung. Alle Unternehmen der Bundesrepublik fassen wir in unserem Kreislaufmodell zum Sektor „Unternehmen" zusammen.

INFO

Sektor
Bereich, Gebiet

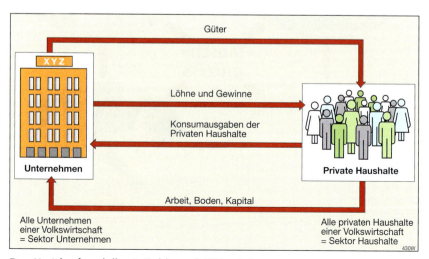

Das Kreislaufmodell mit Geld- und Güterströmen

Die **privaten Haushalte** stellen in unserem Denkmodell den Unternehmen ihre Arbeitskraft sowie Boden und Kapital zur Verfügung. Boden, Arbeit und Kapital werden auch als Produktionsfaktoren bezeichnet. Alle privaten Haushalte in der Bundesrepublik werden in unserem Kreislaufmodell zum Sektor „Haushalte" zusammengefasst.

Für die von den Unternehmen gekaufte Arbeitskraft sowie für die Produktionsfaktoren Boden und Kapital zahlen die Unternehmen Löhne, Gehälter, Zinsen, Pachten, Mieten und Gewinne. Diese Einkommen fließen wieder als Geldstrom in die privaten Haushalte zurück.

Mit den in den Unternehmen erwirtschafteten Einkommen kaufen die Haushalte verschiedene Güter, die in verschiedenen Unternehmen produziert wurden.
Damit fließt auch wieder ein Geldstrom von den Haushalten zurück in die Unternehmen. So kann der Kreislauf des Geldes wieder von Neuem beginnen.
Das Grundmodell eines einfachen Wirtschaftskreislaufs ist jetzt entwickelt. Wir können zwei entgegengesetzt verlaufende Ströme erkennen:

– **Den Geldstrom**
Die Einkommen der privaten Haushalte und die Konsumausgaben, die mit dem Einkommen bestritten werden, stellen den Geldstrom dar.

– **Den Güter- und Leistungsstrom**
Das sind die Produktionsfaktoren Arbeit, Boden und Kapital, die die privaten Haushalte den Unternehmen zur Verfügung gestellt haben. Von den Unternehmen fließt ein Güterstrom zu den privaten Haushalten zurück.
In den weiteren Kreislaufbildern werden nur noch die Geldströme dargestellt.

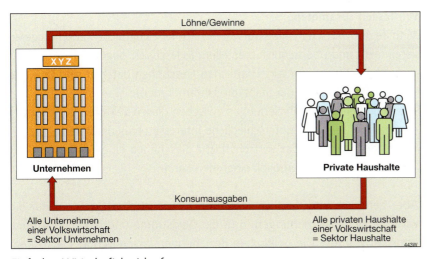

Einfacher Wirtschaftskreislauf

Wir erweitern das Grundmodell: der Staat

Die Abbildung auf Seite 83 stellt ein einfaches Grundmodell des Wirtschaftskreislaufes in seiner schrittweisen Entwicklung dar. Die wirtschaftlichen Vorgänge in einer Volkswirtschaft sind jedoch viel komplizierter. Der Staat ist der dritte große Sektor der Volkswirtschaft. Er greift in vielfältiger Weise in das Wirtschaftsgeschehen ein.

Die Unternehmen und privaten Haushalte müssen Steuern zahlen, denn der Staat braucht Geld für Straßen, Krankenhäuser, Renten, Löhne usw. Auch manchen Unternehmen zahlt der Staat Unterstützungen in Form von Subventionen (z. B. Landwirtschaft, Bergbau), um ihre Existenz zu sichern.

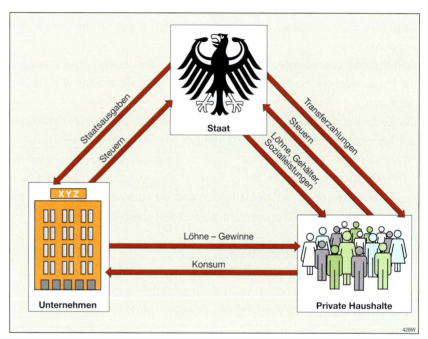

Der erweiterte Wirtschaftskreislauf

Wir fassen zusammen:
Mithilfe des Wirtschaftskreislaufs lassen sich wirtschaftliche Tauschprozesse vereinfacht und übersichtlich darstellen. Es lässt sich zeigen,
– welche Sektoren am wirtschaftlichen Geschehen beteiligt sind (z. B. die privaten Haushalte, der Staat, die Unternehmen),
– welche finanziellen Beziehungen zwischen diesen Sektoren bestehen,
– dass diese Sektoren unterschiedliche Interessen haben können,
– dass der Staat auf das wirtschaftliche Geschehen einer Volkswirtschaft z. B. mit seiner Steuerpolitik eingreifen kann.

Aber genauso wird deutlich, dass mit dem Wirtschaftskreislauf nur die wirtschaftlichen Beziehungen, d. h. die Geldströme und die Güterströme, erforscht werden. Die politischen Beziehungen lassen sich in solch einem (einfachen) Modell des Wirtschaftskreislaufs nicht darstellen.

METHODE

Internetrecherche

Das Internet bietet uns viele Möglichkeiten, schnell Informationen zu allen denkbaren Themen aus allen Teilen der Welt zu besorgen. Allerdings führt die unglaubliche Menge an Information auch dazu, dass das Internet als Dschungel erscheint, in dem man sich schnell verirren kann. Was sollte man beachten?

Vorbereitung einer Internetrecherche
Bevor man startet, muss man sich darüber im Klaren sein, was man überhaupt genau sucht. Folgende Fragen helfen dabei:

- Zu welchem Schwerpunktthema sollen Informationen beschafft werden?
- In welche einzelnen Aspekte kann das Thema unterteilt werden?
- Wofür werden die Rechercheergebnisse benötigt?
- Welche Informationsquellen erscheinen für das angestrebte Ziel sinnvoll?

Gerade die letzten beiden Fragen sind wichtig, denn abhängig davon, was ich am Ende mit der Information machen will (z. B. Nutzung in einem Referat, zur Vorbereitung einer Klausur, zur Erstellung eines Schülerzeitungsartikels) ist mal ein fachlicher Text, mal ein aktueller Zeitungsartikel, mal eine grafisch dargestellte Statistik usw. sinnvoll.

Durchführung einer Internetrecherche
Sofern man die genaue Internetadresse des gesuchten Informationsanbieters nicht kennt, helfen Suchmaschinen, Übersicht im Internet zu erhalten. Mit ihnen kann man nach bestimmten Begriffen die vielen Millionen Seiten des Internets durchsuchen lassen und bekommt die besten Treffer übersichtlich angezeigt. Allerdings gibt es viele solcher Suchmaschinen. Keine von ihnen ist in der Lage, alle Seiten im Netz nach den gewünschten Inhalten zu durchsuchen.

Auswertung einer Internetrecherche
Ganz wichtig ist es, dass man die im Internet gefundenen Informationen kritisch bewertet. Folgende Fragen sollte man klären, bevor man die gefundenen Informationen verwendet:

- Von wem kommt die Information und wie ist diese Quelle zu bewerten?
- Um welche Form der Information handelt es sich (z. B. Nachricht, Stellungnahme einer Institution, persönliche Bewertung)?
- Welche Interessen werden vom Anbieter der Information generell vertreten?

Recherchiert mithilfe des Internets. Wer ist zuständig?

1. Elke hat beim Spaziergang im Park ihre Handtasche verloren.
2. Die Klasse 8 b will in der Innenstadt Spenden für die Partnerschule in Indien sammeln.
3. Carla und Franz wollen im kommenden Monat heiraten.
4. Herr und Frau Meyer entrümpeln den Dachboden. Doch wohin mit dem vielen Müll?
5. Michael zieht in eine eigene Wohnung um.
6. Meyers wollen für ihr Zweitauto auf dem eigenen Grundstück einen Carport errichten. Dafür brauchen sie eine Genehmigung.
7. Der Reisepass von Herrn Schmidt ist abgelaufen.
8. Gestern wurde der kleine Felix geboren.
9. Bauer Blume will sich am Wochenmarkt mit einem Stand beteiligen.
10. Für ihr Praktikum im Krankenhaus benötigt Franziska ein Gesundheitszeugnis.

INFO

Einige bekannte Suchmaschinen:
www.google.de
www.web.de
www.yahoo.de
www.fireball.de
(Zeitungsartikel)
www.alltheweb.com
http://iq.lycos.de
http://de.msn.com/

L LERNBILANZ

In diesem Kapitel habt ihr insbesondere zwei Dinge lernen können: Für wirtschaftliches Handeln werden Regeln benötigt, die der Staat entwickeln muss. Der Staat benötigt Einnahmen, um seine Aufgaben erfüllen zu können.

Zweitens lassen sich im Wirtschaftsgeschehen mehrere Akteure erkennen, die in vielfältigen Beziehungen zueinander stehen. Für die Analyse dieser Beziehungen benötigen wir den Wirtschaftskreislauf als ein Analyseinstrument.

1. Beschreibe drei Aufgaben des Staates. ○

2. Erkläre, was ein „öffentliches Gut" ist. ◒

3. Überlege, welche Aussage richtig ist: ◒
   a) „Der Staat wohnt in Berlin."
   b) „Den Staat gibt es in der Kommune, auf Landesebene, auf Bundesebene."
   c) „Der Staat denkt immer an das Wohl der Bürger."

4. Erkläre, worin der Unterschied zwischen einer „direkten" und einer „indirekten" Steuer besteht. ◒

5. Untersuche, für welche Aufgaben der Staat seine Steuereinnahmen verwendet. ◒

6. Ordne die Ausgaben des Staates nach ihrer Höhe. ◒

7. Untersucht den Haushalt eurer Kommune und stellt grafisch dar, wofür eure Kommune die Steuereinnahmen verwendet. ◒

8. Diskutiert, weshalb es problematisch ist, den Begriff „Vater Staat" zu verwenden. ●

9. Nehmt Stellung zu folgenden zwei Aussagen: ●
   a) „Man sollte den Staat abschaffen, der nimmt uns nur unser sauer verdientes Geld weg."
   b) „Ohne Staat würden sich die Menschen nur den Kopf einschlagen und könnten auch nicht friedlich leben."

10. Beurteilt folgende Aussagen: ●
   a) „Ich als Unternehmer kann sehr gut ohne Regeln leben, der Staat behindert mich doch nur!"
   b) „Natürlich helfen mir gute Gesetze, um mein Unternehmen zu führen, aber manche Regeln behindern mich doch sehr."

11. Erinnert euch an Seite 73. Der Staat könnte den Alkohol-Verkauf an Jugendliche doch einfach verbieten und entsprechende Regelungen schaffen. Ermittelt die Gründe für dieses Verhalten des Staates.

12. Wenn ihr als Jugendliche den Alkoholverkauf an Jugendliche in Tankstellen stoppen wollt, wie würde eure Vorgehensweise sein? Entwerft eine entsprechende Verordnung. Schreibt mit euren Vorschlägen einen Brief an die Landesregierung.

13. Diskutiert das Für und Wider des Nicht-Verkaufs von Alkohol an Jugendliche.

14. Korrigiere die folgende Kreislaufabbildung.

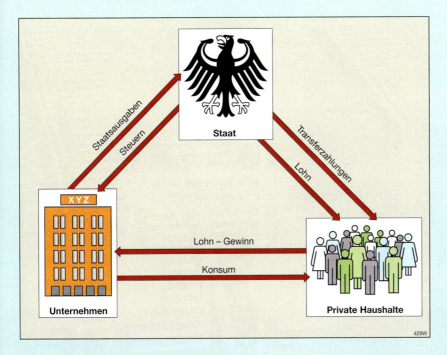

15. Überlege, welche Aussage richtig ist:
   a) Mit dem Wirtschaftskreislauf kann man untersuchen, ob sich die Familie Weber wirtschaftlich richtig verhält.
   b) Mit dem Wirtschaftskreislauf kann man feststellen, welche Parteien im Bundestag vertreten sind.
   c) Mit dem Wirtschaftskreislauf werden die Geldströme zwischen den privaten Haushalten, den Unternehmen und dem Staat dargestellt.
   Begründe deine Aussagen.

16. Schreibe einen Bericht zu dem gesamten Kapitel. Die einzige Grundlage für deinen Bericht ist die Grafik auf Seite 66. Dein Bericht sollte so anschaulich sein, dass auch Personen, die das Kapitel nicht kennen, z. B. deine Eltern, verstehen, was du gelernt hast.

Beruf 2: Berufsorientierung und Berufswahl

Es gibt sehr viele Möglichkeiten, eine Ausbildung zu machen. Dazu gibt es nicht nur viele Informationsquellen. Auch das Betriebspraktikum kann dabei hilfreich sein, die eigenen Interessen und Fähigkeiten in einem Betrieb zu überprüfen.

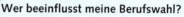

Berufsorientierung

- Was möchte ich, welche Erwartungen habe ich?
- Was kann ich? – Mein Kompetenzprofil

Wer beeinflusst meine Berufswahl?
– Freunde
– Eltern
– Unternehmen
– Berufsberatung

Wie kann ich mich orientieren?

- Welche Berufe gibt es? Wie lassen sie sich ordnen?
- Ausbildung oder Schule

Info-Quellen: z. B. Betriebspraktikum – Internet

Ansprechpartner: Berufsberatung – Eltern

Entscheidungsfindung

1 Die Ordnung der Berufe und der Ausbildungswege

Ein Zug läuft ein. Durchsage: „Endstation. Alles aussteigen." So ähnlich könnte auch die Durchsage am Ende eurer Schulzeit lauten. Und weiter: „Hier die nächsten Anschlüsse …" und das bedeutet: Entweder ihr beginnt eine Berufsausbildung oder ihr geht weiter zur Schule oder beginnt ein Studium. Hier müsst ihr eine erste Entscheidung fällen.

Gehen wir davon aus, dass ihr euch für einen bestimmten Beruf entscheidet, so stehen jetzt folgende Fragen auf eurem Fahrplan:

– Was kann meine Berufswahl beeinflussen?
– Welche Voraussetzungen bringe ich mit?
– Welche Anforderungen stellt der Beruf?
– Welche Informationsquellen gibt es?
– Wie plane ich meinen Berufsweg?

Wenn man alle Berufe unberücksichtigt lässt, die man nur durch den Besuch einer Berufsfachschule, Fachschule, Fachoberschule oder Hochschule erreichen kann, so bleiben immer noch über 340 anerkannte Ausbildungsberufe übrig, die man nach dem Schulbesuch erlernen kann.

Im Berufsschulbereich sind die Berufe in mehr als hundert **Berufsfelder** gegliedert, die wiederum in 16 Gruppen geordnet sind, da der Unterricht unterschiedlicher Berufe eines Berufsfeldes im ersten Jahr der Ausbildung häufig gemeinsam stattfindet. Die 16 Gruppen sind:

> Drei Schritte müsst ihr immer wiederholen:
> 1. Informieren
> 2. Analysieren
> 3. Abwägen und entscheiden

– Bau, Architektur, Vermessung
– Elektro
– IT, DV, Computer
– Landwirtschaft, Natur, Umwelt
– Metall, Maschinenbau
– Produktion, Fertigung
– Technik, Technologiefelder
– Gesellschafts-, Geisteswissenschaften
– Dienstleistung
– Gesundheit
– Kunst, Kultur, Gestaltung
– Medien
– Naturwissenschaften
– Soziales, Pädagogik
– Verkehr, Logistik
– Wirtschaft, Verwaltung

Quelle: http://berufenet.arbeitsagentur.de

1. Legt euch eine Bewerbungsmappe an, in die ihr alles das eintragt und sammelt, was für euch in den nächsten Kapiteln wichtig ist.

2. Job oder Ausbildung? Eure Antwort? Begründet.

2 Welche Entscheidung ist die richtige?

Bedeutung einer Ausbildung

Eigentlich sollte es heute keine Frage mehr sein, ob man eine Ausbildung macht oder sich einen Job sucht, für den man keine Ausbildung braucht. Denn es besteht wirklich kein Zweifel daran, dass eine Berufsausbildung in jedem Fall vorteilhafter ist. Wer eine Berufsausbildung hat,
– verdient nach der Ausbildung mehr,
– hat abwechslungsreichere Arbeit,
– arbeitet selbstständiger und trägt mehr Verantwortung,
– hat einen Arbeitsplatz, der sicherer ist,
– findet bei Arbeitslosigkeit schneller einen neuen Arbeitsplatz und
– hat viel größere Chancen für einen beruflichen Aufstieg.

Ferner ist es eine Tatsache, dass künftig kaum noch ungelernte Arbeitskräfte gebraucht werden. Job oder Ausbildung: Das ist wirklich keine Frage! Ihr steht nun vor einer doppelten Entscheidung:

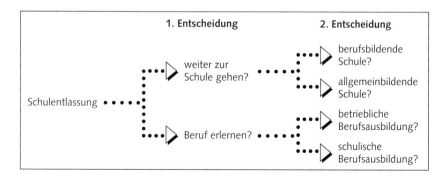

1. Erkundigt euch beim Berufsberater nach den Aufstiegsmöglichkeiten in eurem Wunschberuf.

Weiter zur Schule

Wenn ihr euch entscheidet, weiter zur Schule zu gehen, anstatt eine duale Ausbildung zu beginnen, stehen euch verschiedene Wege offen. Insbesondere berufliche Schulen bieten vielfältige und unterschiedliche Möglichkeiten sowohl im beruflichen als auch im allgemeinbildenden Bereich.

Q **Berufsfachschulen** sind Vollzeitschulen. Sie setzen je nach dem angestrebten Ausbildungsziel in der Regel das Abschlusszeugnis der Hauptschule oder das Abschlusszeugnis der Realschule bzw. einen mittleren Schulabschluss voraus. Die Bildungsgänge an Berufsfachschulen sind je nach beruflicher Fachrichtung und Zielsetzung von unterschiedlicher Dauer (ein bis drei Jahre). Unter bestimmten Voraussetzungen kann an Berufsfachschulen auch die Fachhochschulreife erworben werden.

Die **Fachoberschule** baut auf einem mittleren Schulabschluss auf und führt in verschiedenen fachlichen Schwerpunkten und Organisationsformen zur Fachhochschulreife. Sie umfasst in der Regel die Jahrgangsstufen 11 und 12. Die Fachoberschule endet mit einer Prüfung, deren Bestehen zum Studium an einer Fachhochschule berechtigt.
Sie gliedert sich in die Fachrichtungen:
– Wirtschaft und Verwaltung,
– Technik,
– Gesundheit und Soziales,
– Gestaltung,
– Ernährung und Hauswirtschaft und
– Agrarwirtschaft.

Fachschulen führen in Vollzeit- oder Teilzeitform zu einem staatlichen Berufsabschluss. Darüber hinaus können Fachschulen Ergänzungs- und Aufbaubildungsgänge sowie Maßnahmen der Anpassungsweiterbildung anbieten. Sie setzen den Abschluss einer einschlägigen Berufsausbildung in einem anerkannten Ausbildungsberuf und eine entsprechende Berufstätigkeit voraus.
Für folgende Fachbereiche gibt es Fachschulen: Agrarwirtschaft, Gestaltung, Technik, Wirtschaft, Sozialwesen.

Die **Berufsoberschule** führt in zweijährigem Vollzeitunterricht zur fachgebundenen Hochschulreife und mit einer zweiten Fremdsprache zur allgemeinen Hochschulreife. Die Berufsoberschule kann auch in Teilzeitform mit entsprechend längerer Dauer geführt werden. Voraussetzung ist der mittlere Schulabschluss und eine mindestens zweijährige erfolgreich abgeschlossene Berufsausbildung, bzw. eine mindestens fünfjährige einschlägige Berufstätigkeit. Das erste Jahr der Berufsoberschule kann durch andere zur Fachhochschulreife führende Bildungswege ersetzt werden.

> **INFO**
>
> **dual**
> parallel, eine Zweiheit bildend

Quelle:
nach: www.kmk.org/bildung-schule/berufliche-bildung.html

BERUFSORIENTIERUNG UND BERUFSWAHL

Anerkannter beruflicher Abschluss
Meister/-in (z. B. im Handwerk, in der Industrie, in der Landwirtschaft)
Vorbereitungslehrgänge
mehrjährige einschlägige berufliche Tätigkeit (für Industriemeister auch ohne Berufsabschluss mit mindestens achtjähriger einschlägiger Tätigkeit)
Fachwirt/-in Fachkaufmann/-frau (verschiedene Fachrichtungen)
Fachschule
mindestens drei Jahre Berufspraxis oder bei fehlendem Berufsabschluss mindestens sechs Jahre einschlägige Berufstätigkeit
Staatlich geprüfte/-r Techniker/-in (verschiedene Fachrichtungen)
Fachschule
mindestens ein Jahr einschlägige Berufspraxis ohne Berufsabschluss mindestens sieben Jahre förderliche Berufstätigkeit
Staatlich geprüfte/-r Betriebswirt/-in (verschiedene Fachrichtungen)
Fachschule
zwei bzw. drei Jahre einschlägige Berufspraxis; ohne Berufsabschluss mindestens fünf bis sieben Jahre einschlägige Berufstätigkeit

Betriebliche Ausbildung

Entscheidet ihr euch für eine Berufsausbildung, so ergeben sich wiederum zwei Möglichkeiten: Entweder werdet ihr in einem Betrieb ausgebildet und besucht während der Ausbildungszeit die Berufsschule (duales System). Oder eure Berufsausbildung findet – ganz oder überwiegend – an einer Schule statt (schulische Berufsausbildung).

Welchen Schulabschluss benötige ich für einen Beruf?

Welchen Schulabschluss ihr für einen Beruf braucht, ist durch die Art der Ausbildung vorgegeben. Für anerkannte Ausbildungsberufe, die dual ausgebildet werden, ist keine bestimmte Schulbildung und kein bestimmter Schulabschluss als Zugangvoraussetzung vorgegeben. Die Einstellungsbedingungen werden von den Ausbildungsbetrieben selbst festgelegt. Das sieht in der Praxis so aus, dass die Firmen oftmals zwar von sich aus keine bestimmten Schulabschlüsse vorschreiben, jedoch Bewerber mit höheren Schulabschlüssen vorziehen. Dann gibt es noch die schulischen Ausbildungsberufe, für die bestimmte Eingangsvoraussetzungen zu erfüllen sind.

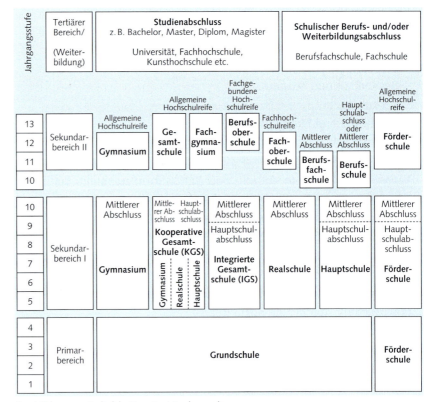

Ausbildungsmöglichkeiten in Niedersachsen

1. Erkundigt euch bei der Agentur für Arbeit, welche der in der Übersicht links aufgeführten Bildungsgänge in eurer Stadt bzw. in eurem Kreis angeboten werden.

Zur betrieblichen Berufsausbildung
Die betriebliche Berufsausbildung im **dualen System** ist der „klassische" Einstieg in einen Erstberuf. An drei bis vier Tagen arbeiten die Auszubildenden im Ausbildungsbetrieb, in dem sie vorwiegend die berufliche Praxis erlernen. Diese fachpraktische Ausbildung erfolgt entweder
– im Rahmen des normalen Betriebsablaufes,
– in einer gesonderten Lehrwerkstatt oder
– in betriebsinternen Schulungsräumen.
Ein bis zwei Tage pro Woche besuchen die Auszubildenden die Berufsschule, es sei denn, der Unterricht ist als Blockunterricht organisiert. Dann arbeiten die Auszubildenden für Monate nur im Betrieb, um dann z. B. drei Wochen lang nur zur Berufsschule zu gehen. Die Berufsschule soll die fachtheoretische Ausbildung leisten und weiterhin die Allgemeinbildung fördern. Die Angebote sind nach Wirtschaftsbereichen eingeteilt, z. B. in gewerblich-technische oder kaufmännisch-verwaltende Berufsschulen.

Lernort Betrieb

Der Bildungsgang der Berufsschule ist in der Regel gegliedert in:
a) Grundstufe (1. Berufsschuljahr): Die meisten der über 340 Ausbildungsberufe sind sogenannten Berufsfeldern zugeordnet. Da die Berufe eines Berufsfeldes viele gemeinsame Grundelemente aufweisen, erfolgt im ersten Jahr eine berufsfeldbreite Ausbildung nach einem gemeinsamen Lehrplan (vgl. Seite 94).
b) Fachstufe (2., 3. und 4. Berufsschuljahr): Da nun besondere Fachkenntnisse für die einzelnen Berufe zu vermitteln sind, werden in der Regel Fachklassen gebildet, in denen die Auszubildenden eines Berufes oder stark verwandter Berufe zusammengefasst sind, z. B. alle Zerspanungsmechaniker/-innen im 2. Ausbildungsjahr.
Oft können Firmen, insbesondere Klein- und Mittelbetriebe, ihren Auszubildenden nicht alle Kenntnisse und Fertigkeiten vermitteln, die in den Ausbildungsordnungen verlangt werden, weil entsprechende Tätigkeiten im Betrieb nicht anfallen oder bestimmte Maschinen und Geräte fehlen. In diesen Bereichen erfolgt die Ausbildung in überbetrieblichen Ausbildungsstätten, z. B. technischen Bildungszentren der Handwerkskammern.

1. Lest in „Beruf aktuell" die Angaben zu den nebenstehenden Berufen und beantwortet jeweils folgende Fragen:
　a) Erfolgt die Ausbildung im dualen System oder als schulische Ausbildung?
　b) Welche Eingangsvoraussetzungen (Schulabschluss usw.) werden gefordert, gibt es Ausnahmen dazu?
　c) Wie läuft die Berufsausbildung ab und wie lange dauert sie?
　d) Welcher Berufsabschluss wird erreicht?

2. Beschreibt die beruflichen Bildungswege für eure eigenen Berufswünsche. Lest „Beruf aktuell".

Berufe
Gärtnerin/Gärtner;
Arzthelferin/Arzthelfer;
Gesundheits- und Krankenpflegerin/Gesundheits- und Krankenpfleger;
Estrichlegerin/Estrichleger

BERUFSORIENTIERUNG UND BERUFSWAHL

Stufenausbildung in der Bauwirtschaft

Ausbildungsdauer in Jahren: 0 – 1 – 2 – 3

Bereich Hochbau (gleichlautende Ausbildungsinhalte für alle Bauberufe / berufsbezogene Vertiefung gleichlautende Ausbildungsinhalte im):
- Maurerarbeiten
- Beton- und Stahlbetonarbeiten
- Feuerungs- und Schornsteinbauarbeiten

→ Hochbaufacharbeiter/-in (Schwerpunkte):
- Maurer
- Beton- und Stahlbetonbauer/-in
- Bauwerksmechaniker/-in für Abbruch und Betontrenntechnik
- Feuerungs- und Schornsteinbauer/-in

Bereich Ausbau:
- Zimmerarbeiten
- Stuckateurarbeiten
- Fliesen-, Platten- und Mosaikarbeiten
- Estricharbeiten
- Wärme-, Kälte- und Schallschutzarbeiten
- Trockenbauarbeiten

→ Ausbaufacharbeiter/-in (Schwerpunkte):
- Zimmerer/Zimmerin
- Stuckateur/-in
- Fliesen-, Platten- und Mosaikleger/-in
- Estrichleger/-in
- Wärme-, Kälte- und Schallschutzisolierer/-in
- Trockenbaumonteur/-in*

Bereich Tiefbau:
- Straßenbauarbeiten
- Rohrleitungsbauarbeiten
- Kanalbauarbeiten
- Brunnenbauarbeiten
- Spezialtiefbauarbeiten
- Gleisbauarbeiten

→ Tiefbaufacharbeiter/-in (Schwerpunkte):
- Straßenbauer/-in
- Rohrleitungsbauer/-in*
- Kanalbauer/-in*
- Brunnenbauer/-in
- Spezialtiefbauer/-in*
- Gleisbauer/-in

Berufliche Grundbildung | Berufliche Fachbildung I | Berufliche Fachbildung II
1. Stufe — 2. Stufe

* Diese Ausbildungsberufe sind für die Industrie staatlich anerkannt. Zum Teil bilden auch Ausbildungsbetriebe des Handwerks in diesen Berufen aus.

Lehrwerkstatt eines Großbetriebes

Stufenausbildung

In vielen Wirtschaftszweigen ist die Ausbildung nach Stufen gegliedert, wobei zunächst mehrere Ausbildungsberufe zusammengefasst werden. Die Stufenausbildung führt über eine breite Grundbildung zu immer stärkerer Spezialisierung. In der Regel gibt es zwei Stufen:

– Im ersten Jahr werden Grundfertigkeiten vermittelt, die alle Berufe gemeinsam haben. So wird z. B. im Metallbereich für alle Fachrichtungen gemeinsam Werkstofftechnik, Maschinen- und Gerätetechnik sowie Informationstechnik gelehrt.

– Ab dem zweiten Jahr beginnt die Fachbildung bis hin zur Spezialisierung auf eine bestimmte berufliche Fachrichtung. In einigen Ausbildungsgängen, z. B. bei den industriellen Bauberufen (siehe Grafik oben), kann nach dem zweiten Ausbildungsjahr mit der Zwischenprüfung ein Berufsabschluss erworben werden. Wer nach dem dritten Ausbildungsjahr die Abschlussprüfung für die spezielle Fachrichtung nicht schafft, hat dann immerhin einen Facharbeiterbrief.

Die Stufenausbildung bietet auch folgenden Vorteil: Wer beispielsweise seinen Arbeitsplatz als Feuerungs- und Schornsteinbauer verliert, wird leichter einen anderen Arbeitsplatz am Bau finden, weil er aufgrund seiner breiten Ausbildung vielseitig einsetzbar ist. Durch die Stufenausbildung wird auch gesichert, dass auf neue technische Entwicklungen in einzelnen Berufsrichtungen schneller reagiert werden kann.

1. Erklärt mit eigenen Worten die Begriffe „duales System" und „Stufenausbildung".

3 Berufskundliche Entscheidungshilfen

Wer die Wahl hat, hat die Qual! Wer kann euch bei der Berufsfindung helfen, wer kann euch beraten und informieren? Es gibt mehr Möglichkeiten, sich Informationen über seine berufliche Zukunft zu verschaffen, als man auf den ersten Blick meint.

Personen:
– Eltern, Geschwister, Freundinnen, Freunde, Bekannte, Nachbarn; Lehrer/-innen, Handwerker und Händler, mit denen ihr regelmäßig zu tun habt
– Berufsberater/-innen, Berufspraktiker/-innen, Ausbilder/-innen, Personal- und Betriebsräte

Institutionen:
– Berufsberatung der örtlichen Agenturen für Arbeit, besonders das Berufsinformationszentrum (BIZ)
– Betriebe, Kammern, Innungen, Wirtschaftsverbände, Gewerkschaften
– Polizei, Bundeswehr, Verwaltungen, Sparkassen usw.
– Regierungen (Bundes-, Landesregierung)

Schulen:
– Berufsschulen, Schulen im Sekundarbereich II
– Schulaufsichtsämter von Städten und Kreisen informieren über regionale Ausbildungsmöglichkeiten nach dem jeweiligen Schulabschluss. Dort könnt ihr auch die jeweiligen Anmeldetermine, gesetzlichen Vorgaben und die Adressen erfahren. Diese Informationen sind genau auf eure Region zugeschnitten.

Medien:
– Zeitungen, Zeitschriften, Schulfunk und Schulfernsehen
– Berufskundliche Filme der Landesbildstelle und der Berufsberatung
– Berufsorientierende Vorträge von verschiedenen Institutionen: Berufsberatung, Handwerks- und Industrie- und Handelskammern, Volkshochschulen
– Internet

Praktika:
– Schulpraktikum
– Privates Praktikum in den Ferien

Erkundungen:
– Betriebserkundungen, Analyse von Arbeitsplätzen

1. Schreibt auf, welche Informationsquellen ihr bereits kennengelernt habt und welche ihr noch nutzen könnt.

METHODE

Vorbereitung

Durchführung

Auswertung

Entscheidung

Erkundung eines BIZ

Mit Sicherheit werdet ihr während eurer Schulzeit einmal das Berufsinformationszentrum (BIZ) aufsuchen. Oft geschieht das auf Einladung der Berufsberatung der Agentur für Arbeit, falls nicht, solltet ihr es auf jeden Fall erkunden.

1. Zur Vorbereitung der Erkundung
1. Findet heraus, wo das für euch zuständige BIZ liegt.
2. Erfragt, wer euer Ansprechpartner im BIZ ist.
3. Vereinbart einen Termin.
4. Legt eure Erkundungsschwerpunkte auf einem Erkundungsbogen fest, beispielsweise:
– Welche Informationsmöglichkeiten bietet das BIZ?
– Wie sind die Informationsangebote zu handhaben und zu nutzen?
– Welche technischen Fertigkeiten müsst ihr beherrschen?
– An welchen Berufen wollt ihr die Möglichkeiten, die das BIZ bietet, persönlich bzw. allgemein erproben?
– Welche weiteren Fragen habt ihr an die Berufsberatung?

2. Durchführung der Erkundung im BIZ
1. Den Berufsberater interviewen,
2. die Nutzung der Angebote des BIZ erklären lassen,
3. Erkundungen hinsichtlich der ausgewählten Berufe durchführen.

3. Auswertung der Erkundungsergebnisse
1. Ergebnisse diskutieren und auswerten, z. B. auf einer Info-Wand, durch den Entwurf eines Merkblattes „Tipps für den BIZ-Besuch".
2. Bewertung der Erkundung in einer Abschlussdiskussion:
– Habt ihr eure Erkundungsziele alle erreicht? Wenn nicht, woran lag es? Nehmt den Erkundungsbogen dazu.
– Hat es Schwierigkeiten gegeben? Wie habt ihr euch dabei verhalten?
– Welche Bedeutung haben die Informationen, die jeder zu seinen Wunschberufen erhielt, für seine Berufswahl?
– Welche Bedeutung hat der BIZ-Besuch auf euer weiteres Berufswahlverhalten?

4. Den weiteren Weg planen
Wenn ihr festgestellt habt, in welche Richtung eure Interessen bei der Berufswahl gehen, könnt ihr anfangen, den weiteren Berufsweg zu planen.
– Welchen Schulabschluss muss ich erreichen?
– Sollte ich außerhalb der Schule noch Kurse belegen oder Aktivitäten starten?
– Wo gibt es Ausbildungsmöglichkeiten für den Wunschberuf in der Region?

Internetrecherche

Eine Möglichkeit, die ihr ebenfalls bei der Suche nach einem Ausbildungsplatz nutzen könnt, ist das Internet. Die Bundesagentur für Arbeit bietet unter http://berufenet.arbeitsagentur.de aktuelle Informationen rund um euren Wunschberuf. Ihr könnt so im Internet alle Informationen zu den gewünschten Berufen und zur Ausbildung in den Berufen finden. Dabei ist es wichtig, auch Besonderheiten in der Region zu beachten. Ein Besuch im BIZ ist aber trotzdem sinnvoll.

1. Klickt auf der Startseite der Arbeitsagentur auf „BerufeNet".

2. Hier den gewünschten Beruf eingeben, z. B. „Bankkaufmann", dann auf „Suche starten" klicken oder die Suche von A–Z benutzen.

3. Ein Klick auf den Beruf öffnet die nächste Seite.

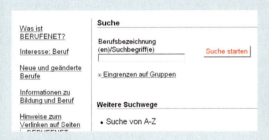

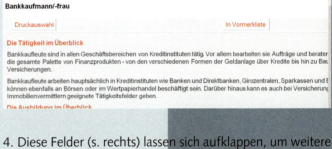

4. Diese Felder (s. rechts) lassen sich aufklappen, um weitere Informationen zu erreichen.

5. Ein Klick auf die einzelnen Links führt zu den Informationsseiten. Sie können über den „Druck-Button" ausgedruckt werden.

97

BERUFSORIENTIERUNG UND BERUFSWAHL

Das Betriebspraktikum: Vorbereitung – Durchführung – Auswertung

Im Betriebspraktikum kann man nicht nur Informationen zur Berufs- und Studienwahl und zu den Aufgaben und der Organisation von Betrieben bekommen, sondern, was noch viel wichtiger ist, es können auch erste eigene betriebliche Erfahrungen gesammelt werden.

Dabei darf man nicht außer Acht lassen, dass die Zufriedenheit von den Tätigkeiten abhängt, die man in einem Betrieb als Praktikant erledigen kann, aber auch von den Kolleginnen und Kollegen, denen man begegnet. In einer Rechtsanwaltskanzlei, in der Geheimhaltung, juristisches Fachwissen und selten praktische Arbeit gefordert ist, kann der Tag für einen Praktikanten sehr lang werden, während es in einem Kfz-Betrieb viele Aufgaben für Praktikanten geben kann.

Wie man mit den Mitarbeiterinnen und Mitarbeitern in einem Unternehmen auskommt, hängt einerseits von eurer eigenen Persönlichkeit und Bereitschaft ab, die Zeit des Praktikums intensiv für neue Erfahrungen zu nutzen, und andererseits davon, wie interessiert und hilfsbereit oder kommunikativ ihr seid.

Häufig hat man aber auch nicht den Wunsch-Praktikumsplatz gefunden, weil man sich zu spät gekümmert hat oder weil es in der Region keine oder wenig Angebote für den gewünschten Betrieb gibt.

Erfahrungen, die man im Praktikum für die künftige berufliche Orientierung sammeln kann:
- Wie geht man bei der Arbeitsplatzsuche vor, woran sollte man denken (Qualifikationen, Neigung, Interesse, Ausbildungsweg ...)?
- Welche Betriebe gibt es in der Region, welche Berufe gibt es dort?
- Wie haben sich die Anforderungen an bestimmte Arbeitsplätze entwickelt, wie können Arbeitnehmer sich darauf einstellen?
- Welche Aufgaben hat ein Betrieb?
- Wie ist ein Betrieb aufgebaut, welche Berufe gibt es in den Abteilungen?
- Welche schulischen Voraussetzungen braucht man für die Berufe?
- Achtung: Ausbildung in einem Betrieb heißt noch nicht Weiterbeschäftigung!
- Über die Praktikums-Präsentationen der Mitschüler lassen sich weitere Berufe kennenlernen.
- Schließlich: Auch das Anstreben der Selbstständigkeit, d. h. das Gründen eines eigenen Betriebes, sollte man nicht aus den Augen verlieren, diese Entscheidung muss aber gründlich überlegt und geplant werden.
- Die Tätigkeiten, die man als Praktikant ausführen kann, sind nicht unbedingt dieselben wie die, die man in diesem Beruf tatsächlich ausüben muss.

Die Vorbereitung

1. Organisatorische Vorbereitungen
z. B. zu folgenden Fragen:

- Welche Praktikumsbetriebe stehen uns zur Verfügung?
- In welchen Praktikumsbetrieb wollen die einzelnen Schüler?
- Welche rechtlichen Gesichtspunkte sind vorher zu klären, z. B. Unfallverhütungsvorschriften?
- Wie verhalten wir uns in bestimmten schwierigen Situationen, wenn z. B. Probleme mit dem betrieblichen Betreuer, Konflikte mit den Betriebsangehörigen auftreten?

2. Technische Vorbereitungen:
Über welche Arbeitstechniken müssen wir verfügen? (Z. B. Skizzen anfertigen, einen Arbeitsplatz beschreiben, ein Protokoll erstellen, einen Tagesbericht abfassen, ein Diagramm zeichnen, einen Produktionsablauf darstellen, eine Präsentation erstellen, z. B. PowerPoint.)

3. Inhaltliche Vorbereitungen:
Ohne ein Hintergrundwissen ist ein Betriebspraktikum nicht besonders ergiebig: Wer z. B. nichts mit den Begriffen „Absatz" oder „Aufbauorganisation" verbindet, wird im Betrieb all die Dinge übersehen, die sich dahinter verbergen und ohne die Betriebsabläufe nicht verstanden werden können.

Außerdem zeigt das Wissen über bestimmte betriebliche Abläufe auch das Interesse der Schüler und auch, wie ernst die Schule die Vorbereitung nimmt.

Während des Praktikums, aber auch danach, müsst ihr damit rechnen, dass euch Lehrer, Mitschüler und Eltern Fragen zu eurem Praktikumsbetrieb stellen, z. B.:

- Wie lange besteht der Betrieb schon und welche Zukunft hat er?
- Wie haben sich in den letzten Jahren die Arbeitsplätze entwickelt?
- Was wird dort hergestellt, und wie wird es verkauft?
- Wie ist der Aufbau des Betriebs?
- Wie sieht der Herstellungsablauf aus?
- Welche Abteilungen gibt es?
- Was ist das Betriebsziel?

Das bedeutet für euch: Augen auf und nachfragen! Sonst könnt ihr nicht beurteilen, ob der Betrieb für eine spätere Bewerbung infrage kommt.
Ihr müsst auch darauf vorbereitet sein, Fragen zu eurer Schule zu beantworten.

Im Praktikum

Wie erfolgreich dein Praktikum verläuft, hängt nicht nur von deinem Praktikumsbetrieb ab, sondern auch von dir selbst:
Wie du in der Lage bist, dich in eine neue Situation einzufühlen; wie du lernst, mit anderen Menschen umzugehen und wie genau du beobachtest und Fragen stellst. Und natürlich auch, wie engagiert du die dir übertragenen Aufgaben erledigst. Denk daran, auch die Betriebsangehörigen müssen sich auf dich einstellen, denn auch für sie ist es keine alltägliche Situation, einen Praktikanten bei sich zu haben. Natürlich können auch mal Konflikte auftreten. Es ist wichtig, dass du dich in Konfliktsituationen richtig verhältst. Von deinem Verhalten kann es abhängen, ob der Betrieb auch weiterhin Praktikanten eurer Schule aufnimmt.

Praktikum beim örtlichen Verkehrsunternehmen

Praktikum in einem Fliesenlegerbetrieb

Auswertung des Praktikums

Wer sich mit den Ergebnissen des Praktikums sorgfältig auseinandersetzen will, muss dessen Verlauf dokumentieren.
Sehr verbreitet ist der Praktikumsbericht, obwohl viele Schüler darüber stöhnen und häufig nicht berichten, was sie getan haben, sondern „was sie hätten tun können". Aber es gibt keinen Zweifel: Der Wert des Praktikums wird davon beeinflusst, wie ernsthaft ihr euch damit auseinandersetzt, was ihr im Praktikum tatsächlich gesehen, erfahren, empfunden habt und welche Erkenntnisse sich daraus, auch im Hinblick auf eure Berufswahl, ergeben. Deshalb dürft ihr vom Beginn bis zum Ende des Praktikums die Präsentation oder Auswertung nicht aus den Augen verlieren.

Die Praktikumspräsentation

Denkt daran, dass ihr den Praktikumsbetrieb auch vorstellen müsst. Sammelt während des Praktikums entsprechendes Material.

Damit sich jeder, der die Präsentation anschaut, eine Vorstellung vom Praktikumsbetrieb machen kann, solltet ihr auch seine Geschichte und die Entwicklung der Arbeitsplätze vorstellen.

Überlegungen zur Vorbereitung
- Kann ich mit jemandem zusammenarbeiten? (Gleicher Beruf/im selben Betrieb)
- Was habe ich an Medien und Materialien? (Fotos, Film, Prospekte, Muster, Skizzen …)
- Planung der Präsentation (Aufbau/Zeit, Technik, Zielgruppe)
- Was brauche ich an Materialien? (Karton/Computer …)

Erstellung der Präsentation
- Zielgruppe beachten (für wen soll die Ausstellung sein? Eltern/jüngere Schüler …),
- sauber und übersichtlich arbeiten (Überschriften hervorheben),
- nicht zu viele Texte (lange Texte vermeiden),
- Blickfänge schaffen (Muster/Modelle …).
- Was soll nach der Präsentation mit den Materialien passieren?

Präsentation
Beispiele für Präsentation (siehe auch Seite 102):
- Muss ich für Erklärungen anwesend sein?
- Beim Vortrag: laut und deutlich sprechen, Gliederung beachten, Folien oder Beispiele zeigen,
- bei einer „stummen" Ausstellung Fotos für die Mappe machen (beobachten, wie die Ausstellung ankommt/wie lange bleiben die Betrachter stehen?).

Planung

Vorbereitung

Durchführung

METHODE

Material vorbereiten

Interview durchführen

Wandzeitung montieren

Wandzeitung präsentieren

1. Wandzeitung
– es muss Material gesammelt werden (Fotos),
– alles muss gut lesbar sein, keine langen Texte,
– Blickfänge haben (Grafiken/Werkstücke/etwas Besonderes).

2. Werkstücke/Muster
– evtl. Werkstücke für die Präsentation erstellen,
– Arbeitsschritte durch Muster/Beispiele dokumentieren,
– Materialproben sammeln und beschriften.

3. Dia-Serie
– im Betrieb um Erlaubnis fragen,
– vorher eine Bildplanung erstellen,
– mehr Dias erstellen, als ihr braucht (Auswahl treffen),
 Gefahr: Die Dia-Serie darf das Praktikum nicht beeinflussen.

4. Interview
– Vorbereitung der Fragen und Absprache mit Befragten,
– auf Tonband oder schriftlich,
– deutlich sprechen,
– auf Antworten reagieren/eingehen.

5. Prospekte/Informationsmaterialien nutzen
– Prospekte vor dem Abheften kommentieren oder beschriften,
– evtl. Collagen anfertigen (wichtig: keine weißen Flächen lassen),
– Grafiken mit Bildern aus Prospekten unterstützen.

6. Skizzen/Grafiken
– gut geeignet sind z. B. Arbeitsplatz-Skizzen, Grundrisse von Räumen mit Angaben von Geräten und Maschinen,
– Skizzen/Grafiken von Arbeitsabläufen (Arbeitsschritte),
– die Aufbauorganisation als Grafik,
– seht euch Grafiken in Büchern an (wie sind sie gestaltet?),
– Grafiken über betriebliche Zusammenhänge (wer beliefert den Betrieb, woher kommen Materialien usw.),
– Grafiken über Ausbildungswege (Berufsberater/-innen oder betriebliche Betreuer/-innen können helfen).

7. Videofilm
– mit dem Betrieb absprechen, was aufgenommen werden darf,
– erstellen eines Drehbuches, festlegen der Inhalte der einzelnen Szenen,
– überlegen, wie die Vorteile eines Videos, die Darstellung von Bewegungsabläufen wirkungsvoll genutzt werden können,
– vorbereiten von Texten, die zu den Szenen gesprochen werden,
– Probeszenen drehen.

CHECKLISTE

Jetzt geht es darum, Berufe und Berufs- oder Ausbildungswege, die für dich infrage kommen, zu prüfen und alle Informationsmöglichkeiten zu nutzen.
Außerdem solltest du für dich festhalten, was noch zu tun ist.

1. Notiere aus den 16 Berufsfeldgruppen die Bereiche, die für dich am ehesten infrage kommen, und suche Berufe, die dazugehören.
2. Welchen Schulabschluss strebst du an, musst du noch etwas tun, um ihn zu erreichen?
3. Suche Argumente für oder gegen eine betriebliche Ausbildung für dich.
4. Wenn du eine duale Ausbildung planst: Stelle fest, wie der Berufsschulunterricht organisiert ist.
5. Prüfe anhand von „Beruf aktuell" nach, ob es für die von euch gewünschten Berufe eine Stufenausbildung gibt.
6. Finde heraus, welche Betriebe in deiner Region Ausbildungsplätze anbieten, die für dich überhaupt in Betracht kommen. Sichere das Material über diese Betriebe in deinem Berufswahl-Ordner.
7. Überlege, welche Personen, Institutionen oder Medien dir bei deiner Berufswahl helfen können. Schreibe zu nachfolgenden Möglichkeiten kurz auf, was du dir davon versprichst: Eltern, Berufstätige, (Nachbarn, Bekannte, Handwerker, Ausbilder...), Berufsberater, BIZ, Betriebe (Praktikum, Erkundung, Interview...), Kammern, Innungen, Berufsschulen, Zeitungen, Zeitschriften, berufskundliche Filme, Internet, Freund/Freundin.

Bei der Arbeitsplatzbeobachtung sehe ich, womit die Arbeitsperson arbeitet und wie der Arbeitsplatz gestaltet ist.

8. Hast du die Auswertungsergebnisse deines BIZ-Besuches in dem Ordner abgeheftet?

9. Welche Erfahrungen hast du bei deinem Praktikum gemacht?
    a) in Hinblick darauf, welche Einsichten du in betriebliche Abläufe bekommen hast.
    b) in Hinblick auf deine Berufswahl.

IV Leben und Arbeiten in der Region

Ihr geht in Niedersachsen zur Schule, genauer gesagt in einer bestimmten Region in Niedersachsen. Z. B. wohnt ihr auf dem Land oder in einer größeren Stadt. Wie kann man die Wirtschaft in eurer Region beschreiben? Welche Beziehungen gibt es in eurer Region zum Ausland? Im folgenden Kapitel erfahrt ihr, wie man einen regionalen Wirtschaftsraum untersucht und wie die Region in die weltweite Wirtschaft eingebunden ist.

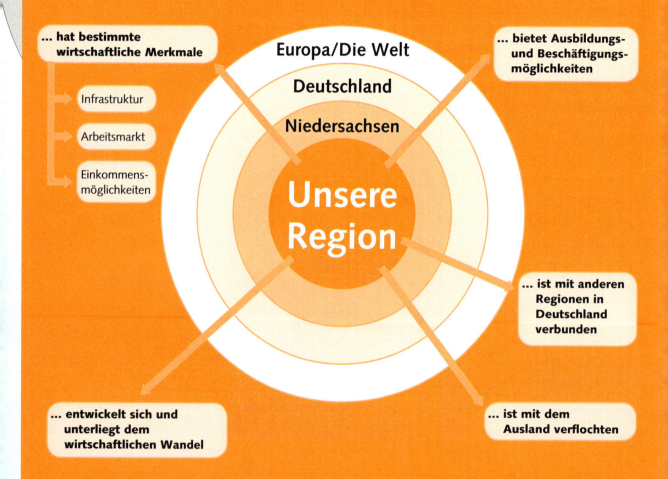

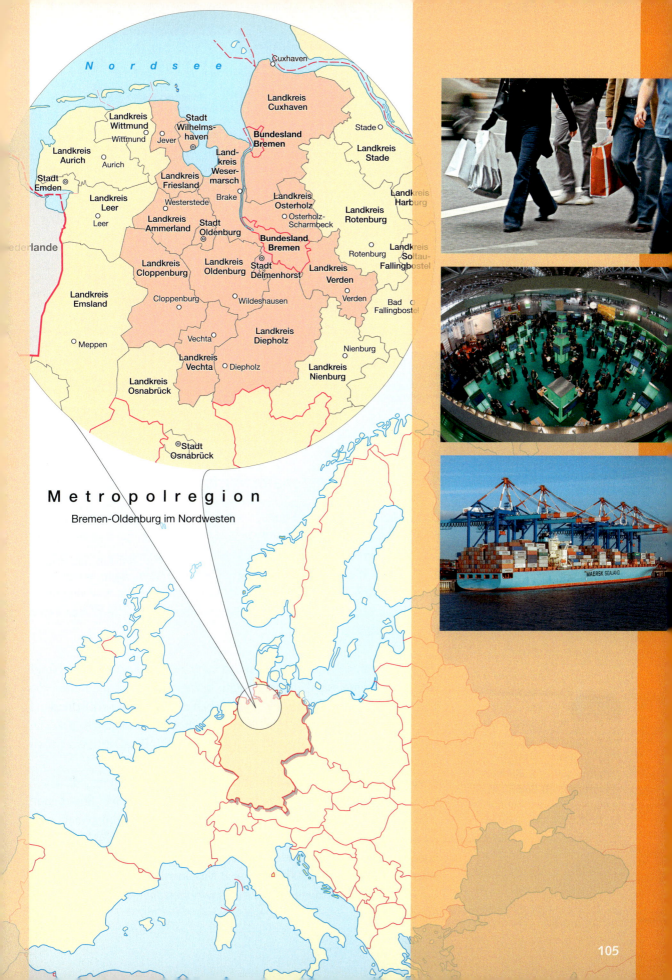

LEBEN UND ARBEITEN IN DER REGION

1 Was ist ein regionaler Wirtschaftsraum?

Deutschland besteht aus 16 Bundesländern, in denen insgesamt rund 82 Millionen Menschen leben. Große Gebiete, wie z. B. Niedersachsen, lassen sich wiederum in kleinere Gebiete einteilen, sogenannte Regionen. Anders als Städte und Länder, die festgelegte Grenzen haben, kann eine Region unterschiedlich bestimmt werden. So ist etwa Lüneburg eine Region in Niedersachsen, die mehrere Landkreise und kreisfreie Städte im Nordosten Niedersachsens umfasst.

Die Zusammenfassung von Städten und Landkreisen zu einer Region hängt von deren Gemeinsamkeiten ab. Diese beziehen sich auf die Kultur, die Wirtschaft oder auch die Politik. So sprechen die Menschen in Ostfriesland eine gemeinsame Sprache (Ostfriesisch) und haben traditionelle Bräuche (z. B. Tee trinken, Boßeln). Man kann auch sagen: Die Ostfriesen haben eine gemeinsame Kultur.

Regionen können aber auch aufgrund von Wirtschaftsstrukturen entstehen, die sich im Laufe von vielen Jahrzehnten entwickelt haben. So arbeiten Städte, Landkreise und Unternehmen häufig zusammen, um gemeinsame wirtschaftliche Ziele zu verfolgen. Diese Regionen werden als Wirtschaftsregionen oder Wirtschaftsräume bezeichnet. In Niedersachsen leben auf einer Fläche von fast 48 000 km² ca. 8 Millionen Einwohner. Es ist damit der Fläche nach das zweitgrößte, der Einwohnerzahl nach das viertgrößte Bundesland.

> **INFO**
>
> „Boßeln" ist ein Spiel bzw. eine Sportart in Ostfriesland. Boßeln ist plattdeutsch und steht für die Kugeln, die bei diesem Sport geworfen werden.

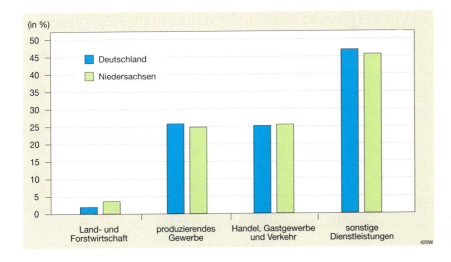

Quelle:
www.nls.niedersachsen.de und
www.destatis.de, eigene Darstellung

Niedersachsen in der Statistik

Erwerbstätigkeit und Arbeitslosigkeit

In Deutschland gibt es rund 40 Millionen Erwerbstätige. 3,6 Millionen davon sind in Niedersachsen erwerbstätig. Sie sind Arbeitnehmer oder Angestellte in Unternehmen oder selbstständig. In der oben stehenden Grafik könnt ihr erkennen, wie sich diese Erwerbstätigen auf die verschiedenen Wirtschaftsbereiche (siehe Erklärung auf S. 114) verteilen. Dargestellt sind nicht die absoluten Zahlen, sondern die Anteile.

Die Arbeitslosenzahlen gehen in den letzten Jahren zwar zurück. Aber es gibt leider immer noch sehr viele Menschen ohne Arbeit. In Niedersachsen beträgt die Arbeitslosenquote im Frühjahr 2009 etwa neun Prozent.

Unternehmen in Niedersachsen

In Niedersachsen gibt es viele sehr erfolgreiche Unternehmen, die vielen Menschen Arbeitsplätze bieten. Es gibt sehr große, wie z. B. die Volkswagen AG in Wolfsburg oder die TUI AG in Hannover, aber auch zahlreiche mittlere und kleine Betriebe in Niedersachsen, die Menschen Arbeit geben. Jedes Jahr werden rund 70 000 neue Unternehmen in Niedersachsen gegründet. Und ca. 3 000 Unternehmen müssen ihr Gewerbe wieder abmelden, weil das Geschäft nicht funktioniert.

Viele der Unternehmen in Niedersachsen haben auch Beziehungen zum Ausland. D. h. zum Beispiel, dass sie Produkte aus einem anderen Land einführen oder Waren in ein anderes Land ausführen. Wir als Verbraucher haben davon viele Vorteile, weil wir Waren aus aller Welt in den Geschäften kaufen können.

1. Bestimmt die geografische Lage eurer Region in Niedersachsen. ○

2. Zählt in eurer Region beheimatete Unternehmen auf. ○

LEBEN UND ARBEITEN IN DER REGION

2 Wie vergleicht man unterschiedliche Regionen?

Die Lebens- und Arbeitsbedingungen sind nicht nur in ganz Deutschland sehr unterschiedlich. Auch in einem einzelnen Bundesland gibt es ärmere und reichere Gegenden. In manchen Regionen haben die Einwohner höhere Einkommen, man sagt auch, sie haben eine größere Kaufkraft. In anderen Regionen ist die Arbeitslosigkeit sehr hoch, es stehen also nicht genügend Arbeitsplätze für alle zur Verfügung. Es gibt Gegenden mit Häfen und Flughäfen und vielen Autobahnen. Und es gibt Orte, von denen aus man sehr weit fahren muss bis zum nächsten Bahnhof. Auch die Einkaufs- und Freizeitmöglichkeiten sind sehr unterschiedlich. In manchen Gegenden hat man eine große Auswahl, an manchen Orten gibt es kaum kulturelle Angebote.

Man unterteilt, ganz grob, Regionen in sogenannte strukturstarke und strukturschwache Räume. Wenn das Land oder die Gemeinde die Lebens- und Arbeitsbedingungen in der Region verbessern will, muss man diese genau untersuchen. Dann weiß man besser, wo man etwas ändern kann.

Vier Jugendliche aus Niedersachsen beschreiben ihren Heimatort:

Nina, 13 Jahre

B „Meine Mutter und ich leben in einer sogenannten großen selbstständigen Stadt an der Nordsee, ganz im Nordosten Niedersachsens. Von zwei Seiten von Wasser umgeben, also etwas „ab vom Patt". Arbeitsplätze gibt es in unserer Stadt vor allem in der Fischereiwirtschaft und im Tourismus. Die Arbeitslosigkeit bei uns liegt bei knapp zehn Prozent, im Norden Niedersachsens ist die Quote insgesamt recht hoch. Die Infrastruktur in unserer Gegend ist ja auch nicht besonders gut. Viele Menschen ziehen in größere Städte, wo die Arbeits- und Lebensbedingungen besser sind. So auch mein Vater. Er hatte früher einen ganz guten Job in der Fischerei, aber dann musste das Unternehmen viele Arbeiter entlassen. Er hat uns leider verlassen und lebt jetzt in Hamburg… Mir gefällt es hier am Meer eigentlich sehr gut, aber ob ich hier einen Ausbildungsplatz als Bürokauffrau finden werde?"

Mehmet, 13 Jahre

„Wir wohnen in der größten Stadt in Niedersachsen. Zum Einkaufen haben wir es nicht weit, alle Geschäfte sind direkt vor der Wohnungstür. Das ist praktisch, aber natürlich auch laut, und die Luft ist manchmal nicht so besonders durch den starken Autoverkehr. Auch wenn meine Mutter als Krankenschwester relativ wenig verdient und es in unserer Stadt auch viele Arbeitslose gibt, sagt sie immer, dass die Einkommen in unserer Stadt im Vergleich insgesamt recht hoch sind und die Menschen auch aus dem Umland hier Arbeit suchen. Es gibt z. B. sehr viele Pendler. Die Bandbreite an Arbeitsplätzen in ganz unterschiedlichen wirtschaftlichen Bereichen ist hoch. Wenn ich meinen Schulabschluss

108

in der Tasche habe, werde ich versuchen, hier einen Ausbildungsplatz zu bekommen. Es gibt sehr viele kleine und große Unternehmen mit ganz verschiedenen Ausbildungsberufen. Eine der berufsbildenden Schulen ist nur eine Busstation von unserer Wohnung entfernt, hoffentlich klappt es."

„Meine Familie lebt in einem kleinen Dorf im Mittelgebirge Südniedersachsens. Hier gibt es viel schöne Landschaft und im Winter auch mehr Schnee als anderswo. Viele gestresste Leute aus der Stadt machen deshalb am Wochenende Ausflüge in unsere Ecke. Was nicht so gut ist: Es gibt kaum Arbeitsplätze, und die Löhne sind nicht gerade hoch. Mein Vater war ein paar Jahre ohne Arbeit, weil ein Betrieb in unserem Dorf pleitegegangen ist. Jetzt hat er zum Glück etwas Neues gefunden, muss aber jeden Tag 100 Kilometer pendeln. Meine Schwester ist mit der Schule fertig. Sie will gerne in eine große Stadt gehen, wo sie ihren Traumberuf lernen kann. Außerdem geht es ihr auf die Nerven, dass man in unserem Dorf so wenig unternehmen kann."

Philip, 12 Jahre

„Ich komme aus einer Region in Niedersachsen, die für die Ernährungswirtschaft nicht nur in unserem Bundesland eine große Rolle spielt. Bei uns gibt es viele sehr große und auch kleine landwirtschaftliche Unternehmen. Besonders Schweine und Geflügel werden in unserer Gegend gezüchtet und in ganz Deutschland und auch Europa verkauft. Es gibt nur wenige Menschen, die keine Arbeit finden. Den meisten geht es hier also recht gut, es gibt hier eine hohe Kaufkraft und man hat alles, was man zum Leben braucht. Wenn man die Landluft nicht so gerne mag, hat man natürlich schlechte Karten. Ich weiß noch nicht, ob ich mal im Betrieb meiner Eltern arbeiten möchte. Mein Traum ist es eigentlich, später in so einer riesigen Stadt wie Berlin zu leben, wo man wirklich alles vor der Haustür hat…"

Luisa, 13 Jahre

1. Die niedersächsischen Jugendlichen stammen aus einem Dorf bei Vechta, aus den Städten Cuxhaven und Hannover sowie einem Dorf im Harz. Ordnet die Aussagen der Schülerinnen und Schüler den richtigen Orten zu. ○

2. Stellt in eigenen Worten dar, wie unterschiedlich die Lebens- und Arbeitsbedingungen in Niedersachsen sind. ◐

3. Erschließt aus den vier Beispielen, welche Merkmale eher strukturstarke und eher strukturschwache Regionen haben. Ordnet die Beispiele strukturstarken und strukturschwachen Regionen zu. ◐

4. Beschreibt eure Stadt/euer Dorf in ähnlicher Weise wie die vier Jugendlichen. ○

109

3 Infrastruktur – was ist das?

Die Wirtschaft in Deutschland muss reibungslos funktionieren und sich gut entwickeln können. Dafür benötigt ein Land in allen Bereichen wirtschaftliche und organisatorische Grundlagen. Diese Grundlagen heißen zusammengefasst „Infrastruktur".

Man sagt, dass eine moderne Infrastruktur die Voraussetzung schafft für Wohlstand und Wachstum. Was aber ist damit gemeint, wenn ein Politiker sagt: „Wir müssen in die Infrastruktur investieren, um unsere Region zukunftsfähig zu machen!"? Es bedeutet, dass die Bedingungen für das Leben und Wirtschaften der Menschen vor allem in den folgenden Bereichen verbessert werden sollen:

1. Energie- und Wasserversorgung

Ohne Energie funktioniert in unserem Leben nichts. Haushalte und Unternehmen brauchen Gas, Mineralöl, Elektrizität und Wasser.
Dafür sind Strom- und Wasserleitungen erforderlich.

2. Information und Kommunikation

Informationen sind in unserem Leben sehr wichtig. Wir erhalten sie von der Presse, vom Fernsehen, dem Hörfunk, dem Internet und durch die Post. Eine gute Ausstattung mit Telekommunikation wird immer wichtiger.

3. Verkehrswesen

Damit ist gemeint, wie gut die Ausstattung mit Straßen, Eisenbahn, Kanälen, Häfen und Flughäfen ist. Gerade dieser Bereich hat Einfluss auf die Leistungsfähigkeit einer Region: Wie viel Zeit muss man aufwenden, um den Arbeitsplatz zu erreichen oder Waren zu transportieren? Wann fährt der letzte Bus zum Heimatort? Usw.

4. Kultur, Freizeit

Kultur- und Freizeitangebote machen eine Region lebenswert. Dazu gehören z. B. Theater, Kino, Museen oder Sportmöglichkeiten.

5. Verwaltung

Für eine Region ist es wichtig, dass die Verwaltung gut funktioniert. Damit ist gemeint, dass Einrichtungen einer Gemeinde oder Stadt ihre Bürger und Unternehmen mit Informationen versorgen, sie beraten und Verwaltungsaufgaben unbürokratisch lösen.

6. Gesundheits- und Sozialwesen

Hierzu gehören Krankenhäuser, die Ausstattung mit Ärzten, Spezialkrankenhäusern, Rettungsdiensten, d. h. alle Einrichtungen, die in Krankheits- und Notfällen für Hilfe sorgen. Es zählen aber auch alle Einrichtungen dazu, die Menschen in sozialer Not helfen.

7. Bildung

Besonders wichtig ist die Ausstattung mit Bildungsmöglichkeiten. Hierzu zählen z. B. Schulen und Hochschulen. Je besser das Bildungsangebot, desto mehr Menschen haben die Möglichkeit, ihren Traumberuf zu ergreifen.

1. Beschreibt, welche Bereiche der Infrastruktur ihr oder eure Familien regelmäßig nutzt. ○

2. Untersucht die Infrastruktur eurer Stadt oder Gemeinde mithilfe der genannten sieben Bereiche und veranschaulicht eure Ergebnisse. ◒

3. Beurteilt die Infrastruktur eurer Stadt oder Gemeinde. In welchen Bereichen könnte man verbessern? Begründet eure Meinung. ●

LEBEN UND ARBEITEN IN DER REGION

4 Wie untersucht man einen regionalen Wirtschaftsraum?

Man untersucht einen regionalen Wirtschaftsraum in drei Schritten:
Zunächst braucht man Informationen über die Lage, die Größe eines Wirtschaftsraums sowie die Anzahl der Einwohner.
Weiterhin fragt man danach, wie viele Beschäftigte in welchen Wirtschaftsbereichen tätig sind. Damit sind Gruppen von Unternehmen gemeint, die ähnliche Produkte herstellen oder ähnliche Dienstleistungen erbringen.
Schließlich muss man herausfinden, wie stark oder schwach die Infrastruktur eines Wirtschaftsraumes ist (vgl. S. 110–111).

Allgemeine Informationen

1. Wie ist der Name des Wirtschaftsraumes?
2. Aus welchen Landkreisen und Städten setzt sich der Wirtschaftsraum zusammen?
3. Wie ist die Lage des Wirtschaftsraumes in Deutschland?
4. Welche Landkreise, Städte, Bundesländer, Länder, Meere oder Gebirge grenzen an den Wirtschaftsraum?
5. Welche Fläche umfasst der Wirtschaftsraum?
6. Wie viele Einwohner leben im Wirtschaftsraum?

Beschäftigung

1. Wie viele Beschäftigte arbeiten im Wirtschaftsraum?
2. Wie verteilen sich die Beschäftigten auf die verschiedenen Wirtschaftsbereiche „produzierendes Gewerbe", „Handel und Verkehr" und „sonstige Dienstleistungen"?
3. Was sind wichtige Wirtschaftsbereiche im regionalen Wirtschaftsraum?
4. Was sind die größten Unternehmen im Wirtschaftsraum?
5. In welchen Wirtschaftsbereichen werden viele Ausbildungsplätze angeboten?

Infrastruktur

1. Welche Unternehmen sorgen für Energie- und Wasserversorgung?
2. Welche Zeitungen, Rundfunk- oder Hörfunksender gibt es?
3. Welche Kultur- und Freizeiteinrichtungen sind vorhanden?
4. Welche Einrichtungen des Gesundheitswesens (Krankenhäuser, Rettungsdienst, Arztpraxen) stehen zur Verfügung?
5. Welche Bildungseinrichtungen (Schulen, Hochschulen, Volkshochschulen) gibt es?
6. Welche Verkehrsinfrastruktur (Bahn, Autobahn, Hafen, Flughafen) ist vorhanden?

Man kann viele Fragen an einen Wirtschaftsraum stellen. Auf der nächsten Seite findet ihr ein Beispiel für eine Region im Nordwesten.

INFO

Informationen gibt es z. B. bei(m):
1. Kreis- und Stadtverwaltungen
2. Industrie- und Handelskammern
3. Arbeitsagenturen
4. Landesamt für Datenverarbeitung und Statistik
5. Niedersächsischen Wirtschaftsministerium
6. Presse- und Informationsamt der Landesregierung in Hannover

5 Metropolregion Bremen-Oldenburg im Nordwesten

Eine Metropolregion hat hohe Bedeutung für die Entwicklung eines Landes. Sie umfasst Städte, aber auch ländliche Gebiete. Die Europäische Union entscheidet darüber, welche Region zur Metropolregion wird. Es gibt in Deutschland zurzeit elf Metropolregionen. „Bremen-Oldenburg im Nordwesten" wurde 2006 gegründet. Die Unternehmen und die Verwaltung in dieser Region schließen sich zusammen, um in allen Bereichen noch besser und erfolgreicher zusammenzuarbeiten. Man sagt auch, dass man Stärken bündeln will. Im Nordwesten spielt zum Beispiel die maritime Wirtschaft eine große Rolle.

Die Häfen in Bremen und Niedersachsen sind wichtige Drehscheiben für den weltweiten Handel. Denn fast alle Produkte, die wir konsumieren, kommen in Containern über die Häfen in unsere Geschäfte – in Oldenburg genauso wie in München.

Ein weiteres wichtiges Feld ist die Energiewirtschaft. Es gibt im Nordwesten viele Unternehmen, die darüber forschen, wie man die Bevölkerung auch in Zukunft mit Energie sicher versorgen kann.

Weiter gibt es einen Bereich, der nicht nur im Nordwesten bedeutsam ist: die Ernährungswirtschaft.

> **INFO**
>
> **Metropolregion**
> stark verdichtete Großstadtregion

Daten und Fakten zur Metropolregion Bremen-Oldenburg

	Fläche in km²	Einwohner (2006)	Arbeitsplätze (2006)	Landwirtschaftlich genutzte Fläche 2004, Anteil an Gesamtfläche in %	Bruttowertschöpfung in Mio. Euro (Jahr: 2004)	Bruttowertschöpfung je Einwohner in Euro (Jahr: 2004)
Metropolregion	11.627	2.382.265	723.288	69,1	55.232	23.300
Land Bremen	404,28	664.258	271.867	28,6	21.662	32.700
Land Niedersachsen	47.618	7.996.942	2.320.167	60,9	167.985	21.000
Deutschland	357.104,07	82.371.955	26.354.336	53,0	2.003.180	24.300

1. Zählt die Städte und Landkreise auf, die zur Metropolregion Bremen-Oldenburg gehören. ○

2. Ermittelt mithilfe eures Schulatlasses wichtige Bereiche der Infrastruktur der Metropolregion. ○

3. Wertet die Tabelle „Daten und Fakten" aus. ◓

4. Wählt einen Wirtschaftsraum, den ihr untersuchen wollt. Untersucht den Wirtschaftsraum nach den Kriterien auf Seite 112. Stellt die Ergebnisse eurer Untersuchung textlich und grafisch dar. ◓

Quelle:
nach: Infobroschüre „Daten und Fakten Metropolregion Bremen-Oldenburg im Nordwesten", Hg. Metropolregion Bremen-Oldenburg im Nordwesten e.V., Mai 2007

LEBEN UND ARBEITEN IN DER REGION

6 Ausbildung und Arbeit in der Region

INFO

Industrie- und Handelskammer
Pflichtorganisation aller Unternehmen, mit Ausnahme reiner Handwerksunternehmen, Landwirtschaftsbetriebe und Freiberufler

Wir schauen uns den Bezirk der Oldenburgischen Industrie- und Handelskammer näher an. Hierzu zählen die Städte Delmenhorst, Oldenburg und Wilhelmshaven sowie die Landkreise Ammerland, Cloppenburg, Friesland, Oldenburg-Land, Vechta und Wesermarsch. Für diese Städte und Kreise gibt es Daten und Fakten zum Ausbildungs- und Arbeitsmarkt.

Um diese Daten besser einordnen zu können, müssen wir zuerst klären, was Wirtschaftsbereiche sind. Grob gibt es drei Wirtschaftsbereiche:

Land- und Forstwirtschaft, Fischerei	Produzierendes und verarbeitendes Gewerbe (Industrie und Handwerk)	Dienstleistungen (Handel, Gastgewerbe, Verkehr, sonstige Dienstleistungen)
Der erste Wirtschaftsbereich liefert die Rohstoffe für den zweiten Wirtschaftsbereich.	In diesem Wirtschaftsbereich werden Rohstoffe zu Produkten verarbeitet.	Im Wirtschaftsbereich „Dienstleistungen" wiederum werden die vielen Produkte zu den Verbrauchern gebracht.

So verteilen sich im IHK-Bezirk Oldenburg die Erwerbstätigen auf die Wirtschaftsbereiche:

	Anzahl der Unternehmen am 30.06.2008	Beschäftigte am 30.06.2007 insgesamt	... in der Land- und Forstwirtschaft, Fischerei	... im produzierenden und verarbeitenden Gewerbe	... im Handel, Gastgewerbe, Verkehr	... im sonstigen Dienstleistungsbereich	Arbeitslose 2008
Bezirk der Oldenburgischen IHK	62.116	309.929	8.539	103.221	72.196	125.973	40.935 (= 7,8 %)

Quelle: www.ihk-oldenburg.de/download/ths_zahlenspiegel_2008.pdf

Neu eingetragene Ausbildungsverträge im IHK Bezirk Oldenburg
140 Berufe können junge Menschen im Oldenburger Land erlernen. Insgesamt gibt es über 10 000 Ausbildungsverhältnisse im IHK-Bezirk. Von 2 470 neuen Ausbildungsverträgen 2008 waren 1 729 im kaufmännischen Bereich angesiedelt, der Rest im gewerblich-technischen Bereich. Die folgenden Berufsgruppen waren dabei am stärksten vertreten: 1. Handel (508 Verträge), 2. Metalltechnik (307), 3. Industrie (234), 4. Hotel, Gaststätten (221), 5. Banken (182), 6. Elektrotechnik (155).

1. Nennt Unternehmen in eurer Stadt/eurem Dorf aus den unterschiedlichen Wirtschaftsbereichen. ○

2. Ermittelt die Ausbildungssituation in eurer Region. ◐

Erkundung des regionalen Arbeits- und Ausbildungsmarktes

Vorbereitung in der Schule
In der Klasse erarbeitet ihr einen Erkundungsbogen. Dazu könnt ihr Gruppen bilden, die sich mit einzelnen Themen genauer beschäftigen und Fragen entwickeln, z. B. zu folgenden Problemen:

1. Wie lauten die aktuellen Arbeitslosenzahlen auf dem Arbeitsmarkt in eurer Region? Wie hoch sind diese im Vergleich zum Land Niedersachsen und ganz Deutschland?
2. In welchen Berufen gibt es freie Stellen, welche Berufe sind besonders von Arbeitslosigkeit betroffen?
3. Wie ist die Lage auf dem Ausbildungsstellenmarkt? In welchen Berufen gibt es genügend Ausbildungsplätze, in welchen Berufen sind sie knapp?
4. Welche Berufe sind zurzeit die Top-Ten der Bewerber um eine Ausbildungsstelle? Welche Unterschiede gibt es hier zwischen den Wünschen von Mädchen und Jungen?
5. Welche Umschulungs- und Weiterbildungsmaßnahmen bietet die Arbeitsagentur für Arbeitslose an?
6. Gibt es zurzeit besondere Förderprogramme, um Jugendliche in Ausbildung und Arbeit zu vermitteln?
7. Gibt es Sonderprogramme, um arbeitslose Jugendliche ohne Hauptschulabschluss zu vermitteln?
8. Wie hoch ist das Arbeitslosengeld und wer bekommt wie viel?
9. …

Wichtig ist aber auch zu bedenken, dass ihr die Experten, z. B. Angestellte in der Agentur für Arbeit bittet, euch einen Gefallen zu tun, und dass sie nur wenig Zeit haben. Weiterhin: Sollen einzelne Erkundungsschritte z. B. schriftlich oder mit einem Aufnahmegerät festgehalten werden?
Da ihr vielleicht bei eurer Erkundung den normalen Arbeitsablauf stört, solltet ihr um Erlaubnis für die Erkundung bitten und eine Besuchszeit vereinbaren. Dabei könnt ihr anbieten, euren Erkundungsbogen vorab dem Gesprächspartner zuzusenden, sodass man sich dort auf die Beantwortung eurer Fragen vorbereiten kann.

Auswertung
Nach der Erkundung erfolgt die Auswertung der Ergebnisse. Dies könnt ihr z. B. mit einer PowerPoint-Präsentation oder einer Wandzeitung machen. Zur Nachbereitung gehört auch, dass ihr zusammen diskutiert, was gut und was nicht so gut gelaufen ist und was man das nächste Mal verbessern kann.

Vorbereitung

Durchführung

Auswertung

LEBEN UND ARBEITEN IN DER REGION

7 Unsere Waren – aus aller Welt, in alle Welt

Egal, ob ihr in einer großen Stadt lebt oder auf dem Land, an der Küste oder im Harz, an der holländischen Grenze oder auf einer ostfriesischen Insel: Alle sind in ihrer jeweiligen Region mit dem Ausland verbunden. Internationale Beziehungen sind heute so vielfältig und auch selbstverständlich, dass uns die vielen Beispiele im Alltag gar nicht immer bewusst sind.

Marie

B **Unsere Waren kommen aus der ganzen Welt**
Wenn Marie (13 Jahre) aufsteht, zieht sie eine Jeans (USA), einen Pullover (Spanien) und Sneakers (China) an. Dann frühstückt sie ein Müsli (Schweiz) mit Banane (Kolumbien) und trinkt einen Tee (Indien). Sie fährt normalerweise mit ihrem Fahrrad (Japan) zur Schule, manchmal nimmt ihr Vater sie auch im Auto (Frankreich) mit…

Der Blick in den Tagesablauf von Marie zeigt, dass viele Dinge im Ausland hergestellt worden sind. Diese Waren werden von deutschen Unternehmen im Ausland gekauft und dann nach Deutschland und in eure Region transportiert. Solche Güter, die entweder aus Europa oder aus „Übersee" nach Deutschland eingeführt werden, nennt man Importe.

Unsere Waren werden in alle Welt exportiert
Regelmäßig können wir in der Zeitung diese Schlagzeile (s. links) lesen, aber was bedeutet das? Exporte sind das Gegenteil von Importen. Es werden also Waren aus Deutschland ins Ausland ausgeführt. Im Jahr 2008 war Deutschland zum sechsten Mal hintereinander „Exportweltmeister", hat also mehr Güter als alle anderen Länder der Erde ausgeführt. Wer weiß, ob dies in der Zukunft auch so sein wird, denn China holt mächtig auf.

„Deutschland wieder Exportweltmeister"

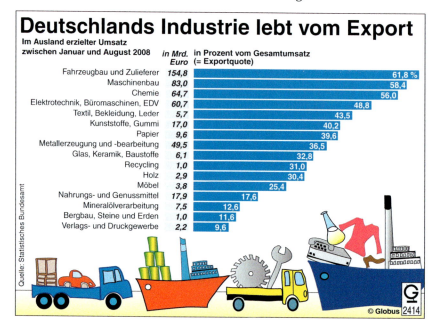

116

Wie kommen die vielen Millionen Produkte aus dem Ausland zu euch in den Kleiderschrank oder in den Kühlschrank? Und wie bringen die vielen Unternehmen die Millionen Produkte ins Ausland, ob nach Frankreich oder Neuseeland? Unsere Seehäfen, der Schienen- und Straßenverkehr spielen dabei eine wichtige Rolle. Und damit die Waren in der richtigen Menge, am richtigen Ort und zur richtigen Zeit zur Verfügung stehen, braucht man neben einer guten Infrastruktur (siehe S. 110, 111) vor allem eine gute Logistik.

Die Wirtschaft wird immer internationaler. Ihr habt vielleicht auch schon von dem Schlagwort „Globalisierung" gehört. Güter werden weltweit gehandelt, viele Unternehmen haben ihre Mitarbeiter auf die ganze Welt verteilt, das Internet verteilt Informationen in Windeseile, und jeder Ort der Welt ist mit dem Flugzeug schnell erreichbar.
Der internationale Handel findet aber nicht an bestimmten Orten statt, z. B. in Metropolen. Vielmehr sind alle Regionen und damit alle Bürger, Arbeitnehmer und Unternehmer in das internationale Wirtschaften eingebunden. Auch in eurer Region gibt es viele Unternehmen, die Waren aus dem Ausland einführen, Waren aus der Region ausführen oder sonstige Beziehungen zum Ausland haben.

> **INFO**
>
> **Logistik**
> meint die Bewegung von Waren, deren Transport, Umschlag und Lagerung.
>
> **Globalisierung**
> meint die wachsende internationale Verflechtung aller Lebensbereiche. In der Wirtschaft ist vor allem der zunehmende weltweite Handel gemeint.

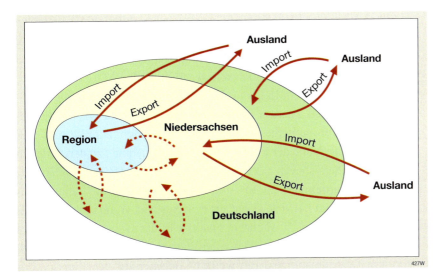

Autoverladung im Hafen

Maschinentransport auf der Schiene

1. Beschreibt, wie ihr selbst in die Weltwirtschaft eingebunden seid. Denkt dabei an Güter aus dem Ausland, aber auch an Dienstleistungen. 〇

2. Erschließt aus der Grafik auf Seite 116 die wichtigsten Warengruppen des deutschen Exports. ◐

3. Ermittelt Unternehmen in eurer Region, die internationalen Handel betreiben. Wählt ein Unternehmen aus und untersucht die Bedeutung des internationalen Handels für dieses Unternehmen. ◐

Transport per LKW

LEBEN UND ARBEITEN IN DER REGION

8 Wie profitiert die Region von der weltweiten Wirtschaft?

Am Beispiel der Stadt Oldenburg schauen wir uns an, welche Vorteile der internationale Handel für die Bürger in einer Region hat.

B Oldenburgs Fußgängerzone ist sehr beliebt. Die Geschäfte ziehen nicht nur Menschen aus der Region an, sondern z. B. auch aus Holland. Wenn der Einzelhandel Gewinne macht, können Arbeitsplätze und Einkommen gesichert werden. Ohne die Waren aus aller Welt, egal ob Kleidung, Technik oder Lebensmittel, wären die Schaufenster und Regale in der Innenstadt jedoch sehr leer. Ohne offene Grenzen gäbe es in Oldenburg z. B. kein IKEA und an Weihnachten keine Orangen.
Auch Großhandel existiert in Oldenburg. Da fast alle Waren, die außerhalb von Europa hergestellt werden, als Seefracht zum Verbraucher kommen, ist die Nähe der Im- und Export-Unternehmen zu den Häfen in Bremen, Wilhelmshaven oder Hamburg von großem Vorteil. Oldenburg hat viele Unternehmen, die Im- und Export betreiben. Auch die Oldenburger Universität hat viele Gäste aus dem Ausland. Wenn internationaler Handel und Austausch wachsen, macht z. B. das Gastgewerbe größere Umsätze. In diesem Fall werden allerdings keine Sachgüter gehandelt, sondern Dienstleistungen. Ein weiteres Beispiel aus dem Bereich der Dienstleistungen ist der Verkehr. Der nahe gelegene internationale Flughafen in Bremen ermöglicht es den Oldenburgern, in alle Welt zu reisen.

Die weltweiten wirtschaftlichen Beziehungen und die Marktwirtschaft sorgen also zusammengefasst dafür, dass die Verbraucherinnen und Verbraucher jederzeit und an beinahe jedem Ort Sachgüter und Dienstleistungen kaufen können, um ihre Bedürfnisse zu befriedigen.
Natürlich ist das aber nur die „ökonomische Brille" – internationale Beziehungen sind generell wichtig, damit sich Menschen unterschiedlicher Kulturen gut verständigen und in Frieden zusammenleben.

Welche Folgen hat der Handel für die Akteure?

Private Haushalte
Die Verbraucher haben durch den weltweiten Handel eine riesige Auswahl an Gütern. Erdbeeren im Winter oder Badeurlaub im November wären ohne weltweiten Handel undenkbar. Die Konsumenten entscheiden durch ihr Kaufverhalten darüber, was die Unternehmen aus welchen Ländern in welcher Menge einkaufen.

Unternehmen
Unternehmen haben im Wettbewerb einen Vorteil, wenn sie weltweit günstiger beschaffen. Da die Kosten für den Transport von Waren stark gesunken sind, rechnen sich weite Wege. Andererseits können sie ihre Produkte und Dienstleistungen weltweit anbieten, erreichen also mehr Nachfrager als im Inland. Die internationalen Beziehungen führen auch dazu, dass Unternehmen Beschäftigte aus dem In- und Ausland anstellen können.

Staat
Nicht nur die Unternehmer und die Verbraucher haben etwas vom internationalen Handel. Auch der Staat, in unserem Beispiel also die Stadt Oldenburg, profitiert. Denn wenn die Geschäfte in der Außenwirtschaft und der Einzelhandel gut laufen, werden auch mehr Steuern gezahlt, z. B. Mehrwertsteuern und Gewerbesteuern. Höhere Einnahmen der Kommune können wiederum dazu führen, dass Geld für die Infrastruktur vor Ort ausgegeben werden kann.
Ihr seht, dass eine Sache eine andere nach sich zieht in der Wirtschaft. Der Ökonom spricht auch von Wechselwirkungen.

Privater Haushalt

Unternehmen

Staat

Exporte sind wichtiger als Importe

Damit sich die Wirtschaft langfristig gut entwickelt, müssen die Exporte insgesamt größer sein als die Importe. Nur wenn immer viele Waren ins Ausland verkauft werden, die Nachfrage nach deutschen Gütern also vorhanden ist, ist auch genug Geld vorhanden, um die benötigten Waren aus dem Ausland zu bezahlen.
So wie in einem Haushalt und in einem Unternehmen Buch geführt wird über die Einnahmen und Ausgaben, gilt es auch auf internationaler Ebene den Überblick zu behalten. Und für die Volkswirtschaft ist es wichtig, dass die Bilanz zwischen Im- und Export positiv ist.

1. Viele Dinge gibt es in Deutschland gar nicht, sodass wir auf deren Import angewiesen sind. Ermittelt solche Rohstoffe und Waren. ○

2. Erklärt, was mit dem Satz gemeint ist: „Eine Sache zieht eine andere nach sich in der Wirtschaft."

VERSTEHEN

Außenhandel der Bundesländer

Der Außenhandel pro Kopf ist zwischen den Bundesländern sehr ungleich verteilt. Bremen und Hamburg erzielten 2007 die höchsten Werte, Niedersachsen erreichte einen Platz im Mittelfeld.

1. Organisiere eine Karte von Deutschland, in der die Bundesländer eingezeichnet sind. Markiere die Bundesländer mit drei Farben für „überdurchschnittlich", „durchschnittlich" und „unterdurchschnittlich" im Außenhandel pro Kopf. Werte das Bild aus.

2. Der Wert für die Ausfuhr von Waren und Dienstleistungen ist pro Kopf in Bremen und Hamburg besonders hoch. Nenne den wichtigsten Grund.

3. „Sehr viele Arbeitsplätze in Bremen hängen mit der Hafenwirtschaft zusammen!" Kennst du Bereiche oder Berufe in der Hafenwirtschaft?

Die Wirtschaftskrise sorgt für einen Rückgang der Exporte

Q **Weltmeister ohne Glanz**
Seit Jahren verkaufen deutsche Unternehmen mehr Waren ins Ausland als Betriebe anderer Länder. Doch wegen der Finanzkrise geht die Anzahl der Exporte jetzt zurück.

Was unsere Fußballhelden alle vier Jahre aufs Neue mit viel Kampfgeist und Elan versuchen, schaffen die deutschen Unternehmen Jahr für Jahr scheinbar mit links: Sie holen den Titel. „Deutschland ist Export-Weltmeister", melden die Medien jedes Jahr aufs Neue. Fast schon selbstverständlich ist dieser Titel inzwischen für die Deutschen, gerade so, als hätten sie ein Abo darauf. Immerhin haben deutsche Unternehmen 2008 bereits das sechste Jahr in Folge mehr Waren ins Ausland verkauft als Betriebe in anderen Ländern. Laut Statistischem Bundesamt wurden Güter im Rekordwert von 992,7 Mrd. Euro ausgeführt.

Die Exportwirtschaft ist daher sehr wichtig für Deutschland. Sie macht fast die Hälfte des **Bruttoinlandsprodukts** aus. Viele Branchen sind sehr abhängig davon, dass das Geschäft im Ausland gut läuft. Vor allem Autos, Maschinen, chemische und Metallerzeugnisse „Made in Germany" sind in der ganzen Welt begehrt und bescherten den Herstellern in den letzten Jahren gute Umsätze.

Doch die Freude über den Weltmeister-Titel ist in diesem Jahr getrübt. Nicht nur, dass China Deutschland ganz dicht auf den Fersen ist. Viel schwerer wiegt, dass die Aufträge und somit auch die Exporte aufgrund der weltweiten Finanz- und Wirtschaftskrise zurückgehen. Die Stimmung ist daher in vielen Branchen gedämpft, und viele Menschen fürchten um ihre Arbeitsplätze.

Keiner kann vorhersagen, wie es mit der Wirtschaft weitergeht. Ziemlich sicher ist nur, dass in den kommenden Monaten deutlich weniger Schiffscontainer deutsche Produkte in die Welt bringen werden. Bleibt also zu hoffen, dass 2010 nicht nur Ballack und Co. den Pokal in Südafrika holen, sondern auch die deutsche Wirtschaft einen WM-Titel gewinnt, der für Entspannung sorgt.

INFO

Bruttoinlandsprodukt
Das Bruttoinlandsprodukt (BIP) erfasst den Wert aller Sachgüter und Dienstleistungen, die zum Beispiel in einem Jahr erwirtschaftet werden. Will man etwas über die wirtschaftliche Leistungsfähigkeit eines Landes wissen, wird häufig das BIP als Maßstab verwendet.

Quelle:
Katrin Eggert, Handelsblatt Newcomer
Nr. 3 vom 30. März 2009

1. Fasse die Aussagen des Artikels in eigenen Worten zusammen.

2. Warum wählt die Autorin den Titel „Weltmeister ohne Glanz"? Begründe.

3. Ermittle die aktuelle Entwicklung des deutschen Außenhandels beim Statistischen Bundesamt (www.destatis.de). Wie haben sich die Exporte seit Ende 2008 entwickelt? Veranschauliche die Ergebnisse.

METHODE

Projektarbeit:
Wir erkunden den regionalen Wirtschaftsraum

Die Projektarbeit ist eine besonders geeignete Methode, sich mit dem regionalen Wirtschaftsraum auseinanderzusetzen. Alle wesentlichen Inhalte dieses Schulbuchkapitels lassen sich auf diese Weise an einem geeigneten Beispiel aus der Region erarbeiten:
- wichtige Kennzeichen der Wirtschaftsstruktur,
- Ziele der regionalen Wirtschaftspolitik,
- Konfliktfelder (z. B. ökologische, verkehrspolitische, arbeitsmarktpolitische).

Diese Methode ist gut geeignet, Themen anderer Fächer mitzuerkunden: etwa die der Fächer Geschichte, Erdkunde.

Zielsetzung

Projektarbeit – was bedeutet das?
Wenn ihr euch für ein Projekt entscheidet, so heißt das:
- Lehrer und Schüler setzen sich gemeinsam Ziele: **Zielsetzung**.
- Sie planen gemeinsam, wie sie im Unterricht vorgehen wollen: **Planung**.
- Sie erledigen die anfallenden Arbeiten gemeinsam oder in Gruppen. Sie nehmen u. U. die Hilfe anderer Fächer, weiterer Lehrer, außerschulischer Institutionen, der Eltern usw. in Anspruch: **Durchführung**.
- Sie stellen das Ergebnis ihrer Arbeit anderen (Schülern, Schule, Eltern, Institutionen, Öffentlichkeit usw.) vor: **Nachbereitung**.

Planung

Grundfertigkeiten, die für dieses Projekt wichtig sind
Damit ihr Projektarbeit erfolgreich durchführen könnt, müsst ihr einige Fertigkeiten erlernen.
Für dieses Projekt solltet ihr folgende Grundfertigkeiten beherrschen:
- Arbeitsziele und die Wahl von Methoden mitbestimmen.
- Auf einem Stadtplan Standorte bestimmen und Entfernungen errechnen.
- Schriftliche und fernmündliche Informationen einholen.
- Branchenverzeichnis von Fernsprechbüchern benutzen.
- Kontakte zu Geschäftsleuten, zu Verbänden, zu Ratsmitgliedern herstellen und Informationen einholen.
- Einzelergebnisse von Befragungen und Beobachtungen auswerten und bewerten.
- Ergebnisse anderen darstellen.

Durchführung

Durchführung
- Soll für unsere Projekterzeugnisse geworben werden und mit welchen Mitteln und Maßnahmen soll geworben werden?
- Welche anderen Lehrer, Schulfächer können uns Hilfen geben?
- Welche Organisationen und Institutionen können uns bei unserer Projektarbeit helfen?

- Welche Arbeitstechniken müssen wir beherrschen oder uns aneignen (siehe Grundfertigkeiten)?
- Wie muss unser detaillierter Arbeits- und Zeitplan aussehen?
- Welche Konflikte können auftreten? Wie kann man ihnen begegnen?

Nachbereitung

Zum Abschluss des Projektes solltet ihr die gemachten Erfahrungen auswerten und das Ergebnis gemeinsam bewerten und beurteilen. Folgende Fragen können dabei helfen:
- Wurden die angestrebten Ziele erreicht?
- Sind wir mit unserem Projektergebnis zufrieden?
- Wurden Arbeits- und Planungstechniken beherrscht?
- Gab es Schwierigkeiten in der Planungs- und Durchführungsphase? Sind diese lösbar; wenn nicht, warum?
- Welche Konsequenzen lassen sich aus der Projektarbeit für die weitere Arbeit ziehen?

Ihr findet insbesondere auf der Seite 111 „Wie untersucht man einen regionalen Wirtschaftsraum" Hilfestellungen für eure Projektarbeit.
Ihr könnt euch auch dafür entscheiden, einen Schwerpunkt auf den internationalen Handel in eurer Region zu legen.

Projektideen (Vorschläge):
1. Wir finden heraus, was die Bürgerinnen und Bürger unserer Stadt (oder Gemeinde) über die „Wirtschaft vor der Haustür" wissen. (Durchführung einer Umfrage und Auswertung der Ergebnisse).
2. Wir erstellen ein Informationsmaterial (oder ein Quiz/Ratespiel) für Mitschülerinnen und Mitschüler zum regionalen Wirtschaftsraum.
3. Wir gestalten eine Wandzeitung zur „Wirtschaft vor der Haustür" für unseren Klassenraum.
4. Wir entwickeln Vorschläge für unsere Stadt (unsere Gemeinde), wie Leben und Arbeiten in unserer Region verbessert werden könnten.
5. Wir überlegen uns für unsere Stadt (Gemeinde) eine Werbeaktion.

Vorschläge für die Zusammenarbeit mit anderen Fächern:
1. Geschichte: „Wie hat sich die ‚Wirtschaft vor der Haustür' verändert seit der Zeit, als eure Eltern oder Großeltern so alt waren wir ihr?"
2. Erdkunde: „Welchen Einfluss haben die Lage der Region aber auch das Klima auf die Wirtschaft vor der Haustür?" „Mit welchen Ländern wird Handel betrieben?"
3. Mathematik: „Wie werten wir die Daten und Fakten aus, die wir über den regionalen Wirtschaftsraum finden?"
4. Kunst (s. Vorschlag Werbeaktion): „Wie gestalten wir die Werbemittel für unsere Stadt (unsere Gemeinde)?"

LERNBILANZ

Am Ende dieses Kapitels sollt ihr wissen, wie man die Wirtschaft in einer Region untersuchen kann. Außerdem habt ihr gelernt, dass es in jeder Region, ob an der Nordsee oder am Bodensee, viele Verflechtungen mit dem Ausland gibt und wir alle, ob Verbraucher, Unternehmer usw., Vorteile vom internationalen Handel haben. Die folgenden Fragen geben euch die Möglichkeit, euer Wissen über diese Zusammenhänge zu testen.

1. Ermittelt die richtigen Aussagen und begründet:
   a) Den Begriff „Region" kann man unterschiedlich definieren.
   b) Niedersachsen ist das größte Bundesland in Deutschland.
   c) Die Energieversorgung ist ein wichtiger Teil der Infrastruktur.
   d) Die Infrastruktur ist für das Funktionieren unserer Wirtschaft nicht so wichtig.
   e) Der Staat hat keine Vorteile vom internationalen Handel.
   f) Die Seehäfen spielen eine wichtige Rolle im weltweiten Handel.
   g) Nicht nur Sachgüter, auch Dienstleistungen werden im- und exportiert.

2. Zählt mögliche Nachteile auf, die man in einer strukturschwachen Region haben kann.

3. Nennt Institutionen, bei denen man Informationen zum regionalen Wirtschaftsraum bekommen kann.

4. Nehmt für die folgenden Aufgaben euren Schulatlas zu Hilfe. Auf dem Ausschnitt der Karte ist ein großer Teil von Niedersachsen abgebildet. Erschließt aus der Karte, in welchen Städten und Landkreisen die Zahl der Arbeitslosen besonders hoch/besonders niedrig ist.

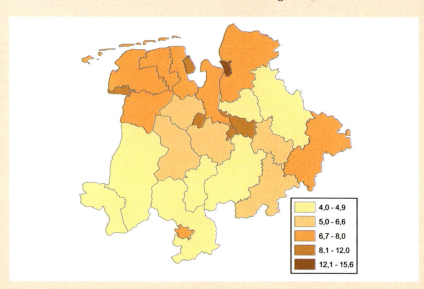

Arbeitslosenquoten im September 2008 in %, Quelle: www.regis-online.de

5. Benennt die Wirtschaftsbereiche, die auf den Fotos zu erkennen sind. ◯

6. Besorgt euch einen Stadtplan oder eine Karte eurer Gemeinde und analysiert den Bereich „Verkehrswesen". ◐

7. „Es ist auf jeden Fall viel besser, in einer großen Stadt zu leben als auf dem Land!" – Bewertet diese Aussage. ●

8. „Die Wirtschaft in der Region ist mit der Wirtschaft in Deutschland und der Welt verflochten." – Erläutere diese Aussage. ◐

9. Begründet, warum Verbraucher, Unternehmer und der Staat Vorteile vom weltweiten Handel mit Waren und Dienstleistungen haben. ●

V Einflüsse auf das Verbraucherverhalten

Ihr wisst bereits viel über das Einkommen und wie man es verwenden kann. In diesem Kapitel erfahrt ihr etwas über die Einflüsse auf das Verbraucherverhalten und den Verbraucherschutz. Außerdem wird der Zusammenhang zwischen Konsum und Umwelt behandelt.

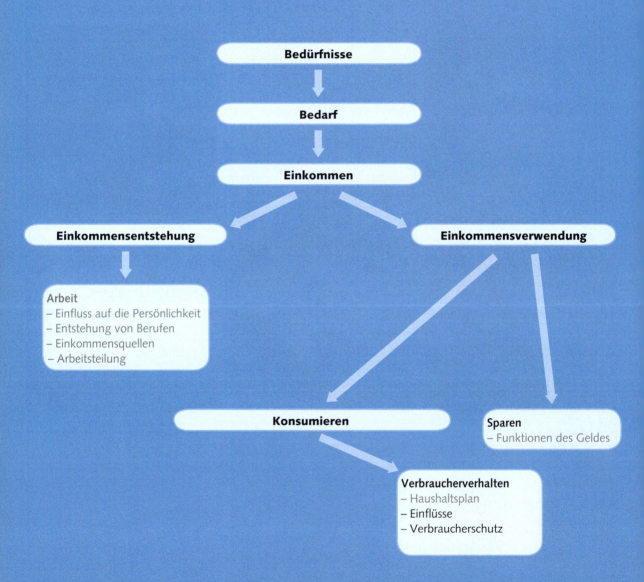

127

EINFLÜSSE AUF DAS VERBRAUCHERVERHALTEN

1 Jugendliche beeinflussen den Konsum

Die deutschen Kinder und Jugendlichen im Alter zwischen sechs und 17 Jahren spielen eine wichtige Rolle in der Wirtschaft. Durch Taschengeld, Geldgeschenke zum Geburtstag und Weihnachten, kleinere Nebenjobs und Ferienarbeiten sowie Sparguthaben haben sie im Jahr ca. 20,43 Milliarden Euro zur Verfügung.

Das ist schon eine Menge Geld. Kinder und Jugendliche geben das Geld nicht nur aus, sondern beeinflussen auch die Kaufentscheidungen von Erwachsenen in erheblichem Maße. Sie sind Informanten über neue Produkte und sie versuchen, ihre eigenen Wünsche besonders bei den Eltern durchzusetzen. Das gilt natürlich zunächst für Sachen für sie selbst: Es müssen Marken-Jeans sein, Turnschuhe von Edelherstellern, das neueste Handymodell, bestimmte Rucksäcke, coole Musik usw. Aber Jugendliche reden auch ein Wörtchen mit, wenn es um Anschaffungen der Eltern geht. Mädchen beeinflussen dabei ihre Eltern mehr als Jungen. Dies gilt besonders bei Modefragen, Kosmetik und Körperpflegeprodukten. Einen besonders hohen Einfluss haben Jungen beim Kauf von Mofas, Motorrädern, Taschenrechnern, Computern und Sportgeräten.

Viele Erwachsene lassen sich von den Modetrends der Jugendlichen beeinflussen, weil sie selbst gern jugendlich aussehen möchten. Ihr seht, die gigantischen Ausgaben der Industrie für Werbung, die sich an Jugendliche richtet, lohnen sich durchaus. Das ist auch der Grund dafür, dass in der Autowerbung Kinder auftauchen oder auch bei Handywerbung deutlich zu erkennen ist, dass Jugendliche angesprochen werden, denn kaufen und bezahlen werden die Eltern.

Jugendliche beeinflussen die Kaufentscheidungen von Erwachsenen.

Zwang zum Konsum?

B Frau Schneider hat sich über Janas Freundin Silke schon oft geärgert, weil sie ihrer Tochter dauernd Flausen über Kleidung, die „in" ist, in den Kopf setzt. Wie schafft diese Silke das nur?

Personen wie Silke, die in ihrem Freundes- und Bekanntenkreis solch eine Vorreiterrolle spielen, werden in der Fachsprache als Meinungsführer bezeichnet.

Meinungsführer sind Leute, die gegenüber Neuerungen besonders aufgeschlossen sind. Sie informieren sich, kennen sich aus, wissen, was „in" ist und kaufen das Aktuellste. Andererseits sind sie selbst auch sehr leicht durch Massenmedien oder durch andere Meinungsführer, z. B. Girlie-Bands, beeinflussbar. Meinungsführer sind kontaktfreudig und aktiv. Sie geben ihr Wissen gern weiter, sie werden als Persönlichkeit akzeptiert und ihr Verhalten und Aussehen werden oft kopiert. Sie sind Vorbilder vor allem für Personen, die eher passiv sind. Da sie ihre Mitmenschen persönlich ansprechen, ist ihr Einfluss stärker als der der Massenmedien.

Nicht nur einzelne Personen, sondern auch Gruppen – in der Fachsprache **Bezugsgruppen** genannt – können versuchen, eure Wünsche und Kaufentscheidungen zu beeinflussen. Jeder Mensch, ob jung oder alt, ist in zahlreiche Gruppen eingebunden. Für Jugendliche hat z. B. die Clique eine große Bedeutung. Ihre Mitglieder vertreten die gleiche Meinung, verbringen ihre Freizeit zusammen, haben die gleichen Hobbys. Man spricht auch von sogenannten **Peergroups,** das ist die **Gruppe der Gleichaltrigen.** Gerade für junge Menschen ist die Mitgliedschaft, die Zugehörigkeit zu so einer Gruppe für eine bestimmte Zeit oft wichtiger als die Beziehungen zu Eltern und Geschwistern. Die Peergroup hat für den Jugendlichen die größte Bedeutung in Bezug auf Kleidung, Musik bis hin zu den Essgewohnheiten.

INFO

Ein Beispiel, wie man sich das Meinungsführer- und Bezugsgruppenmodell zunutze machen kann, bieten die Vereine der Fußballbundesliga. In den Vereinsfarben und mit dem Vereinssymbol versehen werden nicht nur Trikots, sondern auch Schals, Mützen, Fahnen, Bettwäsche, Kuscheltiere, Getränkedosen usw. angeboten. **Merchandising** nennt man diese Strategie.

1. Berichtet, ob und bei welchen Kaufentscheidungen ihr eure Eltern beeinflusst. ○

2. Was versteht man unter Meinungsführern? Überlegt, ob es in eurer Klasse/Schule/Clique Beispiele für Meinungsführer gibt. Auf welchem Gebiet sind sie Meinungsführer? ○

3. Sucht in der Werbung Beispiele, bei denen bekannte Persönlichkeiten als Meinungsführer für Produkte werben. Begründet, warum gerade sie ausgewählt wurden und welche Zielgruppe angesprochen wird. ●

4. Nennt für euch wichtige Bezugsgruppen (Peergroups) und diskutiert, inwieweit sie eure Wünsche und Kaufentscheidungen beeinflussen. ●

EINFLÜSSE AUF DAS VERBRAUCHERVERHALTEN

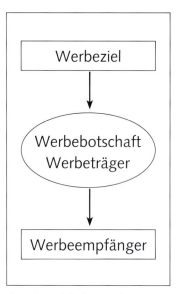

Grundmodell der Werbung

INFO

Mark Twain sagte einmal sinngemäß: „Werbung ist die Kunst, auf die Hirne der Leute zu zielen und den Geldbeutel zu treffen."

2 Werbung beeinflusst das Verhalten von Verbrauchern

Jugendliche und Werbung

Weshalb sind Jugendliche eine bevorzugte Zielgruppe der Werbenden? Gründe dafür sind u. a.:
- sie besitzen noch keine festen Kaufgewohnheiten,
- sie verhalten sich unkritischer als Erwachsene gegenüber Neuem, da die Lebenserfahrungen oft fehlen,
- sie beeinflussen das Kaufverhalten der Eltern und Freunde,
- sie unterliegen sehr viel stärker sogenannten Gruppenzwängen, z. B. durch den Freundes- und Bekanntenkreis,
- sie handeln spontaner,
- sie bleiben einer Marke über einen längeren Lebenszeitraum treu,
- sie hatten noch nie so viel Geld zur Verfügung wie heute.

Die Rolle der Werbung

Wer Waren herstellt, will sie auch verkaufen. Aber woher sollen die Verbraucher wissen, welche Waren man wo bekommt? Werbung ist deshalb zunächst ein Mittel, um:
- dem Verbraucher Produkte und Dienstleistungen bekannt zu machen,
- über sie zu informieren,
- das Bedürfnis für sie zu wecken,
- ein positives Image aufzubauen und
- den Verbraucher zum Kauf anzuregen.

Deshalb wird Werbung auch stets die „Schokoladenseite" des Produktes darstellen, seinen Nutzen und seine Vorteile, aber nicht seine Schwachstellen. Das gelingt umso besser, wenn die Werbung neben den sachlichen Informationen auch Gefühle, Wertschätzungen und Einstellungen des Konsumenten anspricht und zu beeinflussen versucht. Den Wirkungsablauf von Werbung beschreibt man mit der sogenannten **AIDA**-Formel:

A = attention = Aufmerksamkeit erregen
I = interest = Interesse auf das Produkt lenken
D = desire of possession = Besitzwunsch anregen
A = action = zum Handeln, Kaufen bringen

1. Entwickelt in kleinen Gruppen nach dem Grundmodell der Werbung eine Werbestrategie für eine neue Seife o. Ä.

2. Untersuche einen TV-Werbespot und eine Werbeanzeige aus einer Illustrierten: Mit welchen Mitteln wird versucht, das AIDA-Prinzip zu berücksichtigen?

13 Fragen für die Auseinandersetzung mit Werbung

1. Für welche Ware wird geworben?
2. Womit wird geworben (Plakat, Anzeige)?
   = Werbemittel
3. Wo wird geworben (Zeitung, Fernsehen)?
   = Werbeträger
4. An wen wendet sich die Werbung (Jugendliche, Hausfrauen)?
   = Zielgruppe
5. Welche Informationen enthält die Werbung über Preis und Qualität?
6. Ist mit den Informationen ein Preis- und Qualitätsvergleich mit vergleichbaren Waren möglich?
7. Besteht die Werbung überwiegend aus Text oder Bildern?
8. Haben Texte und Bilder etwas miteinander zu tun?
9. Was ist neben der Ware noch abgebildet?
10. Wie lautet – falls vorhanden – der Werbespruch?
    = Slogan
11. Wendet sich die Werbung nur oder hauptsächlich an Gefühle?
12. Wie versucht die Werbung Aufmerksamkeit zu erzeugen?
13. Welche Informationen stellen für den Verbraucher tatsächlich eine Hilfe dar?

Werbung: Information oder Manipulation?

Welche Informationen der Werbung stellen für den Verbraucher tatsächlich eine Hilfe dar? Diese Frage bewegt natürlich jeden Verbraucher und jede Verbraucherin.

Für den Verbraucher ist Werbung vor allem dann nützlich, wenn sie ihm Informationen liefert, die es ihm ermöglichen, Vergleiche mit anderen Angeboten anzustellen; wenn sie Angaben über den Preis, die Menge und die Qualität des angebotenen Produkts enthält. Solche informierende Werbung findet ihr überwiegend in Tageszeitungen, auf Handzetteln von Kaufhäusern, Supermärkten, Fachgeschäften und auf Plakaten.

Im Fernsehen, im Radio und in Illustrierten dagegen überwiegt Werbung, die das Gefühl des Konsumenten anspricht und ihn zum Kauf zu überreden versucht. Konkrete Aussagen über das Produkt oder eine Dienstleistung werden kaum gemacht, die Preisangaben fehlen dort meistens.

Informierende Werbung

1. Wähle eine Werbung aus und untersuche sie mithilfe der 13 Fragen.
2. Warum nennt man Sportstars auch lebende Litfaßsäulen?
3. Sammelt Werbemittel, die an Jugendliche gerichtet sind. Untersucht, wie diese damit besonders angesprochen werden.

Litfaßsäule

EINFLÜSSE AUF DAS VERBRAUCHERVERHALTEN

Warenpräsentation

Verkaufsfläche

Werbung für junge Kunden

Die Anbieter von Produkten und Dienstleistungen wissen, dass Kinder und Jugendliche eine lohnende Kundengruppe sind. Darum wollen sie euch als Kunden gewinnen. Werbefachleute haben euch als Zielgruppe untersucht, um herauszufinden, wie ihr lebt, was für euch wichtig ist, welche Bedürfnisse ihr habt und welche noch in euch geweckt werden können. Auf der Grundlage dieser Untersuchungen werden in den Unternehmen oder von Werbeagenturen die Werbestrategien ausgedacht und die Werbeträger und Werbemittel ausgesucht.

Unternehmen müssen ihre Produkte und Dienstleistungen verkaufen. Auf welche Weise sie dieses tun, zeigt das Beispiel eines Jeansladens.

Verkaufsstrategien im Jugendmarkt Jeansladen

Den Kauf von Jeans haben Marktforscher untersucht und die Ergebnisse in folgenden Zahlen festgehalten: In „Jungen Modeläden" und Jeansketten sind über die Hälfte der Kunden (58 %) 14- bis 24-Jährige. Selbst in „Modischen Fachgeschäften", in denen vor allem die 25- bis 54-Jährigen bzw. die „Ewig-Jugendlichen" einkaufen, stellen die Teens immerhin noch 42 % der Kundschaft, weil diese Geschäfte meist über ein umfangreiches Markenangebot verfügen.

Wie hat nun ein Geschäft auszusehen, um als „Junger Modeladen" oder als „Modisches Fachgeschäft" erkannt und akzeptiert zu werden? Wie muss die Ware präsentiert werden? Dazu gibt es eine Reihe von Grundregeln, die von den Betreibern entsprechender Geschäfte beachtet werden:

1. Das Bild der Ware muss locken.
   Stichwort: Schaufenster.

Schaufenster

Schaufenster

2. Die Ware muss attraktiv und übersichtlich gezeigt werden.
   Stichwort: Dekoration im Laden.
3. Das Angebot muss logisch nach Marken und Größen sortiert sein.
   Stichwort: Warenanordnung.
4. Die Ware und die Verkaufsatmosphäre müssen den Jugendlichen (und wer sich dafür hält) „anmachen" – der Kunde soll sich in der Umgebung wohlfühlen.
   Stichwort: Waren- und Shop-Präsentation.
5. Der Laden ist nicht einfach nur Umschlagplatz von Ware gegen Geld. Die Ware als Markenartikel und das Personal als Verkaufsteam und Kundenpartner verleihen dem Geschäft ein Flair und individuelles Image, sodass Einkaufen zum Erlebnis wird.
   Stichwort: Kundenbindung durch Imageförderung.

Jugendliche sind auch beim Geldausgeben, sei es beim Einkaufen in Musikgeschäften oder wenn sie etwas essen gehen, am liebsten unter sich, am liebsten an Orten, wo die „richtige" Musik spielt, man sich duzt, wo sie eine Atmosphäre vorfinden, die ihnen gefällt. Musikshops und Fastfood-Restaurants sind zu Treffpunkten geworden. Ebenso werden beim Einkauf von Kleidung Läden bevorzugt, wo Jugendliche keine anonymen Kunden sind, sondern sachkundig beraten werden.

> **INFO**
>
> Ein wichtiges Mittel, um Kinder und Jugendliche über Werbeanzeigen zu erreichen, sind die **Kinder- und Jugendzeitschriften.**

1. Nennt Märkte, die sich vorwiegend an Kinder und Jugendliche richten. ○

2. Stellt fest, an welchen Kauforten in eurer Umgebung Jeans angeboten werden. ○

3. Erkundet diese Kauforte, indem ihr untersucht, inwieweit die fünf Grundregeln der Warenpräsentation umgesetzt werden. ◓

EINFLÜSSE AUF DAS VERBRAUCHERVERHALTEN

3 Kaufverhalten und Verbraucherschutz

Muss guter Rat teuer sein?

Niemand hat die Zeit, sich vor jedem Einkauf umfassend zu informieren. Dennoch sollte man auf jeden Fall mehrere Angebote vergleichen. Dabei könnt ihr unterschiedliche Informationsquellen nutzen. Ihr könnt sachkundige Bekannte fragen oder euch im Fachhandel beraten lassen. Eure Tageszeitung bietet besonders an Samstagen viele Werbebeilagen von Firmen. Zwei weitere Info-Möglichkeiten sind: Ihr lest in der Zeitschrift „test" die entsprechenden Testergebnisse nach oder ihr lasst euch in einer Verbraucherberatungsstelle beraten.

Verbraucherberatungsstellen sind öffentliche Einrichtungen, bei denen sich jeder Verbraucher kostenlos oder gegen eine geringe Gebühr unparteiisch beraten lassen kann. In den Verbraucherberatungsstellen liegen auch die aktuellen Testergebnisse der Stiftung Warentest aus.
Zu Spezialthemen aus den verschiedenen Bereichen wie Wohnen, Ernährung, Versicherung, Sparen, Umwelt, Rechte des Konsumenten usw. erhält man bei den Verbraucherberatungsstellen Broschüren.

INFO

Die Zeitschrift „test" wird von der unabhängigen **Stiftung Warentest** herausgegeben. Stiftung Warentest lässt fortlaufend alle möglichen Produkte vom Waschmittel bis zum Fernseher durch unparteiische Fachleute und Prüfinstitute prüfen und veröffentlicht die Ergebnisse in „test". Stiftung Warentest im Internet: www.test.de

1. Überlegt euch Fälle aus dem täglichen Leben, in denen die verschiedenen Beratungsbereiche helfen können. ○

2. Ermittelt die für euren Wohnort zuständige Verbraucherberatungsstelle mit Anschrift, Telefonnummer und Internetadresse. ○

3. Erkundet eine Verbraucherberatungsstelle. Schreibt oder ruft vorher dort an. Vielleicht kann man euch vorab Material für eure Erkundung zusenden. Statt einer Erkundung könnt ihr auch jemanden aus der Verbraucherberatungsstelle zu euch in die Klasse einladen und befragen. ◐

Preisvergleiche bei Alltagskäufen

All diese Informationsquellen werden meist nur bei der Anschaffung hochwertiger Gebrauchsgüter genutzt. Beim Einkauf des täglichen Bedarfs könnte eine Menge Geld gespart werden, wenn die Verbraucher von zwei teuren Gewohnheiten Abschied nähmen: von der Bezugsquellentreue und der Markentreue.

Bezugsquellentreue meint, dass Verbraucher oft den täglichen Einkauf nur in „ihrem" Geschäft tätigen, also keine Preisvergleiche zwischen den Geschäften vornehmen. Ein Preisvergleich mit Angeboten anderer Supermärkte durch Anzeigen in den Zeitungen oder Reklameblättchen ist schnell erledigt.

Markentreue bedeutet, dass Verbraucher in „ihrem" Geschäft eine weitere Einschränkung ihrer Wahlmöglichkeiten vornehmen, weil sie nur „ihre" Marke kaufen. Die Werbung zielt vielfach auf diese Markentreue ab.

MARKENTREUE

Von je 100 Verbrauchern kaufen
(fast) immer dieselbe Marke

Zigaretten	87
Waschmittel	75
Hautcreme	73
Röstkaffee	71
Bier	71
Zahncreme	70
Kondensmilch	65
Haarwaschmittel	57
Schokoriegel	53

Quelle: ICON/Horizont © Globus 2984

> **B** Frau Müller geht immer im Supermarkt um die Ecke einkaufen. Hier bekommt sie alles, was sie braucht. Sie kümmert sich nicht um Sonderangebote anderer Geschäfte.
> Wenn sie Milch kauft, muss sie von der Marke „Schmecktgut" sein. Andere Marken trinkt sie nicht gerne.

Produkt	Menge	Markenartikel	Preis	preisgünstiges Angebot	Preis	Ersparnis
1 Paket Nudeln 1 kl. Ds. Erbsen, extra fein 1 Glas Gewürzgurken 1 Dose Bockwürste 1 Glas Majonäse 1 Becher Magerjoghurt	?	?	?	?	?	?
Summe:	–	–		–		

Beispiel: Ein Preisvergleich bei den Zutaten für einen Nudelsalat

1. Untersucht eure Tageszeitung, ob sie auch Verbrauchertipps enthält. ◖

2. Legt eine Tabelle (siehe oben) an und führt den Preisvergleich in Geschäften eurer Wahl durch. ◖

3. Vergleicht die Ergebnisse und formuliert daraus Regeln für einen preisbewussten Einkauf. ◖

4. Besorgt euch die neuesten Testergebnisse aus der Zeitschrift „Test", z. B. für Mountainbikes oder ein anderes Produkt eurer Wahl. ○

EINFLÜSSE AUF DAS VERBRAUCHERVERHALTEN

Beim Kauf von Gebrauchsgütern: Planmäßig vorgehen

Wer ärgert sich nicht, wenn er sich z. B. eine hochwertige HiFi-Anlage angeschafft hat und danach feststellt, dass sie woanders wesentlich preiswerter angeboten wird? Deshalb solltet ihr beim Kauf hochwertiger Gebrauchsgüter planvoll vorgehen.
Solch ein Plan könnte in folgenden Phasen ablaufen:

Problemphase

Zunächst heißt es, eure Probleme zu erkennen, d. h. zu analysieren, welche Fragen für euch selbst wichtig sind. Solche Fragen könnten sein:
- Wie viel Geld steht mir zur Verfügung und welches Geräteangebot gibt es in dieser Preislage?
- Welche Anforderungen stelle ich an das Gerät?
- Welche Ausstattung soll es haben?
- Welche Marken kommen infrage?
- Wo kann ich es kaufen?
- Welche Geräte sind besonders preisgünstig?
- Welche Serviceleistungen bieten die Geschäfte?

Die Informationsphase

Um die Fragen zur ersten Phase beantworten zu können, müsst ihr euch Informationen beschaffen.
Informationsquellen können sein:
- Prospektmaterial,
- persönliche Beratung in Fachgeschäften,
- sachkundige Bekannte,
- Informationsmaterial und persönliche Beratung in Verbraucherberatungsstellen,
- Testberichte der Stiftung Warentest,
- Radio- und TV- Sendungen, Berichte in Zeitschriften u. a.

Die Beurteilungsphase

Diese Phase ist die schwierigste bei der Kaufentscheidung, denn ihr müsst nun die Informationsquellen **beurteilen** und **auswerten.**

Beurteilen heißt einfach ausgedrückt: Sind die Informationsquellen für eine Entscheidung brauchbar oder nicht? Sie sind dann brauchbar, wenn sie
- über die benötigten Informationen Auskunft geben,
- einen Überblick über das aktuelle Angebot verschaffen,
- den Kaufgegenstand anschaulich darstellen und
- die Handhabung des Gegenstandes ermöglichen.

Ferner sollten sie schnell verfügbar, kostenlos oder zumindest preiswert und allgemein verständlich sein.

Nun geht es an das Auswerten der Informationsquellen. Dazu ist es sinnvoll, zunächst Kriterien aufzustellen, die ihr miteinander vergleichen wollt. Für HiFi-Anlagen könnten es z. B. folgende Kriterien sein:

Marke	System	Ausstattung	Qualitäts-merkmale	Preis

Zu diesen Kriterien sucht ihr aus den Informationsquellen die entsprechenden Angaben heraus und vergleicht sie.

Die Entscheidungsphase

Ihr möchtet das Produkt wahrscheinlich dort kaufen, wo es am preiswertesten angeboten wird. Doch Vorsicht! Ihr solltet nicht nur auf den Preis achten, sondern auch Folgendes bedenken und erkunden:
- Welcher Beschaffungsaufwand (Weg, Zeit) ist mit dem Kauf verbunden? Lohnt sich eine weite Fahrt, wenn dort das Gerät z. B. fünf Euro billiger angeboten wird als an eurem Wohnort?
- Welche Serviceleistungen werden geboten? Ist z. B. das fachgerechte Aufstellen der HiFi-Anlage im Preis enthalten? Oder: Hat die Firma einen Kundendienst, falls das Gerät einmal defekt ist?

Bevor ihr den Kaufvertrag abschließt, solltet ihr mit dem Händler auch einige rechtliche Fragen abklären, z. B. über
- Lieferbedingungen,
- Zahlungsbedingungen, Preisnachlässe,
- Garantiezeit und -umfang,
- Nachkauf, Ersatzteile u. Ä.

Die Kontrollphase

Ob eure Entscheidung für ein bestimmtes Gerät richtig war oder nicht, zeigt sich erst, wenn ihr es in Betrieb nehmt. Ihr solltet auf jeden Fall z. B. anhand der Betriebsanleitung überprüfen, ob alle Teile geliefert wurden und betriebsbereit sind.

Stellt ihr beim ersten Gebrauch Mängel fest, so solltet ihr es reklamieren. Die Verbraucherberatung kann euch dabei helfen.

VERTIEFEN

Schutz des Konsumenten auf dem Markt

Es gibt viele gesetzliche Regelungen, die den wenigsten Konsumenten bekannt sind und auch nur schwer zu verstehen sind.

Wettbewerbsgesetze

Gesetz gegen Wettbewerbsbeschränkungen (GWB):
Absprachen zwischen Anbietern zulasten des Verbrauchers sind verboten, z. B. Preisabsprachen.

Lernsoftware der Verbraucherzentrale

Gesetz gegen den unlauteren Wettbewerb (UWG):
Verbraucher und Mitbewerber werden vor sittenwidrigen und irreführenden Methoden unter anderem in der Werbung und im Verkauf geschützt.

Produkthaftungsgesetz:
Hersteller schadhafter Waren haften auch ohne ein nachweisbares Verschulden für Schäden, die das Produkt an anderen Sachen verursacht, wie auch für durch die Produkte verursachten Verletzungen.

Bürgerliches Gesetzbuch (BGB)

Recht der Allgemeinen Geschäftsbedingungen (§§ 305 ff. BGB):
Vorformulierte Vertragsklauseln („das Kleingedruckte") sind unwirksam, wenn sie den Kunden unangemessen benachteiligen.

Verbraucherkreditregeln (§§ 491 ff. BGB):
Von Verbrauchern abgeschlossene Kredite müssen schriftlich abgeschlossen werden und genaue Pflichtangaben zu den Nebenkosten enthalten. Verbraucherdarlehen können zwei Wochen lang widerrufen werden.

Haustürwiderrufsregeln (§§ 312 und 312a BGB):
An der Haustür, am Arbeitsplatz oder bei Verkaufsveranstaltungen überrumpelte Verbraucher können die dabei aufgeschwatzten Verträge zwei Wochen lang widerrufen.

Haustürgeschäft

Fernabsatzregeln (§§ 312b BGB):
Bestellungen der Verbraucher im Fernabsatz, vor allem über Internet und Telefon, können zwei Wochen lang widerrufen werden.

1. Informiert euch genauer bei der Verbraucherberatungsstelle über die Wettbewerbsgesetze. ○

2. Schlagt im BGB die hier angegebenen Paragrafen nach. ○

3. Erkundigt euch in einem Elektrogeschäft nach den Allgemeinen Geschäftsbedingungen und berichtet darüber. ◓

4 Das ökonomische Prinzip

Die zwei Seiten des ökonomischen Prinzips

Maximalprinzip	Minimalprinzip
Größtmöglicher Nutzen mit (von vornherein) begrenzten Mitteln	Geringstmögliche Kosten für ein (von vornherein) begrenztes Ziel
Mit einem Geldbetrag für jedes Familienmitglied ein passendes Geschenk kaufen	Eine Pizza „Vier Jahreszeiten" für die ganze Familie mit den niedrigsten Ausgaben für Zutaten herstellen

Beispiele

Das ökonomische Prinzip geht vom **Einzelnen** aus. Er fragt: Was ist **für mich** wirtschaftlicher?

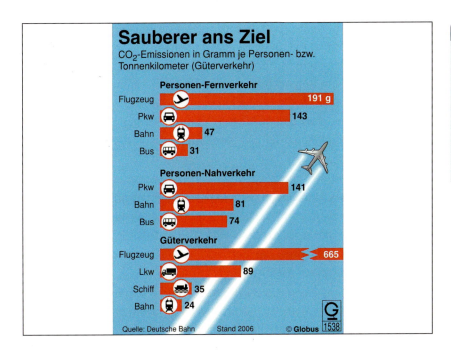

INFO

Emission = Ausstoß
Kilojoule: Maßeinheit für den Verbrauch von Energie. Vier Kilojoule Energie sind nötig, um einen Liter Wasser um ein Grad zu erwärmen.

1. Erklärt die Anwendung des ökonomischen Prinzips: Ihr möchtet euch von eurem Taschengeld ein Kickboard kaufen. Wie geht ihr nach dem Maximalprinzip vor und wie nach dem Minimalprinzip?

2. Was für den Einzelnen wirtschaftlich „vernünftig" ist, kann für unsere gesamte Gesellschaft, vielleicht sogar für die gesamte Erde, durchaus unvernünftig sein. Zeige dies anhand des Schaubildes auf.

3. Für welches Verkehrsmittel entscheidet ihr euch, wenn ihr euch
   a) ökonomisch verhaltet?
   b) ökologisch verhaltet?

EINFLÜSSE AUF DAS VERBRAUCHERVERHALTEN

5 Konsum und ökologische Verantwortung

Abschied von der Ex-und-Hopp-Mentalität

B **Die Entsorgung von Müll**

In Deutschland fallen jährlich 300 Millionen Tonnen Müll an, darunter 40 Millionen Tonnen Hausmüll. Würde man diese gesamte Menge in einen Güterzug füllen, so würde der eine Länge rund um den Äquator haben. Statistisch gesehen erzeugt jeder Bundesbürger, egal ob Säugling oder Greis, 590 Kilogramm Müll in einem Jahr. Davon sind mehr als ein Viertel Verpackungsabfälle. Zum Vergleich sind hier einige andere Werte: USA 730 kg, Niederlande 620 kg, Polen 270 kg.

Damit es zu keinem „Infarkt" kommt, muss eine sinnvolle Müllstrategie betrieben werden. Dabei sollte folgende Hierarchie beachtet werden: Müllvermeidung – Müllsortierung und -verwertung – Abfallbeseitigung.

Positiv ist, dass das Umweltbewusstsein immer mehr zunimmt, aber auch, dass Gesetze helfen, dem Müllchaos vorzubeugen. In der „Verordnung über die Vermeidung von Verpackungsabfällen" werden konkrete Festlegungen getroffen:

1. Alle Transportverpackungen (Kisten, Paletten, Container) müssen vom Handel bzw. vom Hersteller zurückgenommen und der Wiederverwendung zugeführt werden.
2. Die Käufer können Umverpackungen an der Ladenkasse kostenlos zurücklassen. Umverpackungen sind zusätzliche Verpackungen, die u. a. den Diebstahl erschweren und die Selbstbedienung erleichtern sollen.
3. Für viele Getränkeverpackungen wird ein Pflichtpfand erhoben. Die Geschäfte sind verpflichtet, die Verpackung zurückzunehmen und dem Kunden das Pfand zurückzuzahlen.

INFO

Der Begriff „**Recycling**" stammt aus dem Englischen (Cycle = Kreislauf); Vorsilbe re = wieder, zurück) und bedeutet, dass etwas wieder in einen Kreislauf zurückgeführt wird.

„Der Blaue Engel"

„Der Grüne Punkt"

1. Untersucht die Müllwege in eurer Schule und entwickelt sinnvolle Möglichkeiten einer Müllentsorgung und Müllvermeidung.

2. Testet das Umweltbewusstsein eurer Mitschüler und führt eine Befragung durch. Mögliche Fragen:
– Was macht ihr, um Müll zu vermeiden?
– Welche umweltfreundlichen Produkte kauft ihr?
– Wie sortiert ihr eure Verpackungsabfälle?

3. Erstelle eine Checkliste: Worauf muss man achten, wenn man sich umweltfreundlich verhalten will …
a) beim Einkauf?
b) beim Waschen und Hausputz?
c) bei der Entsorgung von Haushaltsabfällen?

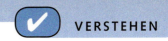

Müllproduzent Haushalt

In unserer Konsumgesellschaft werden Waren in Hülle und Fülle angeboten und verbraucht. Konsum macht Spaß. Doch bei aller Freude hat der Konsum auch Schattenseiten. Jeder, der konsumiert, sollte sich auch Gedanken über die Auswirkungen seines Konsums machen. Zum Beispiel darüber, welchen Einfluss der Konsum auf die Umwelt hat.

Aus den Augen, aus dem Sinn – so dachten jahrzehntelang die Verbraucher und füllten Woche um Woche unbekümmert Mülltonnen und Abfallcontainer. Durch diese Gedankenlosigkeit wuchs der Müllberg viele Jahre.

Die Hälfte von dem, was in die Mülltonnen gestopft wird, brauchen wir nur, um unsere Einkäufe darin nach Hause zu tragen. Es sind alle Arten von Verpackungen: Kartons, Dosen, Flaschen, Papiertüten, Kunststoffbecher etc.

Es gibt mehrere Gründe, warum der Müllberg lange so stark angewachsen ist:
1. Wegen der zunehmenden Zahl kleinerer Haushalte (1–2-Personen-Haushalte) gibt es mehr Kleinpackungen auf dem Markt, die einen größeren Verpackungsaufwand erfordern.
2. Viele Verbrauchsgüter werden heute fertig verpackt als Selbstbedienungsartikel angeboten. Hierdurch kann Verkaufspersonal eingespart werden.
3. Durch die zunehmende Berufstätigkeit beider Ehepartner werden mehr industriell vorgefertigte Nahrungsmittel statt frischer Lebensmittel gekauft.
4. Fastfood-Produkte mit hohem Verpackungsaufwand nehmen ständig zu.
5. Verpackung dient als Schutz des Produktes. Große Umverpackungen bieten außerdem einen Schutz vor Diebstahl, weil sie nicht so leicht versteckt werden können. Sie enthalten aber auch Informationen und Werbung und sind damit ein sogenannter „stummer Verkäufer".

Der Haushalt ist der größte Müllproduzent.

Wohnbereich | Pflegebereich

Abfallstoffe:
30 % organische Abfälle
16 % Papier u. Pappe
9 % Glas
5 % Kunststoffe
3 % Metalle

Reinigungsbereich

Gartenbereich | Ernährungsbereich

1. Überprüft euer Umweltverhalten.
   Legt eine Liste an und tragt in sie ein, welche Verpackungsmaterialien an einem Tag durch eure Hände gegangen sind.
   Erläutert, welchen Abfall davon ihr vermeiden könnt.

2. Untersucht die Gründe, die in den letzten Jahren zu einem Anstieg an Verpackungen geführt haben. Sind sie stichhaltig? Begründet eure Meinung.

3. Formuliert Vorschläge, wie ihr die Wertstoffe Glas, Papier, Pappe usw. für eine Wiederverwertung entsorgen könnt.

EINFLÜSSE AUF DAS VERBRAUCHERVERHALTEN

Joghurt im Glas

Umweltverträglicher und nachhaltiger Konsum

Vor 50 Jahren bestimmte noch die Jahreszeit, welches Obst und Gemüse angeboten wurde. Fast jedes Dorf hatte seinen eigenen Metzger. Heute ist das Warenangebot in Supermärkten und Fachgeschäften sehr reichhaltig mit Produkten aus Deutschland und der ganzen Welt. Eine grundlegende Änderung des Ernährungsverhaltens hat in den letzten 40 Jahren dazu geführt, dass mehr Lebensmittel aus dem Ausland importiert werden, während im Inland vermehrt Futtermittel angebaut werden, um den gestiegenen Fleischbedarf zu decken. Viele Rohstoffe werden für die Lebensmittelproduktion aus dem Ausland bezogen und belasten durch ihre Gewinnung und weiten Transportwege die Umwelt. In dem weltweiten Bemühen um eine nachhaltige, umweltverträgliche Entwicklung kommt es darauf an, ein besseres Verständnis von Umwelt und Wirtschaft zu entwickeln.

> **INFO**
>
> **Ein Joghurt kommt in Fahrt**
> Die Erdbeeren stammen aus Polen, die Bakterien aus Schleswig Holstein, die Aluminiumdeckel werden aus dem Rheinland nach Stuttgart transportiert: Bis so ein simpler Fruchtjoghurt im Supermarktregal landet, fahren Lastwagen durch halb Europa, mehr als neuntausend Kilometer weit!

Die Produktion eines Lebensmittels: Erdbeerjoghurt im Glas

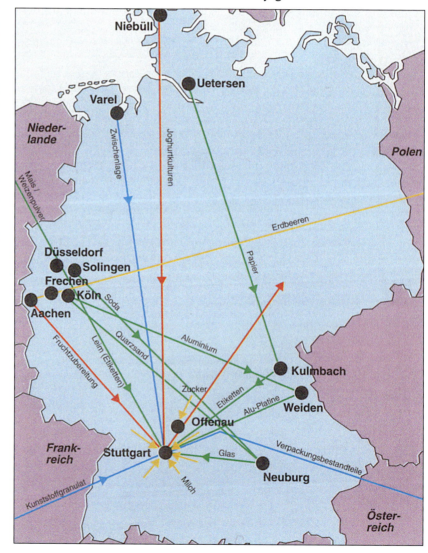

142

Produktlinienanalyse – Eine Entscheidungshilfe für umwelt- und sozialverträgliches Verbraucherverhalten

Produktlinienanalysen sind ein Mittel, um den Lebenszyklus eines Produktes nachvollziehen zu können. Es geht um die Erfassung und Abwägung ökologischer, gesellschaftlicher und wirtschaftlicher Auswirkungen nicht nur bei der Produktion, sondern auch bei Transport, Handel und Verbrauch/Entsorgung eines Produktes. Am Beispiel eines Fruchtjoghurts soll dies im Einzelnen aufgezeigt werden.

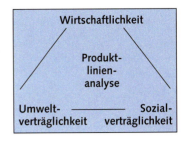

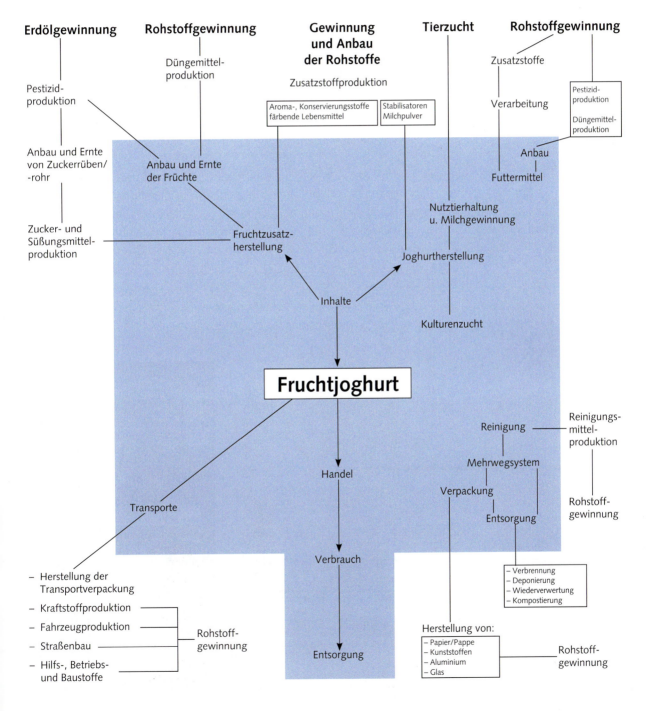

LERNBILANZ

Ihr habt in diesem Kapitel gelernt, dass
- das Konsumverhalten durch Meinungsführer und Bezugsgruppen sowie Werbung beeinflusst wird,
- es Möglichkeiten des Verbraucherschutzes gibt,
- wirtschaftliche Entscheidungen nach dem Minimal- und Maximalprinzip getroffen werden,
- es Zusammenhänge zwischen Konsum und Umwelt gibt.

Bevor wir uns der Organisation im Unternehmen zuwenden, sollt ihr euer bisher erworbenes Wissen testen und vertiefen.
Folgende Aufgaben könnt ihr allein oder in arbeitsteiligen Gruppen erledigen:

1. Nenne drei Bereiche, in denen Jugendliche ihre Eltern bei Kaufentscheidungen beeinflussen. ○

2. Erkläre den Unterschied zwischen einem Meinungsführer und einer Bezugsgruppe. Gibt es Gemeinsamkeiten? Begründe deine Auffassung. ●

3. Nenne, welche Ziele ein Unternehmen mit der Werbung verfolgt. ◐

4. Erläutere, welche Erwartungen der Verbraucher an die Werbung hat. ◐

5. Untersuche eine der beiden Werbeanzeigen mithilfe der 13 Fragen für die Auseinandersetzung mit der Werbung. ◐

6. Die folgenden Vorgaben der Präsentation einer Ware sind falsch. Notiere die richtigen Vorgaben und begründe. ●

a) Das Bild der Ware sollte den Kunden nicht belästigen.

b) Die Ware muss attraktiv, aber ungeordnet gezeigt werden, damit der Kunde durch langes Suchen länger im Geschäft bleibt.

c) Marken und Größen spielen beim Angebot keine Rolle.

d) Die Verkaufsatmosphäre ist nebensächlich.

e) Kundenbindung und Imageförderung können durch die Präsentation der Ware sowieso nicht erreicht werden.

7. Stelle Regeln für ein bewusstes Verbraucherverhalten auf: ●

a) bei Alltagskäufen – siehe Bezugsquellen- und Markentreue.

b) beim Kauf hochwertiger Gebrauchsgüter (siehe Entscheidungsprozess).

8. Plant in arbeitsteiligen Gruppen den Kauf eines selbst gewählten Gebrauchsgutes entsprechend den Phasen des Entscheidungsprozesses (S. 136). Begründet eurer Vorgehen und eure Entscheidung für ein Produkt. ●

9. Erkläre das Minimalprinzip und das Maximalprinzip an einem selbst gewählten Beispiel. ◐

10. Erläutere den Sinn und Zweck von Verpackungen an Beispielen. ◐

11. Bewerte das Produkt „Fruchtjoghurt" von S. 142 in Produktion, Transport und Verbrauch/Entsorgung nach den Aspekten

a) Wirtschaftlichkeit,

b) Umweltverträglichkeit (siehe Produktlinienanalyse),

c) Sozialgerechtigkeit (Arbeitsbedingungen/Lohn der Erdbeerpflücker in Polen). ●

12. Führt eine eigene „Produktlinienanalyse" am Beispiel eines Apfels durch: ●

a) Regionaler Anbau und Vermarktung auf dem Wochenmarkt oder im Hofladen, z. B. Elstar.

b) Import aus Neuseeland oder Südamerika, z. B. Braeburn.

Leitfragen können dabei sein:

– Woher kommen die Äpfel (Erzeugerregion/Erzeugerland)?

– Wie wurden sie angebaut (Spritzmitteleinsatz, Begasung zur Haltbarmachung)?

– Wie weit sind die Transportwege (Energieverbrauch, Schadstoffausstoß)?

– Wo werden sie angeboten, in welchen Läden?

– Wie sind der Preis und die Qualität der Äpfel (Geschmack, Beschaffenheit)?

VI Arbeitsbeziehungen in Unternehmen

In einem Unternehmen arbeiten Menschen mit unterschiedlichen Interessen zusammen. Ihre Zusammenarbeit muss organisiert werden, damit die Abläufe im Betrieb reibungslos funktionieren. Dazu müssen Regeln aufgestellt werden, die helfen, Konflikte zu vermeiden und zu bewältigen. Dazu gehören auch Fragen wie die Bedeutung der Mitbestimmung von Arbeitnehmern, aber auch die Entlohnung und welche Rolle dabei Tarifverträge spielen.

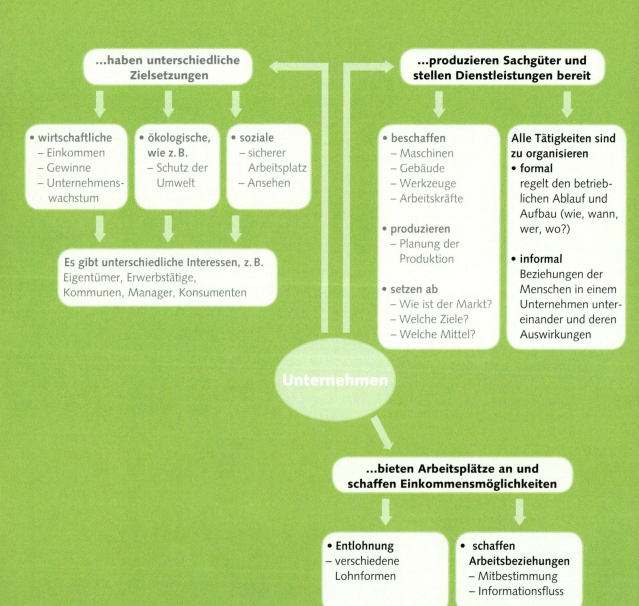

147

ARBEITSBEZIEHUNGEN IN UNTERNEHMEN

1 Wie ist ein Unternehmen organisiert?

Das Unternehmen als Organisation

In der Bundesrepublik Deutschland gibt es mehrere Millionen Unternehmen ganz unterschiedlicher Art und Größe, die mit ihren Produkten und Dienstleistungen untereinander im Wettbewerb stehen, und zwar nicht nur auf nationaler, sondern auch auf internationaler Ebene. Sie müssen Entscheidungen über ihre Produkte und über die Organisation in ihrem Unternehmen treffen und die Arbeit so organisieren, dass alles reibungslos läuft.

Schlechte Organisation kann viel Geld kosten. Ohne eine gute Organisation der betrieblichen Prozesse würde in jedem Unternehmen schnell ein Chaos ausbrechen und keiner wüsste, was eigentlich zu tun ist.

Deshalb: Überall dort, wo viele Menschen zusammenarbeiten, muss die Arbeit organisiert werden, damit ein Unternehmen die drei betrieblichen Grundaufgaben Beschaffung – Produktion – Absatz auch erfüllen kann. So muss festgelegt werden, wer was tut, womit und wann etwas getan werden soll. Dazu werden häufig Organigramme benutzt, die die Zusammenhänge zwischen Abteilungen oder Mitarbeitern aufzeigen.

INFO

Mit **Organigrammen** bilden Unternehmen die Organisation ihres Aufbaus oder Ablaufs ab. Mit Kästchen, Pfeilen und Linien werden Zusammenhänge aufgezeigt. Die Verbindungen stehen dabei meist für:
– Wer ist für welche Aufgaben und welche Mitarbeiter verantwortlich?
– Wer ist wessen Vorgesetzter oder Untergebener?
– Wer kann Weisungen geben?

Ein Organigramm bildet gewissermaßen wichtige Spielregeln der Organisation für alle sichtbar und im schnellen Überblick ab.

Aufbauorganisation

1. Erkläre, welche Folgen es haben kann, wenn die Mitarbeiter einer Schule nicht wissen, wer welche Aufgaben zu erfüllen hat.

2. Erläutere, welche Ziele mit organisatorischen Regelungen in einem Betrieb verfolgt werden.

Aufbau- und Ablauforganisation

Grundsätzlich wird zwischen der **Aufbau- und Ablauforganisation** eines Unternehmens unterschieden.

Mit der **Aufbauorganisation** wird geregelt, wer wo, mit welchen Mitteln etwas tun soll. Sie regelt so die Zuordnung von Aufgaben an Mitarbeiter. Aufgabenbereiche werden beschrieben und voneinander abgegrenzt, sodass jeder Mitarbeiter weiß, was er tun soll und was nicht. Es wird außerdem festgelegt, wer für bestimmte Aufgaben die Verantwortung trägt und Weisungen erteilen darf.

Bei der **Ablauforganisation** wird der Ablauf der betrieblichen Arbeitsprozesse geregelt, nämlich wie, wann und warum bestimmte Aufgaben erledigt werden müssen.

Zum besseren Verständnis: Die Aufbauorganisation kann man mit der Anlage eines Straßennetzes vergleichen. Die Ablauforganisation entspricht der Regelung des Verkehrs in diesem Straßennetz. So wie diese beiden einen reibungslosen Ablauf des Straßenverkehrs sicherstellen, so müssen die betrieblichen Aufgaben ebenfalls geregelt und aufeinander abgestimmt werden.

> **INFO**
>
> Das **Flussdiagramm** ist ein geeignetes Instrument, um Arbeits- und Geschäftsabläufe darzustellen und zu analysieren.
>
> - Start, Ende
> - Anschlusspunkt, Sprungstelle
> - Bearbeitung, Tätigkeit
> - Ablauflinie, Flussrichtung meist senkrecht
> - Entscheidung mit Ja-/Nein-Verzweigung

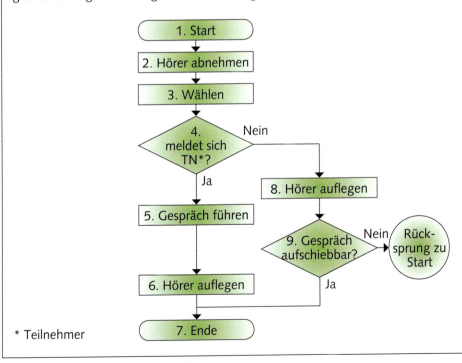

Ein Telefongespräch führen wir meist, ohne uns die einzelnen Schritte zu überlegen. Tatsächlich besteht diese Aufgabe aus einer ganzen Reihe von Tätigkeiten und Entscheidungen. In unserem einfachen Beispiel gibt es die folgenden Tätigkeiten und Abfragen:

1. Start
2. Hörer abnehmen
3. Wählen
4. meldet sich TN*?
5. Gespräch führen
6. Hörer auflegen
7. Ende
8. Hörer auflegen
9. Gespräch aufschiebbar?
– Rücksprung zu Start

* Teilnehmer

1. Ermittelt, wer an der Aufbauorganisation eurer Schule beteiligt ist, und veranschaulicht die Beziehungen mithilfe einer Grafik. 🌗

ARBEITSBEZIEHUNGEN IN UNTERNEHMEN

Formale und informale Organisation eines Unternehmens

Aufbau- und Ablauforganisation eines Betriebes werden als die **formale** Organisation eines Betriebes bezeichnet. Aber viele Vorgänge in einem Betrieb spielen sich auf einer ganz anderen, auf der **informellen,** nicht offiziellen Ebene ab, wie diese Beispiele zeigen:

> **B** **Martin, 33 Jahre, Versicherungsfachangestellter:** „Zurzeit fällt es mir wirklich schwer, mich auf die Arbeit zu konzentrieren. Wir haben gerade unser erstes Baby bekommen und meine Nächte sind im Augenblick wirklich kurz!"
>
> **Sonja, 24 Jahre, Groß- und Außenhandelskauffrau:** „Seitdem ich in dieser Abteilung arbeite, habe ich das Gefühl, ich schaffe viel mehr als vorher. Meine Kollegen hier sind aber auch viel hilfsbereiter und freundlicher. Da fühle ich mich viel wohler, wenn ich morgens zur Arbeit komme."

Kollegen bei einer Geburtstagsfeier

Die Qualität der zwischenmenschlichen Beziehungen in einem Betrieb nennt man Betriebsklima. Es beeinflusst die Arbeitszufriedenheit, die Leistungsbereitschaft, das Wohlbefinden und das Verhalten zu Hause in der Familie. Andererseits wirken sich familiäre Verhältnisse und besondere Umstände auf das Arbeitsverhalten im Betrieb aus.

Menschen sind von Stimmungen im Betrieb abhängig. Den einen Mitarbeiter mag man, den anderen nicht. Krankheit und Ärger in der Familie haben meistens einen großen Einfluss auf die Arbeit. Oder: Eine alleinstehende Mutter mit der Doppelbelastung von Haushalt und Beruf steht unter einem ganz anderen Arbeitsstress als ein Mann, der sich weitgehend auf seinen Beruf konzentrieren kann.

Weitere Einflussfaktoren können sein: die Angst um den Arbeitsplatz, der Aufschub einer längst fälligen Beförderung, dauernder Streit mit dem Vorgesetzten, die Eintönigkeit der Arbeit. Auch der Führungsstil von Vorgesetzten wirkt sich stark auf das Betriebsklima aus.

1. Erläutere, inwiefern Situationen, wie auf dem Foto dargestellt, das Betriebsklima beeinflussen können. 🌗

2. Stelle weitere Beispiele dar, die zeigen, wie die Organisation eines Unternehmens durch die informellen Beziehungen beeinflusst werden kann. ○

3. Nehmt Stellung zu folgender Aussage: Die Unternehmensführung muss sich bemühen, die positiven Effekte der informellen Beziehungen in einem Unternehmen zu fördern. Entwickelt dazu Beispiele. ●

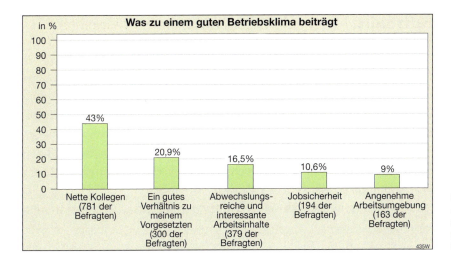

Quelle:
www.rp-online.de/public/bilder
showinline/aktuelles/beruf/arbeits-welt/24947, nach einer Studie des Karrierreportals Monster

Aber auch die folgenden Faktoren können Einfluss auf das Betriebsklima haben. In einer Abteilung arbeiten z. B. zwei Personen, die auch private Beziehungen haben, etwa als Nachbarn, als Mitglied in einem Sportverein, in einer Partei, im Kegelclub.

Informelle Gruppen bilden sich aber auch aufgrund von sozialen Gemeinsamkeiten, wie Herkunft, Alter oder gemeinsamen Interessen, die nicht mit offiziellen betrieblichen Vorgängen in Zusammenhang stehen. Dies können z. B.

– Tischgruppen in der Kantine,
– Plaudergruppen,
– Anhänger von Fußballmannschaften sein.

Dies kann sich einerseits positiv auswirken, aber es gibt auch viele Beispiele, die zeigen, dass dies Probleme mit sich bringen kann.

Fußballmannschaft

B Reiner Enders und Wolfgang Stolz sind Mitglieder in dem ortsansässigen Fußballverein und Kollegen in der gleichen Abteilung in einem Unternehmen. Am Samstagabend bei einer Vereinssitzung kam es zwischen den beiden zu einer heftigen Meinungsverschiedenheit über die Jugendarbeit in dem Verein. Schon länger gibt es Streitigkeiten zwischen den beiden, die sich leider auch auf die Arbeit auswirken. Kollegen beschweren sich schon beim Chef über das Verhalten der beiden…

1. Untersucht das Arbeitsklima innerhalb eurer Klasse und benennt, was eure Arbeit beeinflusst.

2. Diskutiert die Cliquenbildung in einer Klasse und deren Einfluss auf das Arbeitsklima in der Klasse.

3. Entwickelt eine Lösung für den Konflikt von Reiner Enders und Wolfgang Stolz und seine Auswirkungen.

METHODE

Fallanalyse

Informationsbeschaffung

Lösungsmöglichkeiten

Entscheidung

Fallstudie: Hier stimmt etwas nicht mit der Organisation

Definition
Die Fallstudie ist eine Methode, die helfen soll, sich mit einem Fall aus dem Wirtschaftsalltag oder der Lebensumwelt auseinanderzusetzen. Dabei gilt es, einen Fall genau zu betrachten, sich erforderliche Informationen zu beschaffen, sie zu bewerten und Lösungsmöglichkeiten zu suchen. Aus den Lösungsmöglichkeiten muss man sich für eine entscheiden und diese in einer Pro- und Kontra-Diskussion verteidigen.
Und man muss schließlich seine Lösung mit der tatsächlich getroffenen Lösung vergleichen.

Idealtypischer Ablauf einer Fallstudie
Es lassen sich sechs verschiedene Phasen einer Fallstudie unterscheiden.

1. Der Fall: Was ist passiert?
Welcher Sachverhalt ist gegeben?

2. Welche Informationen benötigen wir?
Die zur Verfügung stehenden Informationen müssen untersucht und bewertet werden; weitere Informationen sind evtl. durch Erkundungen vor Ort, Befragung von Personen, durch das Erarbeiten von schriftlichen Quellen, durch Internetrecherchen zu beschaffen und zu bewerten.

3. Welche Lösungen sind denkbar?
Überlegt euch, welche Möglichkeiten es geben könnte, damit die Probleme in Zukunft nicht wieder auftreten können. Es muss nach unterschiedlichen Lösungsmöglichkeiten gesucht werden.

4. Wir treffen eine Entscheidung
Jetzt müssen die Vor- und Nachteile, aber auch die Konsequenzen einer Lösung gegeneinander abgewogen und bewertet werden. Zielsetzung dabei ist es, eine Entscheidung zu treffen.

5. Wir diskutieren und verteidigen unsere Entscheidung
Die Entscheidung, die in einer Gruppe getroffen worden ist, wird zur Diskussion gestellt. Die Gruppen versuchen, ihre Entscheidung gegen die Argumente anderer Gruppen zu verteidigen.

6. Wir vergleichen unsere Entscheidung mit der tatsächlich getroffenen Entscheidung
Wenn wir einen Fall bearbeitet haben, der in der Realität vorgekommen ist, vergleichen wir unsere Entscheidung mit der tatsächlich getroffenen Entscheidung. Wo liegen Unterschiede, wo Gemeinsamkeiten?

Der Fall: Frau Gerlach eröffnet ein Fotofachgeschäft mit Studio

B Frau Gerlach, Fotografin, hat durch ein Erbe 60 000 Euro zur Verfügung. Ihr Traum war es schon immer, ein Fotogeschäft mit Studio zu betreiben. Wegen ihrer zwei Kinder, die nun aus dem Haus sind, hat sie ihren Beruf bisher nur als Hobby ausgeführt und ist dadurch aber immer auf dem neuesten technischen Stand geblieben. Sie hat in einer günstigen Geschäftslage einen kleinen Laden mit Studio gemietet. Sie hat auch zwei Angestellte übernommen, eine Verkäuferin und eine Auszubildende. Die beiden waren froh, ihre Arbeitsplätze behalten zu können, haben aber noch Schwierigkeiten, sich an den Leitungsstil ihrer neuen Chefin zu gewöhnen. Folgende Situation ereignete sich in den ersten Wochen nach der Geschäftseröffnung:

1. Die Verkäuferin Frau Arnold schickt mehrmals kaufwillige Kunden weg, da von einer nachgefragten digitalen Spiegelreflexkamera der neuen Generation noch keine im Lager vorhanden sind.

2. Da Frau Arnold diesen Mangel schnell beheben will und sie es gewohnt war, immer selbstständig zu entscheiden, ruft sie bei dem ihr bekannten Lieferanten an und bestellt fünf der Kameras.

3. Über diese mit ihr nicht abgestimmte Aktion ist Frau Gerlach ziemlich verärgert, zumal ihrer Meinung nach die Kameras da sein müssten. Sie findet den Liefereingang im Computer bestätigt und sucht deshalb im Lagerraum, wo sie vier der Kameras im Regal findet. Sie muss dazu allerdings lange suchen, da die Auszubildende das Lager auf Anweisung von Frau Arnold umsortiert hat.

4. Eine Kundin spricht mit der Auszubildenden Frau Schubert einen Termin für ein Familienfoto ab. Die Kundin möchte von der Chefin selbst fotografiert werden. Frau Schubert nimmt den Termin für Montagnachmittag um 15.00 Uhr an. Am Montag erscheint die Familie pünktlich. Frau Gerlach ist aber bei einem Außentermin. Die Kundin lässt sich nach einer lautstarken Diskussion mit der Auszubildenden auf ein von ihr gemachtes Foto ein, droht aber damit, es evtl. nicht abzunehmen. Umstehende Kunden sind peinlich berührt.

Diskussion

Vergleich

1. Benenne die in diesem Beispiel aufgetretenen Probleme in der bisherigen Aufbauorganisation. ○

2. Entwickle ein Modell zur Aufbauorganisation des Geschäftes. Beschreibe dazu die Aufgaben der einzelnen Mitarbeiterinnen. ●

3. Erläutere, wie die in dem Fallbeispiel aufgetretenen Probleme durch eine veränderte Organisation verhindert werden können. ◒

2 Die Arbeitsbeziehungen in einem Unternehmen

Unternehmen – ein Netzwerk von Verträgen

Mit dem Begriff „Arbeitsbeziehungen" sind die Beziehungen zwischen Arbeitgebern und Arbeitnehmern gemeint. In Unternehmen, in denen Menschen miteinander arbeiten, sind Regelungen erforderlich, um mögliche Konflikte lösen zu können. Viele dieser Regelungen sind im Arbeitsrecht enthalten (Arbeitsschutz, Tarifrecht, Mitbestimmungs- und Betriebsverfassungsrecht).

Grundlage der Arbeitsbeziehungen ist ein Arbeitsvertrag, den Arbeitgeber und Arbeitnehmer miteinander schließen. Wie der Vertrag gestaltet ist, und damit die Beziehung zwischen dem Arbeitnehmer und dem Arbeitgeber, wird durch Gesetze und Regelungen eingeschränkt:

1. **Jugendarbeitsschutzgesetz**
   (z. B. Verbot der Nachtarbeit für Jugendliche)
2. **Tarifverträge** (z. B. hinsichtlich der Arbeitszeitregelungen),
3. **Regelungen, die direkt zwischen Arbeitnehmern und Arbeitgebern getroffen werden** (z. B. Urlaubsregelungen).

Auszubildende arbeitet an einem Werkstück.

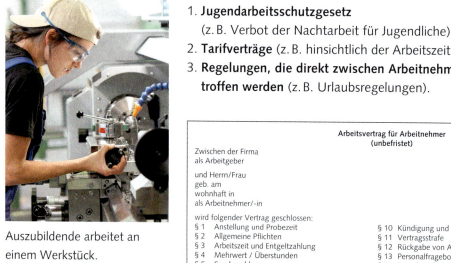

Die Inhalte eines Arbeitsvertrages

1. Recherchiere im Internet die Bedeutung der folgenden Begriffe des Arbeitsrechts und erläutere, was mit ihnen geregelt wird: Arbeitsschutz, Tarifrecht, Mitbestimmungs- und Betriebsverfassungsrecht. ○

2. Untersucht drei der Paragrafen aus dem Arbeitsvertrag und ermittelt durch Befragung von Arbeitnehmern, was sich dahinter verbirgt. ◐

3. Begründet, warum der §16 zum Datenschutz gerade in der heutigen Zeit wichtiger Bestandteil eines Arbeitsvertrages sein muss. ●

154

3 Mitbestimmung – die gesetzlichen Regelungen

Man kann zwischen betrieblicher Mitbestimmung und der Mitbestimmung auf Unternehmensebene unterscheiden. In den Gesetzen zur Mitbestimmung sind zwei Möglichkeiten für die Arbeitnehmer geschaffen, bei Entscheidungen des Arbeitgebers mitzuwirken.
- Die Unternehmensverfassung regelt die Mitbestimmung der Arbeitnehmer in den Aufsichtsräten.
- Die Betriebsverfassung regelt die Mitbestimmung bzw. Mitwirkung der Arbeitnehmer durch die Betriebsräte.

Die Mitbestimmung im Unternehmen

Der Kern der Mitbestimmung auf der Ebene der Unternehmensleitung ist die Mitbestimmung im Aufsichtsrat. In großen Unternehmen, die über eine Unternehmensleitung aus Hauptversammlung, Vorstand und Aufsichtsrat verfügen, haben die Arbeitnehmer dadurch, dass sie Sitz und Stimme im Aufsichtsrat haben, ein Mitbestimmungsrecht auch bei unternehmerischen Entscheidungen, z. B. über Produktions- und Investitionsprogramme, Preise, Vergrößerung des Unternehmens usw.
Zu den Aufgaben des Aufsichtsrats zählen weiter die Wahl und die Kontrolle des Vorstandes, der für die Geschäftsführung des Unternehmens verantwortlich ist. Wesentliche Gesetze zur Mitbestimmung auf Unternehmensebene sind:

- Das **Montanmitbestimmungsgesetz** von 1951 (zuletzt geändert 2004) und 1956 für Unternehmen mit mehr als 1 000 Beschäftigten.
- Das **Mitbestimmungsgesetz** von 1976 für Kapitalgesellschaften der gewerblichen Wirtschaft, des Handels und des Dienstleistungssektors mit mehr als 2 000 Beschäftigten.
- Das **Betriebsverfassungsgesetz** von 1952 für Gesellschaften mit beschränkter Haftung (GmbH) mit mehr als 500 Beschäftigten und Aktien- und Kommanditgesellschaften auf Aktien mit bis zu 2 000 Beschäftigten.

INFO

Montanunternehmen
Unter diesem Begriff werden Unternehmen zusammengefasst, die dem Bergbau oder der Eisen und Stahl erzeugenden Industrie angehören.

Diese Gesetze wurden in den letzten Jahrzehnten immer weiter entwickelt, um sie den aktuellen gesellschaftlichen Situationen anzupassen.

1. Ermittle mithilfe des Internets, was eine GmbH, eine Aktien- und eine Kommanditgesellschaft ist. ○

2. Untersucht bei Betrieben in eurer Region, welche Form der Mitbestimmung bei ihnen existiert. ◐

3. Begründet, warum in einem großen Unternehmen ein Aufsichtsrat eingerichtet wird. ●

ARBEITSBEZIEHUNGEN IN UNTERNEHMEN

INFO

http://bundesrecht.juris.de/betrvg/index.html

Hier findest du alle Bestimmungen des **Betriebsverfassungsgesetzes.**

INFO

Pessimist
Schwarzseher

Pflichten des Arbeitgebers – Rechte des Arbeitnehmers

B Bernd Krämer ist eigentlich ein netter Kollege, aber ein geborener Pessimist, dem manchmal die Fantasie durchgeht:
„Also, was ich da gehört habe, schlimm, schlimm …
– Kemper und Voss können in zwei Monaten gleich zu Hause bleiben. Dann kommen die neuen Maschinen und daran sind beide nicht ausgebildet.
– Kuhlmann will in seine Personalakte schauen. Lässt sich der Chef doch nicht gefallen!
– Hagen hat gemotzt, weil ihm keiner seine Lohnabrechnung erklärt.
– Außerdem hatte Hagen schon an seinem ersten Arbeitstag Krach geschlagen, weil ihn niemand gewarnt hatte, dass das Sicherheitssystem an der Formpresse defekt war. War auch gefährlich, hätte er aber selbst überprüfen müssen."
„Bernd", mischt sich Betriebsratsmitglied Hans Löb ein, „halt lieber die Klappe, du redest dummes Zeug!" Hans Löb kennt sich aus und weist die Behauptungen seines Kollegen aus gutem Grund zurück: Nach dem Betriebsverfassungsgesetz (§81 bis 86a BetrVG) hat jeder Arbeitgeber gewisse Pflichten. Danach
– müsste der Vorgesetzte mit Kemper und Voss z. B. eine innerbetriebliche Weiterbildung erörtern,
– kann Hagen darauf bestehen, dass ihm seine Gehaltsabrechnung erklärt wird,
– hätte Hagen zuerst über Unfallgefahren belehrt werden müssen.
Diese Rechte stehen den Arbeitnehmern nach dem BetrVG zu.

Die Beispiele zeigen, dass für einen Arbeitnehmer in einem Unternehmen rechtliche Regelungen zu seinem Schutz geschaffen worden sind. Die Rechte und Pflichten von Arbeitgebern und Arbeitnehmern sind im Betriebsverfassungsgesetz (BetrVG) geregelt. Jeder, der in einem Betrieb tätig ist, sollte daher die wichtigsten Bestimmungen dieses Gesetzes kennen, um bei auftretenden Problemen richtig handeln zu können.

1. Ermittle mithilfe des Internets, ob Herr Kuhlmann Einblick in seine Personalakte nehmen darf. ○

Das Betriebsverfassungsgesetz

Das Betriebsverfassungsgesetz ist sozusagen das Grundgesetz für Betriebe. Es regelt die Rechte und Pflichten der Arbeitgeber und Arbeitnehmer, wobei die Arbeitnehmer durch die von ihnen gewählten Mitglieder im Betriebsrat an betrieblichen Entscheidungen beteiligt sind.
Mit dem Gesetz soll die Idee der Partnerschaft von Belegschaft und Betriebsleitung verwirklicht werden. D. h., die Zusammenarbeit soll vertrauensvoll zum Wohle der Arbeitnehmer und des Betriebes (§2 BetrVG) partnerschaftlich sein, Streitfragen innerhalb des Betriebes sind grundsätzlich friedlich zu lösen, betriebliche Arbeitskämpfe sind verboten.
Bei der betrieblichen Mitbestimmung, die durch das Betriebsverfassungsgesetz geregelt ist, werden vier Bereiche/Ebenen unterschieden:

1. Informationsrechte und Beschwerderechte der Arbeitnehmer: Mitbestimmung am Arbeitsplatz (§§ 81 ff. BetrVG),
2. Mitbestimmung als gleichberechtigte Mitentscheidung (§ 87 BetrVG),
3. Mitbestimmung als Zustimmungsverweigerungs- oder Widerspruchsrecht (§§ 12 ff. BetrVG),
4. Mitbestimmung als Informations-, Unterrichtungs- und Beratungsrecht (§§ 106 ff. BetrVG).

Die Rechte von Betriebsrat/Personalrat sind von größerem Gewicht als die des Einzelnen.

> **INFO**
>
> Das **Betriebsverfassungsgesetz** gilt für private Unternehmen. Für öffentliche Unternehmen ist die betriebliche Mitbestimmung durch das Personalvertretungsgesetz geregelt. Dort wird kein Betriebsrat, sondern ein Personalrat gewählt.

Informationsrecht
Beratungsrecht
Widerspruchsrecht
Mitentscheidungsrecht

Ebenen der Mitbestimmungsrechte des Betriebsrates

1. Ermittelt jeweils ein Beispiel für das Mitentscheidungsrecht und für das Widerspruchsrecht. Nutzt dazu die Internetadresse von Seite 156. ○

2. Beschreibt das oben stehende Plakat und nehmt dazu Stellung. ●

ARBEITSBEZIEHUNGEN IN UNTERNEHMEN

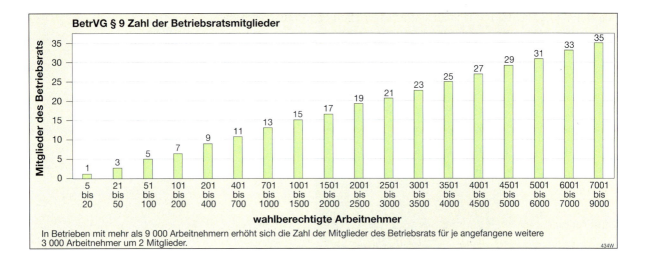

INFO

Einige weitere Informationsrechte des Betriebsrates:
– zu Angelegenheiten der Personalplanung, § 92 Abs. 1,
– zur wirtschaftlichen Lage des Unternehmens (Wirtschaftsausschuss), § 106,
– zum Arbeits- und Umweltschutz, § 89.

Der Betriebsrat

Der Betriebsrat wird von den wahlberechtigten Betriebsangehörigen gewählt. Die Mitglieder des Betriebsrates sind Vertreter der Belegschaft. Dabei gelten folgende Bestimmungen:

– Im Betrieb müssen mindestens fünf wahlberechtigte Arbeitnehmer beschäftigt sein. Die Größe des Betriebsrates richtet sich nach der Anzahl der wahlberechtigten Arbeitnehmer, die in einem Betrieb beschäftigt sind. Je größer ein Betrieb ist, desto mehr Mitglieder hat der Betriebsrat.
– Wahlberechtigt sind alle Arbeitnehmer über 18 Jahre. Wählbar sind alle Wahlberechtigten, die mindestens sechs Monate im Betrieb beschäftigt sind.
– Damit die Betriebsangehörigen über die Arbeit des Betriebsrates informiert werden können, muss der Betriebsrat in regelmäßigen Abständen Betriebsversammlungen durchführen.

Allgemeine Aufgaben des Betriebsrates:
– die zugunsten der Arbeitnehmer geltenden Gesetze und Verträge überwachen,
– Anregungen von Arbeitnehmern und Jugendvertretern entgegennehmen und über sie mit dem Arbeitgeber verhandeln,
– die Eingliederung Schwerbehinderter fördern,
– die Wahl einer Jugendvertretung durchführen,
– die Beschäftigung älterer Arbeitnehmer im Betrieb fördern,
– die Eingliederung ausländischer Arbeitnehmer fördern,
– Unfall- und Gesundheitsgefahren bekämpfen,
– Maßnahmen des Arbeits- und Gesundheitsschutzes durchführen.

1. Benennt mithilfe der Grafik, wie viele Betriebsratsmitglieder ein Betrieb mit 75, 750 und 7 500 wahlberechtigten Arbeitnehmern hat. ○

Eine Hauptaufgabe des Betriebsrates ist es, die im Betriebsverfassungsgesetz festgelegten Rechte gegenüber der Unternehmensleitung wahrzunehmen. Diese Rechte beziehen sich auf soziale, personelle und wirtschaftliche Angelegenheiten.

Dabei unterscheidet man zwischen **Mitwirkungs-** und **Mitbestimmungsrechten**. Bei den Mitwirkungsrechten bleibt die Entscheidungsgewalt bei der Unternehmensleitung, bei den Mitbestimmungsrechten hat der Betriebsrat ein echtes Mitentscheidungsrecht. Die Mitwirkungsrechte des Betriebsrates sind abgestuft:

- **Informationsrecht:** Auf der untersten Stufe der Mitwirkung hat der Arbeitgeber seine Pflicht erfüllt, wenn er dem Betriebsrat anhand von Unterlagen seine Pläne mitteilt.
  Beispiel: Bei der Firma Klein sind der Personalchef und der Prokurist in den Ruhestand gegangen. Neuer Personalchef soll sein bisheriger Stellvertreter Dr. Neumann werden. **(BetrVG § 105 Leitende Angestellte)**

- **Anhörungsrecht:** Der Arbeitgeber teilt dem Betriebsrat seine Absichten mit und fordert ihn zu einer Stellungnahme binnen einer bestimmten Frist auf.
  Beispiel: Bei der Speditionsfirma Gust wird dem Fernfahrer Henze gekündigt, weil ihm wegen Trunkenheit am Steuer die Fahrerlaubnis entzogen wurde (außerordentliche Kündigung). **(BetrVG § 102 Mitbestimmung bei Kündigung)**

- **Beratung:** Hierbei erörtern/beraten Arbeitgeber und Betriebsrat eine Angelegenheit in einem gemeinsamen Gespräch.
  Beispiel: Die Kleiderfabrik Schulten, 230 Mitarbeiter, plant die Näherei zu schließen und die Näharbeiten an eine Firma im Ausland zu vergeben. **(BetrVG § 111 Betriebsänderungen)**

Die Mitbestimmung des Betriebsrates ist die stärkste Form der betrieblichen Mitgestaltung. Nach den Bestimmungen des Mitbestimmungsrechts können Arbeitgeber und Betriebsrat Entscheidungen nur gemeinsam treffen, es besteht also ein Einigungszwang.

Kommt es zu keiner Einigung, kann die geplante Angelegenheit eben nicht durchgeführt werden. Nun besteht noch die Möglichkeit, die Einigungsstelle einzuschalten. Der Spruch der Einigungsstelle ist dann verbindlich.

> **INFO**
>
> **Einigungsstelle**
> Sie wird meist im Bedarfsfall eingerichtet und besteht aus Beisitzern, die zu gleichen Teilen von Arbeitgebern und Betriebsrat bestimmt werden.

1. Ermittle Gründe, warum die Mitwirkungsrechte des Betriebsrats abgestuft sind. ○

2. Diskutiere Vor- und Nachteile der Mitwirkungsrechte des Betriebsrats. ●

ARBEITSBEZIEHUNGEN IN UNTERNEHMEN

Eine Betriebsratssitzung

Fälle, in denen der Betriebsrat zustimmen muss
Hierbei darf der Arbeitgeber eine Maßnahme zwar nur mit Zustimmung des Betriebsrates durchführen, der Betriebsrat hat aber kein Recht, einen eigenen Vorschlag durchzusetzen.
Beispiel: Bei der Firma Krull, 140 Mitarbeiter, soll ein Betriebselektriker eingestellt werden.
(BetrVG § 99 Mitbestimmung bei personellen Einzelmaßnahmen)

Der Betriebsrat kann bei personellen Einzelmaßnahmen die Zustimmung verweigern, wenn dabei z. B.
– gegen ein Gesetz, gegen eine Bestimmung in einem Tarifvertrag usw. verstoßen würde,
– im Betrieb Beschäftigte oder der betroffene Arbeitnehmer durch die personelle Maßnahme benachteiligt werden,
– die durch Tatsachen begründete Besorgnis besteht, dass der für die personelle Maßnahme in Aussicht genommene Bewerber den Betriebsfrieden durch gesetzwidriges Verhalten stören würde.

Zu den „personellen Einzelmaßnahmen" des § 99 gehört nicht die Kündigung. Sie ist in §102 gesondert geregelt, wobei zwischen ordentlicher (z. B. Kündigung wegen fehlender Aufträge) und außerordentlicher Kündigung (unser Beispiel des Fahrers Henze auf Seite 129) unterschieden wird.
Einige Arbeitnehmergruppen sind vor Kündigungen in besonderer Weise geschützt:
– Auszubildende,
– werdende Mütter,
– Schwerbehinderte,
– Betriebsratsmitglieder und
– Jugend- und Auszubildendenvertreter.
Es soll auf diese Weise verhindert werden, dass z. B. besonders engagierte und kritische Mitarbeiter entfernt werden können.

Fälle, in denen der Betriebsrat mitbestimmt
Hierbei sind die Rechte von Arbeitgebern und Betriebsrat gleichberechtigt. Konnte beim Zustimmungsrecht der Betriebsrat nur „Ja" oder „Nein" sagen, so kann er nunmehr eigene Vorschläge, Anträge usw. einbringen, d. h., er kann selbst die Initiative ergreifen (Initiativrecht).
Beispiel: Firma Franke will die gleitende Arbeitszeit einführen.
(BetrVG § 87 Mitbestimmungsrechte)

1. Führt eine Expertenbefragung (siehe Kapitel VIII) durch und ermittelt, wie sich die Arbeit eines Betriebsrates gestaltet. ○

2. Erschließt durch die Befragung Beispiele für die einzelnen Ebenen der Mitbestimmung. ◓

Betriebliche Jugend- und Auszubildendenvertretung

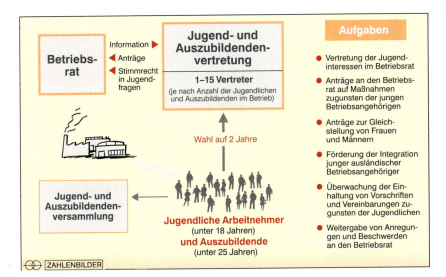

INFO

Aufgaben der Jugendvertretung:
– bei Angelegenheiten, die Jugendliche betreffen, Stimmrecht im Betriebs-/Personalrat,
– überwacht Einhaltung von Gesetzen und Verträgen,
– Einsatz für Verbesserung der Ausbildung,
– fördert Integration der ausländischen Jugendlichen,
– kann Jugendversammlungen einberufen.

Zum Schutz von Jugendlichen wurden besondere Regelungen entwickelt. Die Möglichkeit, den Betriebsrat zu wählen, ist nach dem Betriebsverfassungsgesetz auf Betriebsangehörige über 18 Jahre beschränkt. Die Jugendlichen unter 18 sind aber nicht von der Mitbestimmung ausgeschlossen, denn in allen Betrieben mit mindestens fünf Jugendlichen unter 18 Jahren bzw. Arbeitnehmern, die zu ihrer Berufsausbildung beschäftigt sind und noch nicht 25 Jahre alt sind, können Jugendvertretungen gewählt werden. Wählbar sind alle Arbeitnehmer des Unternehmens, die das 25. Lebensjahr noch nicht vollendet haben. Mitglieder des Betriebsrats können nicht zu Jugend- und Auszubildendenvertretern gewählt werden.

Eine Jugendreferentin berichtet über die Arbeit:

B „Ich heiße Svenja Brand, bin 18 und wurde vor einem Jahr zur Jugendvertreterin gewählt. Als ich anfing, gab es einmal Ärger mit einem Ausbilder: Mal hat er seine Azubis ständig mit irgendwelchen ausbildungsfremden Arbeiten beschäftigt, mal nahm er es auch mit der Arbeitszeit nicht genau. Beschwerte sich einer, dann sagte er immer nur: ‚Bei uns war das auch so.' Die Leute kamen zu uns und verlangten, wir sollten zur Betriebsleitung gehen. Das geht natürlich nicht. Da wir an den Betriebsratssitzungen teilnehmen, haben wir das da vorgebracht. Der Betriebsrat hat dann mit der Firmenleitung gesprochen. Die muss wohl mit dem Ausbilder gesprochen haben, denn seit der Zeit ist alles o.k."

1. Ladet ein Mitglied einer Jugendvertretung ein und führt eine Expertenbefragung zu typischen Problemen der Jugendvertretung durch. ○

2. Begründet, warum es sinnvoll ist, dass Jugendliche in einem Betrieb eine eigene Vertretung haben. ●

Wir gründen eine JAV
Voraussetzung:
– Mindestens fünf wahlberechtigte Jugendliche oder Azubis im Betrieb
– Wahlberechtigt: Alle Jugendlichen bis zum 18. und alle Azubis bis zum 25. Lebensjahr
– Wählbar: Alle im Betrieb Beschäftigten bis 25 Jahre
– Betriebs-/Personalrat bestellt JAV-Wahlvorstand
– Wahlvorstand hat Kündigungsschutz
– Männer und Frauen müssen anteilig vertreten sein
– Arbeitgeber darf Wahl nicht behindern

Quelle:
http://jugend.verdi.de/community/service/ver.di_school/unterrichtsthemen/ue_2_7/data/UE_2_7_folien.pdf

ARBEITSBEZIEHUNGEN IN UNTERNEHMEN

Klassentreffen

Wer bekommt wie viel?

© DIE ZEIT 30.03.2006 Nr. 14

Vom Rennfahrer bis zum Straßenfeger: Brutto-Monatsgehälter in Deutschland (in Euro)

Michael Schumacher,
  Formel-1-Rennfahrer: 4.800.000
Josef Ackermann,
  Deutsche Bank: 990.000
Michael Ballack,
  FC Bayern München: 665.000
Heidi Klum, Model: 620.000
Wulf Bernotat, E.on: 480.000
Herbert Hainer, adidas: 345.000
Harald Schmidt,
  Entertainer: 320.000
Harry Roels, RWE: 31.000
Michael Frenzel, TUI: 290.000
Angela Merkel,
  Bundeskanzlerin: 20.380*
Horst Köhler,
  Bundespräsident: 17.750*
Hans-Jürgen Papier,
  Präsident des Bundesverfassungsgerichts: 17.500*
Norbert Lammert,
  Bundestagspräsident: 14.800*
Marietta Slomka,
  Moderatorin: 10.000
Kersten Borchers,
  Assistenzarzt: 3.400
Deutscher Durchschnittsverdiener: 2.400
Volker Bromme,
  Straßenfeger: 1.600

Quellen: Geschäftsberichte, eigene Recherchen, Zahlen gerundet, zum Teil geschätzt, Jahreseinkommen durch 12 geteilt
* ohne Aufwandsentschädigung

4 Wer bekommt wie viel Lohn und warum?

B Beim ersten Klassentreffen nach zehn Jahren sehen sich Thorsten und Klaus nach langer Zeit wieder. Beide hatten gemeinsam den Realschulabschluss gemacht, die Höhere Handelsschule besucht, waren bei der Maschinenfabrik am Ort in die Lehre gegangen und hatten die Gesellenprüfung als Werkzeugmacher mit gutem Erfolg bestanden, sogar gemeinsam die Meisterprüfung abgelegt. Auch die EDV-Fortbildungslehrgänge hatten sie gemeinsam besucht. Thorsten M. ist heute immer noch bei seiner Ausbildungsfirma und zum Abteilungsleiter der EDV aufgestiegen; Klaus war nach der Lehre mit seinen Eltern nach Hannover gezogen und hatte dort zunächst in der EDV-Abteilung einer Mineralölgesellschaft gearbeitet. Nun ist auch er Leiter der EDV-Abteilung.

Thorsten und Klaus hatten nie Geheimnisse voreinander und so meint Thorsten abschließend: „Im Grunde machst du ja nichts anderes als ich auch, nur dass du monatlich satte 1 000 Euro mehr hast. Eigentlich ist das nicht gerecht …"

Die Geschichte zeigt, wie unterschiedlich Arbeit oftmals eingeschätzt wird, und dass die Frage, welcher Lohn „gerecht" ist, objektiv nicht zu beantworten ist. Eigentlich müssten Thorsten und Klaus gleich viel verdienen, sie haben die gleiche Qualifikation und betreuen beide den gleichen Aufgabenbereich. Dennoch bekommt Klaus 1 000 Euro mehr pro Monat als Thorsten.

Die Frage, ob Klaus W. nun zu viel oder Thorsten M. zu wenig verdient, was also „gerechter" Lohn ist, lässt sich nicht beantworten. Andererseits besteht jedoch die Notwendigkeit, Lohnhöhen festzusetzen. Daraus folgt, dass zwischen Arbeitgebern und Arbeitnehmern immer ein Kompromiss durch Verhandlungen herbeigeführt werden muss. Thorsten und Klaus hatten als Inhaber einer leitenden Position ihr Gehalt mit den Firmenleitungen ausgehandelt.

Für den überwiegenden Teil der Arbeitnehmer geschieht dies in Tarifverhandlungen, bei denen Arbeitgeberverbände und Gewerkschaften in der Regel jedes Jahr aufs Neue über den „gerechten" Lohn verhandeln. Die vereinbarten Tarife gelten dann für alle Arbeitnehmer in der jeweiligen Branche und im jeweiligen Tarifgebiet.

1. Vergleiche die unterschiedlichen Einkommenshöhen im nebenstehenden Artikel.

2. Problematisiere, warum die Frage des gerechten Lohnes immer wieder in unserer Gesellschaft diskutiert wird und sich vermutlich nie endgültig lösen lassen wird.

B Ein neuer Abteilungsleiter ist in Thorstens Unternehmen für den Entwicklungsbereich eingestellt worden. Wer neu in eine Firma kommt und gleich als Abteilungsleiter eingestellt wird, muss schon etwas „auf dem Kasten" haben. Und so wird Thorstens neuer Kollege F. Kuhn höher entlohnt als Thorsten, denn Leistung und höhere Verantwortung sollen gut bezahlt werden **(Leistungsprinzip).**

Herr Arndt

Aber darf Leistung der einzige Bewertungsmaßstab für Einkommen sein? Falls ja, was geschähe mit solchen Menschen, die nicht am Erwerbsleben teilnehmen können, weil sie z. B. krank oder unfreiwillig arbeitslos sind? Sie blieben ohne Einkommen, müssten vielleicht auf ihre Ersparnisse zurückgreifen oder schlimmstenfalls sogar betteln gehen. Aber auch Menschen, die im Erwerbsleben stehen, können oft finanzielle Belastungen haben, die sich erheblich von denen anderer unterscheiden. Georg K. z. B., ein allein verdienender Familienvater, muss für fünf Personen sorgen. Hier entlastet der Staat Herrn K., indem er weniger Steuern zahlen muss als ein Junggeselle und er Kindergeld bekommt **(Sozialprinzip).** In der sozialen Marktwirtschaft hat der Staat die Aufgabe, Bürgern bei Unfall, Krankheit, Arbeitslosigkeit zu helfen. Er sorgt dafür, dass in solchen Fällen Arbeitslosengeld usw. gezahlt wird. Oder dass Arbeitnehmer, die höhere Belastungen tragen müssen (z. B. kinderreiche Familien), besondere Zuschüsse erhalten (z. B. Kindergeld).

Herr Droste

B Herr Arndt arbeitet seit einem Jahr als angelernter Arbeiter in einer Raffinerie. Er sorgt als Verlader dafür, dass die Tanklastzüge ordnungsgemäß abgefertigt werden.
Herr Droste ist Elektroschweißer. Sein Team muss die notwendigen Reparaturen sofort ausführen. Da die Anlage rund um die Uhr läuft, muss er im Schichtdienst, d. h. auch nachts und gelegentlich an Sonn- und Feiertagen, arbeiten.
Herr Nolte arbeitet in der Telefonzentrale der Raffinerie. Er vermittelt die ein- und ausgehenden Telefongespräche, meldet Besucher weiter und ist für die Frankierung der Post zuständig.

Herr Nolte

1. Benenne Gründe, warum das Einkommen von Klaus M. höher ist als das seines Schulfreundes Thorsten M. ○

2. Nach dem Leistungsprinzip soll die Höhe des Einkommens der Leistung des Arbeitnehmers entsprechen. Lässt sich das Leistungsprinzip auch auf die Tätigkeiten von Herrn Arndt, Herrn Droste und Herrn Nolte anwenden? Begründe deine Meinung. ●

3. Erläutere, welche Faktoren Einfluss auf das Einkommen haben: die Qualität der Ausbildung, die Familiengröße, die Arbeitsbedingungen, die Situation auf dem Arbeitsmarkt, die Länge der Betriebszugehörigkeit? Begründe deine Meinung. ●

ARBEITSBEZIEHUNGEN IN UNTERNEHMEN

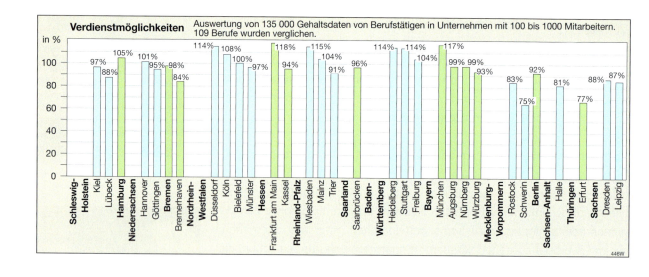

Quelle:
nach: www.nettolohn.de/lexikon/
gehaltsspiegel-20.html

Gehaltsspiegel

Eine geradlinige berufliche Karriere, die über fünfzig Jahre hinweg vom Ausbildungsbeginn im 16. Lebensjahr bis zur Rente mit 65 in der gleichen Firma verläuft, ist heute nicht mehr üblich. Ein mehrfacher Arbeitsplatz- oder gar Berufswechsel während eines Arbeitslebens ist keine Seltenheit mehr. Arbeitnehmer suchen z.B eine neue Herausforderung, finden in ihrer Stadt keinen ansprechenden Arbeitsplatz mehr oder wechseln aus privaten Gründen den Wohnort. Ein Blick auf den Gehaltsspiegel für die jeweiligen Branchen zeigt, dass je nach Region unterschiedliche Löhne gezahlt werden. Traditionell liegen die Gehälter in wirtschaftsstarken Regionen, wie z.B. im Süden und im Südwesten Deutschlands, auch in Hessen und in der boomenden Hansestadt Hamburg, höher als in den anderen Regionen. [...] Auch zur Beurteilung des Wohlstandes einer Region kann der Gehaltsspiegel herangezogen werden. Die Attraktivität einer bestimmten Branche oder gar Wirtschaftsregion lässt sich anhand der Zahlen des Gehaltsspiegels allein allerdings nicht beurteilen. Wo mehr verdient wird, sind nicht selten auch die Lebenshaltungskosten höher. Vor allem die Mieten ziehen einem besseren Gehaltsspiegel für die jeweilige Region schnell nach und übertreffen ihn meist. Die höheren Einkommen werden also durch die höheren Lebenshaltungskosten schnell wieder ausgeglichen.

1. Erläutere, welche Faktoren die Lohnhöhe beeinflussen können.

2. Diskutiert mithilfe des Quellentextes, welche Auswirkungen unterschiedliche Lohnhöhen auf eine Region haben können.

3. Stellt zusammen, welche Faktoren Herrn F. Meyer aus Leer – außer einem höheren Lohn – wichtig sein könnten, wenn ihm eine Stelle in Süddeutschland angeboten wird.

Wie werden Arbeitnehmer entlohnt?

Arbeitseinkommen	
Bezeichnung	**Empfänger**
Lohn	Arbeiter
Gehalt	Angestellte und Beamte
Heuer	Seeleute
Gage	Schauspieler, Sänger, Musiker …
Honorar	Ärzte, Rechtsanwälte, Architekten …
Provision	Versicherungsvertreter
Diäten	Abgeordnete
Sold	Soldaten
Ausbildungsvergütung	Auszubildende

Quelle: www.werner-blattner.de/downloads/Wirtschaft/einkommensarten.html

Arbeitseinkommen werden je nach Berufen unterschiedlich bezeichnet (siehe Tabelle oben).
Bei der Entlohnung von Arbeitern werden im Wesentlichen die Lohnformen Zeit-, Leistungs- und Prämienlohn unterschieden.

Der Zeitlohn
Frau L. Malek ist kaufmännische Angestellte in einer Speditionsfirma. Sie erhält ein Monatsgehalt von 2100 Euro brutto. Herr W. Kemper ist als Lagerarbeiter bei der Spedition angestellt. Er erhält einen Stundenlohn von 12 Euro. Beide erhalten Zeitlohn.

Zeitlöhne beziehen sich auf die Anwesenheit am Arbeitsplatz und nicht auf die Arbeitsleistung und werden gezahlt, wenn
– der Arbeitnehmer das Arbeitstempo nicht bestimmen kann. So weiß z. B. Frau Malek nicht sicher, wie viele Lkw sie an einem Tag abzufertigen hat,
– es bei der Arbeit auf Qualität, Sorgfalt, Genauigkeit ankommt,
– die Leistung nur schwer oder gar nicht messbar ist.

Leistungslohn (Akkord- und Prämienlohn)
Der Akkordlohn
S. Böttner ist Fliesenlegerin. Pro Quadratmeter verlegter Fliesen erhält sie 15 Euro. Markus K. Lummer ist Maler. Für den Außenanstrich eines Hauses wird ihm eine Zeit von drei Minuten pro Quadratmeter vorgegeben (Vorgabezeit). Pro Minute erhält er 18 Cent Lohn. Beide erhalten Akkordlohn.
Frau Böttner erhält *Stückgeldakkord*. Die Höhe ihres Lohnes ist allein abhängig von der erbrachten Arbeitsleistung. Je mehr Quadratmeter sie an einem Tag fliest, desto mehr verdient sie.
Herr Lummer erhält *Stückzeitakkord*. Abgerechnet wird ebenfalls die Arbeitsleistung. Unterschreitet er die Vorgabezeit (Arbeitszeit bei normaler Leistung), schafft er eine größere Quadratmeterfläche und erhält auch mehr Lohn.

Büroarbeit

Pflasterarbeiten

ARBEITSBEZIEHUNGEN IN UNTERNEHMEN

Kann M. Lummer allerdings den Quadratmeter nicht in der Vorgabezeit schaffen, obwohl er sich anstrengt, so erhält er einen Grundlohn. Dieser entspricht dem Stundenlohn eines Malers zuzüglich eines Akkordzuschlages, weil man davon ausgeht, dass ein Akkordarbeiter intensiver arbeitet als ein Zeitlohnarbeiter. Akkordlöhne werden an einzelne Arbeiter, aber auch an Arbeitsteams gezahlt (*Gruppenakkord*).

Der Prämienlohn

Herr U. Pahl ist Autoverkäufer für Neuwagen beim Autohaus Thiel. Er erhält einen monatlichen Grundlohn und für jedes verkaufte Auto zusätzlich eine Prämie. Sein Verdienst kann von Monat zu Monat unterschiedlich sein: Je mehr Autos er absetzt, desto höher ist sein Verdienst.

Auch in Produktionsbetrieben kann eine zusätzliche Entlohnung durch Zahlung einer Prämie zwischen Betrieb und Mitarbeitern vereinbart werden. Folgende Formen von Prämien werden dabei unterschieden:

– *Mengenleistungsprämie*: eine bestimmte Menge eines Produktes muss fertiggestellt werden;
– *Qualitätsprämie*: für besonders sorgfältige Arbeit;
– *Ersparnisprämie*: Material wird gespart, wenig Ausschuss;
– *Termineinhalteprämie*: ein Auftrag muss erfüllt werden;
– *Unfallverhütungsprämie*: bei wenig Unfällen im Betrieb.

Der Beteiligungslohn

Herr S. Berg arbeitet als Schichtführer in einem Industrieunternehmen. Das Unternehmen beteiligt seine Mitarbeiter am Unternehmensgewinn. Herr Berg erhält Beteiligungslohn. Der Beteiligungslohn wird zusätzlich zum Lohn und Gehalt gezahlt und hängt vom Erfolg des Unternehmens ab. Die Arbeitnehmer fühlen sich „ihrem" Unternehmen stärker verbunden und sie sind eher bereit, hohe Leistungen zu erbringen. Die gebräuchlichsten Beteiligungsmodelle sind:

1. die *reine Gewinnbeteiligung*: Der Gewinnanteil wird ausgezahlt und steht Herrn Berg zur freien Verfügung.
2. die *Kapitalbeteiligung*: Herr Berg wird am Kapital des Unternehmens beteiligt, z. B. durch Personalaktien oder Anteilscheine, oder er erwirbt Ansprüche an einer Betriebsrente.

> **INFO**
> Als **Prämie** bezeichnet man eine als Auszeichnung oder Anerkennung gewährte Leistung.

Beratung für eine Versicherung

Abteilungsleiter Personalwesen

1. Ordne die Lohnformen den Fotos zu.

2. Legt eine Tabelle an und ermittelt die Vor- und Nachteile der Lohnformen aus Sicht der Arbeitnehmer und Arbeitgeber.

3. Diskutiert, weshalb es so schwierig ist, die Arbeit einer Kindergärtnerin, eines Fliesenlegers, der im Akkord arbeitet, und eines Fußballspielers mit einem Jahreseinkommen von 1,2 Mio. Euro zu vergleichen.

5 Wenn der Lohn nicht reicht

Q **Schützen Mindestlöhne vor Armut?**

In Deutschland nimmt die Zahl der Menschen, die trotz Arbeit in Armut leben, immer weiter zu. Etwa 2,5 Mio. der deutschen Beschäftigten – so wird geschätzt – erhalten Löhne unterhalb der Armutsgrenze, die nicht zur Sicherung des Existenzminimums ausreichen.

Immer wieder wird dieses Problem in der Politik und der Wirtschaft diskutiert, und es wird von vielen ein Mindestlohn für Beschäftigte gefordert, damit sich die Arbeit für alle lohnt. Dazu gibt es unterschiedliche Meinungen:

Befürworter von Mindestlöhnen sehen darin einen Mindeststandard: Ein Mindestlohn sichere den Beschäftigten ein Existenzminimum. Sie argumentieren ferner, es gäbe Fälle, in denen der Markt nicht immer fähig sei, die Lohnhöhe durch Angebot und Nachfrage selbst zu bestimmen. Durch Mindestlöhne werde dieses Gleichgewicht geschaffen. Zudem führe ein Mindestlohn zu einer besseren Qualität der Arbeitsergebnisse, da die Arbeitnehmer motivierter sind. Außerdem soll sichergestellt werden, dass Arbeitskräfte aus dem Ausland nicht ausgebeutet werden, da auch für sie die Mindestlöhne gelten. Mindestlöhne würden zudem einen Schutz der Arbeitskräfte des einheimischen Arbeitsmarktes bieten, da sie auch für Arbeitnehmer aus sog. „Billiglohnländern" gelten würden.

Gegner hingegen befürchten, dass Mindestlöhne die Arbeitslosigkeit erhöhen, da Arbeitgeber durch die festgelegte Lohnhöhe davon abgeschreckt werden, neue Arbeitsplätze zu schaffen. Kritisiert wird zudem eine unnötige Regulierung des Arbeitsmarktes. Der Markt sei in der Lage, die Lohnhöhe selbst zu bestimmen. Der Mindestlohn führe nicht nur zum Anstieg der Preise, da die Arbeit teurer werde, und müsste vom Verbraucher bezahlt werden.
Wenn der Lohn nicht ausreicht, bekommen Arbeitnehmer in Deutschland bereits zusätzlich Hartz-IV-Einkommen, wodurch faktisch schon ein Mindestlohn bestehen würde. Außerdem fördere der Mindestlohn die Schwarzarbeit und Scheinselbstständigkeit, da so die Lohngrenzen unterboten werden. Außerdem verstärke sich der Trend zur Verlagerung ganzer Branchen ins Ausland.

Der Post-Mindestlohn
Der Bundestag hat der Aufnahme der Briefzustelldienste in das Arbeitnehmerentsendegesetz zugestimmt.
Mindestlohn in Euro pro Stunde

Briefzusteller
West 9,80 Euro
Ost 9,00

andere Beschäftigte in der Briefbeförderung
West 8,40 Euro
Ost 8,00

dpa-Grafik 4659

Quelle:
nach: www.school-scout.de

1. Stelle die Pro- und Kontra-Argumente zur Einführung eines Mindestlohns in Deutschland tabellarisch gegenüber. ○

2. Beurteile, welche Auswirkungen ein Mindestlohn auf den Arbeitsmarkt haben könnte. Werden deiner Meinung nach mit dem Mindestlohn Arbeitsplätze geschaffen oder eher vernichtet? Begründe deine Meinung. ●

Gleicher Lohn für gleiche Arbeit?

Die schulische Ausbildung schafft bei jungen Menschen die Startvoraussetzungen für das spätere Berufsleben.

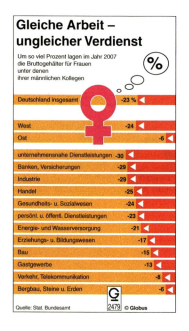

Quelle: www.boeckler-boxen.de/2179.htm

Bildung
Anhaltende Bildungserfolge der Mädchen – mehr Jungen ohne Abschluss

Mädchen haben heute in der Schulausbildung größere Erfolge als Jungen. Kehrseite: Jungen sind bei Schulabgängern ohne Abschluss inzwischen deutlich überrepräsentiert. Im Osten ist dieser Unterschied besonders gravierend.

**Absolventen/AbgängerInnen nach Abschlussarten
West- und Ostdeutschland 2006
Anteile in Prozent an allen Frauen/Männern**

	Frauen West	Männer West	Frauen Ost	Männer Ost
mit allgemeiner Hochschulreife	27,3	20,9	34,6	24,4
mit Fachhochschulreife	1,9	1,6	0,7	0,5
mit Realschulabschluss	42,0	38,7	44,3	43,6
mit Hauptschulabschluss	23,1	29,8	13,6	19,3
ohne Hauptschulabschluss	5,7	9,0	6,8	12,2

Quelle: Statistisches Bundesamt

Trotz einer guten Ausbildung verläuft das Berufsleben für viele Frauen anders als für Männer. Die Entscheidung für einen typischen Frauenberuf, aber auch die Art und Weise, wie Frauen ihr Berufsleben gestalten (müssen), haben Auswirkungen auf das Einkommen. Insgesamt gesehen verdienen Frauen erheblich weniger als Männer.

1. Fasse die Informationen der beiden Statistiken zusammen und stelle die Aussagen mit eigenen Worten dar. ○

2. Zwischen den beiden Statistiken oben und nebenstehend scheint ein Widerspruch zu bestehen. Begründe, warum es die Gleichung „Gleiche oder bessere Schulausbildung = gleicher oder besserer Verdienst" nicht gibt. ●

3. Erkläre, warum Frauen, obwohl sie in der gleichen Branche tätig sind, weniger verdienen als Männer in der gleichen Stellung. ◐

Schluss mit dem Unsinn!

Kinospot gegen Lohnungerechtigkeit

Eine Aufsichtsratsitzung irgendwo in Deutschland: Eine Runde älterer Herren beratschlagt, wie ihr Unternehmen am besten Kosten einsparen kann. Mehrere Vorschläge werden durch den Vorsitzenden abgeschmettert. Er fürchtet zu viel Widerstand. Bis jemand auf die Idee kommt, verstärkt Frauen einzustellen, weil diese für weniger Lohn arbeiten würden als Männer. Traum oder Wirklichkeit? […]

Unbestritten ist, Frauen haben in Sachen Bildung die Männer überholt. Ein Großteil der Abiturienten und der Studenten sind weiblich, zudem meist mit den besseren Abschlüssen. Dennoch ist die Arbeitslosenquote unter Frauen deutlich höher als bei Männern. Auch der Anteil in Führungspositionen beträgt bundesweit nur 23 Prozent, im Topmanagement großer Unternehmen sogar nur 4 Prozent. Die Gründe sind vielschichtig. Männer wählen häufig zukunftsfähigere Berufe mit größeren Aufstiegschancen und Verdienstmöglichkeiten. Frauen arbeiten nach wie vor im schlechter bezahlten Dienstleistungsbereich. Sie sind oft nicht so mobil wie Männer, und so auf weniger Angebote beschränkt. Zudem achten sie mehr auf Tätigkeitsinhalte und weniger auf die Bezahlung. Frauen, die nach der Babypause in ihren Beruf zurückwollen, entstehen bei der Wiedereingliederung oft Nachteile. Außerdem werden sie durch die ungleiche Aufteilung von Kinderbetreuung, Hausarbeit und Pflegeaufwand in ihrer beruflichen Entwicklung behindert.

Quelle: nach: www.adexa-online.de/index.php?id=2215&languageid=1

1. Ermittle mithilfe des Quellentextes die Gründe, warum Männer häufig mehr verdienen als Frauen. ○

2. Diskutiert Möglichkeiten, die Bezahlung von Männern und Frauen gerecht zu gestalten. Nehmt dabei auch Stellung zum Kinospot „Schluss mit dem Unsinn". ●

3. Beschreibe die Karikatur und nimm Stellung zum dargestellten Problem. ○

ARBEITSBEZIEHUNGEN IN UNTERNEHMEN

INFO

Autonomie
Selbstbestimmung, sich selbst Gesetze gebend

„Bringen Sie mir keinen Unfrieden in den Betrieb."

INFO

ÖTV = Gewerkschaft Öffentliche Dienste, Transport und Verkehr in Deutschland

hbv = Gewerkschaft Handel, Banken und Versicherungen

IG Medien = Industriegewerkschaft Medien

DPG = Deutsche Postgewerkschaft

DAG = Deutsche Angestellten-Gewerkschaft

6 Tarifverträge und Tarifautonomie

Die Tarifvertragsparteien und die Rolle des Staates

Der Konflikt um die Einkommensverteilung wird in der Bundesrepublik Deutschland durch Tarifverhandlungen gelöst. Dabei verhandeln Arbeitgeber und Arbeitnehmer nach den „Spielregeln" des Tarifvertragsgesetzes (TVG) über die Festlegung von Arbeitsbedingungen, insbesondere aber über Löhne und Gehälter. Das Ergebnis der Verhandlungen wird dann in einem Tarifvertrag festgelegt, an den sich beide Verhandlungsparteien halten müssen.
Die Gewerkschaften sind Zusammenschlüsse von Arbeitnehmern zur Vertretung ihrer Interessen gegenüber Arbeitgebern und Staat. Ihre Bildung ist im Grundgesetz verankert. In der Bundesrepublik Deutschland haben sich Einzelgewerkschaften in einem Dachverband, dem Deutschen Gewerkschaftsbund (DGB), zusammengeschlossen. Von ehemals 16 Einzelgewerkschaften schlossen sich verschiedene zu Großgewerkschaften zusammen. Beispielsweise gründeten die ÖTV, hbv, IG Medien, DPG und die DAG im DGB die neue vereinigte Dienstleistungsgewerkschaft „ver.di".

Gewerkschaftlich organisiert sind in Deutschland rund 40 % der Arbeitnehmer. Gewerkschaften finanzieren sich durch Mitgliedsbeiträge (durchschnittlich 1 % des Bruttolohns). Im Falle von Streiks zahlen sie an ihre Mitglieder Streikgeld als Ausgleich für den Verdienstausfall.

1. Nehmt Stellung zur Karikatur oben links. 🔴

2. Erkläre, warum die Mitgliedsbeiträge für Gewerkschaften ca. 1 % vom Bruttolohn und nicht vom Nettolohn betragen. 🟢

In **Arbeitgeberverbänden** haben sich die Arbeitgeber zur Wahrung ihrer Interessen zusammengeschlossen.

Selbstverständlich kann ein einzelner Arbeitnehmer mit einem Arbeitgeber seinen Arbeitsvertrag abschließen, dann aber handelt es sich nicht um einen Tarifvertrag, der ein gemeinschaftlicher Vertrag ist, d. h. für eine Gruppe gilt, sondern einen Einzelvertrag (= individueller Vertrag).

Heute sind die Arbeitsbedingungen der meisten Arbeitnehmer durch Tarifverträge geregelt. Die Tarifparteien regeln Lohn- und Arbeitsbedingungen und legen diese in Tarifverträgen als Mindestbedingungen für einen bestimmten Zeitraum fest. Sie sind zuständig für Löhne, Gehälter und Ausbildungsvergütungen, Arbeits- und Pausenzeit und den Urlaub.

Welche Rolle spielt nun der Staat selbst bei Tarifauseinandersetzungen? Zur Klarstellung vorweg: Der Staat ist als Arbeitgeber für die Beschäftigten im öffentlichen Dienst auch Tarifpartei. Um diese Rolle geht es hier aber nicht, sondern um die Möglichkeit des Staates, auf die Höhe der Tarifabschlüsse im Allgemeinen Einfluss zu nehmen.

Die sog. **Tarifautonomie** ist in Artikel 9, Abs. 3 GG ausdrücklich festgeschrieben. Das heißt, Gewerkschaften und Arbeitgeber sind für den Abschluss von Tarifverträgen allein verantwortlich, jeder staatliche Eingriff ist unzulässig. Ausgeschlossen ist deshalb eine direkte Beeinflussung der Verhandlungsergebnisse seitens des Staates durch Gebote oder Verbote. Möglich sind nur indirekte Beeinflussungen, zu denen der Staat sich verpflichtet fühlt, um z. B. Wirtschaftswachstum und Vollbeschäftigung nicht zu gefährden. Deshalb veröffentlicht die Bundesregierung „Orientierungsdaten". Sie enthalten Empfehlungen für die Tarifverhandlungen, die nicht überschritten werden sollten.

> **INFO**
>
> **Grundgesetz Artikel 9**
> (1) Alle Deutschen haben das Recht, Vereine und Gesellschaften zu bilden. [...]
> (3) Das Recht, zur Wahrung und Förderung der Arbeits- und Wirtschaftsbedingungen Vereinigungen zu bilden, ist für jedermann und alle Berufe gewährleistet. [...]

> **INFO**
>
> Das Tarifvertragsgesetz vom 25.08.1969
>
> **§1 Inhalt und Form des Tarifvertrages.**
> (1) Der Tarifvertrag regelt die Rechte und Pflichten der Tarifvertragsparteien und enthält Rechtsnormen, die den Inhalt, den Abschluss und die Beendigung von Arbeitsverhältnissen sowie betriebliche und betriebsverfassungsrechtliche Fragen ordnen können. [...]
>
> **§2 Tarifvertragsparteien.**
> (1) Tarifvertragsparteien sind Gewerkschaften, einzelne Arbeitgeber sowie Vereinigungen von Arbeitgebern.
> (2) Zusammenschlüsse von Gewerkschaften und von Vereinigungen von Arbeitgebern [...] können im Namen der ihnen angeschlossenen Verbände Tarifverträge abschließen, wenn sie eine entsprechende Vollmacht haben. [...]

Vertreter der Arbeitgeberverbände

1. Erläutere mithilfe des Auszugs aus dem Tarifvertragsgesetz, für wen und wie lange die ausgehandelten Tarifverträge gelten.

ARBEITSBEZIEHUNGEN IN UNTERNEHMEN

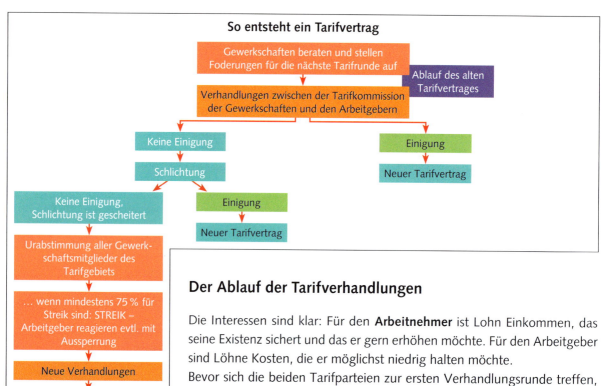

Der Ablauf der Tarifverhandlungen

Die Interessen sind klar: Für den **Arbeitnehmer** ist Lohn Einkommen, das seine Existenz sichert und das er gern erhöhen möchte. Für den Arbeitgeber sind Löhne Kosten, die er möglichst niedrig halten möchte.

Bevor sich die beiden Tarifparteien zur ersten Verhandlungsrunde treffen, werden sie sich ihre Argumente zurechtlegen. Dabei werden beide die Orientierungsdaten der Bundesregierung und die wirtschaftliche Lage berücksichtigen. Jeder wird sich aber aus den vorliegenden Daten das heraussuchen, was seine Position stärkt und mögliche Gegenargumente entkräften kann. Dabei verfolgen die Gewerkschaften hauptsächlich vier Ziele:

1. Die Arbeitnehmer müssen am wirtschaftlichen Fortschritt von Unternehmen teilhaben, denn ihnen steht ein Teil dessen zu, was durch Kapital und Arbeit erwirtschaftet wurde.
2. Lohnsteigerungen sollten auch das Realeinkommen steigern, denn erst, wenn Löhne stärker steigen als Preise, hat sich das Realeinkommen erhöht. 2,5% Lohnerhöhung bringen nämlich nichts, wenn das Preisniveau um 5% steigen würde.
3. Auch schwächer Verdienende dürfen nicht benachteiligt werden. Für sie werden oft sog. **Sockelbeträge** (Grundbeträge) ausgehandelt.
4. Zur Bekämpfung der **Arbeitslosigkeit** sollte die Arbeitszeit verkürzt und Überstunden abgebaut werden.

Die Arbeitgeber argumentieren meist so: Lohnnebenkosten verteuern die Produkte derart, dass sie am Markt, insbesondere auf dem internationalen Markt, nicht mehr abzusetzen seien. In Deutschland kann weniger produziert werden, Arbeitsplätze sind bedroht, sie werden in Länder mit geringeren Lohnkosten verlagert.

Taschengeld

1. Erörtere, was die Karikatur über reale Tarifverhandlungen aussagt.

172

Wie Tarifverhandlungen ablaufen, zeigt das Schaubild auf Seite 172. Dazu noch einige zusätzliche Anmerkungen.

1. Ausgangspunkt ist in der Regel ein bestehender Tarifvertrag, der von der zuständigen Gewerkschaft fristgerecht mit dem Ziel, bessere Arbeitsbedingungen oder höhere Löhne zu erreichen, gekündigt wird. Kernstück der Verhandlungen sind einerseits die „unangemessen hohen" Forderungen der Gewerkschaften und andererseits das „unzumutbar niedrige" Angebot der Arbeitgeber. Die Verhandlungen werden von den Tarifkommissionen beider Seiten geführt. Sie laufen meist über mehrere Runden.

2. Wenn sich in diesen Tarifrunden keine Einigung erzielen lässt, bleibt als letzte Möglichkeit vor einem Arbeitskampf die Schlichtung. Sie ist nicht zwingend im Tarifgesetz vorgeschrieben, sondern den Verhandlungsparteien freigestellt.

3. Gelingt es dem Schlichter nicht, die Tarifparteien durch einen Kompromiss zu einer Einigung zu bewegen, werden die Verhandlungen für gescheitert erklärt. Die sog. Friedenspflicht endet damit. Die Gewerkschaften stimmen nun darüber ab, ob gestreikt werden soll oder nicht. Stimmen 75 % der gewerkschaftlich organisierten Arbeitnehmer des entsprechenden Tarifgebietes für einen Streik, dann wird gestreikt.

4. Mittel des Arbeitskampfes ist aufseiten der Arbeitgeber die Aussperrung. Streik und Aussperrung haben Auswirkungen auf die wirtschaftliche Situation des anderen; die Arbeitnehmer bekommen keine Löhne bzw. keine Gehälter, bei den Unternehmen entstehen Produktionsausfälle.

Durch diese Kampfmaßnahmen soll die Kompromissbereitschaft der jeweils anderen Partei erzwungen werden.

INFO

Schlichter
Ein neutraler Vermittler, der hinzugezogen wird, wenn sich Arbeitgeber und Gewerkschaften in Verhandlungen nicht einigen können.

Warnstreik der Gewerkschaft ver.di

Tarifverträge gab's nicht schon immer

1848	Erster Tarifvertrag in Deutschland (für Buchdrucker)
1869	Erstmals gibt es – eingeschränkte – Koalitionsfreiheit
1918	Nach der Novemberrevolution werden Tarifverträge Standard
1933–1945	Bei den Nazis bestimmt der Betriebsführer die Löhne
ab 1949	gibt es in Westdeutschland in Grundzügen das noch heute gültige Tarifvertragsrecht

Quelle: http://jugend.verdi.de/community/service/ver.di_school/unterrichtsthemen/ue_2_6/data/UE_2_6_folien.pdf

1. Untersuche im Internet den Ablauf eines Tarifkonfliktes, der erst kürzlich beendet worden ist. Berichte in der Klasse über den Ablauf und diskutiere das Ergebnis. ○

L LERNBILANZ

Am Ende dieses Kapitels solltest du darstellen können, welche Aufgaben die Organisation eines Unternehmens hat, und erläutern können, welche Bedeutung die Arbeitsbeziehungen und die Regelung der Arbeitsbeziehungen in einem Unternehmen haben. Weiterhin hast du erfahren, warum sich Lohnhöhen unterscheiden, dass Arbeitseinkommen verschiedene Bezeichnungen haben und es unterschiedliche Lohnformen gibt. Die folgenden Aufgaben sollen dich bei der Überprüfung deines Wissens unterstützen.

1. Untersuche, welche Aussage richtig ist:
   a) Die Organisation eines Unternehmens ist nur etwas für besonders ordentliche Personen.
   b) Die Organisation ist überhaupt das Wichtigste für ein Unternehmen.
   c) Wer kreativ ist, braucht keine Organisation, der weiß auch so, was er zu machen hat.
   d) Die Organisation eines Unternehmens legt fest, wer was womit und wann macht.

2. Was hältst du von folgender Aussage?
   „Besondere rechtliche Regelungen sind für Unternehmer und die Beschäftigten eines Unternehmens doch völlig überflüssig. Alle Beteiligten haben doch das gleiche Ziel. Viele Gesetze machen das Leben in einem Betrieb doch nur schwieriger." Begründe deine Meinung.

„Ach wie nett, Mittagspause!"

3. Überlege, was der Zeichner der nebenstehenden Karikatur kritisieren will.

4. Benenne die wesentlichen Ziele der Mitbestimmung.

5. Übertrage die Grafik in dein Heft. Ergänze die fehlenden Begriffe.

6. Benenne, welche Voraussetzungen erfüllt sein müssen, um eine Jugend-
arbeitsvertretung zu gründen. ○

7. Erläutere, welche Aufgabe ein Schlichter bei Tarifverhandlungen hat. ◐

8. Prüfe, welche Aussage richtig ist. Tarifverträge regeln:
a) die Pausenzeiten, b) Entlohnung, c) Betriebsausflüge, d) Kündigungs-
fristen, e) Arbeitszeiten, f) Urlaubsgeld, g) Gestaltung der Aufenthalts-
räume. ◐

9. Monika und Annette haben nach der Schule beide Zahntechnikerin gelernt. Benenne Gründe, warum ihr Gehalt nach zehn Jahren Berufstätigkeit unterschiedlich sein könnte. ○

10. Zähle auf, welche Formen des Prämienlohnes es gibt. ○

11. Vor- und Nachteile von Lohnformen
a) Ordne die unten stehenden Vor- und Nachteile der Lohnformen in
eine Tabelle (siehe Muster) ein. ◐

	Vorteile	Nachteile
Zeitlohn		
Akkordlohn		

– fester Stundenverdienst / festes Gehalt

– geringer Anreiz, mehr zu leisten

– Lohnkosten sind leicht zu ermitteln

– Überbelastung hat Erkrankungen zur Folge

– Arbeitgeber muss die Leistung überwachen

– schonender Umgang mit Maschinen, Werkzeugen

– geringere Belastung

– weniger Erkrankungen

– seltener Arbeitsunfälle

– hastiges und unvorsichtiges Arbeiten

– mehr Arbeitsunfälle – weniger sorgfältige Arbeit

– größerer Leistungsanreiz: hoher Stundenverdienst bei mehr Leistung

– größere Produktionsmenge und niedrige Kosten

– genauere Arbeit

– Qualität der Produkte kann abnehmen

– Kranke und Ältere sind leistungsschwach und erhalten nur den Mindestlohn

b) Ordne zu. Wie würdest du folgende Arbeitnehmer entlohnen? Es stehen
1. Zeitlohn und
2. Leistungslohn: Stück-/Zeitakkord, Prämienlohn
zur Auswahl: Büroangestellter, Versicherungsvertreter, Autoverkäufer,
Erntehelfer für Weintrauben, Bankbeamter, Fliesenleger, Uhrmacher. ◐

VII Soziale Marktwirtschaft

In diesem Kapitel werden eine konkrete Wirtschaftsordnung und deren Entwicklung dargestellt: Die soziale Marktwirtschaft, die in der Bundesrepublik Deutschland als Wirtschaftsordnung nach dem Zweiten Weltkrieg eingerichtet wurde. Von großer Bedeutung war die deutsche Einigung, mit der diese Wirtschaftsordnung für ganz Deutschland Gültigkeit bekam. Des Weiteren ist die „Soziale Sicherung" ein wesentliches Element unserer Wirtschaftsordnung.

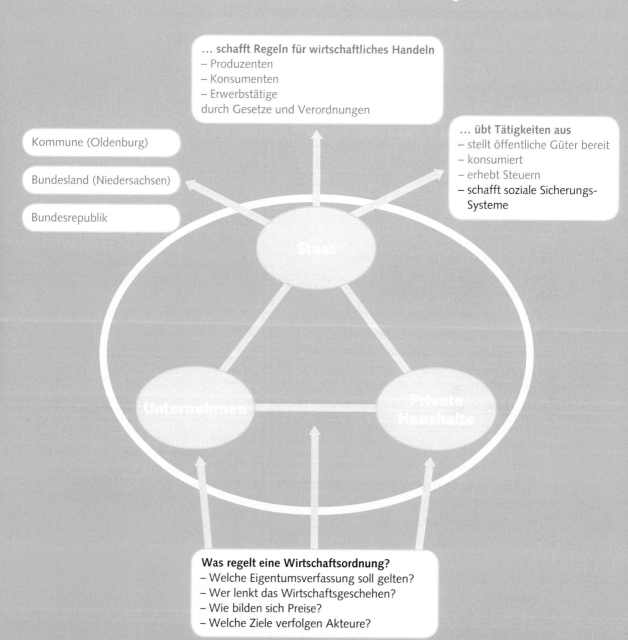

SOZIALE MARKTWIRTSCHAFT

1 Was ist eine Wirtschaftsordnung?

In Deutschland gibt es rund 82 Millionen Menschen. Sie wollen essen, trinken, benötigen Kleidung; der eine will eine Jeans, der andere einen Frack. Frau Meyer möchte Kinderkleidung oder sie sucht eine Bluse für ein Fest. Herr Wenger kauft sich eine DVD, benötigt eine Bohrmaschine für seine Hobbywerkstatt. Jana kauft eine Zeitschrift, um etwas über ihre Lieblingsband zu lesen. Eine Unternehmerin besucht eine Messe, um sich dort über die neueste technische Ausstattung für ihr Druckereiunternehmen zu informieren. Morgens gehen wir zum Bäcker um Brötchen, Milch und Brot zu holen. Diese Reihe ließe sich beliebig fortsetzen.

Hunderttausende unterschiedliche Produkte und Dienstleistungen werden täglich von den 82 Millionen Menschen benötigt, und zählt man die Produkte (Rohstoffe und Betriebsstoffe), die die Unternehmen für ihre Produktion benötigen, sind es noch wesentlich mehr. Die Produkte, die von den Menschen benötigt werden, werden nicht von *einem* Unternehmen hergestellt und verteilt, sondern von Millionen: Es herrscht Arbeitsteilung, wer etwas haben will, muss tauschen, z. B. Arbeitskraft gegen Einkommen, Maschinen oder Brötchen gegen Geld.
Woher weiß aber ein Bäcker, wie viele Brötchen er verkaufen kann, woher weiß der Müller, dass ein Bäcker ihm Mehl einer bestimmten Qualität abkaufen wird? Güter müssen produziert, transportiert, verkauft und immer zur richtigen Zeit am richtigen Ort zur Verfügung stehen, damit Menschen ihre Bedürfnisse befriedigen können oder Unternehmen die benötigten Rohstoffe und Maschinen kaufen können.
Daraus ergibt sich die zentrale wirtschaftliche Frage: Wie muss eine Wirtschaft organisiert sein? Nach welchen Regeln werden die unzähligen wirtschaftlichen Handlungen aufeinander abgestimmt, damit alle Menschen mit Sachgütern und Dienstleistungen versorgt werden, die benötigten Arbeitskräfte zur Verfügung stehen und sie genügend Einkommen erzielen, dass sie ein menschenwürdiges Leben führen können? Diese Fragen werden durch die Wirtschaftsordnung beantwortet.

Ordnungsformen und Ordnungselemente

Alle Wirtschaftsordnungen müssen die folgenden Fragen beantworten:

– Welche Formen von Eigentum gibt es, also wem gehört was?
– Wer regelt und lenkt mit welchen Mitteln das Wirtschaftsgeschehen?
– Wie werden Preise gebildet? Auf Märkten oder durch staatliche Festlegung?
– Welches zentrale Ziel verfolgen die Unternehmen?
– …

Die Beantwortung dieser Fragen bestimmt, wie die Wirtschaftsordnung ausgestaltet wird und wie dies die Handlungen der privaten Haushalte und der Unternehmen beeinflusst. Aus Kapitel III wissen wir, dass für das wirtschaftliche Geschehen Regeln benötigt werden und diese von Akteuren bei ihren Handlungen berücksichtigt werden müssen.

> **INFO**
>
> **Marktwirtschaftliche Ordnungen** sind in der Regel gekennzeichnet durch:
> – Privateigentum,
> – Dezentrale Planung und Lenkung,
> – Preisbildung auf Märkten
> – Betriebliche Ergebnisrechnung nach dem Gewinnprinzip.

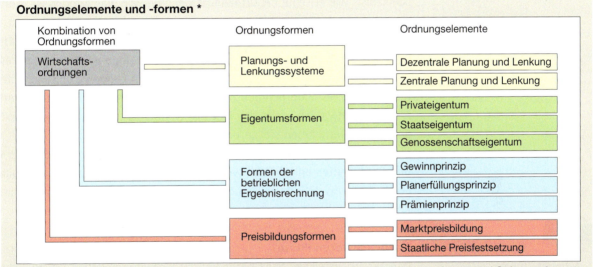

*) Die Übersicht beschränkt sich vereinfachend auf die Darstellung einiger wichtiger Ordnungsformen und Ordnungselemente.
Quelle: Bundeszentrale für politische Bildung. Informationen zur politischen Bildung

1. Begründe: Warum wird eine Wirtschaftsordnung benötigt?

2. Beschreibe die Grafik und beantworte folgende Fragen für die Bundesrepublik Deutschland:
   a) Wer plant den Bau von Automobilen, wer plant den Kauf? Zentrale oder dezentrale Planung?
   b) Wem gehören z. B. Fabriken, Grundstücke und Maschinen? Ist das Eigentum weithin in privater oder in staatlicher Hand?
   c) Nach welchen der genannten Prinzipien arbeiten Unternehmen bei den Formen der Ergebnisrechnung?
   d) Wie kommt der Preis z. B. für ein Auto zustande? Welche Preisbildungsform herrscht also vor?

179

SOZIALE MARKTWIRTSCHAFT

Was bedeuten diese Ordnungsformen im Einzelnen?

1. Wer plant?

In einer marktwirtschaftlichen Ordnung plant jeder Konsument grundsätzlich selbst, wie er seine Bedürfnisse befriedigen will; was er oder sie kauft oder nicht kauft. Die Produzenten müssen nun mit ihren Angeboten versuchen, die Bedürfnisse der Konsumenten zu befriedigen. Wenn ein Geschäft mangelhafte oder zu teure Güter oder Dienstleistungen anbietet, wird es auf seinen Gütern oder Dienstleistungen „sitzen bleiben" und Verluste machen und als Unternehmen nicht existieren können. Will es nicht vom Markt verschwinden, muss sich jedes Unternehmen dem Wettbewerb mit anderen Unternehmen stellen und um Konsumenten kämpfen. Nicht der Staat lenkt Angebot und Nachfrage, sondern die einzelnen Konsumenten und Produzenten entscheiden weitgehend allein, was konsumiert und was produziert wird. Märkte spielen dabei eine wichtige Rolle, wie ihr bereits in Kapitel V gesehen habt.

2. Wie entstehen Preise?

In einer arbeitsteiligen Welt befriedigt der Einzelne seine Bedürfnisse nicht selbst. Märkte haben die Eigenschaft, dass sie Anbieter (Produzenten) und Nachfrager (Konsumenten) zusammenführen, um Produkte, Dienstleistungen, Rechte gegen Geld zu tauschen; Angebot und Nachfrage werden durch Märkte koordiniert. Das Zusammentreffen von Angebot und Nachfrage beeinflusst die Preise der Güter, Dienstleistungen, Rechte. Mit dem Geld, das die Konsumenten täglich auf Märkten ausgeben, steuern sie die Produktion der Unternehmen. Unternehmen wollen sich dagegen nicht vollständig der jeweiligen Nachfrage durch die Konsumenten ausliefern. Sie versuchen die Wünsche der Konsumenten schon im Voraus zu erforschen, um sie beeinflussen zu können – manchmal so, dass die Konsumenten Produkte und Dienstleistungen kaufen, die sie eigentlich gar nicht benötigen.

> **INFO**
>
> **Arbeitsteilung**
> Aufgliederung von Arbeitsprozessen in Teilverrichtungen und deren Verteilung auf verschiedene Erwerbszweige und Berufe, vgl. Kapitel I, S. 20–23.

1. Erkläre den Unterschied zwischen zentraler und dezentraler Planung und benenne Probleme, die bei beiden Planungsarten auftreten könnten.

180

3. Die Funktion der Preise

Preise informieren Produzenten und Konsumenten darüber, wie begehrt Güter sind. Preise können in einer Volkswirtschaft aber auch falsche Informationen liefern. Das ist beispielsweise der Fall, wenn der Staat aus politischen Gründen in die Preisbildung eingreift. Wenn für bestimmte Produkte Subventionen gezahlt werden, dann kann dieses Produkt z. B. billiger angeboten werden. Durch Subventionen wird der Preis verzerrt. Er spiegelt nicht die wirklichen Kosten des Produktes wider. Besonders häufig ist dies bei landwirtschaftlichen Erzeugnissen zu beobachten. Die Landwirte bauen etwas an, weil ihnen die Preise garantiert werden und nicht weil am Markt die Nachfrage vorhanden ist. Das Angebot ist höher als die Nachfrage. Die Folge sind dann unverkäufliche Kartoffeln, Tomaten, Äpfel usw. Wenn die Bauern statt Subventionen der Erzeugerpreise direkte Finanzhilfen erhalten würden, könnten die Preise über den Tauschwert der Agrarprodukte informieren. So könnte eine Fehllenkung der Produktion vermieden werden, was allerdings bei den betroffenen Landwirten zu neuen Konflikten führen würde.

4. Wem gehört was in einer Wirtschaftsordnung?

Wir wissen: Märkte sind Orte, auf denen Angebot und Nachfrage zusammentreffen. Eine typische Situation, die täglich millionenfach in der Bundesrepublik beobachtet werden kann: Eine Pizza wird gekauft. Gegen Geld erhält der Käufer das Produkt Pizza: Produkt gegen Geld. Tatsächlich passiert aber viel mehr, denn dieser Tausch stellt gleichzeitig einen Tausch von Rechten dar. Die Eigentumsrechte an dem Produkt Pizza gehen vom Verkäufer auf den Käufer der Pizza über. Damit erwirbt der Käufer die Rechte, die jeder Eigentümer an seinem Eigentum hat. Die Eigentumsrechte sind ein zentraler Bestandteil der Wirtschaftsordnung, denn wer Eigentumsrechte besitzt, kann entscheiden, wie ein knappes Gut eingesetzt werden kann.

Entscheidungs- und Nutzungsrechte

Der Erwerber des Fahrrads kann damit fahren, wann er will. Er kann es in den Keller stellen und nicht benutzen, er kann es unter Beachtung der Abfallbeseitigungsvorschriften auch wegwerfen.

Recht, ein Gut zu verändern

Er kann das Fahrrad in einer neuen Farbe streichen, oder die Lampen oder den Lenker austauschen. Die Dreigangschaltung durch eine Fünfgangschaltung ersetzen usw.

Recht, das Eigentumsrecht ganz oder zeitweise zu übertragen

Ein Mitschüler bittet einen anderen, ihm sein Fahrrad für eine Woche zu leihen, weil seins beschädigt ist. Der Eigentümer tut das und bekommt dafür 10 Euro. Nach zwei Jahren will der Eigentümer ein neues Fahrrad kaufen. Er verkauft sein Fahrrad und setzt den Preis zur Finanzierung des neuen ein. Ein anderes Beispiel einer Übertragung ist z. B. eine Erbschaft.

Gebrauchen

Verändern

Verleihen

Verkaufen

SOZIALE MARKTWIRTSCHAFT

5. Wie wird der wirtschaftliche Erfolg gemessen?

Grundlegendes Ziel aller Unternehmen ist es, Gewinne zu erzielen. Um dieses Ziel zu erreichen, müssen sie ihre Dienstleistungen und Sachgüter gewinnbringend absetzen.

Die Einnahmen, die ein Unternehmen erzielt, nennt man Erträge. Erträge sind noch nicht der Gewinn. Von diesen Erträgen müssen die Aufwendungen abgezogen werden, d. h. Kosten, die für Personal, Rohstoffe, Energie usw. anfallen. Das Ergebnis nennt man Rohgewinn. Von diesem sind die Steuern abzuziehen und z. B. auch der Unternehmerlohn. Dies ist ein Betrag, den ein Unternehmer erhalten würde, wenn er eine vergleichbare Tätigkeit in einem anderen Unternehmen ausüben würde.

Erträge kann ein Unternehmen auch erzielen, ohne dass Sachgüter und Dienstleistungen verkauft werden, beispielsweise durch den Verkauf eines Grundstücks oder von anderem Besitz, der Eigentum des Unternehmens ist.

Als Aufwendungen gelten auch Abschreibungen. Was versteht man darunter? Maschinen, mit denen produziert wird, nutzen sich im Laufe der Zeit ab. Sie verlieren an Wert. Hat eine Maschine beispielsweise eine Lebensdauer von fünf Jahren und kostete sie 5 000 Euro, dann könnte man sagen, dass sie jedes Jahr 1 000 Euro an Wert verliert (5 000 Euro = 5). Diese 1 000 Euro nennt man Abschreibung. Wenn ein Betrieb nach fünf Jahren eine neue Maschine aufstellen will, muss er jährlich 1 000 Euro zurücklegen, um eine neue Maschine für 5 000 Euro kaufen zu können, ohne eine mögliche Preissteigerung zu berücksichtigen.

Die jährlichen 1 000 Euro Abschreibung muss ein Unternehmen von seinen Erträgen abziehen, wenn es sich nicht selbst täuschen will. Die 1 000 Euro werden deshalb als Kosten mit in die Preise eingerechnet.

1. Veranschauliche die unterschiedlichen Rechte an mehreren selbst gewählten Beispielen. Erkläre, wann die Ausübung der Rechte zu Problemen führen kann.

2. Entwickle ein Zahlenbeispiel für die Ermittlung des Gewinns.

182

2 Unsere Wirtschaftsordnung: die Soziale Marktwirtschaft

Die Entwicklung der sozialen Marktwirtschaft

Jede Wirtschaftsordnung hat eine besondere Geschichte. Die Marktwirtschaft nach dem Zweiten Weltkrieg ist nicht vom Himmel gefallen. Damals lag die deutsche Wirtschaft am Boden. Viele Betriebe und Verkehrswege waren zerstört, und es gab große Probleme auf dem Arbeitsmarkt. Durch den Krieg war der Anteil der berufstätigen Frauen hoch. Die aus dem Krieg und aus der Gefangenschaft zurückkehrenden Soldaten suchten Arbeit, ebenso die fast elf Millionen Flüchtlinge, die aus West- und Ostpreußen und Schlesien vertrieben wurden, und das in einer schlechten Situation für Industrie und Handwerk.

Lebensmittelkarte

Die Währungsreform

Die weiterhin gültige Reichsmark war nach Kriegsende nichts mehr wert. Es war viel Geld im Umlauf, für das man nichts kaufen konnte. Es kam zu einer Inflation. Die Reichsmark verlor ihre Funktion als Tauschwert. Jetzt zählten wieder Sachwerte. So tauschte man wieder Ware gegen Ware. Geld wurde nur für solche Produkte verwendet, die einen sehr geringen Wert hatten, oder auf Bezugsscheine abgegeben wurden. Für alles andere gab es eine neue Währung: Zigaretten und Kaffee.

Schwarzmarkt

Für Zigaretten bekam man fast alles. Die amerikanischen Soldaten konnten z. B. 5 000 Zigaretten für 20,50 $ kaufen. Dafür konnte man auf dem Schwarzmarkt die berühmte Kleinbildkamera „Leica" kaufen. Diese war in den USA ca. 600 $ wert. Hierfür lassen sich 134 000 Zigaretten kaufen und das entspricht rund 27 „Leicas".

Unter strenger Geheimhaltung war das Geld nach Deutschland transportiert worden.

Die Währungsreform führte zur endgültigen Teilung Deutschlands in zwei Wirtschaftsräume. Als 1948 klar war, dass die Sowjetunion keine einheitliche Währung für ganz Deutschland haben wollte, bereiteten die Westalliierten (USA, England, Frankreich) die Währungsunion heimlich vor. Es gab aber Gerüchte über eine Währungsreform: Jeder versuchte, altes Geld loszuwerden, und der Handel hortete Waren, um nach dem Tag X möglichst viel zu neuen Preisen anbieten zu können.

Am 18. Juni 1948 wurde für Sonntag, den 20. Juni, die Währungsunion in den Westzonen festgesetzt. Jeder sollte insgesamt 60 DM „Kopfgeld" bekommen (40 DM im Juni, 20 DM im August), getauscht wurde die neue Währung im Verhältnis 1 RM : 1 DM. Die Reichsmark galt ab dem 21. Juni nicht mehr als Zahlungsmittel.

Mit der Währungsreform fiel in Westdeutschland die Entscheidung für die soziale Marktwirtschaft. In der sowjetischen Besatzungszone, der späteren DDR, war eine völlig andere Entwicklung im Gang.

INFO

Alliierte
Verbündete

INFO

In der sowjetischen Besatzungszone fand kurz darauf ebenfalls eine Währungsreform statt. Hier konnten die Bürger 70 RM gegen 70 Mark tauschen.

183

SOZIALE MARKTWIRTSCHAFT

Ludwig Erhard

Ludwig Erhard, später der erste Wirtschaftsminister der Bundesrepublik Deutschland, setzte sich 1948 mit der Idee der „sozialen Marktwirtschaft" durch: Die einzelnen Bürger, nicht staatliche Stellen, sollten planen. Angebot und Nachfrage sollte wieder über Märkte gesteuert werden und nicht über staatliche Pläne. Durch den Wettbewerb auf den Märkten sollten sich die Preise über Angebot und Nachfrage regeln.

Dies ist verbunden mit sozialem Ausgleich: Wo sich soziale Nöte für den einzelnen Bürger zeigen, sollte der Staat diese abmildern.

Die deutsche Einheit 1989 / 90

Vierzig Jahre hatte die DDR neben der Bundesrepublik existiert. Im Herbst 1989 demonstrierten die DDR-Bürger für Demokratie und freie Wahlen. Die Mauer, die seit 1961 Deutschland in zwei Teile trennte, wurde am 9. November 1989 geöffnet und bis auf wenige Reste beseitigt. Am 18. März 1990 fanden die ersten freien Wahlen in der DDR statt und die neue Regierung, die Volkskammer der DDR, beschloss, die Marktwirtschaft einzuführen und die DDR mit der Bundesrepublik zu vereinen. Dafür wurde von beiden deutschen Staaten ein Staatsvertrag ausgehandelt. Dieser hatte das Ziel, in einem ersten Schritt auf dem Weg zur deutschen Einheit eine Währungs-, Wirtschafts- und Sozialunion herbeizuführen.

Montagsdemonstration in Leipzig

Auf Beschluss der Volkskammer erfolgte am 3. Oktober 1990 der Beitritt der DDR zur Bundesrepublik. Damit wurde das Grundgesetz der Bundesrepublik auch für das Gebiet der DDR gültig. Am 14. Oktober 1990 fanden in den fünf neu geschaffenen Ländern Brandenburg, Mecklenburg-Vorpommern, Sachsen, Sachsen-Anhalt und Thüringen Landtagswahlen statt. Am 2. Dezember 1990 folgten die ersten gesamtdeutschen Wahlen.

Mit dem Vollzug der politischen Einheit begann der wirtschaftliche Umbau der planwirtschaftlichen Ordnung mit all den Problemen, die bis in die neueste Zeit noch zu beobachten sind. Die Einführung der Währungs-, Wirtschafts- und Sozialunion führte zu dramatischen Veränderungen in allen Lebensbereichen der DDR:
Im Rahmen der Währungsunion wurde festgelegt, dass die D-Mark im gesamten Währungsgebiet vom 1. Juli 1990 an gelten sollte. Im Rahmen der Wirtschaftsunion schaffte die DDR die Rahmenbedingungen für die Entfaltung der Marktkräfte und Privatinitiative.

INFO

Wesentlich für die Einführung der sozialen Marktwirtschaft als Wirtschaftsordnung gelten nach Artikel 1 des Staatsvertrages Privateigentum, Leistungswettbewerb, freie Preisbildung und volle Freizügigkeit von Arbeit, Kapital, Güter und Dienstleistungen.

1. Befragt ältere Personen nach ihren Erinnerungen an die wirtschaftliche Situation nach dem Zweiten Weltkrieg.

2. Untersucht mit einer Internetrecherche, ob es auch heute noch Schwarzmärkte gibt und welche Güter dort gehandelt werden.

Die Wirtschaftsordnung als gesellschaftliche Subordnung

Wir haben gesehen: Die Ausgestaltung der Wirtschaftsordnung beeinflusst das wirtschaftliche Geschehen. Die Wirtschaftsordnung legt die grundlegenden Regeln für alle wirtschaftlichen Handlungen bzw. das Wirtschaftssystem fest. Damit erfüllt die Wirtschaftsordnung eine wichtige Funktion für die Gesellschaft. Wenn die Wirtschaftsordnung nicht vollständig ausgestaltet ist oder die Regeln nicht eindeutig festgelegt sind, treten Schwierigkeiten auf oder es können die von der Gesellschaft angestrebten Ziele nicht erreicht werden.

Neben dem Wirtschaftssystem (ökonomisches System) existieren weitere Ordnungen. Die wichtigsten zeigt die Grafik unten. Als **politische Ordnung** wird, grob zusammengefasst, die Gesamtheit aller politischen Einrichtungen und Verfahren (Regierung, Parlament, Gesetze usw.) verstanden. Man spricht auch vom Regierungssystem eines Staates. Hier wird geregelt, wie politische Entscheidungen getroffen werden, wer an diesen Entscheidungen beteiligt ist und wie diese im gesellschaftlichen Alltag um- und durchgesetzt werden. Die **soziale Ordnung** umfasst alle zwischenmenschlichen Beziehungen in einer Gesellschaft sowie die sie bestimmenden Faktoren. Soziale Faktoren sind z. B. Werte, Kultur, Tradition, Weltanschauung usw.

INFO

Subordnung
Selbstständig funktionierendes System, das Bestandteil eines größeren Systems ist.

System
Zusammenhang von Dingen, Einzelheiten oder Vorgängen, der bestimmten Regeln folgt.

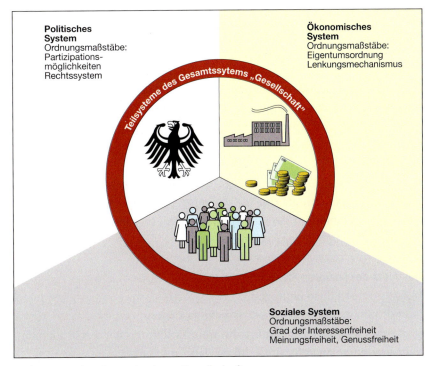

Teilsysteme des Gesamtsystems Gesellschaft

1. Erkläre mithilfe der Texte und der Stichworte in der Grafik auf dieser Seite, was jeweils unter dem Begriff „Ordnungsmaßstab" verstanden werden kann.

SOZIALE MARKTWIRTSCHAFT

3 Soziale Gerechtigkeit und soziale Sicherheit

Die Bundesrepublik Deutschland als demokratischer und sozialer Bundesstaat

Das Grundgesetz schreibt mit Artikel 20 fest, dass Deutschland ein Sozialstaat ist (Verfassungsprinzip Sozialstaatlichkeit). Der Staat hat die Aufgabe, für soziale Gerechtigkeit zu sorgen.

Da sich wirtschaftliche und soziale Bedingungen, wie unten beschrieben, verändern können, müssen die rechtlichen Regelungen, die für den Sozialstaat und für soziale Gerechtigkeit sorgen sollen, diesen Bedingungen angepasst werden. Das geht nicht immer problem- und konfliktlos, weil die Auffassungen, was soziale Gerechtigkeit ist, sich häufig sehr stark unterscheiden.

> **INFO**
> Weitere **Verfassungsprinzipien** sind der Föderalismus, die Demokratie, die Gewaltenteilung und die Rechtsstaatlichkeit.

Die Anfänge des deutschen Sozialstaats reichen in das 19. Jahrhundert zurück, als die Industrialisierung zu einem ungeheuren Anstieg des Industriebereichs führte und die traditionelle Sozialordnung zusammenbrach. Die auf sich allein gestellten Arbeiter in den schnell wachsenden Industriestädten wurden nicht mehr wie zuvor von der Großfamilie oder der Handwerkszunft aufgefangen, wenn sie krank, arbeitslos, invalide (arbeitsunfähig) oder alt wurden.

Zur „sozialen Frage" wurden diese Nöte aber erst, als sich die Arbeiter in Gewerkschaften, Vereinen und Parteien organisierten, um sich gegen ihre Not zu wehren. Der Staat unter der Führung von Reichskanzler Otto von Bismarck reagierte mit der Einführung der gesetzlichen Kranken-, Unfall- sowie Invaliditäts- und Rentenversicherung (1883, 1884, 1889). Die Sozialgesetze überstanden alle Kriege, Inflationen und politischen Umwälzungen.

Das Netz der sozialen Sicherung ist größer und engmaschiger geworden. Es geht nicht mehr nur darum, die schlimmste Not für die Arbeiter und ihre Familien zu verhindern, sondern umfassende „soziale Gerechtigkeit und soziale Sicherung" zu verwirklichen.

Das Netz der sozialen Sicherung

Es soll dazu beitragen,
ein menschenwürdiges Dasein zu sichern;
gleiche Voraussetzungen für die freie Entfaltung der Persönlichkeit, insbesondere auch für junge Menschen, zu schaffen,
die Familie zu schützen und zu fördern,
den Erwerb des Lebensunterhalts durch frei gewählte Tätigkeit zu ermöglichen und
besondere Belastungen des Lebens, auch durch Hilfe zur Selbsthilfe, abzuwenden oder auszugleichen.

Quelle: http://bundesrecht.juris.de/bundesrecht/sgb_1/gesamt.pdf

Die soziale Sicherung

Das soziale Netz setzt sich aus verschiedenen Bestandteilen zusammen: Sozialversicherung, soziale Versorgung, Sozialhilfe, aber auch die Familien-, Steuer- oder Arbeitsschutzgesetzgebung.
Die gesetzliche Sozialversicherung umfasst die Kranken-, Renten-, Unfall-, Arbeitslosen- und Pflegeversicherung.
Es handelt sich um Pflichtversicherungen, denen alle Arbeitnehmer außer den Beamten angehören. Für diese Versicherungen gilt das **Solidarprinzip**. D. h., dass alle gemeinsam die Versicherungsleistungen finanzieren und der oder die Einzelne dadurch einen Leistungsanspruch für den Versicherungsfall erwirbt.

Die Versicherungsbeiträge richten sich nach der Höhe des Einkommens und werden bis auf die Unfallversicherung in der Regel jeweils zur Hälfte von Arbeitnehmern und Arbeitgebern aufgebracht. Der Staat schießt allerdings erhebliche Geldbeträge zu, weil Beiträge der Versicherten den Finanzierungsbedarf nicht decken. Medizinische Leistungen sind für alle Berechtigten gleich, bei Rente, Arbeitslosen- und Krankengeld richtet sich die Höhe nach dem zuvor bezogenen Einkommen.
Zur sozialen Versorgung zählen Entschädigungen, z. B. für Kriegsopfer, Kindergeld, Elterngeld und Wohngeld.

Die Selbstständigen sind nicht in die Sozialversicherung einbezogen. Sie müssen sich im Falle von Krankheit, Erwerbsunfähigkeit und Alter selbst um ihren Versicherungsschutz kümmern.

Krankenpflege im Krankenhaus

Die Sozialhilfe soll allen Hilfsbedürftigen „die Führung eines Lebens ermöglichen, das der Würde des Menschen entspricht" (Sozialgesetzbuch). Wer seinen Lebensunterhalt nicht aus Arbeitslohn, Vermögen, Unterstützung durch Angehörige oder Sozialversicherungs- und Versorgungsleistungen bestreiten kann, hat in der Bundesrepublik einen Anspruch auf soziale Fürsorge durch den Staat.

Es gibt vier Formen der sozialen Grundsicherung:
1. Sozialhilfe im engeren Sinne für nicht erwerbsfähige Hilfsbedürftige und ihre Haushalte.
2. Grundsicherung für Arbeitsuchende (Arbeitslosengeld II).
3. Grundsicherung im Alter und bei Erwerbsminderung für Menschen ab 65 Jahren oder für voll erwerbsgeminderte Personen ab 18 Jahren.
4. Existenzsicherung für Asylbewerber und geduldete Ausländer.

1. Recherchiert im Internet mit dem Suchwort „Gründungsurkunde der Sozialversicherung". Fasst die wesentlichen Aussagen, die ihr mit der Recherche ermittelt, zusammen. ○

INFO
Ihr werdet bei der Recherche möglicherweise nicht auf den Originaltext stoßen, aber auf beschreibende Internetseiten.

SOZIALE MARKTWIRTSCHAFT

Krankenversicherung

> Im Schnitt gibt jeder in Deutschland 2710 Euro pro Jahr für die Gesundheit aus. Das summiert sich auf 234 Milliarden Euro. Nach Berechnungen des Statistischen Bundesamtes […] belaufen sich die Krankheitskosten jährlich auf 234 Milliarden Euro. Der Anteil der Gesundheitskosten am Bruttoinlandsprodukt liegt bei 11,1 Prozent. In den nächsten Jahren könnte sich das allerdings ändern: Schon heute fallen für die über 65-Jährigen, die rund 17 Prozent der Bevölkerung ausmachen, knapp 43 Prozent der Krankheitskosten an […]. Der Anteil dieser Altersgruppe soll sich bis 2050 verdoppeln. Herz-Kreislauf-Erkrankungen sind mit 35,4 Milliarden Euro oder 15,8 Prozent der größte Faktor.

Quelle: Helmut Achatz, „Kostenexplosion: 234 Milliarden für Gesundheit" aus FOCUS Online vom 07.07.2004

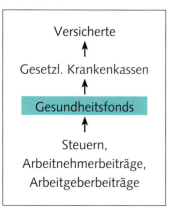

Ab dem 1. Januar 2009 ist ein neues System der GKV (gesetzliche Krankenversicherung) in Kraft getreten, das die Finanzierung der Gesundheitskosten stärker über Steuern leisten will, als das früher der Fall war.

Für alle Krankenkassen in der gesetzlichen Krankenversicherung gilt ab dem 1. Januar 2009 ein einheitlicher Beitragssatz. Die Höhe des Beitragssatzes wurde vom Bundesministerium für Gesundheit (BMG) auf 15,5 % für Arbeitnehmer und Arbeitgeber festgelegt. Über den Gesundheitsfonds wird in Zukunft die Finanzierung der GKV sichergestellt. Alle Beiträge der Arbeitnehmer und der Arbeitgeber sowie der Bundeszuschuss (4 Milliarden Euro ab 2009) fließen hier zusammen. Aufgabe des Gesundheitsfonds ist die Verteilung sowie die Auszahlung der Zuweisungen an die Krankenkassen.

In der GKV sind der nicht berufstätige Ehegatte und die Kinder des Kassenmitglieds durch die Familienversicherung kostenfrei mitversichert.

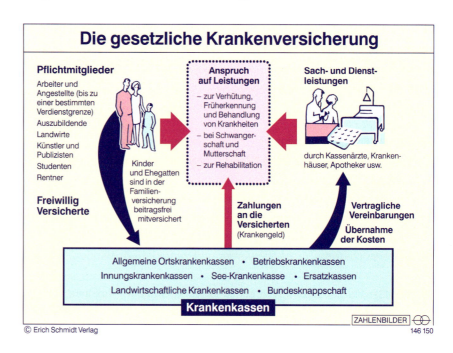

188

Unfallversicherung

Die Unfallversicherung besteht seit 1884. Im Gegensatz zu allen anderen Sozialversicherungen bezahlen die Beiträge ausschließlich die Arbeitgeber.

Die Aufgabe der Unfallversicherung besteht darin, Arbeitsunfälle, Berufskrankheiten und arbeitsbedingte Gesundheitsgefahren zu verhüten. Tritt ein Versicherungsfall ein, z. B. ein Arbeitsunfall, kommt die Versicherung für die Folgen auf (z. B. Heilkosten). Auch Schüler/-innen sind vom Staat gegen Schulunfälle versichert.

1. Heute liegt die weitere Lebenserwartung eines 60-jährigen Mannes bei 19 Jahren, bei einer 60-jährigen Frau bei 23 Jahren. Im Jahr 2050 können Männer im Alter von 60 Jahren durchschnittlich noch 23,7 und Frauen 28,2 weitere Lebensjahre erwarten.
   Diskutiert und entscheidet, welche Auswirkungen dies auf die Gesundheitskosten hat.

2. Auch Schülerinnen und Schüler sind vom Staat gegen Schulunfälle versichert. Informiert euch bei eurer Schulleitung, in welchen Fällen die Versicherung gilt und in welchen Fällen sie keine Leistungen gewährt, in welchen Fällen ihr also nicht versichert seid, und fasst die Ergebnisse zusammen.

3. Ihr seht auf dem nebenstehenden Bild einen Forstwirt bei seiner Arbeit. Er entastet mit einer Kettensäge einen gefällten Baum. Überlegt, welche Unfallrisiken mit dieser Arbeit verbunden sind. Welche Berufe kennt ihr, die ein hohes Unfallrisiko haben?

Forstwirt

189

SOZIALE MARKTWIRTSCHAFT

Arbeitslosengeld II (Hartz IV)

B **Wovon soll Frau Söllner leben**

Frau Söllner ist alleinerziehende Mutter. Ihr Lebensgefährte hat sie Hals über Kopf verlassen. Er ist ohne Angabe einer Adresse verschwunden. Wegen ihrer zwei kleinen Kinder, die zwei und vier Jahre alt sind und die sie zu versorgen hat, ist Frau Söllner nur eingeschränkt erwerbstätig. Mit gelegentlicher Putzarbeit hält sie sich im Moment über Wasser. Inzwischen sind auch ihre Ersparnisse aufgebraucht.

Wie sollen ihre Kinder satt werden? Wie soll sie ihren Lebensunterhalt bestreiten? Die Kinder brauchen dringend neue Kleidung, aus der alten sind sie rausgewachsen.

Weil Frau Söllner mit der Miete in Verzug ist, wird ihr auch noch die Wohnung gekündigt. Einen Kredit zur Begleichung ihrer Schulden wollte ihr die Bank nicht geben, weil sie keine Sicherheiten und keine geregelte Erwerbstätigkeit nachweisen kann.

Verzweifelt wendet sich Frau Söllner an ihre Gemeinde. Dort wird ihr geraten, Arbeitslosengeld II zu beantragen.

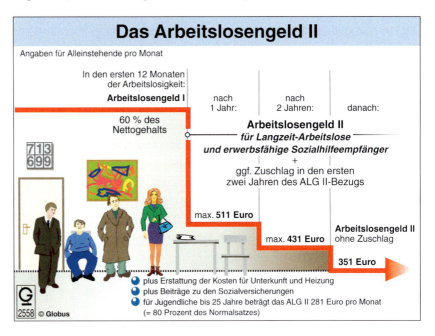

Arbeitslosengeld II ist eine Sozialleistung, d.h., sie wird durch Steuern finanziert. Arbeitslose Erwerbsfähige erhalten es nach dem Bezug von Arbeitslosengeld I oder wenn die Voraussetzungen für ALG I nicht erfüllt sind. Bisher griff hier das Recht der Sozialhilfe.

Seit Juli 2009 gibt es monatlich 359 Euro als Arbeitslosengeld II (ALG II). Zusätzlich zahlt die Bundesagentur für Arbeit oder die Arbeitsgemeinschaft aus Stadt und Arbeitsagentur die Unterkunft. Auch die Beiträge für Kranken-, Renten- und Pflegeversicherung übernimmt der Staat.

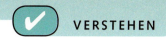

Risiken der Erwerbsfähigkeit

B **Ein langer Heilungsprozess**

Es war nur ein Sturz von der dritten Leiterstufe, aber so unglücklich, dass Frau Lerche einen komplizierten Beinbruch erlitt. Ein achtwöchiger Krankenhausaufenthalt wird ihr prophezeit – und das bei zwei kleinen Kindern. Zudem ist ihr Mann an seinem Arbeitsplatz unabkömmlich.

Ein teurer Krankenhausaufenthalt, keine Betreuung für die Kinder – da spricht Herr Lerche erst einmal mit seiner Krankenkasse.

Ich kann nicht mehr

Die Arbeit im Kindergarten fällt Frau Sieghardt immer schwerer; nicht wegen ihres Alters – sie ist erst 52 – sondern wegen ihres Hörvermögens, das sich ständig verschlechtert. Sie bekommt längst nicht mehr alles mit; die Kinder müssen laut und deutlich sprechen, ihre Fragen häufig wiederholen.

„Hochgradige Hörschwäche", so bescheinigt ihr der Hals-Nasen-Ohren-Arzt. „Sie sollten einen Rentenantrag stellen", rät er ihr. „In meinem Alter?", entgegnet Frau Sieghardt verzweifelt.

Ein unglückliches Ereignis

Der Rohbau eines Einfamilienhauses soll möglichst schnell regendicht gemacht werden.

Während die Dachdecker noch die Ziegel eindecken, montiert der Installateur bereits die Fallrohre der Regenrinne. Da passiert es: Der Dachdecker kann einen Ziegel, den ihm sein Kollege zuwirft, nicht festhalten. Dieser entgleitet seinen Händen, rutscht den bereits gedeckten Dachteil hinunter und trifft den unten arbeitenden Monteur so unglücklich, dass der mit einer Schulterverletzung ins Krankenhaus eingeliefert werden muss.

Rohbau

1. Erkundet, was passiert, wenn durch die Zuweisungen aus dem Gesundheitsfonds Überschüsse bei einer Kasse entstanden sind. (Informationen zum Gesundheitsfonds könnt ihr im Internet unter der Adresse www.bmg.bund.de erhalten). ◓

2. Findet heraus: Wer zahlt die Kosten bei dem Arbeitsunfall auf dem Dach? ○

3. Begründet: Warum ruft Herr Lerche seine Krankenkasse an? Seine Frau ist doch krank und nicht er. ●

4. Benennt, welche Versicherung Leistungen bei dauerhafter Erwerbsunfähigkeit und welche Versicherung Leistungen bei zeitweiliger Erwerbsunfähigkeit erbringt. ○

Fallanalyse

Informationsbeschaffung

Lösungsmöglichkeiten

Entscheidung

Fallstudie: Rentenversicherung

Eine wichtige Säule des Systems der sozialen Sicherung ist die Rentenversicherung. Mit dieser Versicherung wollen wir uns in einer Fallstudie auseinandersetzen. Der folgende Arbeitsauftrag hat in der heutigen Zeit gerade für junge Berufstätige eine ganz reale Bedeutung: Welche privaten Versicherungen sollten junge Berufstätige abschließen?

Die heutigen Rentner beziehen ihre Rente aus den Beiträgen, die die heutigen Arbeitnehmer und Arbeitgeber zu gleichen Anteilen in die gesetzliche Rentenversicherung einzahlen. Das System wird Umlageverfahren oder auch **Generationenvertrag** genannt (auch wenn nie ein Vertrag geschlossen wurde), weil die Jungen für die Alten aufkommen. Dieses Verfahren funktioniert dann, wenn möglichst viele Beitragszahler (Jüngere) relativ wenigen Rentnern (Älteren) gegenüberstehen. In Deutschland werden aber schon seit Jahren immer weniger Kinder geboren und zugleich werden die Menschen immer älter. Das hat zur Folge, dass den Rentenkassen Geld fehlt.

Die Bundesregierung hat sich entschieden, den Rentenbeitrag für Arbeitgeber stabil zu halten. Um aber die Auszahlung der Renten zu sichern, muss an anderer Stelle gespart werden. Zum Beispiel durch Nullrunden für die Renten. D. h. beispielsweise, dass es pro Jahr keine Angleichung der Renten an die Einkommensentwicklung gibt.

Nachdrücklich wird der jungen Generation geraten, neben der gesetzlichen Rentenversicherung auch eine **private Vorsorge** zu treffen.

Im Kapitel VI ist die Fallstudie als Methode schon eingeführt worden. In der Fallstudie Rentenversicherung geht ihr mit den gleichen Schritten vor wie dort schon beschrieben.

Besonders wichtig in dieser Fallstudie ist die Informationsbeschaffung. Die **Informationsbeschaffung** kann beispielsweise durch eine Fachfrau oder einen Fachmann von einer Krankenkasse, Berufsgenossenschaft oder einer privaten Versicherung geschehen, unterstützt durch Informationsmaterial der Versicherungen.

Eure gefundene Lösung kann nicht mit eurer tatsächlichen Entscheidung verglichen werden. Hier könnte der Versicherungsexperte helfen. Er oder sie beurteilt die gefundenen Lösungen. Da das natürlich Zeit kostet und deshalb solch eine Möglichkeit nicht zustande kommen kann, bietet sich als Alternative dazu an, junge Berufstätige einzuladen und diese über ihre privaten Versicherungen berichten zu lassen und dies mit euren Lösungen zu vergleichen.

Arbeitsauftrag: Was wäre die richtige oder sinnvolle private Vorsorge für euch, wenn ihr heute junge Berufstätige wärt, mit einem Bruttogehalt von 2 500 Euro und einem Nettogehalt von ca. 1 500 Euro?
Es gibt unterschiedliche Möglichkeiten für eine private Vorsorge. Euch werden einige dieser Möglichkeiten genannt und ihr müsst euch darüber informieren, Vor- und Nachteile abwägen und euch für eine oder mehrere Möglichkeiten entscheiden. Wie sorgt ihr vor?

1. **Riester-Rente:** Der Staat fördert Geldanlagen, die dauerhaft Vermögen aufbauen. Die BaFin kontrolliert die Angebote. Diese Art der Vorsorge richtet sich nicht an Selbstständige, die nicht rentenversicherungspflichtig sind.

2. **Rürup-Rente:** Der Staat begünstigt die Geldanleger durch Steuervorteile. Eignet sich besonders für Selbstständige, die hohe Steuern zahlen müssen.

3. **Aktienanlage:** z. B. breit gestreute langfristige Investition in Aktien.

4. **AS (Altersvorsorge Sondervermögen) – Fonds:** Aktien und festverzinsliche Wertpapiere sowie Anteile von Immobilienfonds.

5. **Lebensversicherung:** Mischform zwischen Sparplan und Absicherung im Todesfall.

6. **Betriebliche Altersvorsorge:** freiwillige Leistungen des Arbeitgebers zur Altersvorsorge.

Diskussion

INFO

BaFin
Bundesanstalt für Finanzdienstleistungen

Vergleich

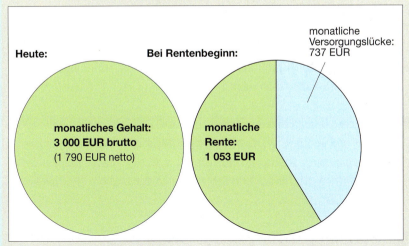

193

L LERNBILANZ

Am Ende dieses Kapitels sollst du beschreiben können, was eine Wirtschaftsordnung ist, welche Ordnungsformen und Ordnungselemente sie haben kann und was damit geregelt wird.
Die soziale Marktwirtschaft als eine konkrete Ausprägung einer Wirtschaftsordnung sollst du kennen und auch einige Problemfelder der sozialen Marktwirtschaft benennen können.
Du sollst die Bedeutung der sozialen Sicherung und auch deren Problematik begründen können.

1. Erstellt eine Tabelle zum Vergleich der Merkmale von sozialer Marktwirtschaft und Zentralverwaltungswirtschaft. ◓

2. Nennt Beispiele für Ordnungen und Regeln in eurem Umfeld und in anderen gesellschaftlichen Bereichen. ○

3. Beschreibt andere Kombinationen von Ordnungsformen und -elementen, die in der alltäglichen Umsetzung Schwierigkeiten bereiten könnten. ○

4. Erläutert in eigenen Worten, warum Privateigentum und Planerfüllungsprinzip kaum zu kombinieren sind. ◓

5. Sammelt und analysiert Informationen zum Thema Subventionen in Form von Befürwortung und Ablehnung von Subventionen und bezieht selbst Stellung. ●

6. Lest noch einmal das Schwarzmarktbeispiel auf Seite 183. Erklärt und begründet:
Was ist die Folge solch einer Situation? Wer ist Gewinner, wer Verlierer in dieser Situation? ●

7. Untersucht, warum die Läden direkt vor der Währungsreform leer, danach aber voll waren. ◓

8. Stellt eine möglichst umfassende Liste von Privatversicherungen und deren Leistungen zusammen. ○

9. Die gesetzliche Krankenversicherung (GKV) ist mit dem Gesundheitsfonds neu geordnet worden. Entwickelt Möglichkeiten, die Veränderungen anderen Menschen vorzustellen, z. B. eine Ausstellung zur GKV, damit Mitschüler/-innen und Lehrer/-innen sich darüber informieren können. ●

10. Diskutiert Argumente für oder gegen die Notwendigkeit der Sozialversicherung. ●

11. Versucht bei eurer Stadt- oder Kreisverwaltung Antworten auf folgende Fragen zum Arbeitslosengeld II zu bekommen:
- Wann hat jemand Anspruch?
- Wer bezahlt und wie hoch ist es?
- Kann ein Antrag auch abgelehnt werden?
- Muss es zurückgezahlt werden?
- Des Weiteren findet heraus, wer Sozialhilfe im engeren Sinn beziehen kann.

12. Ab dem 1.1.2007 bekommen Eltern das Elterngeld zusätzlich zum Kindergeld. Es beläuft sich auf 67 % des Nettogehaltes des Elternteils, der nach der Geburt des Kindes zu Hause bleibt, für max. 14 Monate. Das Elterngeld beträgt mindestens 300 Euro/Monat, maximal 1 800 Euro/Monat. Während der Elterngeldzeit ist Teilzeitbeschäftigung unter 30 Stunden wöchentlich möglich. Diskutiert und entscheidet: Wird durch das Elterngeld die Bereitschaft gefördert, mehr Kinder zu bekommen?

13. In einem Kommentar zum Elterngeld heißt es, dass die niedrige Geburtenrate in Deutschland weniger auf finanzielle Gründe als auf die mangelnde Kinderfreundlichkeit der Gesellschaft zurückzuführen sei. Nehmt dazu Stellung.

14. Die Karikatur beschäftigt sich mit einem Sachverhalt, den ihr unter dem Begriff „Generationenvertrag" kennengelernt habt. Interpretiert die Karikatur. Ihr müsst die Karikatur zunächst anhand folgender Fragen beschreiben:
- Was stellt sie dar? Was sieht man?

Dann wird die Karikatur gedeutet, d. h.:
- Wofür steht sie? Was will uns der Zeichner sagen?

Ordnet zum Schluss ein und bewertet den Sachverhalt, der in der Karikatur dargestellt wird. Beurteilt und bewertet beispielsweise, ob es für die junge oder die ältere oder für beide Generationen problematisch werden kann.

VIII Die Region und die Welt verändern sich

Ihr wisst bereits, dass eure Region, so wie alle anderen Regionen in Deutschland auch, mit der weltweiten Wirtschaft verflochten ist. In diesem Kapitel lernt ihr, warum sich die Wirtschaft „vor der Haustür" und auch in der ganzen Welt im Laufe der Zeit verändert. Außerdem erfahrt ihr, warum Unternehmen weltweiten Handel treiben und welche Vorteile dies auch für uns als Verbraucher hat.

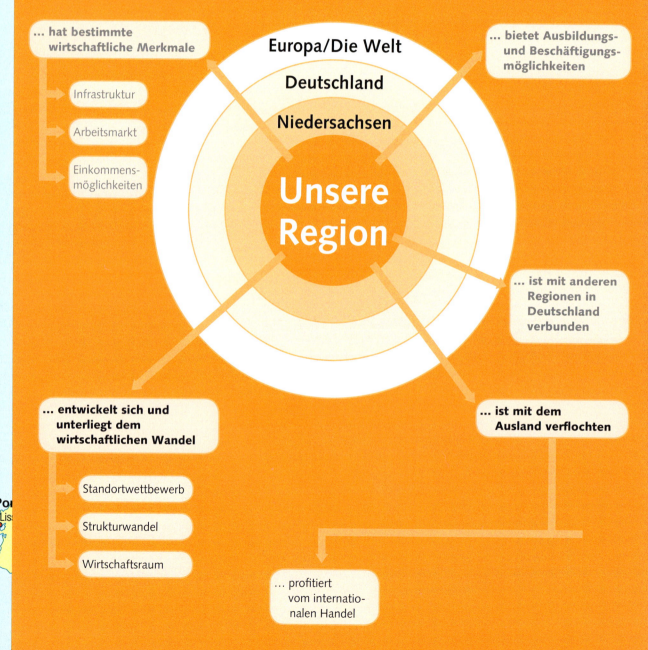

DIE REGION UND DIE WELT VERÄNDERN SICH

1 Der Wettbewerb der Standorte

Wenn sich ein neues Unternehmen in einer Region ansiedelt, werden Arbeitsplätze geschaffen und die Gemeinde erhält Steuereinnahmen. Die Arbeitnehmer und Haushalte erhalten Einkommen, das sie für Konsum ausgeben oder sparen können. Die Gemeinde kann die Einnahmen ebenfalls für den Konsum verwenden, sie kann die Infrastruktur ausbauen und erhalten. Je attraktiver ein Standort ist, desto mehr Unternehmen siedeln sich an und desto höher sind die Steuereinnahmen. Alle Regionen und Gemeinden stehen deshalb in einem Wettbewerb.

Doch was macht einen „guten Standort" für Unternehmen aus? Die folgende Grafik gibt euch Hinweise darauf, was ein Unternehmen dazu veranlassen kann, sich anzusiedeln.

Standortfaktoren

Rahmenbedingungen
– Wie sind die natürlichen und technischen Gegebenheiten (z. B. Klima)?
– Lage zur Autobahn, Fluss, Bahn, Flugplatz?

Wie sieht die Personalsituation auf dem Arbeitsmarkt aus?
– Lohnniveau?
– Angebot von Facharbeitern?

Woher erhalte ich meine Materialien, Rohstoffe?
– Wie können die zu beschaffenden Güter transportiert werden?
– Transportkosten?
– Transportzeit?
– Beschaffungszeit?

Betriebliche Umwelt

Wie sieht die politische, steuerrechtliche Situation aus?
– steuerliche Belastung?
– Subventionen?
– Umweltauflagen?

Wie sieht der Absatzmarkt für meine Produkte aus?
– Konsumgewohnheiten?
– Lage zur Konkurrenz?
– Absatzkosten?
– Absatzzeit?
– Ausdehnung des Marktes?

Wie komme ich an die benötigte Energie?
– Energieversorgung
– Energiekosten

Was beeinflusst die Entscheidung eines Unternehmens?

Wer ein Unternehmen davon überzeugen will, dass es wirtschaftlich sinnvoll ist, sich in einer bestimmten Region anzusiedeln, muss gute Argumente haben und sie überzeugend darstellen können. Eine Stadt muss für sich Werbung betreiben, das nennt man dann Standortmarketing. Am Beispiel der Stadt Oldenburg wollen wir uns anschauen, was sich dahinter verbergen kann.

Oldenburg

Standortmarketing in Oldenburg

> **Wohlfühlstadt – Wachstumsstadt – Übermorgenstadt**
> Wir fördern innovative Unternehmen aller Branchen und setzen hier insbesondere auf technologieorientierte Betriebe und auf die Kooperation zwischen Wirtschaft und Wissenschaft. Als Stadt der Wissenschaft 2009 […] können wir viel für diese Bereiche tun.
> Wir sind die Übermorgenstadt! Wir bieten Gewerbeflächen, Fördermittel, ein wirtschaftsfreundliches Klima, Netzwerke und internationale Kontakte. Damit schaffen wir optimale Rahmenbedingungen auch für Ihr Unternehmen. Wir sind eine Wachstumsstadt! Wir sorgen dafür, dass die Menschen in unserer Stadt optimale Lebensbedingungen vorfinden: gute Wohnungen und Häuser, viel Grün, eine gesunde Umwelt, umfassende Bildungsmöglichkeiten, vielseitiges Freizeitangebot, spannende Kultur und jede Menge Sport. Wir sind eine weltoffene, tolerante Wohlfühlstadt! […]

1. Mit dem Thema „Infrastruktur" kennt ihr euch schon aus (Kapitel IV). Untersucht die Beziehung zwischen der Grafik links und den Merkmalen einer Infrastruktur.

2. Beschreibt die Werbestrategie der Stadt Oldenburg für ihren Standort in eigenen Worten. Was macht Oldenburg für Unternehmen attraktiv?

3. Welche Gründe sprechen für Unternehmen, sich in eurer Stadt/Gemeinde anzusiedeln? Wie macht eure Stadt/Gemeinde auf die Vorteile des Standortes aufmerksam?
Recherchiert im Internet oder fragt bei der Wirtschaftsförderung vor Ort nach.

INFO

Die Stadt Oldenburg in der Statistik:
Kreisfreie Stadt
Einwohner (2008): 159 676
Größe/Fläche: 102,95 km²
Einwohnerdichte: 1551 Einwohner/km²
Anteil der unter 45-Jährigen: 56,2 % (2008)

Besonderheiten und Vorteile
Bedeutender Standort u. a. der Nahrungsmittel- und Autozuliefererindustrie sowie des Druckereigewerbes und der Mikroelektronik

Gewerbeflächenangebot: ca. 80 ha

Quelle:
Prof. Dr. Gerd Schwandner, Oberbürgermeister, www.oldenburg.de

Oberbürgermeister Schwandner

DIE REGION UND DIE WELT VERÄNDERN SICH

2 Die Wirtschaft verändert sich

„Früher, als *wir* jung waren, da haben wir…" Kennt ihr diesen Satzanfang von euren Eltern oder Großeltern? Die Wirtschaft und das gesellschaftliche Leben verändern sich ständig. Das hat Folgen für die Verbraucher, für Unternehmer, Arbeitnehmer und den Staat.

Beispiel für Wandlung: das Telefon

Beispiel für Wandlung: das Auto

Ihr habt euch bereits mit dem Thema „Regionaler Wirtschaftsraum" beschäftigt und gelernt, was „Wirtschaftsbereiche" sind. Unterschieden werden die Landwirtschaft, die Industrie (Produktion) und der Dienstleistungsbereich. Diese Bereiche bilden die Struktur unserer Wirtschaft. Wenn sich die Strukturen im Laufe der Zeit dauerhaft verändern, spricht man von Strukturwandel. Das ist zum Beispiel der Fall, wenn in einem Wirtschaftsbereich, z. B. der Landwirtschaft, immer weniger Menschen beschäftigt werden, dafür aber im Dienstleistungsbereich neue Arbeitsplätze entstehen.

Wie kommt es zu Strukturwandel?

Wenn man zurückblickt, dann haben immer große Entdeckungen und Erfindungen das gesamte Leben der Menschen verändert. Man spricht von Basisinnovationen, die Wirtschaft und Gesellschaft langfristig verändern. In der folgenden Grafik könnt ihr erkennen, welche großen Erfindungen zu den starken Veränderungen geführt haben.

200

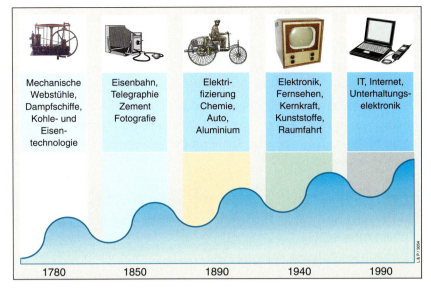

> **INFO**
>
> **Innovation** bedeutet Erneuerung. Es werden entweder neue Produkte geschaffen oder bestehende Produkte werden verbessert. Es können aber auch neue Herstellungsverfahren entwickelt werden.
>
> **Basisinnovationen** sind Erneuerungen, die einen großen Einfluss auf die Wirtschaft und die Gesellschaft insgesamt haben.

Bahnbrechende Neuerungen der letzten Jahrhunderte

Wie ihr seht, sind es insbesondere technische Neuerungen gewesen, die das wirtschaftliche und gesellschaftliche Leben verändert haben. Aber es gibt natürlich noch andere Gründe, die Strukturwandel auslösen. Der folgenden Abbildung könnt ihr solche Faktoren entnehmen:

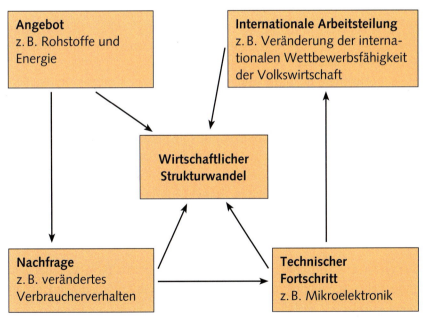

Einflussfaktoren auf den wirtschaftlichen Strukturwandel

1. Bittet ältere Verwandte darum, euch aus dem (wirtschaftlichen) Leben in ihrer Zeit zu erzählen. Zählt Unterschiede auf. ○

2. Ermittelt mithilfe der Abbildung Beispiele für die Einflüsse auf den Strukturwandel. ○

DIE REGION UND DIE WELT VERÄNDERN SICH

Welche Folgen hat der wirtschaftliche Strukturwandel?

Neue Entwicklungen führen dazu, dass Unternehmen ihre Produkte durch den Einsatz von immer mehr Maschinen und immer weniger Arbeitskräften herstellen können. Maschinen werden außerdem immer häufiger mithilfe von Computertechnologie überwacht und gesteuert. Die Menschen in den Unternehmen müssen sich an die sich ständig ändernde Technik anpassen. Schaut euch dazu an, wie sich der Beruf der Stenotypistin im Laufe von 50 Jahren verändert hat.

B Marianne B. war in den 1950er-Jahren Stenotypistin. Das Bild zeigt sie 1958 an ihrer Schreibmaschine. Hier berichtet sie von ihrem Arbeitsalltag:
„Vor Kurzem habe ich noch mit zehn anderen Stenotypistinnen in einem Großraumbüro unter Aufsicht geschrieben. Nach meiner Beförderung zur Kontoristin gehört zu meinen Aufgaben z. B. die Abschrift von in Kurzschrift (Steno) verfassten Protokollen oder Briefen auf meiner nagelneuen Kugelkopfschreibmaschine. Man muss auch gut telefonieren können. Da wir zu Hause kein Telefon haben, habe ich da noch Respekt vor… Ich arbeite an sechs Tagen in der Woche insgesamt 46 Stunden. Urlaub habe ich insgesamt drei Wochen im Jahr."

B Annette S. ist heute Bürokauffrau. Das Foto zeigt, wie sie im Jahr 2008 am Computer arbeitet. Annette berichtet Folgendes aus ihrem Arbeitsalltag:
„Die Aufgaben im Büro sind heute ganz schön komplex und stellen viele Anforderungen. Man muss vor allem fit sein im IT-Bereich. Ich arbeite fast nur am PC, koordiniere den Terminkalender, recherchiere im Internet und nutze Datenbanken. Richtige Briefe versenden wir immer seltener, wozu gibt es heute E-Mail? Dann bediene ich noch unsere Telefonzentrale. Da wir viele internationale Kontakte in unserem Betrieb haben, brauche ich meine Sprachkenntnisse häufig. Ich habe eine 5-Tage-Woche und arbeite insgesamt 38,5 Wochenstunden. Urlaub habe ich sechs Wochen im Jahr."

Der technische Fortschritt und der allgemeine wirtschaftliche Wandel verändern also die Struktur von Arbeitsplätzen und die Anforderungen, die an einen Arbeitsplatz gestellt werden.

Aber auch in der Gesellschaft gibt es zahlreiche Folgen von Strukturwandel. Wie Menschen ihre Freizeit gestalten, hängt auch davon ab, welche Möglichkeiten sie dazu haben. Es gab z. B. eine Zeit, wo man nur in der Kneipe um die Ecke oder im Schaufenster eines TV-Geschäftes fernsehen konnte. Fernsehen war noch so neu (und teuer), dass die meisten Menschen sich das nicht leisten konnten.

Strukturwandel in der Landwirtschaft

Die Landwirtschaft ist in Niedersachsen sehr wichtig. Insbesondere Landkreise wie Vechta und Cloppenburg mit ihrer landwirtschaftlichen Industrie sind „Boomregionen" in unserem Bundesland. Diese strukturstarke Region hat in Deutschland

– die größte Dichte an Geflügel- und Schweinezuchtbetrieben,
– die niedrigste Arbeitslosenquote,
– die höchste Geburtenrate und
– die jüngste Bevölkerung.

Neue Anbau- und Züchtungsmethoden, moderne Landmaschinen, Spezialisierung und Arbeitsteilung haben dazu geführt, dass eine starke Ernährungsindustrie aufgebaut werden konnte. Aus der Abbildung könnt ihr ablesen, wie die Produktivität durch den technischen Fortschritt in rund 50 Jahren gesteigert wurde:

Schweinezucht im Landkreis Vechta

	1950	2004
1 Landwirt produziert Nahrung für ...	10 Personen	143 Personen
Auf 1 ha können geerntet werden:	27,3 dz Weizen	73,9 dz Weizen
1 Kuh gibt im Jahr an Milch:	2480 kg	6760 kg

Produktivitätssteigerungen in der Landwirtschaft

Das größere Angebot und die verbesserte Produktivität haben aber auch Schattenseiten. Durch die gesunkenen Preise ist die Zahl der Betriebe und Beschäftigten in der Landwirtschaft in den letzten Jahrzehnten ständig gesunken. Durch den Strukturwandel fiel es gerade den klassischen Bauernhöfen in Familienhand schwer, mit ihren Produkten gegen die Konkurrenz aus der Industrie zu bestehen.

Die negativen Folgen der intensiven industriellen Landwirtschaft für die Umwelt dürfen auch nicht übersehen werden. Enorme Güllemengen belasten die Grund- und Oberflächengewässer und die Art der Tierhaltung bringt Probleme mit sich.

Ihr seht, technischer Fortschritt bringt nicht automatisch und für alle nur Vorteile mit sich. Man muss sich immer ein genaues Bild verschaffen, wenn es darum geht, welche Einflüsse welche Folgen für wen haben.

1. Beschreibt die Veränderungen der Anforderungen am Arbeitsplatz im Beispiel auf S. 202 in eigenen Worten. ○

2. Erklärt die Aussage „Technischer Fortschritt bringt nicht automatisch und für alle nur Vorteile mit sich" an einem selbst gewählten Beispiel. ◒

INFO

Produktivität ist eine Kennzahl für die Leistungsfähigkeit einer ganzen Wirtschaft oder eines einzelnen Betriebes. Sie bezeichnet das Verhältnis zwischen produzierten Gütern (z. B. kg Milch) und den dafür benötigten Produktionsfaktoren (z. B. Anzahl der Kühe).

METHODE

Erkundung

Wir erkunden den Strukturwandel in der Landwirtschaft

Eine wichtige Methode für die Analyse von wirtschaftlichen Sachverhalten ist die Erkundung von Lernorten außerhalb der Schule.

Hier findet ihr einen Vorschlag, wie ihr eine Erkundung eines landwirtschaftlichen Betriebs zum Thema „wirtschaftlicher Strukturwandel" vorbereiten, durchführen und nachbereiten könnt. Doch nicht nur Betriebe in der Landwirtschaft kommen dafür infrage; ihr könnt diesen Vorschlag für andere Branchen oder interessante Unternehmen in eurer Region anpassen.

Es gibt zwei Varianten: Entweder wählt ihr einen allgemeinen Schwerpunkt für eure Erkundung, wie z. B. „Welche Folgen hat der Strukturwandel für den Betrieb?" oder ihr bereitet Arbeitsplatzerkundungen (s. S. 58) vor.

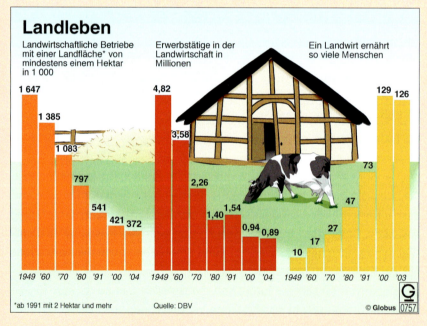

Arbeitsplatz in der Landwirtschaft früher und heute

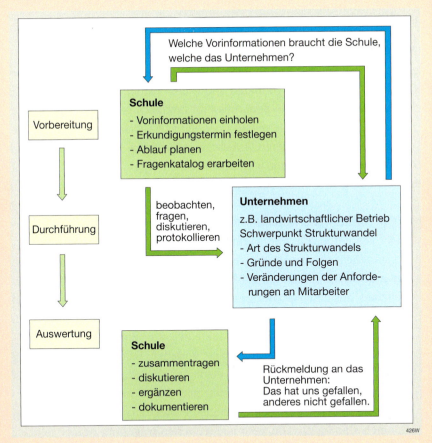

Wir planen eine Erkundung

1. Vorbereitung
In beiden Fällen müsst ihr euch zunächst gut vorbereiten. Mit eurer Lehrkraft zusammen wählt ihr ein Unternehmen aus, das für eine Erkundung infrage kommt. Dann muss beim Unternehmen angefragt werden, ob ihr in einem bestimmten Zeitraum einen Besuch machen könnt.
Im Anschluss könnt ihr im Unterricht die Erkundungsschwerpunkte festlegen und Fragen entwickeln. Diese solltet ihr aufschreiben und dem Ansprechpartner im Unternehmen rechtzeitig zukommen lassen, damit dieser sich gut vorbereiten kann.

2. Durchführung
Vor der Durchführung müsst ihr klären, wer welche Aufgaben übernimmt. Während der Durchführung solltet ihr euch in Gruppen aufteilen und die Erkundungsaufgaben ausführen. Die Ergebnisse haltet ihr schriftlich fest für die anschließende Auswertung im Unterricht.

3. Auswertung
Nach der Erkundung folgt die Auswertung der Ergebnisse. Dies könnt ihr z. B. mit Plakaten oder einer Wandzeitung machen. Die Präsentation der Ergebnisse sollte die wichtigsten Antworten auf eure Fragen enthalten.

Vorbereitung

Durchführung

Auswertung

DIE REGION UND DIE WELT VERÄNDERN SICH

Strukturwandel in der Fotobranche

INFO

„Wo kämen wir hin, wenn alle sagten: Wo kämen wir hin; und niemand ginge, um einmal nachzuschauen, wohin man käme, wenn man ginge…"
(Kurt Marti, geboren 1921, Pfarrer und Schriftsteller)

Unternehmen müssen sich ständig weiterentwickeln und verändern, wollen sie erfolgreich sein und ihre Existenz langfristig sichern. Sie wollen die Verbraucher mit neuen Produkten und Dienstleistungen überzeugen oder aber auf deren veränderte Bedürfnisse bestmöglich reagieren. Um dies zu ermöglichen, ist es beispielsweise notwendig, dass Unternehmen in neue Technologien Geld investieren. Außerdem müssen ihre Mitarbeiterinnen und Mitarbeiter fortgebildet und weiterqualifiziert werden, damit diese z. B. mit den technologischen Veränderungen Schritt halten können.

B Mittlerweile werden in der Branche zum Teil mehr Digitalfotos als Fotos vom Film verkauft. Für euch sind digitale Fotos selbstverständlich, aber noch vor wenigen Jahren war das ganz anders. Man hat z. B. einen Farbfilm mit 24 Bildern in den Fotoapparat eingelegt, ihn belichtet, aus dem Apparat genommen, zum Fotogeschäft gebracht, auf die Farbabzüge gewartet und diese dann in ein Fotoalbum eingeklebt. Fotobücher und andere Fotoprodukte, wie z.B. Fotos auf Taschen, Bechern, Kalendern, gibt es noch nicht so lange. Durch die Entwicklung des Internets und die Einführung digitaler Technologien im Fotogeschäft hat die ganze Branche in den letzten zehn Jahren einen gewaltigen Umbruch erlebt. Die Umsätze mit digitalen Produkten und Dienstleistungen nehmen ständig zu. Die Verbraucher gehen insgesamt immer seltener in ein Fotogeschäft, sondern kaufen häufiger im Internet ein. Klar, dass das Marketing im Internet daher für Unternehmen in der Fotobranche sehr bedeutsam ist.

INFO

Bei der **analogen** Fotografie wird ein Lichtbild auf ein Medium projiziert und dort direkt und dauerhaft gespeichert. Bei der **digitalen** Fotografie wird ein Bild in elektrische Daten gewandelt und gespeichert.

Strukturwandel: Von der analogen zur digitalen Fotografie

1. Erklärt die Abbildung „Einflussfaktoren auf den Strukturwandel" auf S. 201 mithilfe des Strukturwandels in der Fotobranche.

2. Bereitet ein Gespräch mit einem Verkäufer in einem Fotogeschäft vor, der den Strukturwandel in der Branche miterlebt hat.

3. Nehmt Stellung zur Entwicklung in der Fotobranche.

3 Entwicklungsmöglichkeiten eines regionalen Wirtschaftsraumes

Der Strukturwandel sorgt dafür, dass sich Branchen und Unternehmen ständig weiterentwickeln und sich an veränderte Bedingungen anpassen müssen. Dadurch verändern sich auch die Wirtschaftsräume in eurer Region. Sie passen sich einerseits den Entwicklungen an und es wird andererseits immer geprüft, wie sich eine Region weiterentwickeln kann. Was für eine Region gut oder nicht gut ist, löst viele Diskussionen und Konflikte aus. Denn es gibt unterschiedliche Interessen, die gegeneinander abgewogen werden müssen. Die einen finden es großartig, wenn z. B. ein neues Parkhaus in der Innenstadt gebaut wird, weil sich die Einkaufsbedingungen verbessern. Die anderen sind ganz klar dagegen, weil sie denken, dass die Lebensqualität durch noch mehr Autos in der Innenstadt geringer wird.

B Als bedeutende Handelsnation braucht Deutschland starke Seehäfen. Wilhelmshaven ist Niedersachsens größter und Deutschlands drittgrößter Seehafen, nur die Häfen in Hamburg und Bremen sind größer. Jedes Jahr werden in Wilhelmshaven rund 45 Mio. Tonnen Seegüter umgeschlagen. Jetzt entsteht ein neuer Tiefwasserhafen für Großcontainerschiffe: der JadeWeserPort. Es ist der einzige Tiefwasserhafen Deutschlands. Baubeginn war im März 2008, der Hafen soll im November 2011 in Betrieb genommen werden.

INFO

Seegüter sind Güter, die sich aufgrund ihrer Größe oder ihres Gewichts am besten auf dem Seeweg befördern lassen.

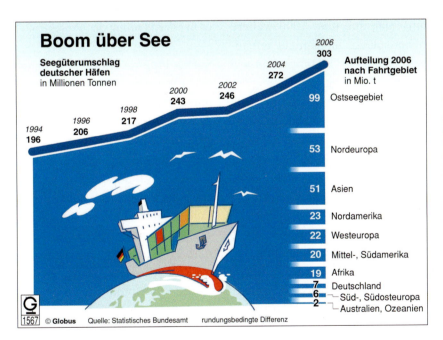

Der Bau des JadeWeserPorts: ein Jahrhundertprojekt in der Deutschen Bucht

1. Auch in eurer Region wird darüber diskutiert (und gestritten), wie sich der Lebens- und Wirtschaftsraumes weiterentwickeln soll. Recherchiert und erläutert aktuelle Beispiele dafür.

DIE REGION UND DIE WELT VERÄNDERN SICH

Herr Janßen

Hinterland des JWP

INFO

Ein **„Planfeststellungsverfahren"** ist ein besonderes Verwaltungsverfahren, welches für besondere, große Vorhaben, wie z. B. den Bau von Autobahnen, gesetzlich vorgeschrieben ist.

Das Interview führte Katrin Eggert.

Interview mit Herrn Janßen von der Wirtschaftsförderung Wilhelmshaven

Frage: Welche Bedeutung hat der „JadeWeserPort" (JWP) für Deutschland?

Es werden immer größere Containerschiffe gebaut, um den wachsenden globalen Warenhandel abzuwickeln. Der JWP wird der einzige Tiefsee-Containerhafen Deutschlands werden und damit auch für die größten Containerschiffe aus aller Welt erreichbar sein.

Frage: Wie kann der JWP die wirtschaftliche Entwicklung in der Region fördern?

Wir erwarten einen hohen Anstieg der Beschäftigungszahlen. Man schätzt, dass 1000 neue Arbeitsplätze direkt beim Containerumschlag und über 1000 weitere Arbeitsplätze im Umfeld entstehen. Das sind z. B. Tätigkeiten wie Zwischenlagerung, Verpackung der Waren oder Dienstleistungen wie das Bügeln von Hemden aus Fernost.

Frage: Welche Rolle haben Sie als Wirtschaftsförderer im Projekt?

Die Stadt Wilhelmshaven schafft Möglichkeiten zur Bebauung der neuen Hafenflächen. Wir wollen, dass die Unternehmen, die schon hier sind, gut unterstützt werden. Außerdem sollen sich neue Unternehmen ansiedeln. Dafür müssen wir Werbung machen!

Frage: Welche Infrastruktur wird rund um den neuen Hafen benötigt?

Der JWP ist wie das Zentrum eines Spinnennetzes und bekommt eine Knotenfunktion für Schiff, Lkw und Zug. Waren kommen aus Übersee und werden nach Übersee verteilt – über Wasserwege, Straßen und die Schiene. Wichtig sind also gut ausgebaute Straßen und Schienenverbindungen in das sogenannte Hinterland.

Frage: Welche Schwierigkeiten gab es bei der Planung des Projektes?

Solche Projekte erfordern umfangreiche sogenannte Planfeststellungs- und Genehmigungsverfahren. Alle denkbaren Folgen für die Menschen, die Umwelt, die Tiere und ihre Lebensräume müssen untersucht werden. Es gab Interessengruppen, die gegen das Projekt geklagt haben. Am Ende konnten aber alle überzeugt werden, doch der Baubeginn wurde stark verzögert. Wodurch wiederum die Kosten gestiegen sind.

1. Lest das Interview mit Herrn Janßen aufmerksam durch und beschreibt in eigenen Worten, welche wirtschaftliche Entwicklung der JadeWeserPort auslösen kann. ○

2. Wie findet ihr den Bau des JWP? Begründet.

208

Expertenbefragung

Wir sprechen mit einem Experten, der für die Förderung der regionalen Wirtschaft zuständig ist.

Für die Entwicklung einer Region ist es sehr wichtig, dass es viele Unternehmen mit vielen Arbeitsplätzen gibt. Damit verbessern sich die Lebensbedingungen der Menschen in einer Region und auch die Steuereinnahmen. Eine Aufgabe der Gemeinden ist es deshalb, möglichst viele Unternehmen und damit Arbeitsplätze anzulocken. Hierfür gibt es unterschiedliche Möglichkeiten. Wenn sich ein neues Unternehmen in einer Region ansiedeln möchte, braucht es Informationen und Beratung. Viele Stellen übernehmen diese Aufgabe, Unternehmen Hilfen anzubieten.

1. Vorbereitung

Bereitet eine Expertenbefragung vor mit einem Vertreter der Wirtschaftsförderung, einer Industrie- und Handelskammer oder einer anderen Einrichtung in eurer Region, die sich für die Förderung der Wirtschaft einsetzt. Dazu bearbeitet ihr folgende Punkte:

1. Welche Einrichtung wählen wir aus?
2. Wie heißen eventuelle Ansprechpartner?
3. Wir nehmen Kontakt auf und sprechen ab, worüber wir uns unterhalten wollen.
4. Wir vereinbaren, ob eine Expertin/ein Experte zu uns in die Klasse kommt oder ob wir den Experten aufsuchen.
5. Wir überlegen, wie wir die Gesprächsergebnisse festhalten wollen (z. B. Aufnahmegerät, Videokamera, schriftliches Protokoll).
6. Was muss der Experte/die Expertin von uns wissen (Jahrgang, Unterrichtsthema, Anzahl der Schülerinnen und Schüler usw.)?
7. Welche Verhaltensregeln müssen abgesprochen werden?

Vorbereitung

2. Durchführung

Die Expertenbefragung kann mit einem oder mehreren Experten durchgeführt werden. Denkt auch schon während der Durchführung an die spätere Präsentation der Ergebnisse und macht Fotos oder nehmt das Gespräch mit einem Diktiergerät auf.

Durchführung

3. Auswertung

Für die Auswertung bringt ihr eure Notizen und Aufzeichnungen in Reinschrift und fasst sie zusammen. Überlegt euch, was gut gelaufen ist und was nicht so gut. Ihr könnt das Gespräch in Form eines Protokolls auswerten und z. B. in der Schülerzeitung veröffentlichen. Vergesst nicht, dieses Protokoll auch an den Experten zu schicken. Er kann so sehen, wie seine Ausführungen bei euch angekommen sind.

Auswertung

VERSTEHEN

Das neue Einkaufszentrum

Ein Konflikt:
Brauchen wir ein neues Einkaufszentrum in der Innenstadt?

In der Fußgängerzone einer Stadt soll ein neues Einkaufszentrum gebaut werden. Viele Vertreter der Wirtschaft sagen: Das ist gut für den Einzelhandel in unserer Stadt. Es entstehen neue Arbeitsplätze und Ausbildungsplätze. Der Oberbürgermeister findet die Sache gut, weil ein neues Einkaufszentrum Steuereinnahmen bringt. Mitglieder einer anderen Partei im Stadtrat möchten lieber, dass das Zentrum außerhalb der Stadt gebaut wird.

Viele Verbraucher freuen sich über weitere Shoppingmöglichkeiten in der Stadt. Doch die meisten Händler in der Fußgängerzone sind gegen den Plan. Sie haben Angst, dass dann weniger Leute bei ihnen kaufen werden und die Einnahmen zurückgehen. Und die Umweltschützer möchten auf der Fläche für das Einkaufszentrum lieber eine Grünfläche behalten. Die Anwohner sind auch nicht überzeugt. Sie wollen den Baulärm nicht. Außerdem kommen dann noch mehr Autos in die Stadt und verschlechtern die Luft.

Wie soll man da eine Entscheidung treffen? Es kann sehr lange dauern, bis sich die verschiedenen Gruppen einigen.

Baustelle

1. Nenne die Vor- und Nachteile eines neuen Einkaufszentrums in der Stadt, die im Text oben genannt sind. Fallen dir weitere ein? ○

2. Es dauert manchmal sehr lange, bis solche Entscheidungen wie bei dem Einkaufszentrum getroffen werden. Zähle Gründe auf. ○

3. Bewerte die Frage nach einem neuen Einkaufszentrum selbst. ●

Kräfte, die die Strukturpolitik beeinflussen

In einer Region gibt es eine Vielzahl von Konflikten. Die beteiligten Gruppen, Institutionen und Personen versuchen, diese zu ihren Gunsten zu beenden.

B In einer Region soll eine neue Umgehungsstraße gebaut werden. Eine Gruppe in der Bevölkerung möchte durch sie Staub und Dreck im Zentrum vermeiden, die Gefahrenquellen für Verkehrsunfälle verringern, die Straßen für Kinder und Erwachsene sicher machen. Sie tritt daher für die Umgehungsstraße ein. Andere wiederum sind mit der Straßenführung der Umgehungsstraße überhaupt nicht einverstanden. Sie sagen z. B., die Straßenführung berühre ein Landschaftsschutzgebiet und gründen eine Bürgerinitiative, um sich gegen die neue Straße zu wehren. Es gibt daher auch Konflikte zwischen den im Stadtrat vertretenen Parteien, sodass schließlich mit allen politischen und juristischen Mitteln gekämpft wird. Es werden Gutachten eingeholt, die die Vorteilhaftigkeit oder den Unsinn einer neuen Straße beweisen sollen.

In solche Konflikte spielen also persönliche, wirtschaftliche, politische, regionale und landespolitische Interessen hinein. Als Bürger sollte man in der Lage sein, diese unterschiedlichen Interessen voneinander zu unterscheiden, und versuchen, einen Kompromiss zu unterstützen.

Tiere werden durch den Straßenbau gestört.

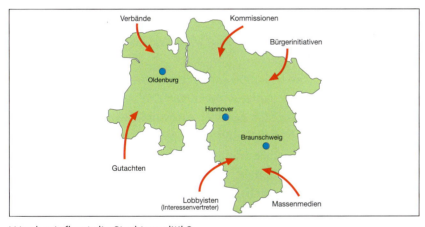

Was beeinflusst die Strukturpolitik?

1. Fasse den Beispieltext oben in wenigen Sätzen zusammen. ○

2. Erläutere, warum regionale Strukturpolitik nicht einfach ist. ◐

3. Ermittle an einem selbst gewählten Fall aus eurer Region Beispiele für „Kräfte, die die Strukturpolitik beeinflussen". ◐

4. Untersuche einen aktuellen Konflikt zur Entwicklung einer Region aus einem anderen Teil Deutschlands und stelle den Fall der Klasse vor. ◐

211

DIE REGION UND DIE WELT VERÄNDERN SICH

> **INFO**
>
> „Was die Weltwirtschaft angeht, so ist sie verflochten!"
> (Kurt Tucholsky, deutscher Schriftsteller, 1890–1935)

4 Internationaler Handel

Warum gibt es internationalen Handel?

Im Container werden heute Waren in der ganzen Welt verteilt. Die Grafik zeigt die wichtigsten Handelsrouten der Seeschifffahrt und die Entwicklung der Containermengen in der letzten Zeit.

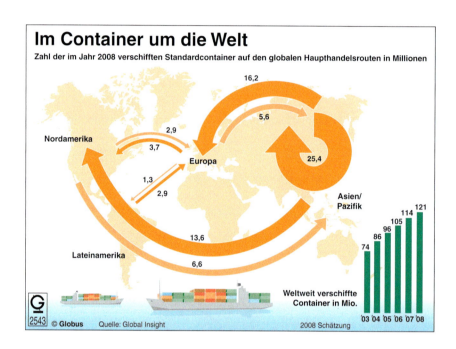

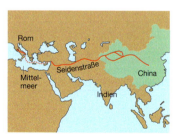

Seidenstraße

Der Container ist erst im Jahr 1956 entwickelt worden. Aber internationalen Handel gibt es schon seit Jahrtausenden! Die Große Seidenstraße z. B. ist eine der ältesten Handelsrouten der Welt. Hier wurden vor rund 2000 Jahren Seide, Tee, Gewürze, Edelmetalle und andere Waren von China nach Europa gebracht und verkauft. Damals war der Transport der Waren allerdings sehr beschwerlich und mit großen Gefahren verbunden, weil z. B. Räuber am Handelsweg lauerten. Warum haben sich die Menschen in Gefahr gebracht und die Strapazen einer langen Reise auf sich genommen? Offenbar hat es sich auch damals schon gelohnt, Waren über weite Strecken und über Landesgrenzen hinweg zu transportieren.

Viele Rohstoffe oder Produkte gibt es in Deutschland nicht, weil sie z. B. hier nicht vorkommen oder es hier zu kalt ist. Wir benötigen sie aber für unseren Alltag (z. B. Erdöl) oder wollen sie gerne haben (z. B. Ananas oder Kokosnuss). Güter, die wir konsumieren wollen, aber nicht selbst gewinnen oder herstellen können, können wir im Ausland kaufen. Oder: Bestimmte Güter können in anderen Ländern günstiger hergestellt werden, wodurch der Preis der Produkte sinkt. Das kann z. B. daran liegen, dass den Arbeitskräften in diesen Ländern niedrigere Löhne gezahlt werden oder aber dass ein Land bessere Produktionsanlagen hat.

Jeder macht das, was er am besten kann

Der folgende Zeitungsartikel erklärt euch, warum die Spezialisierung bei der internationalen Arbeitsteilung wichtig ist.

Q Kein Mensch produziert das alles selbst, was er braucht: Kein Bauer stellt seine Traktoren selbst her, kein Bäcker baut selbst Getreide an. [...] Jeder produziert das, was er gut und billig produzieren kann und tauscht dies dann gegen die Erzeugnisse der anderen. Dies gilt auch und gerade für Länder und über Ländergrenzen hinweg. [...] Freihandel nutzt also die Unterschiede in den Produktionskosten zwischen Menschen, Firmen, Regionen und Ländern. Jedes Land produziert das, was es am besten und billigsten kann. Unterschiede in den Produktionskosten entstehen auf den ersten Blick dadurch, dass Rohstoffe ungleich verteilt sind, oder dass das Klima dem einen Land erlaubt, günstig Kaffee anzubauen, während das andere Land besser Kartoffeln erzeugt. Wichtiger sind aber Unterschiede in der Ausstattung mit den Produktionsfaktoren Arbeit, Boden und Kapital. Ein Land, das – wie zum Beispiel Argentinien oder Kanada – über viel und damit billigen Boden verfügt, kann relativ günstig solche Produkte erstellen, die in der Produktion viel Boden verbrauchen, also etwa Rindfleisch, Getreide oder Holz. Ein anderes Land, das über viel und damit billige Arbeitskräfte verfügt – wie zum Beispiel China oder Indien – kann relativ günstig Produkte erstellen, die in der Produktion viel Arbeit verbrauchen, wie etwa Textilien oder Möbel. Und ein Land wie Deutschland, das über viele und hochentwickelte Maschinen verfügt, kann relativ günstig solche Produkte erstellen, die maschinenintensiv produziert werden, wie beispielsweise Autos oder Werkzeugmaschinen. [...] Wenn Firmen sich auf die Produktion bestimmter Produkte spezialisieren, können sie diese Produkte in großer Serie unter Einsatz spezieller Maschinen günstiger produzieren, als wenn sie viele unterschiedliche Produkte in kleiner Serie erstellen. Sie nutzen so die Kostenvorteile der großbetrieblichen Massenproduktion. [...] Die Produkte werden billiger, die Preise sinken. [...]

Argentinien: billiger Boden

China: viele Arbeitskräfte

INFO

Freihandel meint Handel über Landesgrenzen, der nicht eingeschränkt oder behindert wird (z. B. durch Zölle).

Quelle:
Heinrich, J., Handelsblatt, Nr. 094, 14.05.04, k03

1. Untersucht die Grafik auf S. 212. Welche Aussagen kann man ihr entnehmen?

2. Der weltweite Handel war früher und heute mit Gefahren verbunden. Nenne Beispiele.

3. Notiere in deinem Heft Begriffe aus dem Zeitungsartikel, die du nicht kennst. Finde die Bedeutung mithilfe eines Lexikons heraus.

4. Zähle die Gründe für weltweiten Handel auf, die der Autor beschreibt. Nimm hierfür die Zeichnung auf der folgenden Seite zu Hilfe.

Deutschland: viel Know-how

DIE REGION UND DIE WELT VERÄNDERN SICH

Wie kann man internationalen Handel erklären?

Es ist wichtig zu wissen, dass nicht „Länder" internationalen Handel treiben, sondern die Unternehmen **in** einem Land. Denn es sind die vielen kleinen, mittleren und großen Betriebe in Deutschland, die im Import- und Exportgeschäft tätig sind. Man muss deshalb danach fragen, was die Unternehmen dazu bringt, Waren in der Welt einzukaufen bzw. Waren weltweit zu verkaufen. Ganz grob gibt es zwei Hauptmotive:

„Verfügbarkeit" meint zusammengefasst, dass Unternehmen Güter und Dienstleistungen importieren, die es in Deutschland nicht gibt. Dabei kann es sich z. B. um Erdöl oder Kokosnüsse handeln. Ein Beispiel zu den „Kostenunterschieden": Wenn die Arbeitskosten im Ausland viel geringer sind als in Deutschland, gehen einige Unternehmen mit ihrer Produktion ins Ausland. Eine Arbeitsstunde in Deutschland kostet ca. 45 Euro, in Osteuropa liegen die Kosten bei ca. 8 Euro. Viele Güter und Dienstleistungen, die wir täglich nutzen, wären sehr viel teurer, wenn Unternehmen nicht dort produzieren würden, wo es am günstigsten ist. In einem vorangegangenen Kapitel habt ihr untersucht, aus welchen Teilen der Erde Waren stammen, die ihr täglich nutzt. Ganz so einfach ist die Sache jedoch nicht. Wenn „Made in Japan" auf einem Etikett steht, kann das auch Folgendes bedeuten:

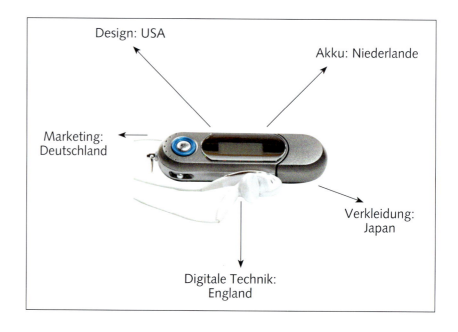

Wie kann man internationalen Handel messen?

Die Kreislaufprozesse in unserer Wirtschaft finden in einer offenen Volkswirtschaft statt, also über Ländergrenzen hinweg. Wenn man den weltweiten Handel messen will, muss man daher auch das „Ausland" im Wirtschaftskreislauf berücksichtigen. Damit sind alle Anbieter und Nachfrager im Ausland gemeint, die mit dem Inland (Deutschland) in Beziehung treten. Diese Import- und Exportbeziehungen werden im Wirtschaftskreislauf zwischen „Unternehmen" und „Ausland" erfasst. Die Unternehmen importieren und exportieren natürlich reale Güter. Die Pfeilbeziehungen im Wirtschaftskreislauf stellen jedoch nur die Geldströme dar.

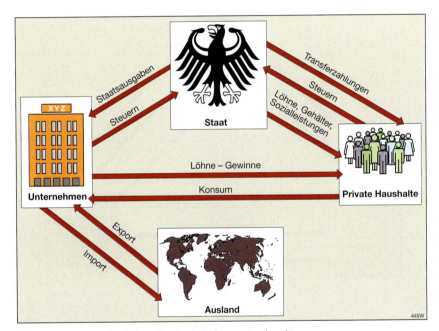

Erweiterter Wirtschaftskreislauf mit Sektor „Ausland"

1. „Unternehmen treiben miteinander Handel, nicht Länder!" Erläutere diesen Satz.

2. Ein Etikett wie z. B. „Made in Japan" kann irreführend sein. Erkläre.

3. Beschreibe die verschiedenen Beziehungen zwischen den Sektoren im Wirtschaftskreislauf (siehe Abbildung) in eigenen Worten.

4. Erkläre, warum der Pfeil „Import" ins Ausland zeigt und der Pfeil „Export" ins Inland.

5. Wenn die Unternehmen in Deutschland insgesamt viel mehr exportieren als importieren, hat dies Folgen für den Wirtschaftskreislauf. Erläutere mögliche Folgen anhand der Abbildung.

LERNBILANZ

Am Ende dieses Kapitels sollt ihr wissen, dass und wie eure Region mit der weltweiten Wirtschaft verflochten ist. Ihr habt gelernt, warum sich die Wirtschaft ständig verändert. Außerdem kennt ihr Gründe für internationalen Handel.
Überprüft euer Wissen anhand der folgenden Fragen.

1. „Wenn sich ein Unternehmen in einer Region ansiedelt…". So beginnt ein Text in diesem Kapitel. Analysiere die möglichen Folgen einer Unternehmensansiedlung für private Haushalte, die Unternehmen und die Gemeinde (Staat). Beschreibe die Folgen mithilfe des Wirtschaftskreislaufes.

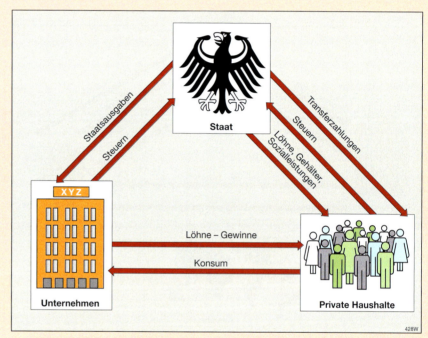

Einfacher Wirtschaftskreislauf

2. Versetze dich in die Rolle des Bürgermeisters deiner Stadt und überzeuge einen Unternehmer (deinen Klassenkameraden) davon, sich in der Stadt anzusiedeln.

3. Erläutere den Zusammenhang zwischen Klima und Standortfaktoren. Nenne Beispiele.

4. Ermittle die richtigen Aussagen und begründe.
   a) Im Dienstleistungsbereich nimmt die Zahl der Erwerbstätigen ständig ab.
   b) Der wirtschaftliche Strukturwandel erfasst alle in der Gesellschaft.
   c) Alle paar Jahre gibt es eine Basisinnovation.
   d) Neue Gewohnheiten von Menschen können den Strukturwandel beeinflussen.
   e) Strukturwandel hat immer positive und negative Folgen.

f) Ein Landwirt ernährt heute genauso viele Menschen wie vor 50 Jahren.

5. Immanuel Kant (1724–1804), ein deutscher Philosoph, hat gesagt: „Es ist nichts beständiger als die Unbeständigkeit." Beurteile dieses Zitat und beziehe es auf die Veränderungen in der Wirtschaftswelt.

6. Wie sich eine Region am besten weiterentwickeln sollte, wird ganz unterschiedlich bewertet. Nenne Beispiele (aus dem Buch oder aus deiner Stadt).

7. Buchstabensalat
Die Begriffe sind durcheinandergeraten. Schreibe die korrekten Begriffe in dein Heft: Turfrastrukin, Portex, Wanstrukdeltur, Förschaftsderungwirt, Vationsisinnoba.

8. Zähle wichtige Gründe dafür auf, warum Unternehmen internationalen Handel treiben.

9. Verfasse einen kurzen Aufsatz über die Vorteile des internationalen Handels für private Haushalte, Unternehmen und den Staat.

10. Beschreibe mithilfe des erweiterten Wirtschaftskreislaufes, welche Wirkungen es hat, wenn die Exporte
a) zurückgehen oder
b) ansteigen.

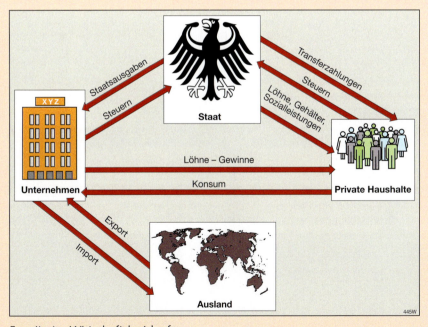

Erweiterter Wirtschaftskreislauf

IX Märkte, Preise, Verträge

In diesem Kapitel erfahrt ihr etwas über Märkte und Preise. Ihr lernt, wann ihr geschäftsfähig seid und welche Rechte ihr als Käufer habt. Außerdem untersucht ihr, gegen welche Risiken ihr euch versichern könnt.

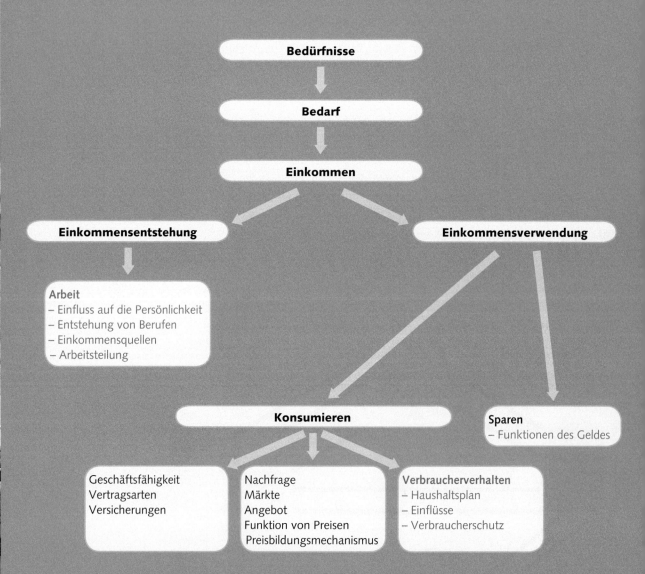

MÄRKTE, PREISE, VERTRÄGE

Geldmarkt (Börse)

Gebrauchtwagenmarkt

Flohmarkt

1 Aufgabe von Märkten

Wo es überall Märkte gibt

Märkte sind überall dort zu finden, wo etwas angeboten und nachgefragt wird. Bereits in der Zeit des Mittelalters war das Gesicht der Städte jeweils durch einen Marktplatz bestimmt. Meistens lag dieser in der Mitte der Stadt. Auch heute noch zieren wunderschöne Marktplätze viele Altstädte.

So wie auf den heutigen Wochenmärkten fand schon im Mittelalter ein reges Handelstreiben statt. Geschäftstüchtige Händlerinnen und Händler boten Rüben, Hühner, Ziegen, Eier und viele andere Dinge des Alltages zum Kauf an. Sie warben um die Käufer und feilschten um die Preise. Allerdings unterschied sich der Handel von damals zu heute um einen wesentlichen Bestandteil. Der Tausch bestimmte die Geschäfte: Ware gegen Ware – z. B.: Eier gegen Mehl – oder später eben Ware gegen Geld.

Das Gesicht des Handels und der Märkte veränderte sich ganz stark mit der Zunahme der Industrialisierung und der Entstehung von Fabriken. Eine Arbeitsteilung wurde notwendig. Die Herstellung von Gütern erfolgte kaum noch im eigenen Haushalt. Die Großproduzenten gaben die erzeugten Waren an Händler weiter. Der Verkauf erfolgte zum überwiegenden Teil schon in Läden oder Warenhäusern mit mehreren Beschäftigten. Der Marktplatz verlor als Handelszentrum mehr und mehr an Bedeutung.

> **INFO**
>
> Auf den Märkten im Mittelalter wurden auch Dienstleistungen von Schustern, Barbieren, Kesselflickern, Scherenschleifern, Schneidern usw. angeboten.

1. Erkundet einen Wochenmarkt in eurer Nähe. Wo findet er statt? Welche Produkte werden angeboten? Welche Vor- und Nachteile hat das Angebot auf dem Wochenmarkt?

2. Erkundigt euch, ob es in eurem Ort Namen von Straßen oder Plätzen gibt, die auf Märkte und Handel schließen lassen.

3. Schneidet Kleinanzeigen aus Lokal- oder Regionalzeitungen aus und klebt diese geordnet nach Angebot und Nachfrage in eure Hefte.

Marktgeschehen

Der Austausch von Gütern und Dienstleistungen gegen Geld ist heute nicht mehr allein an einen bestimmten Platz gebunden. Telefonverbindungen in alle Welt machen Absprachen, die sich auf Käufe und Verkäufe beziehen, in Minuten möglich, wofür früher häufig Wochen benötigt wurden. Hier handelt es sich oft um internationale Märkte. Durch neue Techniken entstanden ganz neue Märkte und Marktzugänge: So können z.B. über das Internet Angebote eingeholt und Bestellungen aufgegeben werden.

Auf dem heutigen Wochenmarkt werden hauptsächlich Obst, Gemüse und Blumen gehandelt. Auf Flohmärkten können altes Spielzeug, alte Möbel, Schallplatten oder Haushaltsgeräte erstanden werden; in vielen Städten gibt es in der Adventszeit Weihnachtsmärkte. Ebenso sind Kaufhäuser, Fachgeschäfte, Friseursalons oder Restaurants Märkte.

Alle Märkte, die bisher genannt wurden, könnt ihr besuchen; es gibt sie als realen Ort. Bei vielen Märkten ist das anders: Zum Beispiel sind im Anzeigenteil von Tageszeitungen Angebote und Nachfragen zu finden. Sucht eine Familie eine neue Wohnung, hat jemand eine gebrauchte Skiausrüstung zu verkaufen, ein Autohändler einen Gebrauchtwagen oder ein Partyservice seine Dienstleistungen anzubieten, dann werden Kleinanzeigen aufgegeben. Es gibt also auch Wohnungsmärkte, Stellenmärkte, Gebrauchtwagenmärkte usw. Selbstverständlich gibt es auch Geld- und Kapitalmärkte, auf denen Geld angeboten und nachgefragt wird.

Meist werden als Märkte nur die genannt, auf denen Konsumenten Güter nachfragen. Daneben gibt es auch Märkte, die fast ausschließlich für Unternehmen interessant sind. Sie decken über Märkte ihre Nachfrage nach Vorprodukten, z.B. nach Papier und Druckfarbe für Druckereien, nach Flächen für Betriebe, nach Arbeitskräften und Kapital.

Auch ein Restaurant ist ein Markt

221

MÄRKTE, PREISE, VERTRÄGE

(1) **A 170 CDI** Automatik, Klima-automatik, ESP, ASR, Sitzheizung, Standheizung mit FB, nur 5l!! Euro3, intgr. Kindersitze, neue WR, 4 eFH, Tiptronik, rausnehmb. Sitze! scheckheftgepfl.,1A Zust. EZ 11/99 VHB 9350 €. Tel.: …

(2) **Arztehepaar mit 2 kleinen Kindern sucht 5–6 ZKB/EFH,** ab ca. 130m², mit Garten, zentrumsnah, gerne Dobbenv., Gericht, Bürger-felde, Ziegelhof. Telefon: …

(3) **27-jähr. Fachinformatiker und Bürokaufmann** mit MCSE/MCSA 2003 sucht ab sofort neuen Wir-kungskreis, gerne auch branchen-fremd. Tel.: …

(4) **P-Innenstadt (Fußgängerzone), großzügige 4-Zi.-Penthouse Whg.,** Dachterrasse, Bad/Wanne/Dusche/WC, Gäste-Bad, 2 Abstellräume, ca. 185 m², vollrenov., 870 € KM + NK, Kaut. erf., CURAVIT Immo GmbH Tel.: …

(5) **Sandkrug, großes EFH mit ELW,** zentr. ruhig gelegen, Südlage, 9 Zi. ca. 220/1000qm Wfl./Grdst. 210.000 €. Chiffre Nr. D 1342

(6) **Zuverl. Briefzusteller/-in** für den Bereich Westerstede in Voll-zeit mit Erfahrung im Post-/Kurier-dienst gesucht, Ortskenntnis und pol. Führungszeugnis erforderlich, PKW wird gestellt. ProJob GmbH Tel.: …

(7) Vorgezogene Bescherung ge-wünscht! **Junge Familie sucht zau-berhaftes Eigenheim** in und um Peine mit mind. 100 m² Wohnfl. bis 250.000 €. Finanzierung gesichert. Albert Kecker Immobilien Tel.: …

(8) **2002 Smart CDI Spardose,** Verbr. ab 3,5 l/100 km Diesel, steuerbefreit, 43 tkm, Notver-kauf, viele Extras, CD-Sound-paket, Winterreifen u.v.m. 6.666 €. Tel.: …

Einteilung von Märkten

Grundsätzlich lassen sich Märkte nach den Gütern und Dienstleistungen unterscheiden, die auf ihnen gehandelt werden.

Das bedeutet, es gibt also nicht den einen Markt, sondern viele verschiedene Märkte, z. B. :

– Konsumgüter- und Produktionsgütermärkte, z. B. Nahrungsmittelmärkte, Rohstoffmärkte,
– Dienstleistungsmärkte, z. B. für Gesundheitsdienstleistungen, Steuerbe-ratung, Kosmetik, Tourismus,
– Arbeitsmarkt, z. B. Markt für Ingenieure, Lehrer, Heizungsmonteure,
– Immobilienmärkte, z. B. Wohnungsmarkt, Grundstücksmarkt,
– Geld- und Kapitalmärkte, z. B. Wertpapiermärkte, Kreditmärkte.

1. Schaut euch die Kleinanzeigen an. Notiert in einer Tabelle, ob es sich um ein Angebot oder eine Nachfrage handelt. ◯

2. Stelle Vermutungen an, ob in den einzelnen Fällen das Angebot und die Nachfrage auf dem jeweiligen Markt insgesamt eher groß oder eher knapp ist. ◯

3. Finde zu jeder Marktart Beispiele für Betriebe in deinem Ort/in deiner Region. ◯

Tante-Emma-Laden	Supermarkt

Funktion des Marktes

Trotz aller Unterschiede in der Erscheinung und der Reichweite haben alle Märkte Gemeinsamkeiten:
- Es gibt Anbieter, die Sachgüter und Dienstleistungen zum Kauf anbieten.
- Es gibt Nachfragende, die Sachgüter und Dienstleistungen kaufen wollen.
- Für diese Sachgüter und Dienstleistungen muss in der Regel Geld bezahlt oder anderes zum Tausch angeboten werden. Kommt der Tausch zustande, wechselt der Eigentümer.

Um erkennen zu können, was auf allen Märkten geschieht, wollen wir uns einen Einzelmarkt anschauen, einen Eiermarkt. An vielen Ständen auf einem Wochenmarkt bieten Markthändler Eier gleicher Güte an (z. B. Handelsklasse A, Gewichtsklasse L). Die Marktbesucher haben schnell einen Überblick über das Angebot, die Anbieter können sich orientieren, zu welchen Preisen die Konkurrenten anbieten. Über die Menge, die eingekauft wird, entscheidet also einzig der Preis. Die Interessenlage ist klar: Die Anbieter wollen einen Preis erzielen, der mindestens ihre Kosten deckt, möglichst aber Gewinn abwirft, die Käufer dagegen wollen so kostengünstig wie möglich einkaufen.

Auf dem Wochenmarkt

MÄRKTE, PREISE, VERTRÄGE

2 Preisbildung am Markt

Modelle als Erkenntnishilfen

Karte

Stadtplanungsmodell

Modellauto

Die drei Bilder stellen jeweils ein Modell dar. Vergleicht ihr das Modellauto mit einem tatsächlichen Auto, dem Original, dann stellt ihr fest, dass das Modell zwar eine Anschauung und Vorstellung von einem wirklichen Auto vermittelt, nicht aber das Original selbst ist. Das Modellauto ist beispielsweise sehr viel kleiner. In ihm sind nicht alle Apparaturen wie im Original usw. Dennoch vermittelt euch das Modell eine Vorstellung von der Gestalt des Originalautos. Ähnliches gilt auch für die beiden anderen Bilder: Mithilfe des Stadtplanungsmodells können sich die Architekten ein Bild davon machen, wie ein neuer Stadtteil aussehen könnte. Ein Stadtplan ist nützlich, um sich in einer fremden Stadt orientieren zu können. Er ist ein Abbild der Straßen und Plätze, die Stadt sieht jedoch tatsächlich anders aus.

Menschen schaffen sich oft Modelle, damit sie die Wirklichkeit besser erkennen und verstehen können. Diese Modelle beziehen sich nicht nur auf konkrete Gegenstände, sondern auch auf Gedanken und Vorstellungen. Mit solchen **Denkmodellen** versucht man das komplizierte Wirtschaftsgeschehen in seinen wesentlichen Zusammenhängen besser zu begreifen.

Aber Vorsicht! Modelle haben auch ihre Tücken. Sie haben nämlich die Eigenschaft, nie die ganze Wirklichkeit zu erfassen. Sie werden nur für einen ganz bestimmten Zweck und unter einer ganz bestimmten Sichtweise konstruiert. Um ein Modell zu verstehen, ist es wichtig zu wissen, was durch das Modell deutlich gemacht werden soll und welche Annahmen gemacht werden, damit es funktioniert.

In den nachfolgenden Abschnitten lernt ihr solch ein wichtiges Denkmodell kennen, das immer wieder für das Untersuchen von wirtschaftlichen Vorgängen verwendet wird.

| Angebot | ▶ Marktpreisbildung ◀ | Nachfrage |

1. In den drei Abbildungen auf dieser Seite werden Modelle vorgestellt. Beschreibt, wofür sie benutzt werden könnten.

2. Was lässt sich mit diesen Modellen nicht erklären?

3. In eurem Zimmer werdet ihr viele gegenständliche Modelle finden. Welche könnten das sein?

Bedingungen für einen vollkommenen Markt

Das Modell vom Markt

Wir konstruieren ein Marktmodell. Es soll deutlich machen, wie im Idealfall die Preisbildung am Markt erfolgt. Wir nehmen Folgendes an:

1. In unserem Marktmodell gibt es viele Anbieter, die sich Konkurrenz machen, aber auch viele Nachfrager. **Keiner** kann deshalb den Markt **allein beherrschen**, also großen Einfluss auf die anderen und deren Verhalten ausüben.

2. Die Nachfrager wollen zum günstigsten Preis kaufen, die Anbieter einen möglichst hohen Gewinn erzielen. Beide streben einen möglichst **hohen Nutzen bzw. Gewinn** an.

3. Sowohl die Anbieter als auch die Nachfrager wissen genau, zu welchen Preisen auf dem Markt Produkte angeboten werden. Für alle Marktteilnehmer herrscht also **vollkommene Marktübersicht**.

4. Die auf dem Markt angebotenen Produkte haben alle die **gleiche Qualität**. Deshalb wählen die Nachfrager die Produkte allein nach der Höhe des Preises aus.

5. Weder Anbieter noch Nachfrager bevorzugen aus persönlichen, räumlichen oder zeitlichen Gründen einen Marktpartner. Freundschaften, Ortsnähe und Zeitdruck spielen also für die Wahl des Anbieters oder des Nachfragers keine Rolle **(keine Bevorzugung)**.

Wenn diese Annahmen gelten, dann bestimmen **Angebot und Nachfrage den Preis.**

1. Ein Markt, auf dem Preisbildung ausschließlich nach Angebot und Nachfrage erfolgt, muss fünf Bedingungen erfüllen. Ordnet die Grafiken den entsprechenden Bedingungen zu.

MÄRKTE, PREISE, VERTRÄGE

INFO

Gleichgewichtspreis
Alle Konsumenten, die zum Gleichgewichtspreis p Eier kaufen wollen, können auch kaufen, weil zu diesem Preis genauso viele Eier nachgefragt werden: Angebot und Nachfrage gleichen sich bei diesem Preis aus. Man sagt: Zu diesem Preis wird der Markt geräumt.

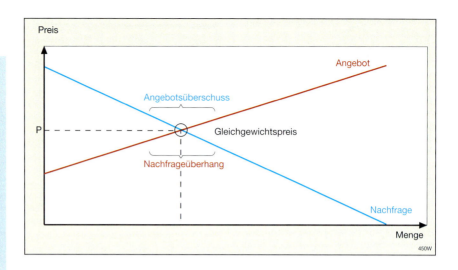

Preisbildung im Modell – Angebot und Nachfrage

Betrachten wir zunächst die Nachfrage. Ganz allgemein kann man sagen: Hat ein Produkt einen hohen Preis, so werden wenige davon gekauft, bei einem niedrigen Preis dagegen viele.

Trägt man in einer Grafik (siehe oben) auf der x-Achse die Menge der Produkte ein, auf der y-Achse den Preis, dann ergibt sich die Nachfragekurve. Die Nachfragekurve zeigt ein wichtiges „Wirtschaftsgesetz", **das Gesetz der abnehmenden Nachfrage:** Je höher der Preis, desto geringer die Nachfrage.

Bei dem Angebot gilt, dass es mit dem Preis steigt. Jeder Anbieter ist bereit, für einen hohen Preis mehr Produkte anzubieten als für einen niedrigen. Zeichnen wir hier die Kurve, dann ergibt sich die Angebotskurve.

Die Angebots- und die Nachfragekurve schneiden sich in einem Punkt. Dieser Punkt kennzeichnet den Gleichgewichtspreis: Angebot und Nachfrage halten sich die Waage.

Liegt der Preis oberhalb des Gleichgewichtspreises, würde mehr angeboten, aber weniger nachgefragt werden (Angebotsüberschuss). Der Preis würde also auf den Gleichgewichtspreis sinken. Ist dagegen der Preis niedriger als der Gleichgewichtspreis, würde mehr nachgefragt, aber weniger angeboten. Der Nachfrageüberhang würde den Preis nach oben drücken.

Preis	Anzahl der angebotenen CDs	Anzahl der nachgefragten CDs
€ 4,10	2	12
€ 6,12	3	10
€ 7,65	4	7
€ 9,18	5	5
€ 11,22	6	4
€ 14,80	9	2
€ 17,86	12	1

1. Lest in der Tabelle ab, wie groß jeweils Angebot und Nachfrage bei einem bestimmten Preis sind. Welches ist der Gleichgewichtspreis?

2. Beantwortet mithilfe des Diagramms folgende Fragen:
   a) Wie kommt der Gleichgewichtspreis zustande?
   b) Welche Folgen hat der Angebotsüberschuss für den Konsumenten?
   c) Welche Auswirkungen hat der Nachfrageüberhang für den Konsumenten?

Diesen Mechanismus kann man in vier Regeln fassen:

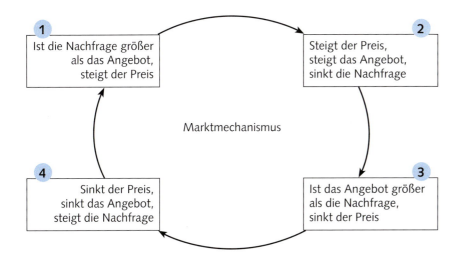

Wie der Marktmechanismus funktioniert

Dass es diesen Preismechanismus gibt, kann man gelegentlich sogar an einem Tag beobachten:

B Als die ersten Erdbeeren im Frühsommer auf den Markt kamen, drängten sich die Käufer vor den Ständen. Alle versuchten ein Körbchen zu bekommen. Die Marktbeschicker merkten, dass die Nachfrage trotz des hohen Preises, den sie angesetzt hatten, größer war als ihr Angebot. Da sie noch mehr verkaufen wollten, bestellten sie telefonisch frische Ware und erhöhten den Preis, nicht eben stark, aber doch spürbar. Doch jetzt kippte die Situation: Die Käufer, die den stärksten Wunsch nach frischen Erdbeeren hatten, hatten schon gekauft, den anderen war der Preis überwiegend zu hoch – das Angebot war plötzlich größer als die Nachfrage. Da die Händler die Erdbeeren nicht bis zum nächsten Markttag aufbewahren konnten, blieb ihnen nichts anderes übrig, als die Erdbeeren preiswerter anzubieten.

Großes Angebot und wenige Käufer: eine günstige Situation für die Käufer

1. Welche Auswirkungen hat es auf den Preis,
– wenn nach einem schneearmen, milden Winter die Geschäfte auf ihren Skisachen und Schlitten sitzen geblieben sind?
– wenn zur Hauptreisezeit sehr viele Urlauber Benzin nachfragen?
– wenn im Frühjahr zunächst wenige Erdbeeren, in der Haupterntezeit sehr viele und zu Saisonende nur noch einige besondere Sorten angeboten werden?

2. Stellt euch vor: DVD-Spieler überschwemmen den Markt.
– Wie müssten sich nach der Regel die Preise entwickeln?
– Welche Auswirkungen könnte das auf einzelne Hersteller haben?
– Was geschähe dann wiederum mit dem Preis?

Kleines Angebot und viele Käufer: eine günstige Situation für den Verkäufer

227

MÄRKTE, PREISE, VERTRÄGE

3 Preisbildung in der Marktwirklichkeit

Bisher habt ihr am Modell kennengelernt, welche Bedingungen auf dem Markt herrschen müssen, damit ausschließlich Angebot und Nachfrage den Preis bestimmen.

Es wäre schön, wenn die Regel von Angebot und Nachfrage wie im Modell funktionieren würde. Doch leider ist es in der Wirklichkeit selten so, denn hier spielen viele andere Faktoren noch eine Rolle, die man berücksichtigen muss:

– Anbieter und Nachfrager haben oft persönliche Gründe, ihre Geschäfte mit dem einen oder anderen Partner zu machen.
– Oft sind örtliche Gegebenheiten wichtig, wie z.B. die Erreichbarkeit eines Geschäftes oder die Fahrtzeit dahin.
– Viele Menschen kaufen unter Zeitdruck und können so nicht eine aufwendige Auswahl treffen.
– Es gibt nur einen oder wenige Anbieter auf dem Markt.
– Die Nachfrager haben eine mangelnde Übersicht über das Angebot.

Die Regel, dass Angebot und Nachfrage den Preis bestimmen, ist deshalb nicht die Regel, sondern häufig die Ausnahme. Sie zeigt dennoch wichtige wirtschaftliche Zusammenhänge auf.

Dorfladen

Geschäfte unter Kegelbrüdern

B Frau Berger will einen Kuchen backen, weil sich unerwartet Besuch angemeldet hat. Sie stellt fest, dass sie kein Mehl hat. Bergers wohnen auf dem Dorf. Im einzigen Geschäft am Ort ist das Mehl aber viel teurer als im Supermarkt in der zwölf Kilometer entfernten Kreisstadt. Frau Berger kauft trotzdem im Ort.

Familie Hörster will sich zu Weihnachten einen neuen DVD-Spieler leisten. Herrn Hörsters Freund und Kegelbruder Franz besitzt ein Elektrogeschäft. Bei ihm ist das Gerät, das sich Herr Hörster ausgesucht hat, aber 50 Euro teurer als bei der Konkurrenz. Frau Hörster möchte dieses Geld sparen. Dazu Herr Hörster: „Das kann ich doch nicht machen! Was meinst du wohl, wie Franz guckt, wenn er zu uns kommt?"

Herr Steinmann möchte ein neues Fahrrad kaufen. Er steht ratlos beim Fahrradhändler. Die verschiedenen Marken, die technischen Besonderheiten, die unterschiedlichen Materialien, Ausstattung, Zubehör und die Preisspannen machen es ihm schwer, eine Wahl zu treffen. „Wer findet da noch durch?", stöhnt er.

Riesige Auswahl

1. Welche Gründe haben Frau Berger, Herr Hörster und Herr Steinmann für ihr Verhalten?

2. Habt ihr eine Idee, wie sich die drei verhalten könnten?

228

4 Funktion der Preise

B Saskia und Anja bummeln durch die Stadt. Anja will sich neue Jeans kaufen. Zunächst gehen sie in die Boutique „Smart" in der Einkaufspassage. Die Hose „Memory", die Anja gut gefällt und ihr gut passt, ist sehr teuer. „In unserem Briefkasten lag heute Morgen ein Werbezettel einer anderen Boutique", sagt Saskia, „lass uns doch da mal hingehen." Sie gehen also in die Reichenstraße, der Laden sieht nicht gerade toll aus, aber die Auswahl ist riesig. Anja findet sogar die „Memory" und hier kostet die Jeans 15 Euro weniger. Als Anja ihrem Vater vom Einkauf und den Preisen in der „Smart" Boutique erzählte, sagt er nur: „Hast du dir mal überlegt, welche Mieten gezahlt werden müssen? Stell dir doch mal vor, welche Kosten die Geschäfte da haben." „Schön", sagt Anja, „aber trotzdem kaufe ich ab jetzt lieber in der Reichenstraße."

Das zeigt, dass für Güter von Konsumenten nicht deshalb ein Preis gezahlt wird, weil ihre Herstellung Kosten verursacht. Konsumenten interessieren sich für den Preis von Produkten, nicht für die Kosten, die ein Unternehmer hat. Ausschlaggebend ist, wie ihr wisst, die Nachfrage auf dem Markt.

Die Kosten sind aber für die Anbieter wichtig, denn der Preis, den sie am Markt erzielen, ist wesentlich für den Bestand des Unternehmens. Ist der erzielbare Preis für ein Produkt zu niedrig, werden Verluste gemacht, die auf Dauer das Unternehmen gefährden. Durch die Preise müssen also mindestens die Kosten gedeckt werden. Der Inhaber der Boutique „Smart" hat wegen der hohen Kosten einen hohen Preis für die Jeanshose festgesetzt. Erfolgreich war dieses Verhalten nicht, denn der Inhaber konnte nicht so viele Jeans verkaufen, wie dies bei einem geringeren Preis möglich gewesen wäre, wie das Kaufverhalten von Anja beweist. Die Boutique hätte versuchen müssen, ihre Kosten zu senken, z. B. dadurch, dass sie die Waren preiswerter einkauft und einen günstigeren Mietpreis aushandelt.

Eine wichtige Funktion für den Konsumenten ist die **Vergleichsfunktion.** Vor dem Kauf eines Gutes oder der Inanspruchnahme einer Dienstleistung wird in den meisten Fällen die Höhe der Preise verglichen. Besonders vor größeren Anschaffungen ist solch ein Vergleich empfehlenswert. Ganz bequem kann man Recherchen kostenlos über das Internet z. B. unter www.guenstiger.de oder www.preisauskunft.de erledigen. Ganz einfach gibt man die gesuchte Warenbezeichnung und die geplante Ausgabenspanne ein. Auf dem Computerbildschirm werden verschiedene Artikel sowie Anbieter aufgeführt. Für eine gezielte Suche, z. B. für Computerartikel oder für CDs, Bücher, CD-ROMs, gibt es auch spezielle Internetadressen.

1. Findet günstige Angebote für Inlineskater in der Preiskategorie 35–45 Euro im Internet. ○

INFO

4 Funktionen der Preise

Ausgleichsfunktion:
Die Preise auf den Märkten sorgen dafür, dass sich die angebotenen und nachgefragten Gütermengen ausgleichen.

Signal- oder Informationsfunktion:
Die Preise auf den Märkten zeigen an, welche Güter dringender nachgefragt werden und welche Güter keine Rolle mehr spielen.

Einkommensfunktion:
Die Preise auf den Märkten bestimmen auch die Höhe der Einkommen, die die Produktionsfaktoren erzielen.

Lenkungsfunktion:
Die Preise auf den Märkten lenken die Produktionsfaktoren (Arbeitskräfte, Rohstoffe, Kapital/Maschinen, Geld) dorthin, wo sie benötigt werden.

VERSTEHEN

Veränderungen im Marktgeschehen: Konzentration im Einzelhandel

Wer kennt nicht die Namen REWE, METRO, EDEKA, ALDI, KAISERS, REAL, LIDL? Sie zählen zu den Großen des Lebensmittelhandels, die inzwischen in fast jedem mittleren oder größeren Ort zu finden sind, wenn auch gelegentlich unter verschiedenen Namen. Wer weiß schon, dass z. B. zu dem Einzelhandelsunternehmen REWE Super- und Verbrauchermärkte mit dem Namen PENNY, PROMARKT, TOOM und NAHKAUF gehören oder dass zur METRO-Gruppe REAL und EXTRA zählen? Selbst wenn sich mehrere dieser Märkte am Ort niedergelassen haben, machen sie sich nur scheinbar Konkurrenz.

Das bleibt natürlich nicht ohne Folgen:
– Viele Einzelhandelsgeschäfte können mit diesen Großmärkten nicht mehr konkurrieren und müssen schließen. Die bisher selbstständigen Inhaber werden vielleicht Verkäufer oder Filialleiter bei den großen Handelsunternehmen.
– Die Vielfalt der Einkaufsmöglichkeiten sinkt in manchen Regionen. Die Käufer müssen jetzt häufig längere Wege zurücklegen, um sich mit den Lebensmitteln des täglichen Bedarfs zu versorgen. Vor allem für ältere Menschen ist das sehr beschwerlich, ja teilweise unmöglich.
– Aber es gibt auch Vorteile: Wer heute Lebensmittel einkauft, kann ungleich mehr kaufen als früher.

Auch in Supermärkten gibt es inzwischen ein breit gefächertes Angebot an frischen Waren und Spezialitäten, und das zu günstigen Preisen.
Daneben gibt es viele neue Formen, beispielsweise Märkte in Tankstellen und in ländlichen Gegenden rollende Verkaufswagen mit Lebensmitteln.

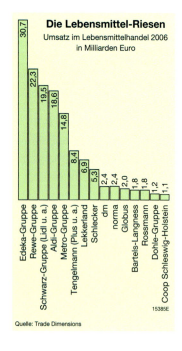

1. Bauernhofmärkte werden heute wieder attraktiv. Welche Gründe könnte das haben?

2. Ermittelt, welche Einkaufsmöglichkeiten für Lebensmittel es früher in eurem Wohnort oder Stadtteil gab. Markiert die Ergebnisse in einem Stadtplan und vergleicht sie mit der heutigen Situation.

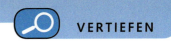 VERTIEFEN

Computer im Warenwirtschaftssystem: Datenkassen und EAN-Code

Vielen von euch wird schon einmal aufgefallen sein, dass die Kassiererin oder der Kassierer im Supermarkt den Preis einer Ware nicht mehr per Hand eingibt. Wie von Geisterhand erscheint der Preis einer Ware auf dem Anzeigenfeld der Kasse, wenn die Ware über ein Glasfenster geschoben wird, unter dem oft rote dünne Lichtstrahlen zu sehen sind.

In anderen Fällen berührt das Personal an einer Kasse die Ware mit einem Gerät, das aussieht wie ein Miniaturstaubsauger oder ein großer Kugelschreiber. Man nennt diese Art von Kassen Computerkassen, Datenkassen oder Scannerkassen. Das, was dort über ein Glasfenster geschoben oder mit einem Lesestift berührt wird, ist der sogenannte Strichcode, der von einem Scanner gelesen wird.

Schon lange besteht die Auszeichnung von Waren im Handel nicht mehr nur aus einem simplen Preisschild. Seit 1977 gibt es den EAN-Code (**E**uropäische **A**rtikel **N**ummerierung). Auf nahezu allen Waren finden wir heute die Strichcodes. Sie stellen eine maschinenlesbare Ziffernkombination dar. Scannerkassen können diese EAN-Codes identifizieren und registrieren und erstellen daraus automatisch die Abrechnung (den Kassenbon) für den Kunden. Sie errechnen sogar das Wechselgeld.

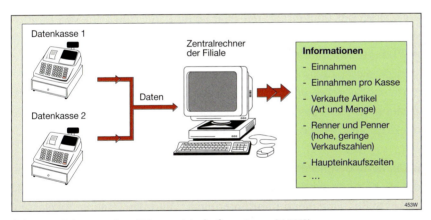

Schemazeichnung eines Warenwirtschaftssystems (WWS)

Der EAN-Code besteht aus 13 Ziffern. Die beiden ersten sind Länderkennziffern, so 40 bis 43 für Deutschland. Die Ziffern 3 bis 7 sind Herstellernummern, die an einen bestimmten Betrieb vergeben werden. Die Ziffern 8 bis 12 sind Artikelnummern, die vom Hersteller einem bestimmten Artikel gegeben werden. Die 13. Ziffer ist eine Prüfziffer, die vom Hersteller nach einem vorgegebenen Muster errechnet werden muss. Diesem Code ordnet das verkaufende Unternehmen einen Verkaufspreis zu.

1. Schildert in eigenen Worten, warum solche Kassen für einen Betrieb vorteilhaft sein können. ○

2. Seht euch die Abbildung des Warenwirtschaftssystems an und beschreibt die Zusammenhänge. ○

3. Befragt in einem Verbrauchermarkt den Geschäftsführer, wie das Warenwirtschaftssystem dort funktioniert und erläutert es anhand des Schaubildes. ◐

MÄRKTE, PREISE, VERTRÄGE

5 Bargeldloser Zahlungsverkehr

Electronic Cash

Hinweis auf Kartenzahlung an einer Ladentür

B Vor Kurzem gingen wir mit Oma in die Stadt. „Junge", sagte sie zu meinem Vater, „hast du genug Bargeld eingesteckt, damit wir den Kindern was kaufen können? Es sollen ja ein paar Geschenke von mir sein. Ich hab mein Geld zu Hause gelassen. Ich geb dir das Geld auch zurück." „Kein Problem", antwortete mein Vater.
In der Jeans-Corner suchte ich mir eine Jeans aus. An der Kasse zog mein Vater seine EC-Karte aus der Tasche. „Junge, so zahlt man doch nicht, damit holt man nur Geld am Automaten", entsetzte sich meine Großmutter. „Du wirst dich blamieren, man muss doch Bargeld in der Tasche haben."

Muss man wirklich Bargeld in der Tasche haben? Nein, statt mit Bargeld, Scheck oder Kreditkarte kann man auch mit der EC-Karte bezahlen. Das Fachwort dazu lautet Electronic Cash.

Der Vorgang verläuft so: Der Kunde schiebt seine Karte in ein Lesegerät, bestätigt per Tastendruck den angezeigten Betrag und tippt seine persönliche Geheimnummer (PIN) ein. Ein aufwendiges Verfahren, das aber nur wenige Sekunden dauert, schließt sich an: Die Daten der EC-Karte werden an einen Zentralrechner übermittelt, der eine Leitung zur Hausbank des Kunden schaltet, wo Kundendaten, PIN oder die Betragsdeckung geprüft werden. Auf umgekehrtem Wege läuft nun die Freigabe der Zahlung.
Vorteile dieser Zahlungsweise für das Geschäft: Die Überprüfung von EC-Karte und Scheckvordruck entfällt, da das Kreditinstitut mit der Freigabe die Zahlung des Betrages garantiert, die Einnahme wird dem Geschäftskonto direkt gutgeschrieben, zusätzliche Buchungsvorgänge entfallen.

Bezahlen mit EC-Karte

Bei einer anderen Variante der Kartenzahlung wird lediglich geprüft, ob die EC-Karte gesperrt ist. Bei diesem elektronischen Zahlungsverkehr gibt es keine PIN-Eingabe am Kartenterminal. Wird die Zahlung zugelassen, bestätigt der Kunde sie durch seine Unterschrift. Es gibt hier keine Online-Überprüfung des Kundenkontos.

1. Erkundigt euch bei Banken über die Höhe der jährlichen Gebühren für eine EC-Karte. ○

2. Erkundigt euch bei der Bank nach den Kosten, die durch diese Art der Zahlung entstehen. ○

3. Die bequeme Zahlungsweise per Electronic Cash birgt auch ein bestimmtes Risiko. Welches? ●

232

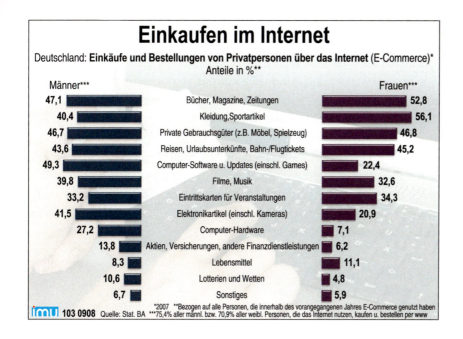

Kaufen im Internet

B Kurz vor dem Schlafengehen hörte Carla noch ihren Lieblingssender. Gespielt wurde ein neuer Song von Coldplay. Die CD mit diesem Song musste sie haben, sofort! Sie stand auf, schaltete den PC an, ging ins Internet, wählte die Adresse eines CD-Shops und bestellte die CD. Danach ging sie schlafen. Sie wusste, dass zwei Tage später geliefert würde.

So wie Carla suchen viele Menschen nicht mehr nur Informationen im Internet. Es gibt immer mehr Anbieter wie Banken, Buchhändler, Reiseveranstalter und Immobilienmakler, die ihre Waren im Internet anbieten und wachsenden Zuspruch haben. Dabei gibt es keine zeitliche Begrenzung. Das Internet hat rund um die Uhr geöffnet. Ebenso wenig gibt es Ländergrenzen: Wer in amerikanischen oder französischen Angeboten herumstöbern möchte, kann dies so leicht und schnell tun wie bei deutschen Anbietern. Probleme kann es allenfalls beim Bezahlen geben – aber das kann auch für Käufe im deutschen Internetangebot zutreffen.

1. Veranstaltet eine Umfrage:
   a) Kaufen Sie/kaufst du über das Internet?
   b) Welche Artikel kaufst du/kaufen Sie?
   c) Würden Sie/würdest du über das Internet kaufen?
   d) Welche Artikel würdest du/würden Sie kaufen?

2. Wie ist es mit dem Datenschutz, wenn ihr etwas über das Internet bestellt? Erkundigt euch bei der Verbraucherberatungsstelle.

MÄRKTE, PREISE, VERTRÄGE

INFO

BGB
§1 Die Rechtsfähigkeit des Menschen beginnt mit der Vollendung der Geburt.

§104 Geschäftsunfähig ist:
1. wer nicht das siebente Lebensjahr vollendet hat;
2. wer sich in einem die freie Willensbestimmung ausschließendem Zustand krankhafter Störung der Geistestätigkeit befindet, sofern nicht der Zustand seiner Natur ein vorübergehender ist.

§106 Ein Minderjähriger, der das siebente Lebensjahr vollendet hat, ist nach Maßgabe der §§107 bis 113 in der Geschäftsfähigkeit beschränkt.

§108, Abs. 1 Schließt der Minderjährige einen Vertrag ohne die erforderliche Einwilligung des gesetzlichen Vertreters, so hängt die Wirksamkeit des Vertrags von der Genehmigung des Vertreters ab.

§110 (Taschengeldparagraf)
Ein von dem Minderjährigen ohne Zustimmung des gesetzlichen Vertreters geschlossener Vertrag gilt als von Anfang an wirksam, wenn der Minderjährige die vertragsgemäße Leistung mit Mitteln bewirkt, die ihm zu diesem Zweck oder zur freien Verfügung von dem Vertreter oder mit dessen Zustimmung von einem Dritten überlassen worden sind.

6 Rechtsgeschäfte im Alltag

Manchmal kann es ganz schön nervig sein, ständig gesagt zu bekommen, was man alles nicht darf. Und vielleicht hat sich der eine oder der andere auch schon mal eine Welt ganz ohne Regeln und Verbote vorgestellt; eine Welt, in der jeder machen kann, was er will …

Aber ganz so einfach ist das nicht, denn bestimmte Regeln sind im menschlichen Zusammenleben unumgänglich. Es gibt allgemeingültige Gesetze, durch die der Staat festlegt, was erlaubt und was verboten ist, und unabhängige Gerichte, die die Einhaltung der Gesetze überwachen und deren Regelungen notfalls durchsetzen.

Geschäftsfähigkeit

Wer einen Kaufvertrag abschließen will, muss geschäftsfähig sein. Die Geschäftsfähigkeit des Menschen entwickelt sich in drei Stufen:
Kinder sind bis zur Vollendung des siebten Lebensjahres geschäftsunfähig, sie können keine Kaufverträge abschließen. An ihrer Stelle müssen die gesetzlichen Vertreter – in der Regel die Eltern – handeln. Ein Kind, das sich von seinem Taschengeld einen Schokoriegel kauft, schließt keinen Kaufvertrag ab.

Vom siebten bis zum vollendeten achtzehnten Lebensjahr besteht beschränkte Geschäftsfähigkeit. Kaufverträge, die **Minderjährige** abschließen, bedürfen der vorherigen Zustimmung (Einwilligung) der gesetzlichen Vertreter. Wird ein Vertrag ohne Einwilligung geschlossen, so ist er, wie die Juristen sagen, „schwebend unwirksam". Wirksam kann er nur werden, wenn die gesetzlichen Vertreter nachträglich zustimmen (Genehmigung) (§§106, 107, 108 BGB).

Ausnahme: Kaufverträge, die der Minderjährige von seinem Taschengeld bezahlt, sind gültig (§110 BGB, Taschengeldparagraf). Das gilt aber nur, wenn der Kaufpreis sofort und vollständig bezahlt wird. Raten- und Kreditgeschäfte bedürfen also der Einwilligung des gesetzlichen Vertreters.

Mit dem 18. Geburtstag, mit dem vollendeten 18. Lebensjahr also, werden Heranwachsende **volljährig** und damit voll geschäftsfähig. Sie sind dann für geschlossene Kaufverträge voll verantwortlich.

1. Sonja schickt ihren 6-jährigen Bruder Max zum Supermarkt, um Eier und Erbsen zu kaufen. Er kommt mit einer Spielzeugpistole zurück und meint, dass er die Lebensmittel nicht gefunden habe. Kann Sonja ihren Bruder zurückschicken und das Geld für die Pistole zurückverlangen? Begründe deine Antwort. ●

234

Der Kauf – ein Vertrag

Ein Kaufvertrag hat folgende Merkmale:

- Man hat die freie Entscheidung, ob man die Ware kauft oder nicht (= Vertragsfreiheit/Kauffreiheit).
- Jeder Kauf ist ein Vertrag, ob beim Bäcker oder beim Kauf von Lebensmitteln usw., man merkt es meist nur nicht.
- Der Kaufvertrag kann mündlich, schriftlich oder formlos – der Verkäufer reicht ein Stück Pizza, der Kunde gibt 2 Euro – geschlossen werden.
- Größere Käufe, z. B. eines Hauses oder eines Autos, werden meist als schriftliche Verträge geschlossen. Damit hat man einen Beleg für den rechtmäßigen Besitz des Hauses.

Bei der Unterzeichnung eines Kaufvertrages

Die Rechte des Käufers

B Frank kauft von seinem gesparten Taschengeld ein Skateboard. Nachmittags will er es ausprobieren, aber beim ersten Fahren fällt eine Rolle ab. Ihm ist glücklicherweise nichts passiert, aber er ärgert sich sehr …

Der Verkäufer des Skateboards muss für diesen Mangel einstehen, denn er hat die Gewährleistung übernommen. Die Gewährleistungsfrist beträgt zwei Jahre. Innerhalb dieser Frist hat Frank verschiedene Rechte:

Frank hat zunächst das Recht auf **Nacherfüllung**. Der Verkäufer muss entweder ein mangelfreies Skateboard liefern, also eine Neu- oder Ersatzlieferung leisten. Er kann auch den Mangel beseitigen und das Skateboard reparieren lassen (Nachbesserung).

Erst dann, wenn diese Nacherfüllung zweimal fehlgeschlagen ist, das Skateboard also immer noch nicht wie vorgesehen funktioniert, kann Frank vom Vertrag **zurücktreten**. Er gibt dann das Skateboard zurück und erhält den Kaufpreis. Frank kann aber auch vom Verkäufer die **Minderung** des Kaufpreises verlangen, falls er das Skateboard selbst reparieren möchte.

Falls sich Frank beim Sturz vom defekten Skateboard verletzt hat, kann er vom Verkäufer **Schadensersatz** verlangen.

1. Erläutert folgende Rechte des Käufers nach dem BGB an Beispielen:
   a) Nacherfüllung,
   b) Minderung,
   c) Schadensersatz.

2. Was ist sinnvoller in Anspruch zu nehmen: eine zweijährige Garantie oder die zweijährige Gewährleistung? Begründet eure Antwort.

METHODE

B **Rollenspiel:**
Elke probiert zu Hause die neuen Jeans an und schon passiert es: Der Reißverschluss hakt aus und lässt sich nicht reparieren. Am nächsten Tag steht Elke in der „Jeans-Bude". Noch bevor sie ein Wort vorbringen kann, sagt die Verkäuferin: „Ach, bei deinen Jeans ist sicher auch der Reißverschluss kaputt. Das ist nicht die erste Reklamation. Aber wir haben eine Schneiderin, die näht euch stabile Reißverschlüsse ein, die halten dann eine Ewigkeit. Kostet nur 6 Euro."

B **Rollenspiel:**
In der Schule präsentiert Elke stolz ihr neues Sweatshirt. Das haut Nora, die nicht gerade Elkes Freundin ist, glatt um, denn sie hat sich genau das gleiche gekauft. „Das fehlt auch noch, dass ich mit der im Partner-Look auftrete", knurrt sie. Am Nachmittag steht sie in der „Jeans-Bude": „Dieses Sweatshirt habe ich hier gestern gekauft und jetzt ist mir Folgendes passiert …"

Rollenspiel: Reklamieren – Umtauschen

Beim Reklamieren hart bleiben!

Wer beim Kauf eine fehlerhafte Ware erwischt hat, sollte sich wehren. Bei Reklamationen habt ihr gesetzlich verankerte Rechte! Welche Möglichkeiten es gibt, habt ihr bereits erfahren (siehe S. 235). Ihr habt ein Recht auf Nachbesserung, Rücktritt vom Kaufvertrag oder Minderung des Kaufpreises. Die Reklamationsfrist beträgt bei Gebrauchsgütern zwei Jahre. Wichtig ist, dass ihr alle Unterlagen, die ihr beim Kauf erhalten habt, insbesondere Kassenbon oder Rechnung, vorweisen könnt, sonst ist die Reklamation meist erfolglos.

Seriöse Geschäftsleute machen, schon um die Kunden nicht zu verärgern, bei berechtigten Reklamationen keine Schwierigkeiten. Es gibt jedoch Händler, die sich aus der Verantwortung stehlen wollen. Sie versuchen die Angelegenheit auf den Hersteller der Ware abzuwälzen, indem sie auf die Garantie verweisen und verschweigen, dass sie verpflichtet sind, innerhalb der gesetzlichen Gewährleistungspflicht von zwei Jahren selbst für die Reklamation geradezustehen. Hier müsst ihr hartnäckig auf euer Recht pochen.

Umtausch: Ohne Kulanz läuft nichts!

Auf den Umtausch fehlerfreier Ware gibt es keinen Anspruch. Trotzdem habt ihr eine Chance. Viele Händler sind bereit, freiwillig eine Ware umzutauschen oder sogar den Kaufpreis zu erstatten. Man nennt das Kulanz. Ihr könnt euch aber vorher absichern. Bevor ihr die Ware bezahlt, erkundigt euch, ob ihr sie umtauschen dürft, und lasst euch die Zusicherung auf dem Kassenbon bescheinigen.

Kulant sind Händler meist auch dann, wenn nach Geburtstagen oder Weihnachten Geschenke umgetauscht werden sollen. In all diesen Fällen ist es wichtig, dass die Ware, die umgetauscht werden soll, neuwertig ist. Dies ist z. B. dann der Fall, wenn eine CD-Hülle versiegelt ist.

Bestimmte Waren sind allerdings vom Umtausch ausgeschlossen, z. B. Ware, die schon gebraucht wurde, Sonderanfertigungen, Einzelbestellungen, offene Lebensmittel, meist auch Badebekleidung und Unterwäsche, unversiegelte CDs u. a. m. Auch hier gilt: Ihr braucht den Kassenbon.

1. Bei einem Kauf stehen sich Käufer und Verkäufer gegenüber. Stellt zusammen, welche Interessen und Ziele die beiden Parteien jeweils verfolgen. ○

2. Spielt die zwei Rollenspiele. Lest jedoch zuvor die Ausführungen über das Reklamieren und Umtauschen. Am besten wäre es, wenn ihr zunächst Rollenkarten für die zwei Situationen entwickelt. ◓

Absicherung durch Individualversicherungen

B **Versicherung gegen Risiken aller Art?**

Schäden, deren Beseitigung häufig mit hohen Kosten verbunden ist, lauern heute überall: Einen Moment hat ein Autofahrer nicht aufgepasst und schon ist er auf den vor ihm stehenden Pkw aufgefahren, ein Rohrbruch in den eigenen vier Wänden setzt die Nachbarwohnung unter Wasser, ein Kind verursacht mit dem Fahrrad einen Verkehrsunfall, ein junges Ehepaar kann eine bereits bezahlte Urlaubsreise nicht antreten, die neuen Skier werden vom Skigepäckträger des Autos gestohlen...

Ein typischer Regulierungsfall einer Versicherung

Kosten entstehen in all diesen Fällen für den Verursacher der Schäden. Gegen einige Risiken muss man sich in Deutschland privat versichern. So müssen z. B. Autofahrer eine Haftpflichtversicherung abschließen. Darüber hinaus bieten heute Versicherungen gegen Schäden und Risiken aller Art ihre Dienste an. Von der Ausbildungs- bis zur Zivilrechtsschutzversicherung reicht die Palette, die wortgewandte Versicherungsvertreter an den Mann und an die Frau zu bringen versuchen. Aber bei Weitem nicht alle sind notwendig. Ob es sinnvoll ist, eine Skibruchversicherung oder eine Gepäckschutzversicherung abzuschließen, muss gut bedacht werden. Bevor man daher eine private Versicherung abschließt, sind einige Überlegungen notwendig.

Tipps für den Abschluss von Versicherungen
- Ist der angebotene Versicherungsschutz überhaupt notwendig?
- Ist der angebotene Schutz durch eine bestehende Versicherung gedeckt?
- Angebotsvergleiche bei Leistungen und Prämien sind wichtig.
- Lies die Versicherungsbedingungen sorgfältig.

Denke daran: Es ist gar nicht so einfach, aus einmal abgeschlossenen Verträgen wieder herauszukommen.

1. Versichern kann man sich fast gegen alles.
a) Stellt eine Liste von Risiken zusammen, gegen die ihr euch versichern würdet. ○
b) Sucht ein Risiko heraus und erkundigt euch bei einer Versicherungsgesellschaft, ob sie dieses Risiko versichert und welche Versicherungsprämie ihr zahlen müsstet. ○

2. Überlegt in euren Familien, welche speziellen Versicherungen für euch wichtig sind. ◓

3. Sammelt Schadensmeldungen aus der Zeitung und überlegt, welche Versicherungsarten dafür eintreten könnten. ◓

4. Recherchiert im Internet verschiedene Versicherungsarten und entwickelt ein persönliches Vorsorgekonzept. ◓

L LERNBILANZ

In diesem Kapitel habt ihr gelernt, dass es verschiedene Märkte gibt, auf denen Güter und Dienstleistungen gehandelt werden. Alle Märkte haben Gemeinsamkeiten. Denkmodelle versuchen, das komplizierte Wirtschaftsgeschehen vereinfacht darzustellen. Das Modell vom Markt verdeutlicht die ideale Preisbildung. In der Realität beeinflussen allerdings verschiedene Faktoren die Preisbildung. Die Preise haben für den Konsumenten verschiedene Funktionen. Ihr habt auch gesehen, dass der bargeldlose Zahlungsverkehr Vorteile hat, aber auch Risiken. Das Internet verändert das Verbraucherverhalten. Wirtschaftliches Handeln braucht einen rechtlichen Rahmen, jeder Kauf ist ein Vertrag und der Käufer hat bestimmte Rechte. Es gibt verschiedene Stufen der Geschäftsfähigkeit. Gegen Schadensrisiken kann man sich durch Individualversicherungen absichern.

Hier könnt ihr euer bisher erworbenes Wissen testen und vertiefen.

1. Beschreibe die wesentlichen Aufgaben von Märkten. ○

2. Unterscheide verschiedene Märkte und erläutere, was auf ihnen angeboten wird: ◑
   a) Konsumgüter- und Produktionsgütermärkte
   b) Dienstleistungsmärkte
   c) Faktormärkte für die Produktionsfaktoren Boden, Kapital, Arbeit wie Immobilienmarkt, Geldmarkt, Arbeitsmarkt.

3. Nenne die Gemeinsamkeiten, die alle Märkte haben. ○

4. Erläutere den Sinn und Zweck von Denkmodellen im Wirtschaftsunterricht. ◑

5. Nenne die fünf Annahmen, die bei dem Modell vom Markt gemacht werden müssen, damit die Regel gilt: Angebot und Nachfrage bestimmen den Preis. ○

6. Erkläre das Gesetz von der abnehmenden Nachfrage (Wirtschaftsgesetz) mit eigenen Worten. ◑

7. Beschreibe an einem Beispiel, was ein Gleichgewichtspreis ist. ○

8. Stelle die vier Regeln des Marktmechanismus in einem Schaubild dar. ◑

9. Nenne Faktoren, die in der Marktwirklichkeit eine ideale Preisbildung verhindern und erläutere sie an je einem Beispiel. ◑

10. Beschreibe die vier Funktionen der Preise. ○

11. Stelle die Vor- und Nachteile der Ansiedlung eines großen Verbrauchermarktes am Ort dar.

12. Erkläre, inwieweit sich das Konsumentenverhalten durch das Internet verändert.

13. Beschreibe die Vorteile und Risiken des bargeldlosen Zahlungsverkehrs.

14. Begründe, warum wirtschaftliches Handeln einen rechtlichen Rahmen braucht.

15. Nenne die Stufen der Geschäftsfähigkeit und welche Folgen sie für wirtschaftliches Handeln hat.

16. Erkläre die drei Rechte des Käufers nach BGB bei der Reklamation einer fehlerhaften Ware anhand von Beispielen.

17. Begründe, warum jeder Kauf ein Vertrag ist.

18. Beschreibe wesentliche Schadensrisiken und deren Absicherung durch Individualversicherungen.

19. Diskutiere die Vor- und Nachteile privater Absicherung.

20. Stelle dar, welche privaten Versicherungen für dich jetzt und in Zukunft von Bedeutung sein können.

Beruf 3: Die Bewerbung

Alle Überlegungen zum künftigen beruflichen Lebensweg müssen in Entscheidungen münden: Ich werde eine weitere schulische Ausbildung machen, oder ich werde direkt in einen Ausbildungsberuf gehen.

Berufsorientierung

- Was möchte ich, welche Erwartungen habe ich?
- Was kann ich? – Mein Kompetenzprofil

Wer beeinflusst meine Berufswahl?
- Freunde
- Eltern
- Unternehmen
- Berufsberatung

Wie kann ich mich orientieren?

Welche Berufe gibt es? Wie lassen sie sich ordnen?

Ausbildung oder Schule

Info-Quellen: z. B. Betriebspraktikum – Internet

Ansprechpartner: Berufsberatung – Eltern

Entscheidungsfindung

Bewerbung

1 Die Bewerbung

Wenn ihr euch im Klaren seid, ob ihr eine weiterführende Schule besuchen oder eine Ausbildung beginnen wollt, ist es an der Zeit, sich zu bewerben. Auch Schulen haben feste Anmeldetermine, sodass ihr euch auch hierfür rechzeitig Bewerbungsunterlagen besorgen und euch bewerben müsst.

Wollt ihr eine betriebliche Ausbildung beginnen, reicht es für eine erste Kontaktaufnahme meist aus, wenn ihr in dem Betrieb anruft oder persönlich vorsprecht. Dabei wird euch dann mitgeteilt, bis wann ihr eine schriftliche Bewerbung mit den üblichen Unterlagen (Bewerbungsschreiben, Lebenslauf, Lichtbild, Zeugniskopien) abgeben müsst.

Sich zu bewerben bedeutet: Ihr gebt mit der schriftlichen Bewerbung eine erste persönliche Visitenkarte ab. Aber ihr braucht keine Angst zu haben, denn darauf könnt ihr euch gut vorbereiten:

- Bei der Berufsberatung gibt es verschiedene Unterlagen, z. B. in „Mach's richtig", das Heft „Wie bewerbe ich mich?" oder ein Programm im BIZ-Computer.
- Weiterhin bieten Broschüren von Banken und Sparkassen, den Krankenkassen, den Gewerkschaften, den Arbeitgebern und auch anderen Stellen Hinweise über die Erstellung von Bewerbungsunterlagen.

Ihr braucht vor allem Informationen zum Bewerbungsschreiben und zum Lebenslauf.

> **INFO**
>
> Zu einer Bewerbung gehören:
> – Anschreiben
> – Lebenslauf
> – Lichtbild
> – Zeugniskopien
> – Nachweise über Praktika, Kurse etc.

Das Bewerbungsschreiben

Durch das Bewerbungsschreiben erhält der Betrieb einen ersten und wichtigen Eindruck von euch. Es ist ausschlaggebend dafür, ob ihr in die weitere Auswahl genommen werdet. Achtet dabei auf das äußere und inhaltliche Erscheinungsbild.

B **Jürgen Köster, Maschinenfabrikant:**
„Unseren Mechanikern vertrauen wir Maschinen von hohem Wert an. Deshalb verlangen wir von ihnen fachliches Können, Präzision, Konzentration, Ausdauer und Verantwortungsbewusstsein. Und wenn mir so ein Zettel auf den Tisch flattert, auf dem es nur so von Fehlern wimmelt, dann landet solch eine Bewerbung gleich im Papierkorb. Wer seiner eigenen Ausbildungsstellensuche nicht die nötige Sorgfalt widmet, von dem kann man sonst auch nichts erwarten."

1. Stelle dar, was Herr Köster an Bewerbungsschreiben bemängelt und welche Schlussfolgerungen er zieht.

DIE BEWERBUNG

INFO

Die erste Zeile vom oberen Rand: 2,54 cm, Abstand vom linken Rand: 2,41 cm. Die Leerzeilen sind mit . gekennzeichnet.

Folgende Elemente sollte euer Bewerbungsschreiben enthalten, dabei sollte es nicht mehr als eine Seite umfassen:
1 Absender
2 Datum
3 Anschrift
4 „Betreff" (Zweck des Schreibens möglichst in einem Wort; „Betreff" wird nicht geschrieben)
5 Anrede (immer beide Geschlechter nennen; es sei denn, der Ansprechpartner ist bekannt)
6 Anlass der Bewerbung hier: Hinweis auf Anzeige
7 derzeitige Situation
8 Ausbildungsberuf und Begründung des Berufswunsches
9 Begründung für die Wahl des Unternehmens
10 Hervorheben der eigenen Fähigkeiten und Neigungen (z. B. EDV-Kenntnisse, Fremdsprachen, Auslandsaufenthalte, Betriebspraktikum, berufsbezogene Tätigkeiten …)
11 „Schlussformel": Bitte um ein Vorstellungsgespräch
12 Gruß
13 Unterschrift
14 Anlagenvermerk

In der Form solltet ihr euch am Musterbrief auf dieser Seite orientieren. Er berücksichtigt die DIN-Normen.

---

1 Torsten Spengler
Koblenzer Str. 2
12345 Neustadt
Tel. (0 54 32) 78 90

2 Neustadt, 2. Juli 20..

3 Altdorfer Sparkasse
Oberer Stephansberg 2
67890 Altdorf

4 **Bewerbung um einen Ausbildungsplatz als Bankkaufmann zum 1. September 20..**
Ihre Anzeige in den Celler Neuesten Nachrichten vom …

5 Sehr geehrter Herr Koch,

6 mit sehr großem Interesse habe ich Ihre Anzeige gelesen und bewerbe mich um einen Ausbildungsplatz zum 1. September 20...

7 Derzeit besuche ich die 9. Klasse des Altdorfer Schulzentrums, die ich im Juli 20.. mit dem Realschulabschluss verlassen werden.

8 In einem einwöchigen freiwilligen Betriebspraktikum bei der Elbebank konnte ich bereits erste Eindrücke über das Berufsfeld und die Arbeitsanforderungen sammeln. Zusätzlich habe ich mich im Berufsinformationszentrum und bei der Berufsberatung ausführlich über die Ausbildung zum Bankkaufmann informiert.

9 + 10 Da ich sehr aufgeschlossen und kontaktfreudig bin, freue ich mich auf die Kundenberatung und -betreuung. Im Team zu arbeiten, macht mir sehr viel Spaß. So habe ich mich zum Beispiel im vorigen Jahr in einem Juniorprojekt der Schule engagiert, bei dem wir für den Landkreis Celle einen Jugendfreizeitkalender erstellt und verkauft haben. Außerdem beteiligte ich mich am Börsenspiel der Sparkasse.
Die Berufsberaterin ist ebenso wie ich überzeugt, dass ich den für mich richtigen Beruf erwählt habe und die dafür erforderlichen Anforderungen mitbringe.

11 Ich kann mir gut vorstellen, dass ich in Ihr junges, ehrgeiziges Team passe. Zu einem persönlichen Gespräch stehe ich gerne zur Verfügung und freue mich über Ihre Einladung.

12 Mit freundlichen Grüßen

13 *Torsten Spengler*

14 Anlagen

Der Lebenslauf

Der Lebenslauf soll dem Empfänger eurer Bewerbung eine erste genauere Vorstellung von euch vermitteln. Ihr gebt Auskunft über eure Person und über euren schulischen Werdegang.

Die tabellarische Form wird am häufigsten verwendet, manchmal auch ein ausführlicher Lebenslauf. Da Handschriften auch etwas über die Persönlichkeit des Schreibers aussagen, wird manchmal ausdrücklich ein handgeschriebener Lebenslauf gewünscht. Nun braucht ihr euch keine neue Schönschrift anzueignen, bleibt bei eurer Handschrift; allerdings sollte der Text fehlerfrei sein und keine Verbesserungen und Übermalungen aufweisen. Ebenso kann auch ein ausführlicher Lebenslauf verlangt werden.

Zum Lebenslauf gehört ein Passfoto. Meist wird es oben rechts aufgeklebt. Euer Bewerbungsfoto sollte aktuell und von einem Fotografen erstellt sein. Schreibt auf die Rückseite des Passfotos euren vollständigen Namen und euer Geburtsdatum. Dies ist wichtig, weil es vorkommen kann, dass sich das Bild vom Blatt löst.

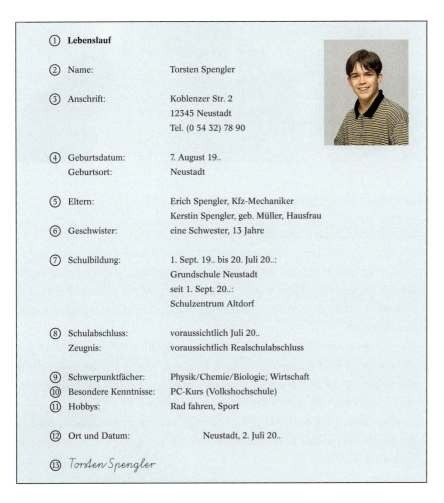

Die Online-Bewerbung

Mittlerweile ist es bei vielen Unternehmen üblich, sich online zu bewerben, was einen zeitlichen Vorteil bietet. Es gibt im Wesentlichen zwei Formen:
– Die **E-Mail-Bewerbung** ist die einfachste Variante. Hierbei werden dieselben Unterlagen wie bei einer schriftlichen Bewerbung (Anschreiben und Lebenslauf mit Foto) nicht per Post, sondern als E-Mail-Anhang versendet. Es können auch eingescannte Zeugnisunterlagen mitgeschickt werden.
– Das **Bewerbungsformular:** Große Unternehmen haben inzwischen eigene Bewerbungsformulare auf ihrer Internetseite, die der Bewerber bzw. die Bewerberin online ausfüllen muss.

1. Fertigt nach dem Muster von Seite 242 ein Bewerbungsschreiben am PC für euren Wunschberuf und eure „Ersatzberufe". Achtet darauf, dass es die dort genannten Elemente enthält.

2. Da manchmal ein ausführlicher handgeschriebener Lebenslauf verlangt wird, solltet ihr auch einen solchen zur Übung schreiben. Achtet darauf, dass ihr keinen der genannten Punkte vergesst.

DIE BEWERBUNG

INFO

Tipps zu Einstellungstests
1. Pünktlich erscheinen.
2. Keinerlei „Mittelchen" einnehmen.
3. Bei Tests unter Zeitvorgabe: Zuerst die Fragen lösen, die man sofort beantworten kann.
4. Möglichst viele Fragen ganz, statt alle nur halb beantworten.
5. Falls etwas nicht verstanden wurde, vor Testbeginn fragen.
6. Meist sind alle Fragen gar nicht zu schaffen. Also nicht nervös werden.
7. Übt Einstellungstests: erhältlich bei der Arbeitsagentur oder in Buchhandlungen.
8. Bei einer großen Anzahl an Bewerbern sind eure Chancen gering. Nicht enttäuscht sein, wenn ihr durchfallt.

Der Einstellungstest

Häufig werden als weiterer Schritt der Auswahl von Auszubildenden Tests eingesetzt. Es gibt sehr viele, und wahrscheinlich sind sie für euch ungewohnt. Hier wird nicht nur schulisches Wissen gefragt, sondern auch noch andere Fähigkeiten. Daher könnt ihr euch zwar nicht vollständig darauf vorbereiten, aber es gibt Möglichkeiten, die euch helfen, möglichst gut abzuschneiden.

– Nehmt an einem Eignungstest der Arbeitsagentur teil. Habt ihr schon einmal einen Test mitgemacht, dann wisst ihr, wie er abläuft. Die Schrift der Arbeitsagentur „Orientierungshilfe zu Auswahltests" hilft bestimmt, euch unverkrampfter dem Test stellen zu können.
– Es wird sicher auch nach Aktuellem gefragt. Es ist deshalb sinnvoll, das Tagesgeschehen genau zu verfolgen (Zeitung lesen, Nachrichtensendungen hören oder sehen).
– Beantwortet erst die Fragen, die euch leichtfallen. Anschließend könnt ihr die anderen zu lösen versuchen.

Häufig werden einige der folgenden Schwerpunkte getestet:
– logisches Denken,
– technisches Verständnis,
– Arbeitstempo und Arbeitsgenauigkeit,
– Umgang mit Zahlen und Rechenkenntnisse,
– Sprach- und Abstraktionsvermögen,
– Kenntnisse in Rechtschreibung und Zeichensetzung,
– schriftliche Ausdrucksfähigkeit und Wortschatz.

Wenn es nicht geklappt hat

Die Tests dürft ihr nicht überbewerten. Nach einer Faustregel entscheiden sich 10 % der Unternehmen aufgrund des Bewerbungsschreibens für einen Bewerber; 40 % nach dem Test und 50 % nach dem Bewerbungsgespräch. Eine Ablehnung nach dem Auswahltest muss nicht bedeuten, dass eure Leistungen im Test schlecht waren oder ihr für den Beruf ungeeignet seid. Also: Kopf hoch, wenn es einmal nicht geklappt hat.

1. Besorgt euch z. B. in einer Buchhandlung Testaufgaben. Achtet darauf, dass die Tests für euren Ausbildungsberuf geeignet sind.

Das Vorstellungsgespräch

Die Verantwortlichen im Betrieb haben Interesse an euch, sonst hätten sie euch nicht eingeladen. Im Vorstellungsgespräch will man euch genauer kennenlernen. Lampenfieber und Ängste sind in solchen Situationen ganz normal. Ihr solltet euch über die Einladung freuen und mit Selbstvertrauen zum Vorstellungstermin gehen.

Beim Vorstellungsgespräch

Wie könnt ihr euch auf das Vorstellungsgespräch vorbereiten?
Dazu einige Tipps und Verhaltensregeln:
- Reagiert auf die Einladung telefonisch oder – besser – schriftlich. Bedankt euch für die Einladung und bestätigt, dass ihr den Termin wahrnehmen werdet.
- Bittet nur in wirklich begründeten Ausnahmefällen um eine Terminverschiebung.
- Seid pünktlich. Sucht den Weg zum Betrieb rechtzeitig auf dem Stadtplan heraus und kalkuliert einen möglichst großen Zeitspielraum für Bus- oder Bahnverspätungen, Staus usw. ein. Denkt auch daran, dass ihr in Großbetrieben Zeit braucht, um die richtige Abteilung zu finden. Eine Verspätung macht einen äußerst schlechten Eindruck!
- Kleidet euch angemessen, weder schlampig noch zu fein, schon gar nicht solltet ihr Sachen anziehen, in denen ihr euch nicht wohlfühlt.

Bei Vorstellungsgesprächen geht es darum, einen guten Eindruck zu machen. Dabei solltet ihr alle Fragen höflich und korrekt beantworten und auf eure Ausdrucksweise achten.
- Macht euch eure Stärken klar und bewertet eure Schwächen nicht zu stark. Setzt euren Schwächen Stärken entgegen, z. B. Langsamkeit – Gründlichkeit: Ich bin zwar langsam, arbeite aber sehr gründlich.
- Überlegt euch Gründe für gute und schlechte Schulnoten.
- Überlegt, was ihr zu eurem Werdegang erzählen könnt.
- Stellt euch vor, wie das Vorstellungsgespräch verlaufen könnte. Spielt die Situation mit Freunden durch. Jeder stellt einmal sowohl den Bewerber als auch den Personalchef dar.

Etwas zu cool, der Typ!

METHODE

Rollenspiel

Wie ihr ein Vorstellungsgespräch am besten führt, könnt ihr in Rollenspielen üben. Hier könnt ihr euch in die Rolle des Bewerbers hineinversetzen und Verschiedenes ausprobieren. Für den Ernstfall können so Erfahrungen gesammelt und Sicherheit erreicht werden. Wer nicht den Bewerber spielt, ist kritischer Beobachter und gibt Tipps und Anregungen, was gut war und was verbessert werden sollte.

Die Rolle des Personalchefs sollte die Lehrkraft oder ein außerschulischer Experte, den ihr dafür in die Klasse einladet, übernehmen. Sie können die Rolle unterschiedlich spielen: Der Personalchef kann den Bewerber unter Druck setzen oder mit ihm ein zuvorkommendes Gespräch führen.

Vorbereitung

1. Vorbereitung

Zunächst legt ihr fest, in welchem Betrieb welcher Ausbildungsberuf angeboten wird. Danach richten sich die Fragen des Personalchefs und die Interessen und Fähigkeiten des Bewerbers. Fragen und mögliche Antworten sollten vorbereitet werden. Auch der Bewerber sollte sich Fragen zur Ausbildung, zum Ausbildungsbetrieb überlegen. Welche Fragen sollte ein Bewerber nicht stellen?

Macht euch auch bewusst, in welchem Rahmen ein Vorstellungsgespräch abläuft. Kleidung, Frisur, Schmuck und das Auftreten sollten angemessen sein. Außerdem müsst ihr euch Gedanken zu Körperhaltung, Sprache, Höflichkeit und dem eigenen Selbstvertrauen machen.

Die Beobachter legen fest, worauf sie während des Rollenspiels achten wollen und verteilen diese Beobachtungsaufgaben.

Durchführung

2. Durchführung

Nachdem die Rollen verteilt sind, wird das Vorstellungsgespräch gespielt. Die Spieler achten darauf, dass Begrüßung, Vorstellung mit Namen und die Gesprächsführung möglichst realistisch ablaufen. Seid dabei aufmerksam, geht auf den Gesprächspartner ein und haltet Blickkontakt.

Die Beobachter machen sich Notizen zu ihren Aufträgen und sollten das Rollenspiel selbst dabei nicht stören.

Das Vorstellungsgespräch kann beliebig oft gespielt werden. Dabei können sowohl die Spieler wechseln als auch die Berufe, Betriebe und Wirtschaftsbereiche. Dadurch können Unterschiede festgestellt werden.

Auswertung

3. Auswertung

In der Auswertung werden die Beobachtungen verglichen und besprochen. Auch die Spieler kommen hier zu Wort.
– Wie haben sich die Spieler gefühlt?
– Wie realistisch wurde die Rolle gespielt?
– Was lief gut, was kann verbessert werden?
– Wer hat die Rolle so gespielt, dass er/sie die Stelle bekäme?

C CHECKLISTE

Eine Unternehmerin erzählt von ihren Erfahrungen

B **Die schriftliche Bewerbung**

1. Wenn man sich bei einem Unternehmen bewirbt, sollte man sich genau informieren, in welchen Berufen das Unternehmen ausbildet und wie die Berufsbezeichnung ist.

2. Keine Standardbewerbung, sondern deutlich machen, was man bereits Besonderes schon unternommen hat. (Auslandsaufenthalt, Gruppenleiter im Sportverein, Praktika, Mitarbeit in Schülerfirmen usw.)

3. Achtung! Ein Unternehmer bekommt viele Bewerbungen und hat aber nur wenig Zeit, sich überzeugen zu lassen!

Man wird eingeladen

1. Bitte Rückmeldung geben, ob man zum Termin erscheinen kann.

2. Pünktlich zehn Minuten vorher da sein. Wenn jemand zu spät kommt, führe ich das Bewerbungsgespräch nicht mehr.

3. Wenn man das Einladungsschreiben mitnimmt, kann man bei Problemen mit dem Bus oder der Bahn anrufen, um eine Verspätung anzukündigen. Dann kommt es auf eine überzeugende Begründung an.

Das Bewerbungsgespräch

1. Bei der Begrüßung Vor- und Zunamen nennen, auf keinen Fall mit dem Vornamen vorstellen!

2. Keine extravagante Kleidung, nicht bauchfrei oder kurze Röcke oder Jeans mit Löchern tragen. Der Branche angemessen kleiden!

3. Dann mache ich ein Aufwärmgespräch (Small talk).

4. Bei der folgenden Befragung stelle ich Fragen zum Betrieb oder zu den erwarteten Tätigkeiten und zum Beruf. Hier trennt sich schnell die Spreu vom Weizen, und ich merke, wer sich vorbereitet hat. Ich frage auch nach der Zukunftsplanung oder den Eltern.

5. Dann erzähle ich den Bewerbern, wie die Rahmenbedingungen sind, Berufsschule, Verdienst, Urlaub oder Wochenarbeitszeit der Auszubildenden und wie die betriebliche Ausbildung gestaltet ist.

6. Dann erwarte ich Fragen des Bewerbers und erkenne, ob er sich Gedanken gemacht und zugehört hat.

7. Meine letzte Frage ist: „Warum sollen wir Sie einstellen?" Hier erwarte ich Selbstbewusstsein und Wissen, aber auch Überzeugungskraft!

8. Es kommt auch häufig vor, dass ich plötzlich Englisch spreche, um die Kenntnisse zu testen, die in unserem Betrieb, der sich mit Außenhandel beschäftigt, wichtig sind. Es kommt auch vor, dass ich ein Verkaufsgespräch aus dem Unternehmen als Rollenspiel durchführen lasse.

Am Schluss stellen sich die Personen, die am Bewerbungsgespräch teilgenommen haben, die Frage: „Wer von den Bewerbern passt zu uns?" Ich frage meistens erst die anderen nach ihrer Einschätzung.

X Veränderungen in der Arbeitswelt

In diesem Kapitel wird zum einen euer ganzes betriebliches Wissen gefordert, indem ihr euch mit der Idee einer Schülerfirma auseinandersetzt. Ein zweiter Schwerpunkt besteht darin zu erkennen, dass ihr die Bereitschaft haben müsst, euch immer wieder mit den Anforderungen der Arbeits- und Wirtschaftswelt erneut zu beschäftigen.

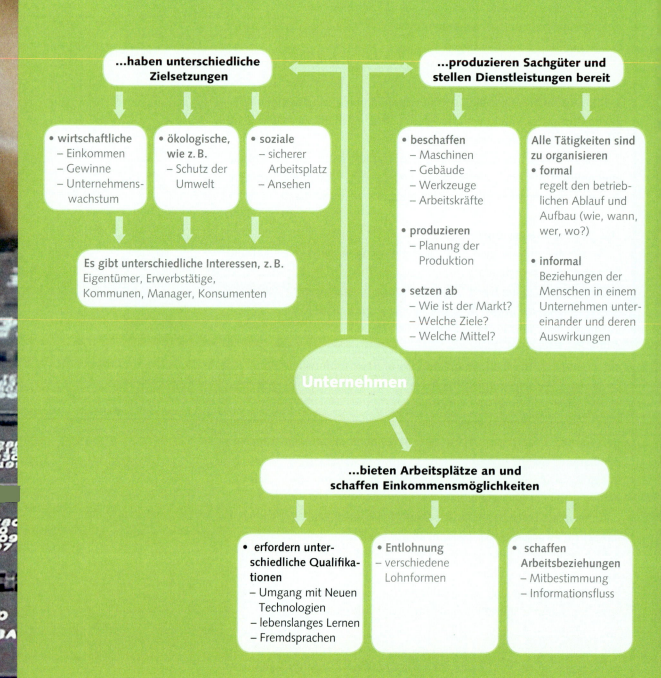

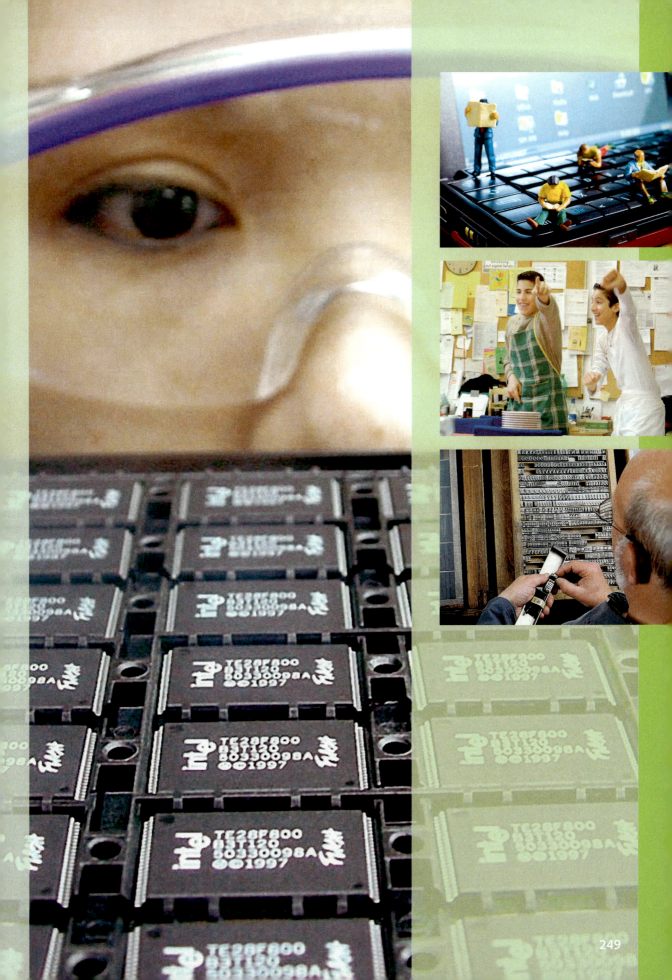

Schülerfirma

Gründung einer Schülerfirma

Eine Schülerfirma ist eine gute Möglichkeit kennenzulernen, welche grundsätzlichen Aufgaben ein Unternehmen zu bewältigen hat und welche Bedeutung Arbeit und Beruf zukommt.

Dabei könnt ihr euch z. B. mit folgenden Fragen auseinandersetzen:
– Welche immer wiederkehrenden Aufgaben gibt es in einem Unternehmen?
– Welche Ziele streben Unternehmen an?
– Wie wird ein Unternehmen organisiert?
– Wie wirbt man für seine Produkte bzw. seine Dienstleistungen?
– Wie analysiert man einen Markt und erhält Informationen über Konsumenten und Konkurrenten?
– Wie plant man die Zukunft eines Unternehmens?

Eine Schülerfirma ist also ein sehr gutes Trainingsfeld, um ökonomische Kenntnisse zu erwerben, sein Wissen anzuwenden, Arbeitstechniken und Verhaltensweisen einzuüben. Das alles dient der Vorbereitung auf die spätere Berufstätigkeit oder auch für eine zukünftige Selbstständigkeit.

Notwendige Schritte bei der Planung

Beispiele für Ideen, die mithilfe einer Schülerfirma realisiert werden könnten.

Schülerbetriebe planen, produzieren und verkaufen Produkte und/oder bieten Dienstleistungen an. Eurer Fantasie sind hierbei keine Grenzen gesetzt. Aber egal, welche Produkte oder Dienstleistungen ihr mit eurer Schülerfirma anbietet, die einzelnen Schritte zur Planung und Durchführung sind im Grunde immer dieselben.

Welche Geschäftsidee wird bevorzugt?

Zunächst müsst ihr euch Gedanken machen, worin eure Geschäftsidee bestehen soll. Wollt ihr ein Produkt herstellen und verkaufen oder wollt ihr eine Dienstleistung anbieten? Der erste Schritt bei der Entwicklung einer Idee ist es, zu ermitteln, welche Marktlücken in der Umgebung vorhanden sind. Das heißt konkret: Was fehlt? Was wird gebraucht? Was könnt ihr

Bei der Planung

Besonderes anbieten? Hilfreich ist es, eine Ideenliste zusammenzustellen, was für eure Schule infrage käme. Hier einige Vorschläge: Papiershop/Kiosk, Literaturcafé, Disco, Veranstaltungsagentur, Vermietung von Schülerkunst, Organisation von Klassen- und Tagesfahrten.

Schüler und Lehrerin

Wer macht mit?
Stellt eine Gruppe zusammen und entscheidet, ob eure Schülerfirma aus eurer Klasse bestehen soll. Ihr könnt auch eine Arbeitsgemeinschaft bilden, die sich aus Schülerinnen und Schülern mehrerer Klassen zusammensetzt.

Wichtig ist es, zu überlegen, ob eure Geschäftsidee überhaupt innerhalb eurer Klasse und/oder Schule umsetzbar ist bzw. wo es Probleme geben könnte. Sprecht dazu mit der Schulleitung, mit Lehrerinnen und Lehrern, dem Hausmeister u. a. über den Standort der Schülerfirma, die Verantwortlichkeiten, die Aufsicht, die Versicherung, die technische Ausstattung.

Wie beurteilt man die Konkurrenz?
Im Anschluss an diese Überlegungen müsst ihr eure Idee auf mögliche Konkurrenten hin überprüfen.

Dazu solltet ihr folgende Fragen beantworten:
– Wer sind eure Konkurrenten?
– Wo befindet sich eure Konkurrenz?
– Was bietet die Konkurrenz an?
– Zu welchen Preisen?
– Wie groß ist das Angebot, und was ist das Besondere daran?
– Wie ist die Qualität der Produkte?
– Wodurch macht die Konkurrenz auf sich aufmerksam?

Welcher Standort kommt infrage?
Im Fall einer Schülerfirma ist der Standort vorgegeben: eure Schule. Normalerweise geht man bei der Standortsuche aber nach bestimmten Gesichtspunkten vor (siehe „Fragen zum Standort").

1. In einer Straße gibt es zwei Blumenläden. Entwickelt, welche besonderen Angebote ein Blumenladen anbieten könnte, um sich von dem anderen abzuheben. ●

2. Ermittelt mithilfe der Gelben Seiten alle Buchhandlungen eurer Stadt und markiert ihre Standorte in einem Stadtplan. Erläutert, welche Konsequenzen das Ergebnis für die Wahl des Standortes einer neuen Buchhandlung hätte. ◐

3. Bewertet den Standort anhand der Fragen zum Standort.

Fragen zum Standort
– Kundennähe: Gibt es genügend Kundschaft?
– Konkurrenz: Wie stark ist die Konkurrenz?
– Verkehr: Können uns Kunden und Lieferanten problemlos erreichen, können sie hier parken?
– Versorgung: Wie ist die Versorgung mit Waren, Verbrauchsgütern, Energie?
– Arbeitskräfte: Gibt es in der Nähe geeignetes Personal?
– Kosten: Wie hoch sind Mieten und Steuern?
– Behördliche Auflagen
– Technologie-/Gründerzentren: Besteht die Möglichkeit, sich dort niederzulassen?
– Liegt der Standort im Gewerbegebiet oder im Wohn- oder in einem Mischgebiet?

METHODE

Planung

Wie viel Geld braucht man und woher bekommt man es?

Wenn man ein Unternehmen gründen möchte, braucht man eine Menge Kapital. Viele Anschaffungen wie z. B. Grundstück, Gebäude, Maschinen, Geräte, Einrichtung, Fahrzeuge, Rohstoffe usw. müssen bezahlt werden.

Dazu benötigt man eine sehr genaue Planung, da sonst die ganze Existenz scheitern kann. Auch wenn eine Schülerfirma weniger umfangreiche Anschaffungen tätigen muss, ist es dennoch erforderlich, einen Kapitalbedarfsplan zu erstellen.

Um die im Kapitalbedarfsplan ermittelten Ausgaben tätigen zu können, reicht in den meisten Fällen das Eigenkapital des Unternehmensgründers nicht aus. Neben Krediten können Existenzgründer auf Förderprogramme zurückgreifen. Auch bei einer Schülerfirma besteht die Möglichkeit, bei einer örtlichen Bank ein Startkapital in Form eines Krediten zu bekommen. Die Banken erwarten ein schlüssiges Konzept mit einer detaillierten Kapitalbedarfsrechnung. Darin muss auch beschrieben werden, wie die zukünftige finanzielle Entwicklung des Betriebes aussehen wird, damit die Bank auch sicher sein kann, dass sie ihr Geld zurückbekommt.

Informationen sammeln

Ist eine Unternehmensgründung an einen rechtlichen Rahmen gebunden?

Eine Schülerfirma fällt unter eine Ausnahmeregelung und ist an keinen rechtlichen Rahmen gebunden, solange die Einnahmen einen bestimmten Betrag nicht übersteigen. Die Schülerfirma muss sich verpflichten, mit den Gewinnen und Umsätzen unterhalb der Geringwertigkeitsschwellen (weniger als 16 620 Euro Umsatz und 3 835 Euro Gewinn) im Jahr zu bleiben.
Ihr könnt auch Kontakt zu anderen Schülerfirmen über das Internet aufnehmen und euch in rechtlichen Fragen austauschen.

Wie macht man auf sein Unternehmen aufmerksam?
Wenn man ein Unternehmen gründet, muss man sich bekannt machen. Andere müssen wissen, dass es einen gibt und was man anbietet. Dazu ist ein Marketingkonzept erforderlich, das Überlegungen zu folgenden Bereichen enthalten sollte: Produktpolitik, Preispolitik, Absatzwegepolitik und Kommunikationspolitik (siehe Seiten 56, 57).

Die Werbung hat eine wichtige Bedeutung, da durch sie das Unternehmen in der Schule und evtl. auch außerhalb bekannt gemacht wird. Beachtet dabei Folgendes:
- Gestaltet eure Werbung zielgruppengerecht.
- Analysiert die Werbung eurer Konkurrenten.
- Beachtet ein einheitliches Erscheinungsbild.
- Legt die Werbebotschaft fest.
- Wählt Werbemittel und Werbeträger aus (Schülerzeitung, Handzettel, Plakate, Internetseite der Schule).

Jetzt wird es ernst!
Nachdem ihr nun wisst, wie man bei der Planung einer Betriebsgründung vorgeht, könnt ihr nun in die konkrete Planung einer Schülerfirma einsteigen.

Wie soll die Schülerfirma heißen?
Der Name eurer Schülerfirma sollte immer deutlich zeigen, dass es sich um eine Schülerfirma handelt und nicht um eine echte Firma. Weiterhin sollte der Name der Schülerfirma nicht von einem realen Unternehmen genutzt werden.

Ob der Name, den ihr euch ausgedacht habt, schon von einem realen Unternehmen genutzt wird, könnt ihr mithilfe des Internets herausbekommen. Orientiert euch bei der Namensgebung an den folgenden Hinweisen:
- Der Name sollte kurz und unkompliziert sein.
- Der Bezug des Firmennamens zu eurer Geschäftsidee sollte deutlich werden.
- Es sollte ein zum Namen passendes Logo gefunden werden.
- Der Name sollte sich gut merken lassen.

Litfaßsäule

INFO
Hier noch einmal die Fragen, die bei der Gründung einer Schülerfirma zu beachten sind:
– Wie viel Gründungskapital benötigt ihr?
– Wer macht mit?
– Wie soll die Firma heißen?
– Für welche Geschäftsidee wollt ihr euch entscheiden?
– Welche Umsetzungsmöglichkeiten für eure Geschäftsidee sind in der Schule gegeben?

1. Wertet die Statistik auf Seite 252 aus und überlegt, welche Schlüsse ihr daraus für eure Unternehmensgründung ziehen könnt.

2. Überlegt, mit welchen Werbemitteln eine Werbeagentur in der Schule für sich werben sollte. Begründet eure Auswahl mit Beispielen.

3. Sucht aus einer Jugendzeitschrift Anzeigen heraus und erklärt, inwiefern die Gestaltung auf Jugendliche zugeschnitten ist.

Planung

Die Organisation der Schülerfirma

Wie müssen wir die Tätigkeiten in der Schülerfirma organisieren (**Ablauforganisation**)?

Folgende Fragen helfen euch bei der Organisation der Arbeitsabläufe:
- Welche Arbeitsschritte sind nötig, damit ihr euer Produkt erstellen oder eure Dienstleistung anbieten könnt?
- Welche Arbeitsschritte gehören zusammen? Welche Reihenfolge gibt es hierbei?
- Erstellt ein Ablaufdiagramm, indem ihr die Arbeitsschritte in je einem Kästchen darstellt, die Kästchen dann in eine Reihenfolge bringt und ihre Zusammenhänge in einem Ablaufschema darstellt (siehe Seite 149 „Ablauf Telefongespräch").

Wer arbeitet wo? (Aufbauorganisation)

Die Aufbauorganisation in den Unternehmen regelt, wer wo und mit welchen Mitteln etwas tun soll. Die arbeitsteiligen Tätigkeiten müssen wiederum abgestimmt, koordiniert werden. Auch die Organisation einer Schülerfirma hat zum Ziel, dass die Aufgaben sinnvoll erledigt, Zuständigkeiten festgelegt und Arbeitsabläufe geregelt werden.

Folgende Aufgaben müssen dazu gelöst werden:
- Welche Abteilungen ergeben sich aus eurer Ablauforganisation? Gebt diesen Abteilungen Namen.
- Überlegt, welche von euren Mitschülerinnen und Mitschülern den einzelnen Abteilungen zugeordnet werden sollen.
- Wer soll für was verantwortlich sein? Wer hat das Sagen?
- Zeichnet eine Unternehmensstruktur als Organigramm. Tragt die Namen der Mitarbeiterinnen und Mitarbeiter ein und hängt die Aufbauorganisation an geeigneter Stelle für alle zur Einsicht aus.
- Legt eure Aufbauorganisation einem Experten aus einem Unternehmen vor und lasst euch von ihm beraten. Hierzu könnt ihr eine Expertenbefragung durchführen (vgl. Seite 209).

Beratung durch einen Wirtschaftsexperten

Aufbauorganisation

Die **Geschäftsführung** übernimmt alle Aufgabenbereiche, die der Steuerung und Lenkung des Unternehmens dienen. Dabei lassen sich zwei große Aufgabenbereiche unterscheiden:
- Aufgaben, die nach außen, auf das Umfeld des Unternehmens gerichtet sind und
- die internen Aufgaben.

In einer Schülerfirma setzt sich die Geschäftsleitung u. a. mit folgenden Fragen auseinander:
- Welches sind die kurz- und mittelfristigen Ziele unserer Firma?
- Mit welcher Zielgruppe haben wir es zu tun? Wem wollen wir etwas verkaufen?
- Welche Produkte, welche Dienstleistungen wollen wir anbieten?
- Wie organisieren wir die Struktur und die Arbeitsabläufe der Schülerfirma?
- Welche Instrumente können bei der Organisation der Arbeitsabläufe unserer Schülerfirma hilfreich sein (Zeitpläne, Organigramme, regelmäßige Treffen aller Abteilungen etc.)?
- Welches sind die richtigen Mitarbeiter für die verschiedenen Aufgaben in den Abteilungen unserer Schülerfirma? Wie wählen wir die Mitarbeiter aus?
- Wie wird die Kommunikation innerhalb der Schülerfirma (Abteilungen, Mitarbeiter) organisiert?

VERÄNDERUNGEN IN DER ARBEITSWELT

„Moderne Zeiten"

1 Der Einfluss von Neuen Technologien

Das einzig Beständige der Wirtschaft sei die fortdauernde Notwendigkeit, sich auf immer neue Veränderungen in Unternehmen und damit auch im Berufsleben einstellen zu müssen. Ein wichtiger Faktor sind die technischen Weiterentwicklungen, die sich durch die sog. Neuen Technologien ergeben. Aber was ist eigentlich das „Neue" an den Neuen Technologien?

Nur wenige wissen, was denn eigentlich das „Neue" ist, das so großen Einfluss hat. Vor allem zwei Merkmale sind von Bedeutung:

1. Mithilfe der Neuen Technologien ist eine Verknüpfung aller betrieblichen Vorgänge besser und schneller möglich. Im Unternehmen lassen sich die drei Grundaufgaben **Beschaffung**, **Produktion**, **Absatz** miteinander verknüpfen. Informationen aus dem Bereich „Absatz" können sofort von dem Bereich „Beschaffung" verwendet werden, dies hat wiederum Einfluss auf die „Produktion".

2. Die Neuen Technologien erhöhen die Flexibilität der Unternehmen. Was heißt das? Wenn man behauptet, jemand sei sehr flexibel, dann heißt das, er ist beweglich, kann sich schnell auf neue Situationen einstellen und so entsprechend reagieren. Es ist z. B. möglich, Kundenaufträge sofort zu erledigen. Man braucht keine großen Lagerbestände anzulegen. Das Unternehmen kann aber auch nach den Wünschen des Kunden ein Produkt schnell abändern und seine Fertigungsanlagen darauf einstellen. Auch bei den Außenbeziehungen kann ein Unternehmen besser Kontakt zu seinen Lieferanten halten. Dadurch, dass beweglicher inner- und außerhalb des Unternehmens auf Veränderungen reagiert werden kann und Informationen sich schnell miteinander verknüpfen lassen, wird auch versucht, Kosten zu senken und die Marktstellung zu verbessern.

> **INFO**
>
> **Informations- und Kommunikationstechnologien**
> - verbessern Informationsfluss zwischen Mitarbeitern,
> - optimieren die Arbeitsabläufe,
> - ermöglichen weltweites Arbeiten,
> - verbessern die Produkte,
> - setzen permanente Weiterbildung voraus (lebenslanges Lernen).

1. Moderne Technik hat zumeist zwei Seiten. Betrachtet dazu die Karikatur und nehmt Stellung.

2. Zwei Aussagen: „Die ‚Neuen Technologien' sind dafür verantwortlich, dass unser Betrieb die Belegschaft um 300 Personen verringert hat."
„Der Einsatz der ‚Neuen Technologien' hat uns gerade noch davor retten können, dass wir nicht pleitegegangen sind." Nehmt dazu Stellung und diskutiert die Ergebnisse in der Klasse.

Neue Technologien verlangen Weiterbildung

Der Einsatz von Neuen Technologien in fast allen Bereichen der Unternehmen macht natürlich auch Arbeitsplätze überflüssig. Viele Aufgaben, die bisher durch Mitarbeiter erledigt wurden, werden von Computern übernommen. Das geschieht bei der Personalplanung und -verwaltung ebenso wie bei der Materialbeschaffung, der Produktionsvorbereitung, der Konstruktion, der Fertigung und dem Vertrieb. Ein bisher sicherer Arbeitsplatz kann durch neue Informationstechnik plötzlich wegfallen. Man muss sich daher von der Vorstellung trennen, dass ein einmal erlernter Beruf oder eine ausgeübte Tätigkeit für das gesamte Berufsleben den Arbeitsplatz sichert. Es wird immer wieder notwendig sein, sich beruflich neu zu orientieren, weil die technische Entwicklung den bisherigen Arbeitsplatz überflüssig gemacht hat.

Darüber hinaus verändern sich im ausgeübten Beruf die Qualifikationsanforderungen ständig. So muss heute z. B. ein Zerspanungsmechaniker nicht nur die Werkzeugmaschinen bedienen können, sondern auch in der Lage sein, die Maschinen zu programmieren und zu kontrollieren.

Daher ist die wichtigste Voraussetzung für einen zukunftssicheren Arbeitsplatz die ständige Fortbildung. Sie sollte berufsübergreifend sein, damit auch ein Wechsel zu anderen Arbeitsgebieten möglich ist.

Mediengestalter Online (m/w)

Ihre Aufgaben sind:
- Selbstständige Konzeption, Gestaltung und Umsetzung performance-orientierter Online-Werbemittel (Banner, HTML- und Flash-Layer, animierte GIFs etc.) und Mailings
- Gestalterische Verantwortung für die Auswahl zu verwendender Bilder sowie für die Layoutumsetzung
- Gestaltung aufwendiger Titel- und Promografiken
- Pflege der Grafikdatenbank

Was Sie mitbringen:
- Abgeschlossene Ausbildung zum/zur Mediengestalter/in
- Mind. 3 Jahre Berufserfahrung in der Produktion von Online-Werbemitteln
- Umfangreiche Kenntnisse in HTML und CSS
- Umfangreiche Kenntnisse in Flash
- Sicherer Umgang mit den gängigen 2D-Grafikprogrammen (z. B. Photoshop, Illustrator), vorteilhaft sind 3D-Programmkenntnisse
- Gespür für das Texten von Werbeslogans
- Selbstständige und strukturierte Arbeitsweise
- Ausgeprägte Kommunikations- und Teamfähigkeit

Wir bieten Ihnen:
- Ein lockeres, freundliches und gesichertes Arbeitsumfeld in einem schnell wachsenden Unternehmen
- Eine verantwortungsvolle Arbeit in einer der kreativsten und spannendsten Branchen
- Eine gewaltige Reichweite mit Millionen von Spielern in Dutzenden Ländern

Spricht Sie diese Herausforderung an? Dann bewerben Sie sich jetzt bei einem der erfolgreichsten Hersteller browserbasierter Spiele in Europa!

Senden Sie bitte Ihre aussagekräftigen Bewerbungsunterlagen einschließlich Gehaltsvorstellung an jobs@123.de.

---

1. Untersucht die Stellenanzeige und ermittelt, welche Kenntnisse über Neue Technologien verlangt werden.

2. Stellt aus der Wochenendausgabe eurer regionalen Zeitung die Stellenangebote zusammen und untersucht, welche Qualifikationsanforderungen Computerkenntnisse verlangen.

VERÄNDERUNGEN IN DER ARBEITSWELT

Einfluss der Informationstechnik auf Berufe

Besonders in den letzten Jahren hat der Computer in allen Bereichen die Arbeitswelt erobert. An immer mehr Arbeitsplätzen stehen Bildschirme und Tastaturen, an denen Daten eingegeben und verarbeitet werden. In den meisten Fällen sind die Arbeitnehmer keine Personen, die eine spezielle Informatikausbildung hatten. Sie arbeiten nach einer kurzen Einführung zur Handhabung der Computer mit speziellen Programmen, die im Computer installiert sind.

Daraus ergibt sich, dass heute in fast allen Berufen grundlegende Kenntnisse im Umgang mit Computern verlangt werden.

Die wachsende Vielfalt der Informationsverarbeitung und die gestiegenen Ansprüche an die Qualität und Sicherheit der Computeranwendung haben die Anforderungen in vielen Berufen stark erhöht.

Mikrotechnologe

Q Neue Ausbildungsberufe mit Zukunft

Im Bereich der Informations- und Kommunikationstechnik sind in den letzten Jahren eine Reihe neuer Ausbildungsberufe entstanden. Ein Merkmal der neuen Jobs ist, dass sie vielfältige Fähigkeiten erfordern, denn in der Berufswelt von morgen sind Allround-Talente gefragt. Hier seht ihr einige der neuen Jobprofile.

Mikrotechnologe/Mikrotechnologin
Mikrotechnologen planen, organisieren und überwachen die Herstellung von Mikrochips – sie beschäftigen sich also mit einer der Schlüsseltechnologien des 21. Jahrhunderts.
Während der Ausbildung können als alternative Schwerpunkte zur Mikrotechnologie die Halbleitertechnik oder die Mikrosystemtechnik gewählt werden.

IT-Systemelektronikerin

IT-Systemelektroniker/in
Als Profis sind sie immer auf dem Laufenden über die neuesten Entwicklungen im IT-Bereich. Informations- und Telekommunikationstechniken zu planen, zu installieren und zu warten ist Aufgabe der IT-Systemelektroniker.
Aus Hard- und Softwarekomponenten errichten sie leistungsfähige Kommunikationssysteme.

Mediengestalter Bild und Ton

Quelle: Informationszentrum der deutschen Versicherer, Zukunft klipp + klar

Mediengestalter/in Bild und Ton
NDR, ARD und ZDF waren maßgeblich an der Entwicklung dieses Ausbildungsberufs beteiligt. Mediengestalter benötigen sowohl technisches Know-how als auch Kreativität.
Sie schneiden und bearbeiten Bild- und Tonmaterial – und dies zunehmend am Computermonitor.

2 Lebenslanges Lernen

Wenn man sich heute für einen Beruf entscheidet, muss man sich auf die Veränderungen in der Arbeitswelt einstellen. Der Bereich der Erwerbsarbeit hat sich in den letzten Jahrzehnten deutlich geändert. Gerade jüngere Arbeitnehmer müssen sich mit unterschiedlichen Anforderungen auseinandersetzen. Häufig müssen sie sich nicht nur an die Neuen Technologien, sondern auch an die neuen Gegebenheiten des Arbeitsmarktes anpassen, was z. B. heißt, dass sie nur Teilzeitbeschäftigungen ausüben können, befristete Arbeitsverträge haben oder Zeitarbeit ausüben. Auch Selbstständigkeit und Selbstverantwortung wird den zukünftigen Arbeitnehmern immer mehr abverlangt.

Um mit diesen Gegebenheiten zurechtzukommen, müsst ihr euch darauf einstellen, in eurer beruflichen Laufbahn flexibel zu sein und dürft nicht darauf hoffen, den einmal gelernten Beruf ohne Veränderungen bis zur Rente ausüben zu können. Was kann euch dabei helfen?

Zunächst stehen bei der Wahl eures Erstberufes sicherlich eure Interessen und Fähigkeiten im Vordergrund. Ihr solltet euch aber auch fragen, welche Chancen euch der Beruf für eine sichere berufliche Zukunft bietet. Habt ihr dort Möglichkeiten der Weiterbildung? Könnt ihr euer in der Ausbildung erworbenes Wissen auch in unterschiedlichen Berufen anwenden? Denn inzwischen wissen wir: Den Beruf fürs Leben gibt es nicht. Manche Berufe verändern sich oder sterben sogar aus.

Auch in eurem Ausbildungsberuf müsst ihr damit rechnen. Daher ist es ratsam, sich bereits frühzeitig über Möglichkeiten der Weiterbildung zu informieren. Vielfältige Angebote bieten dazu auch die beruflichen Schulen. Aber auch bei den Industrie- und Handelskammern bzw. den Handwerkskammern oder bei anderen Bildungsträgern gibt es in fast allen Berufsrichtungen Aufstiegsfortbildungen in Form von Kursen, die mit einer staatlich anerkannten Prüfung abschließen.

Um herauszufinden, welche späteren Aufstiegschancen der Ausbildungsberuf bietet, solltet ihr euch fragen, wie und unter welchen Voraussetzungen ihr in diesem Beruf weiterkommt, z. B.
– im Betrieb als Vorarbeiter, Gruppenleiter?
– in Verbindung mit Zusatzausbildungen wie Meister, Techniker oder Fachwirt?
– In welchem Umfang und in welchen Studiengängen ist das in der Berufsausbildung vermittelte Wissen später zu verwenden?

Weiterbildung für Bauarbeiter

> **INFO**
>
> **Bewerber punkten mit Weiterbildung**
> Personalchefs achten bei Bewerbern stark auf den Nachweis berufsbegleitender Weiterbildung. 64 % betonen die besondere Bedeutung dieses Auswahlkriteriums.
> Nur 8 % der befragten Personalentscheider berücksichtigen nebenberuflich absolvierte Fortbildungen kaum oder gar nicht.
> (Quelle: Institut für Lernsysteme (ILS), Hamburg)

1. Ermittle, vor welchen Herausforderungen Arbeitnehmer heute im Arbeitsleben stehen. ○

2. Erläutere die Bedeutung der Weiterbildung in Berufslaufbahnen. Nimm die statistischen Angaben im Infokasten zu Hilfe. ◒

VERSTEHEN

Beschäftigungsverhältnisse – so unterschiedliche Formen

Es lassen sich folgende Beschäftigungsverhältnisse unterscheiden: Das sogenannte **Normalarbeitsverhältnis** ist durch unbefristete Vollzeitbeschäftigung gekennzeichnet. Davon zu unterscheiden ist die **Berufsausbildung.** Sie ist zunächst befristet. Durch die Übernahme nach der Ausbildung kann daraus ein Normalarbeitsverhältnis werden.

Als **befristete Beschäftigung** gilt, wenn die Beschäftigungszeit festgelegt ist. Beispielsweise, wenn eine Stelle einer weiblichen Angestellten für 14 Wochen befristet besetzt wird, bis sie aus dem Mutterschaftsurlaub zurückgekehrt ist. Befristete Arbeitsverträge unterliegen gesetzlichen Regelungen des Teilzeit- und Befristungsgesetzes, das befristete Arbeitsverträge nur zulässt, wenn es einen Grund für die Befristung gibt.

Dieses Gesetz legt in § 2 fest, dass **teilzeitbeschäftigt** ein Arbeitnehmer ist, dessen regelmäßige Wochenarbeitszeit kürzer ist als die eines vergleichbaren vollzeitbeschäftigten Arbeitnehmers.

Bei der **Zeitarbeit** können z. B. Arbeitnehmer von sogenannten Zeitarbeitsunternehmen an andere Unternehmen für eine befristete Zeit ausgeliehen werden.

Als **Leiharbeit** wird bezeichnet, wenn ein Arbeitgeber den bei ihm beschäftigten Arbeitnehmer einem anderen Arbeitgeber überlässt. Echte Leiharbeit liegt vor, wenn ein Arbeitnehmer zeitweise in einen anderen Betrieb abgeordnet wird. In diesem Fall ändert sich an den Arbeitsbedingungen im Übrigen nichts, d. h., Lohn, Urlaub etc. bleiben wie gehabt.

Eine **geringfügig entlohnte Beschäftigung** liegt vor, wenn das Arbeitsentgelt aus dieser Beschäftigung regelmäßig im Monat 400 Euro nicht übersteigt. Der Arbeitnehmer ist bis zu dieser Grenze von der Sozialversicherung befreit.

Kein Arbeitsverhältnis, aber eine Erwerbstätigkeit ist die **Selbstständigkeit**. Selbstständige werden als Personen beschrieben, die allein oder gemeinsam Eigentümer eines Unternehmens sind.

Teilzeitjobs
Von je 100 Erwerbstätigen haben einen Teilzeit-Arbeitsplatz

Männer

Niederlande	16
Schweiz	9
Großbritannien	10
Deutschland	8
Irland	8
Belgien	7
Norwegen	11
Österreich	5
Italien	5
Luxemburg	2
Dänemark	11
Frankreich	5
Spanien	4
Schweden	8
USA	8
Polen	7
Finnland	8
Portugal	6
Griechenland	4
Tschechien	2
Ungarn	2

Frauen

Niederlande	60
Schweiz	46
Großbritannien	39
Deutschland	39
Irland	35
Belgien	35
Norwegen	33
Österreich	31
Italien	29
Luxemburg	27
Dänemark	26
Frankreich	23
Spanien	21
Schweden	19
USA	18
Polen	16
Finnland	15
Portugal	13
Griechenland	13
Tschechien	6
Ungarn	4

Quelle: OECD Stand 2006

1. Betrachte die Grafik.
 a) Ermittle Gründe für die unterschiedliche Verteilung von Teilzeitarbeit bei Männern und Frauen. ◯
 b) Vergleiche die Länder und erkläre die Unterschiede. ◖

2. Diskutiere die Vor- und Nachteile der einzelnen Beschäftigungsverhältnisse für Arbeitnehmer und Arbeitgeber. ●

Selbstständigkeit

Selbstständig zu arbeiten ist für viele Arbeitnehmer eine Alternative zur Arbeitslosigkeit oder die beste Möglichkeit, eigene Ideen zu verwirklichen. Sich selbstständig zu machen bedeutet dabei auch immer eine Herausforderung, die Mut und Engagement erfordert.

Eine Existenzgründung hat aber nicht nur für den Existenzgründer Vorteile, sondern für die gesamte Volkswirtschaft. Deshalb werden Personen, die sich in Deutschland selbstständig machen wollen, auch besonders vom Staat gefördert.

Q **Gründe für Gründungsförderung**

1. Durch Existenzgründungen erscheinen neue Anbieter auf den Märkten. Sie sind für den Wettbewerb wichtig. Dieser wiederum ist das zentrale Element unserer Wirtschaftsordnung. Ohne Existenzgründungen verliert der Wettbewerb an Kraft und Dynamik.
2. Gründerinnen und Gründer verwirklichen innovative Ideen. Sie sind für Fortschritt, Wachstum und Wettbewerbsfähigkeit entscheidend. Ohne Existenzgründungen erstarrt unsere Wirtschaftsstruktur.
3. Existenzgründungen schaffen in vielen Fällen nicht nur für die Gründer, sondern auch für Mitarbeiter neue Arbeitsplätze.
4. Je mehr gesunde selbstständige Existenzen eine Volkswirtschaft aufweist, umso stabiler ist das Gemeinwesen.
5. Existenzgründungen sind so etwas wie die „Frischzellenkur" für den Mittelstand. Durch sie wachsen neue Unternehmen nach und bestehende bleiben erhalten.

Quelle: nach www.existenzgruender.de/imperia/md/content/pdf/publikationen/gruenderzeiten/gz_01.pdf

1. Veranschauliche mithilfe von Beispielen Situationen, aus denen heraus sich Menschen selbstständig gemacht haben.

2. Ermittle mithilfe des Quellentextes die Gründe, warum Existenzgründungen in Deutschland gefördert werden, und erläutere die Gründe mit eigenen Worten.

3. Benenne Nachteile, die ein Existenzgründer auf sich nehmen muss.

LERNBILANZ

Im ersten Teil dieses Kapitels geht es um die Gründung einer Schülerfirma, und ihr habt gelernt, dass dazu viele Faktoren zu beachten sind. Eine Schülerfirma kann Einsichten in betriebliche Abläufe, vermutlich aber auch einen Vorgeschmack auf das Berufsleben geben.

Ihr habt auch gelernt, dass es in eurem gesamten beruflichen Leben immer wieder erforderlich sein wird, die eigene berufliche Qualifikation anzupassen. Häufig sind es die Neuen Technologien, die dies erforderlich machen. D.h., es geht um lebenslanges Lernen, weil sich die Arbeitswelt und damit auch die Anforderungen an alle Beschäftigten ständig verändern.

1. Überlege: Wie kommt man zu einer guten Geschäftsidee?

2. Benenne, welche Rolle die Konkurrenz bei einer Betriebsgründung spielt und was man über sie wissen sollte.

3. Begründe, welche Standortfaktoren für einen Kindergarten eine Rolle spielen:
   a) Möglichst auf der grünen Wiese, weitab von der Stadt, damit Nachbarn nicht belästigt werden.
   b) Die Mieten sollten in dem Stadtteil möglichst billig sein.
   c) Im Industriegelände, da ist viel Platz!
   d) Möglichst nahe an einem großen Neubau-Wohngebiet.
   e) Es sollte in der Umgebung nicht zu viele Kindergärten geben.
   f) Geeignete Gebäude sollten vorhanden sein.

4. Erkläre, warum geringe kaufmännische Kenntnisse oft Ursache für Firmenpleiten sind.

5. Benennt Werbemittel und Werbeträger, die für eine Schülerfirma besonders geeignet sind.

6. Schülerfirmen haben häufig auch Firmenpaten, die sie beraten. Z. B. hat eine Schüler-Werbeagentur eine Druckerei als Paten. Diskutiert, in welchen Fragen die Druckerei die Schüler beraten kann.

7. Erläutert, mit welchen Fragen sich die Geschäftsführung einer Schülerfirma auseinandersetzen muss. ◓

8. Begründe mit folgendem Text und den Karikaturen, warum sich Berufe ständig verändern. ●

> **Q** **Vorsicht Quacksalber**
> Die Zahnheilkunde erstrahlte dank der Methoden der umherziehenden Zahnbrecher nicht im allerbesten Licht. Zu Recht, denn ihre Qualifikation war oft fragwürdig. Sie mussten weder Prüfungen ablegen, noch Diplome vorzeigen. Zähne wurden auf alle möglichen Arten gezogen: mit bloßen Händen, Zangen, Pelikanen oder Schlüsseln. Betäubung: Fehlanzeige. Die Wahrscheinlichkeit, dass man bei den umherziehenden Behandlern an einen schlecht ausgebildeten Quacksalber oder Scharlatan geriet, war groß. Lief die Behandlung schief, konnte man den Schuldigen nicht einmal zur Verantwortung ziehen. Denn wenn der Jahrmarkt zu Ende war, brachen auch die Zahnbrecher ihre Zelte ab und zogen weiter. Die negativen Karikaturen lassen auf den Ärger derjenigen schließen, die schlecht behandelt zurückblieben.

Quelle: www.kzvb.de/index.php?id=72&no_cache=1&sword_list[0]=quacksalber

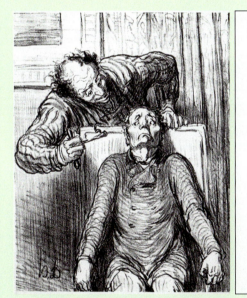

9. Setzt euch mit dem Für und Wider der folgenden Aussagen auseinander:
a) „Wenn die Schule vorbei ist, dann habe ich erst einmal die Nase voll und dann kommen die Bücher auf den Dachboden."
b) „Ich bleibe sowieso hier in meinem Dorf. Unsere Familie, meine Freunde leben hier. Ich gehe nicht weg und wenn ich meinen Arbeitsplatz verliere, dann werde ich schon einen neuen finden."
c) „Was soll ich mich wieder hetzen lassen. Das Leben kann man sich auch gemütlicher gestalten, wenn man nicht immer dem Geld hinterherjagt. Es kommt doch auf die Freunde, nicht auf den Betrieb an." ●

XI Soziale Marktwirtschaft – Herausforderungen

Jede Wirtschaftsordnung hat immer wieder auch mit Problemen und Herausforderungen zu kämpfen, auf die der Staat und/oder die Bürgerinnen und Bürger reagieren müssen. Man kann sagen, dass die Anpassung der Wirtschaftsordnung an veränderte Verhältnisse und Bedingungen eine immerwährende Aufgabe ist. Mit Veränderungen der Wirtschaftsordnung sollen gesellschaftliche Probleme gelöst oder gemildert werden.

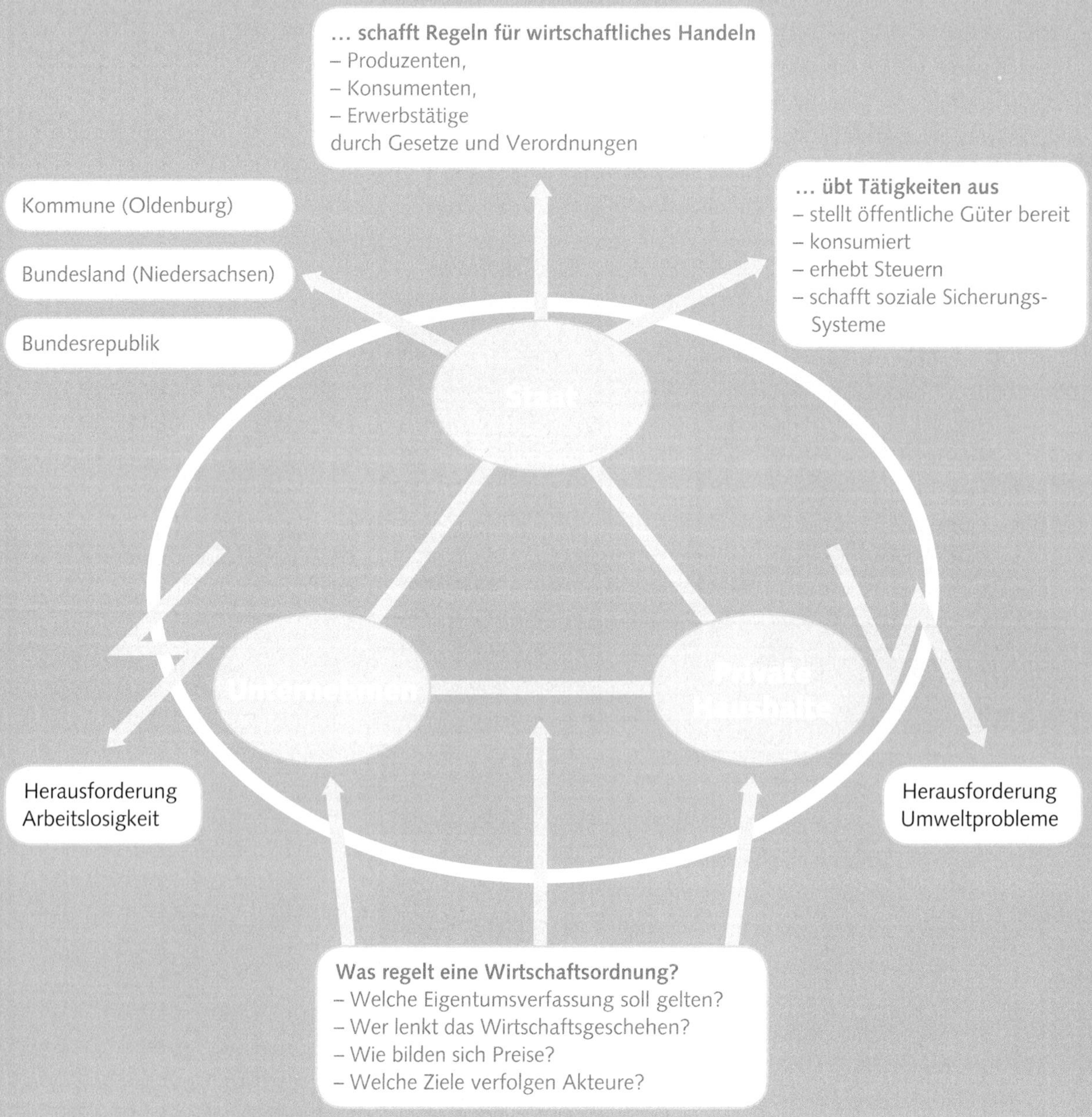

... schafft Regeln für wirtschaftliches Handeln
– Produzenten,
– Konsumenten,
– Erwerbstätige
durch Gesetze und Verordnungen

... übt Tätigkeiten aus
– stellt öffentliche Güter bereit
– konsumiert
– erhebt Steuern
– schafft soziale Sicherungs-Systeme

Kommune (Oldenburg)

Bundesland (Niedersachsen)

Bundesrepublik

Staat

Unternehmen

Private Haushalte

Herausforderung Arbeitslosigkeit

Herausforderung Umweltprobleme

Was regelt eine Wirtschaftsordnung?
– Welche Eigentumsverfassung soll gelten?
– Wer lenkt das Wirtschaftsgeschehen?
– Wie bilden sich Preise?
– Welche Ziele verfolgen Akteure?

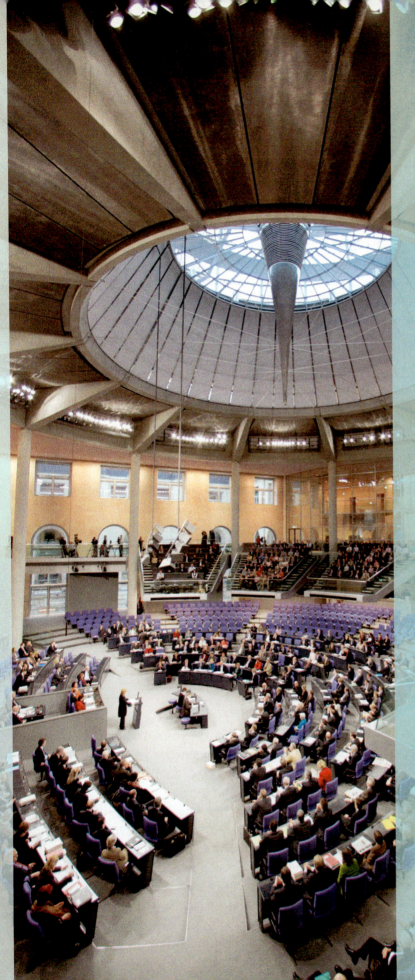

SOZIALE MARKTWIRTSCHAFT – HERAUSFORDERUNGEN

1 Probleme der sozialen Marktwirtschaft

Besondere Herausforderungen für die soziale Marktwirtschaft sind insbesondere

- die ungleiche Verteilung von Einkommen und Vermögen,
- die Frage nach der Finanzierbarkeit der sozialen Sicherheit,
- wie der Staat auf eine schwankende wirtschaftliche Entwicklung, z. B. eine nachlassende oder steigende Nachfrage nach Gütern und Dienstleistungen, reagieren soll und
- wie man die Entwicklung von Marktmacht durch Unternehmenskonzentration bekämpfen soll.

In diesem Kapitel wollen wir uns mit zwei besonderen Herausforderungen auseinandersetzen. Einmal geht es um die Beschäftigung mit den Ursachen und Folgen der **Arbeitslosigkeit.** Gerade die Arbeitslosigkeit ist auch für junge Menschen ein großes Problem geworden, das sie nicht alleine lösen können. Der Staat muss in einer solchen Situation Hilfen für die junge Generation entwickeln.

Das zweite Problemfeld ist das **Umweltproblem** und hier insbesondere die Klimaproblematik. Die Ursachen und Folgen des Treibhauseffekts, der zu dramatischen Veränderungen des Klimas führen kann, verlangt nach staatlichem Handeln. Der Staat muss prüfen, welche Möglichkeiten er hat, um den Klimaveränderungen entgegenzuwirken. Aber das Handeln eines einzigen Staates richtet hier wenig aus, weil es sich um ein weltweites Problem handelt und deshalb eigentlich alle Länder, alle Staaten, aber auch alle Menschen handeln müssten.

2 Herausforderung Arbeitslosigkeit

Formen der Arbeitslosigkeit

Es gibt unterschiedliche Gründe für Arbeitslosigkeit und damit verbunden verschiedene Formen der Arbeitslosigkeit.

Wir wollen uns zunächst einige Beispiele von Arbeitslosigkeit anschauen und dann die unterschiedlichen Formen untersuchen:

> **INFO**
>
> Die **Arbeitslosenquote** ist der Anteil der Arbeitslosen an der Gesamtzahl der Erwerbspersonen. Sie zeigt an, wie die Situation auf dem Arbeitsmarkt ist.

Q **Fälle von Arbeitslosigkeit:**

Beate H. hat eine abgeschlossene Ausbildung als Schneiderin. Bis vor einem Jahr war sie bei einem Mindener Textilunternehmen beschäftigt. Weil die Produktionskosten in Asien deutlich niedriger sind als hier, wurde die gesamte Produktion dorthin verlagert. Jetzt hat sie keine Arbeit und muss sehen, wo sie bleibt, denn in Deutschland gibt es nicht mehr so viele Textilunternehmen. Sie sagt: „Man liest ja überall, dass die Arbeitslosigkeit wieder zunimmt, nachdem sie eine ganze Zeit zurückgegangen ist."

Martin K. ist Maurer. Auf dem Bau kann aber in den Wintermonaten nicht gearbeitet werden, weil das Wetter zu schlecht ist und die Temperaturen zu niedrig sind. Deshalb hat er seit November keinen Job mehr. Er sagt: „Man kann echt froh sein, wenn man Arbeit hat. Ich hoffe, dass ich im Frühjahr wieder eine Stelle auf dem Bau finde."

Martin K. auf dem Bau

Sara L. war in einem Chemiekonzern in Leverkusen als Chemielaborantin beschäftigt. Da sie geheiratet hat und ihr Mann in Hannover arbeitet, hat sie ihr Arbeitsverhältnis in Leverkusen zum 31.12.20.. gekündigt. Am 1.02.20.. wird bei einem anderen Chemieunternehmen in Hannover eine Stelle im Labor frei, die sie antreten wird. Frau L. hat sich von ihrem Sachbearbeiter im Job-Center verabschiedet.

Mehmet B. hat bis Juli letzten Jahres in einem Betrieb gearbeitet, der Möbel herstellt. Wegen der schlechten wirtschaftlichen Lage in Deutschland wurden immer weniger Möbel nachgefragt. Die Produktion wurde daraufhin reduziert und einem Teil der Belegschaft gekündigt, so auch Herrn B. Er hofft nun, dass sich die Situation in Deutschland bald wieder verbessert und verstärkt Möbel nachgefragt werden. Dann sieht er für sich auch wieder Chancen für eine Anstellung.

Herr G. in der Arbeitsagentur

Sein Berufsleben lang schon hat Jan G. als Bankkaufmann in einer Großbank gearbeitet, zuletzt im Zahlungsverkehr. Der technologische Fortschritt ermöglichte es, einen Großteil des Zahlungsverkehrs maschinell abzuwickeln (Onlinebanking). Die Aufgaben von Herrn G. übernahm eine Maschine, sodass er arbeitslos wurde. Durch den Einsatz der Maschine spart die Bank Kosten. Ein Teil seiner Aufgaben wird dabei auch von seinen früheren Kunden übernommen.

Quelle:
nach: http://material.lo-net2.de/europa/.ws_gen/?21

1. Wie hoch ist die Arbeitslosenquote derzeit in Niedersachsen? Ist sie höher, gleich oder niedriger als die Arbeitslosigkeit in Deutschland? Suche bei http://statistik.arbeitsagentur.de/statistik/index.php.

2. Arbeitet die Formen der Arbeitslosigkeit auf der nächsten Seite durch und entscheidet dann, um welche Form der Arbeitslosigkeit es sich in den Fallbeispielen jeweils handelt.

3. Die Höhe der Arbeitslosigkeit verändert sich ständig. Dafür gibt es unterschiedliche Ursachen, die in den Fallbeispielen genannt werden. Ermittle bei der in Aufgabe 1 angegebenen Internetadresse, wie sich die Arbeitslosigkeit in den letzten zehn Jahren entwickelt hat, und stelle dies grafisch dar.

SOZIALE MARKTWIRTSCHAFT – HERAUSFORDERUNGEN

Es gibt verschiedene Formen von Arbeitslosigkeit:

Von **friktioneller Arbeitslosigkeit** spricht man, wenn bei einem Arbeitsplatzwechsel zwischen der Aufgabe des bisherigen und der Annahme des neuen Arbeitsplatzes nur ein kurzer Zeitraum liegt.

Die **saisonale Arbeitslosigkeit** hat ihre Ursache z. B. in jahreszeitlich bedingten Witterungsänderungen oder in der saisonal bedingten Nachfrage. Sie ist ebenfalls kurzfristiger Natur. Vor allem sind Branchen betroffen, deren Tätigkeiten stark von jahreszeitlichen Schwankungen abhängen, wie z. B. die Landwirtschaft, das Gaststättengewerbe, die Touristikindustrie und das Baugewerbe.

Die **konjunkturelle Arbeitslosigkeit** hat ihre Ursache in der allgemeinen Abschwächung der wirtschaftlichen Tätigkeit. Die Nachfrage in einem Land nach Produkten und Dienstleistungen geht zurück. Dies führt dazu, dass die Produktion reduziert wird und Arbeitskräfte entlassen werden müssen. Die konjunkturelle Arbeitslosigkeit ist in der Regel von mittlerer Dauer.

Ein besonderes Problem stellt in einer Wirtschaftsordnung die **strukturelle Arbeitslosigkeit** dar. Sie stellt die Menschen, die von ihr betroffen sind, und den Staat vor ganz besondere Aufgaben und Probleme.

Die strukturelle Arbeitslosigkeit ist langfristig und hat verschiedene Ursachen:

Strukturveränderungen der Wirtschaft

Technologisch bedingt:
Um in Unternehmen Kosten zu sparen, wird die menschliche Arbeitskraft durch moderne Technologien ersetzt. Das wird Rationalisierung genannt.

Wirtschaftszweig, regionaler Wirtschaftsraum:
In wirtschaftlich schwächer entwickelten Gebieten, wie etwa in den neuen Bundesländern oder im Bayerischen Wald.

Fehlende Qualifikation der Arbeitskräfte:
Die Arbeitsplätze sind vorhanden, die Arbeitssuchenden sind aber nicht für die Stellen qualifiziert. Die Qualifikationen von Arbeitskräften und die Anforderungen der offenen Stellen stimmen also nicht überein.

Kosteneinsparung:
Aus Kostengründen wird z. B. die Textilproduktion oder die Automobilproduktion an andere Standorte verlagert, z. B. ins Ausland.

Die bisher beschriebenen Formen nennt man offene Arbeitslosigkeit. Eine **verdeckte Arbeitslosigkeit** liegt vor, wenn die Arbeitslosigkeit nicht gemeldet wird oder sich die Arbeitslosen in einer Maßnahme der Bundesagentur für Arbeit befinden.

> **INFO**
>
> **Außerbetrieblich** sind die Ausbildungsverhältnisse, die mit öffentlichen Mitteln, z. B. der Bundesagentur für Arbeit, finanziert werden. Als **betrieblich** gelten die Ausbildungsverhältnisse, bei denen die Finanzierung (des betrieblichen Teils der dualen Ausbildung) durch die Ausbildungsbetriebe erfolgt.

B Sven hatte in der 8. Klasse völlig den Anschluss verpasst. Die Scheidung seiner Eltern bereitete ihm große Probleme und er versucht sich mit allem Möglichem abzulenken. Schule und ein erfolgreicher Abschluss spielten keine Rolle mehr für ihn. Er brach zur Mitte der 8. Klasse die Realschule ab. Nun hatte er erst mal überhaupt keinen Abschluss. Er hatte seine Schulpflicht aber auch noch nicht erfüllt, sodass er zunächst in eine Fördermaßnahme der Arbeitsagentur kam und danach in das Berufsvorbereitungsjahr. Da er im Anschluss daran keinen Ausbildungsplatz bekam und auch eigentlich gar keinen wollte, machte er wieder einen Förderlehrgang und kam, da er auch jetzt keinen Ausbildungsplatz im dualen System bekam, in eine außerbetriebliche Ausbildung. Diese Ausbildung schloss er ab, bekam allerdings danach keinen Arbeitsplatz und war längere Zeit arbeitslos.

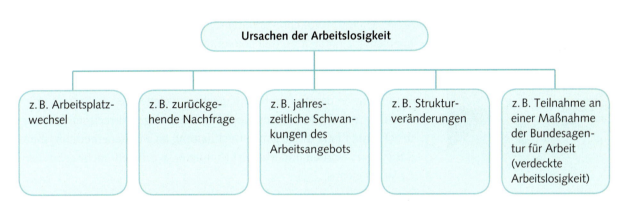

1. Stelle dar, welche Formen der Arbeitslosigkeit eher individuelle Ursachen haben und welche eher gesellschaftliche oder strukturelle. ○

2. a) Bei http://statistik.arbeitsagentur.de/statistik/index.php kannst du die Arbeitslosenquote in den Bundesländern ermitteln. Erstelle eine Tabelle mit den Bundesländern und den Arbeitslosenzahlen oder -quoten und vergleiche. ◓
   b) Schreibe deine Erkenntnisse über die Verteilung der Arbeitslosigkeit in Deutschland auf. ◓

3. Arbeitslose können grob in zwei Gruppen geteilt werden: Jene, die nach dem Jobverlust rasch wieder eine neue Stelle finden, und jene, die lange keinen neuen Arbeitsplatz mehr finden. Das ist die Gruppe der Langzeitarbeitslosen. Begründe: Aus welcher Form der Arbeitslosigkeit entsteht am ehesten Langzeitarbeitslosigkeit? ●

VERSTEHEN

Wie entsteht Arbeitslosigkeit?

Bildet Gruppen, die nicht größer als vier und nicht kleiner als drei Schülerinnen und Schüler sein sollen. Bestimmt eine(n) Gruppensprecher(in), die/der auch Protokoll führt und euer Ergebnis schriftlich festhält und nach Abschluss der Gruppenarbeit vorträgt.

Lichterkettenproduktion

Fall 1: Heidi Schmidt

Bis Ende Dezember war Heidi Schmidt im Versandhandel einer Lichterkettenfirma teilzeitbeschäftigt, für das „Weihnachtsgeschäft". Dann war Schluss, wie in jedem Jahr, weil zu Jahresbeginn kaum noch Lichterketten vom Einzelhandel bestellt werden. Frau Schmidt kennt diese Situation und ist deshalb nicht allzu besorgt. Ihrer Freundin, die in einer kleinen Schokoladenfabrik arbeitet, geht es genauso: Nach der langen Sommerpause beginnt im Herbst die Produktion von Weihnachtsmännern, Baumanhängern etc., und im neuen Jahr werden dann Osterhasen und Ostereier hergestellt. Danach gibt es keine Arbeit mehr.

Herr Kaufmann an seinem Arbeitsplatz

Fall 2: Michael Kaufmann

Michael Kaufmann arbeitet schon lange Jahre als Lohnbuchhalter in einem kleineren Maschinenbauunternehmen in Leer. Er hat in seinem Berufsleben viele Veränderungen erlebt, z. B., als in der Lohnbuchhaltung Computer eingesetzt wurden. Die Arbeit besteht dadurch u. a. darin, den Bruttolohn in den Computer einzugeben, welcher den Nettolohn unter Abzug von Lohnsteuer und Sozialversicherungen errechnet und ausdruckt. Aber jetzt ist die ganze Buchhaltung an ein Steuerberatungsbüro ausgelagert worden und Michael Kaufmann wird nicht mehr gebraucht. Er ist arbeitslos.

1. Untersucht die beiden Fälle. Welche Ursachen gibt es für die Arbeitslosigkeit?

2. Benennt, um welche Form der Arbeitslosigkeit es sich handelt („saisonal", „strukturell" „technologisch", offene oder verdeckte Arbeitslosigkeit).

3. Diskutiert Möglichkeiten, wie die in den Beispielen aufgetretenen Probleme vermieden werden können.

4. Was könnte Herr Kaufmann **selbst** tun, um die Arbeitslosigkeit zu vermeiden oder zu verkürzen? Welche Maßnahmen könnte die Politik ergreifen, um Arbeitslosigkeit zu verhindern?

5. Wollen Frau Schmidt und ihre Freundin ihre Situation verändern oder wollen sie das nicht? Findet Gründe.

Folgen der Arbeitslosigkeit

Arbeitslosigkeit kann für die Betroffenen zum Teil erhebliche Folgen haben: Da ist zunächst der Verdienstausfall, der zu Einschränkungen beim Konsum (Kleidung, Ernährung) und bei der Mobilität sowie zu hohen Schulden führen kann.

Aber genauso wichtig sind auch die psychischen, die sozialen Faktoren, die mit dem Verlust der Arbeit verbunden sind. Keine Beschäftigung zu haben heißt, seine Fähigkeiten nicht anzuwenden zu können, keine neuen Fertigkeiten zu lernen, keine sozialen Kontakte mit den Arbeitskollegen zu haben. Manches davon kann ersetzt werden, etwa durch ehrenamtliche Tätigkeiten, mehr Kontakte im Privatbereich oder die ausgedehnte Pflege von Hobbys. Doch in unserer Gesellschaft hat die Erwerbsarbeit eine sehr hohe Bedeutung, sie kann Selbstbewusstsein, Zufriedenheit geben und die Selbstachtung fördern.

Die finanziellen, sozialen und psychologischen Probleme sind bei den sogenannten Langzeitarbeitslosen noch stärker ausgeprägt als bei den kurzfristig Arbeitslosen. Langzeitarbeitslose suchen schon länger als ein Jahr nach einer neuen Beschäftigung. Je älter sie sind, desto ausgeprägter können die Begleitprobleme werden.

Ein solches Problem ist die Gesundheit. Man hat herausgefunden, dass der durchschnittliche Gesundheitszustand von Langzeitarbeitslosen nach Untersuchungen nicht nur schlecht ist, sondern sich häufig noch im Verlauf der Arbeitslosigkeit verschlechtert.

B Ein Fall von Langzeitarbeitslosigkeit: Nach der Schule wollte Herr B. schnell Geld verdienen. Deshalb machte er keine Ausbildung, obwohl es genügend Ausbildungsstellen gab, sondern nahm einen Job als ungelernter Lagerarbeiter an. Mit 52 Jahren wurde er aus seinem letzten Job entlassen. Heute ist er 54, sucht verzweifelt einen Job, bekommt aber keinen. Er beneidet diejenigen, die einen Arbeitsplatz haben, und hat allmählich Minderwertigkeitsgefühle.

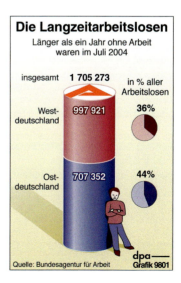

Folgen der Arbeitslosigkeit

- **finanziell:** weniger oder eingeschränktes Einkommen
- **sozial:** eingeschränkte Aktivitäten und Kontakte mit Freunden, Bekannten
- **psychologisch:** Gefühl, nicht mehr gebraucht zu werden, schlechtere Gesundheit

271

SOZIALE MARKTWIRTSCHAFT – HERAUSFORDERUNGEN

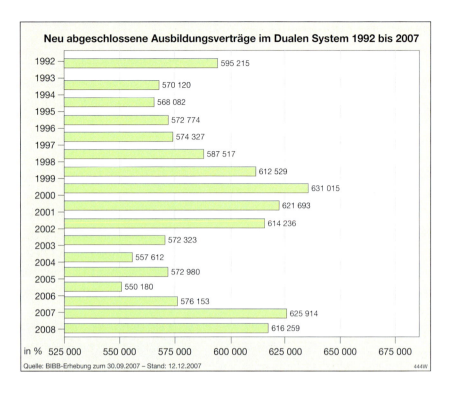

Jugendarbeitslosigkeit – Eine Herausforderung für jede(n) Einzelne(n) und für den Staat

Aus den Zahlen des Bundesinstituts für Berufsausbildung (BIBB) lässt sich ablesen, wie die Entwicklung der abgeschlossenen Ausbildungsverträge von 1992 bis 2008 verlaufen ist. Nach dem Jahr 2003, als nicht mehr genügend Ausbildungsplätze im dualen System angeboten wurden, beschloss die Bundesregierung schließlich einzugreifen. Die Bundesregierung und die Spitzenverbände der deutschen Wirtschaft vereinbarten deshalb 2004 den „Nationalen Pakt für Ausbildung und Fachkräftenachwuchs in Deutschland" (Ausbildungspakt), der diese Krisensituation verändern sollte. Man erwartete, dass hierdurch mehr Ausbildungsplätze geschaffen würden. Im Jahr 2007 wurde der Ausbildungspakt bis 2010 verlängert.

> **Q** Angesichts dieser Entwicklung schließen wir ... einen nationalen Pakt für Ausbildung. Im Rahmen eines solchen partnerschaftlichen Paktes für Ausbildung streben wir eine Trendumkehr auf dem Ausbildungsmarkt an. Dieses ehrgeizige Ziel wollen wir in gemeinsamer gesellschaftlicher Verantwortung von Staat, Wirtschaft und Gewerkschaft erreichen ... Damit wollen wir auch dem mittelfristig drohenden Fachkräftemangel vorbeugen ... Dazu ist eine deutliche Erhöhung der betrieblichen Ausbildungsleistung erforderlich.

Quelle:
Nationaler Pakt für Ausbildung und Fachkräftenachwuchs in Deutschland, 2004, Berlin

INFO

Ausführliche Informationen zum **Ausbildungspakt** findest du beim Bundesministerium für Wirtschaft und Technologie, www.bmwi.de.

1. Fasse die Gründe, die zum Abschluss des Ausbildungspakts geführt haben, zusammen. ○

272

Am Beispiel des Ausbildungspakts wird deutlich, dass der Staat und die Unternehmen bei einem mangelnden Ausbildungsangebot zusammenwirken und durch gezielte Maßnahmen für Verbesserung sorgen müssen.

Wie sich die zukünftige Entwicklung ergeben wird, kann heute niemand mit Gewissheit sagen. Da eine gute Ausbildung aber immer noch der beste Schutz vor Arbeitslosigkeit ist, wird der Staat in Verbindung mit Unternehmen immer versuchen müssen, dafür zu Sorge zu tragen, wie Jugendlichen ein Ausbildungsplatz gesichert werden kann.

Welche Wirkung der Ausbildungspakt hat, zeigt das Beispiel Handwerk. Der Zentralverband des deutschen Handwerks schreibt in einem Flyer:

> **Q** Die Ausbildung muss als Investition in die Zukunft des Betriebes verstanden werden. Ausbildung ist wichtig, um die Wettbewerbsfähigkeit des Betriebes zu sichern. Gerade in Krisenzeiten ist verstärkte Ausbildung der richtige Weg, die qualifizierten Mitarbeiter von morgen schon heute bei geringen Kosten an das Unternehmen zu binden. Ausbildung hilft auch zu vermeiden, dass mögliche Aufträge und Geschäftschancen nicht realisiert werden können, weil dafür die richtigen Fachkräfte fehlen.
> Es gibt genügend leistungsbereite und schulisch gut vorbereitete Bewerber. Auf das geeignete Auswahlverfahren kommt es an. Zusätzlich gibt es Kurzpraktika und die Einstiegsqualifizierung durch Qualifizierungsbausteine als Türöffner zur Berufsausbildung. Unternehmer können Jugendliche dadurch erst einmal kennenlernen, und Jugendliche können zeigen, was in ihnen steckt. Mehr als 60 Qualifizierungsbausteine der Handwerksorganisation gibt es mittlerweile.

INFO

Als Brücke in die Berufsausbildung wird eine betrieblich durchgeführte **Einstiegsqualifizierung** (6–12 Monate) gefördert. Die Einstiegsqualifizierung soll Grundlagen für den Erwerb beruflicher Handlungsfähigkeit vermitteln und vertiefen.

Quelle:
ZDH: Infoflyer „Wir denken voraus … Wir bilden aus.", Berlin, August 2004

Viele Unternehmen haben Probleme, ihre freien Ausbildungsplätze mit den richtigen Personen zu besetzen. Sie berichten aus Einstellverfahren, dass viele Schulabgänger nicht über die grundlegenden Qualifikationen verfügen, die für einen Übergang in Ausbildung und Beschäftigung unerlässlich sind. Es wird festgestellt, dass viele häufig zu wenig von der Arbeits- und Berufswelt kennen. Sie wissen nicht, welche Anforderungen sie dort erwarten und sie erfüllen müssen. Deshalb kann es vorkommen, dass trotz Ausbildungsplatzmangel manche Plätze unbesetzt bleiben.

Der Staat unterstützt aber natürlich nicht nur die Jugendlichen, sondern alle Arbeitslosen.

1. Diskutiert und beurteilt die Position des Zentralverbands des Handwerks. Bildet zunächst zwei Kernaussagen und versucht dann, einmal aus der Sicht der Handwerksunternehmen und dann aus der Sicht von Jugendlichen zu argumentieren. ●

METHODE

Eine PowerPoint-Präsentation: Was ist Arbeitsförderung?

Unabhängig von den aktuellen Entwicklungen auf dem Arbeitsmarkt ist seit vielen Jahren die Arbeitslosigkeit die größte Sorge der Deutschen. Der Staat verfolgt das Ziel, einen hohen Beschäftigungsstand zu sichern. Ein Instrument, mit dem er das zu erreichen versucht, ist die Arbeitsförderung.

Aufgrund der hohen Bedeutung der Arbeitsförderung hat sich sogar ein eigener anerkannter Ausbildungsberuf entwickelt: „Fachangestellte für Arbeitsförderung". Sie erbringen interne und externe Dienstleistungen in den Agenturen für Arbeit.

Gestaltet eine PowerPoint-Präsentation, mit der erklärt wird, wer der Träger der Arbeitsförderung ist, welche Leistungen die Arbeitsförderung umfasst und wer welche Leistungen bekommt. Die Zielgruppe für die Präsentation sollen eure Mitschüler und eure Lehrkraft sein.

1. Informationen sammeln
Die Grafik „Arbeitsförderung" liefert grundlegende Informationen, die aber noch ergänzt werden müssen. Weitere Infos findet ihr unter www.berufenet.arbeitsagentur.de.
Außerdem solltet ihr prüfen, was unter „internen" und „externen" Dienstleistungen zu verstehen ist.

Auf folgende Fragen müsst ihr beispielsweise Antworten finden:
– Welche Begriffe sind unbekannt und wie und wo können diese Begriffe geklärt werden?

Infos sammeln

274

– Woher bekommt man Informationen, Statistiken zum Problem der Arbeitslosigkeit (aus dem Internet, aus Schriften von Parteien, Gewerkschaften, Arbeitgeberverbänden, Kirchen etc.)?

Infos auswerten

2. Informationen auswerten
Wenn ihr Informationen zur Arbeitsförderung auswertet, könnt ihr euch an folgenden Fragen orientieren:
– Wer ist der Träger der Arbeitsförderung?
– Welche Leistungen umfasst die Arbeitsförderung?
– Wer bekommt welche Leistungen der Arbeitsförderung?
– Welche Probleme treten bei der Arbeitsförderung auf?

So habt ihr praktisch eine Lupe, mit der ihr die Informationsquellen untersuchen könnt.

Vortrag gestalten

3. Vortrag gestalten
Hier sind einige Regeln zur Gestaltung von PowerPoint-Präsentationen:
– Die Folien sollten nicht mit Text und Bildern überladen werden.
– Wählt eine genügend große Schrift, damit man sie auch von Weitem lesen kann.
– Lest den Text nicht vor, das können die Zuschauer allein. Gestaltet euren Vortrag spannend!
– Präsentiert wenig Text und viele Bilder. Ihr könnt zwischen die Textfolien ganzseitige Bilder einfügen. Wenn ihr dann ein paar mündliche Informationen dazugebt, wird der Vortrag lebendig.
– Habt Mut zum Humor. Eine witzige Karikatur lockert euren Vortrag auf.

> **INFO**
>
> Mit den Befehlen „Start/Programme/Microsoft PowerPoint" und „Einfügen/Neue Folie" seid ihr bei dem nebenstehenden Bild. Anschließend geht es mit „Folienlayout/Neue Präsentation" weiter.

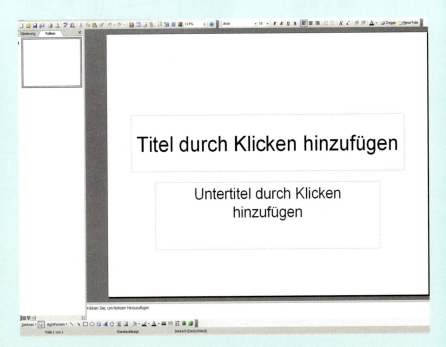

275

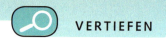

VERTIEFEN

Arbeitslosenquote

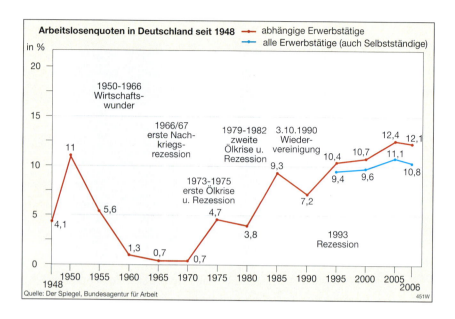

paradox

1. Ermittelt aus dem Schaubild „Arbeitslosenquote in Deutschland seit 1948", welches die Gründe von 1948 bis 2006 für das Ansteigen der Arbeitslosigkeit waren.

2. Interpretiert die Karikatur. Nehmt dafür auch die BIBB-Grafik von S. 272 zu Hilfe.

3 Umwelt und Energie

Eine weitere große Herausforderung für unsere Wirtschaftsordnung ist die Auseinandersetzung mit dem Umwelt- und Energieproblem. Umweltbelastung und Umweltschutz hängen insbesondere mit der Emission von Schadstoffen zusammen, die die Aufnahmefähigkeit der Luft, des Wassers und des Bodens übersteigen. Emissionen sind alle Abfälle in fester, flüssiger oder gasförmiger Form. Diese Emissionen können wiederum für Umweltbeeinflussungen sorgen, die insbesondere für die Menschen eine Gefahr darstellen können. Der Klimawandel ist so eine Gefahr.

Zu den Wundern dieser Welt gehört die Atmosphäre, die das Leben auf unserem Planeten überhaupt erst möglich macht. Die besondere Zusammensetzung der Atmosphäre bewirkt u. a., dass die Temperatur auf der Erdoberfläche auf einem Niveau bleibt, auf dem sich unsere Lebenswelt entfalten kann. Diese Wirkung beruht auf dem sogenannten natürlichen Treibhauseffekt, der durch Spurengase verursacht wird, die in der Atmosphäre enthalten sind. Diese Gase sind hauptsächlich Kohlendioxid, Wasserdampf, Methan und geringe Mengen anderer, die insgesamt nur einen sehr geringen Teil der Masse der Atmosphäre ausmachen. Sie verhindern einen Teil der Wärmerückstrahlung von der Erdoberfläche in das All. So herrscht auf der Erde keine eisige Weltraumkälte, sondern Temperaturen, die Leben ermöglichen.

> **INFO**
>
> Die energiebedingten CO_2-Emissionen in Deutschland betrugen bei den festen Brennstoffen:
> 1990: 508,5 Mill. t
> 2006: 322,7 Mill. t
>
> Quelle: BMWI

Mithilfe der Grafik kann der vom Menschen verursachte Treibhauseffekt erklärt werden: Durch vielfältige Aktivitäten entstehen Treibhausgase, die die Wärmeabstrahlung von der Erde verringern. Die Erdatmosphäre heizt wie in einem Treibhaus auf. Es können sich also Klimaänderungen und deren Folgen einstellen.

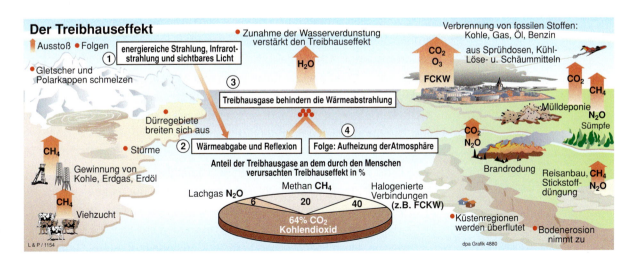

1. Erkläre den natürlichen Treibhauseffekt mit deinen eigenen Worten.

SOZIALE MARKTWIRTSCHAFT – HERAUSFORDERUNGEN

> **Q** In Deutschland ist Umweltschutz sogar zum Staatsziel geworden und in Artikel 20a des Grundgesetzes festgeschrieben: Staatszielbestimmung Umweltschutz. Der Staat schützt auch in Verantwortung für künftige Generationen die natürlichen Lebensgrundlagen im Rahmen der verfassungsmäßigen Ordnung durch die Gesetzgebung und nach Maßgabe von Gesetz und Recht durch die vollziehende Gewalt und die Rechtsprechung.
>
> Quelle: Grundgesetz, Artikel 20a

INFO

Wer mehr über den Klimawandel wissen möchte, kann sich hier informieren: http://www.bmu.de/publikationen/bildungsservice/bildungsmaterialien/sekundarstufe/schueler/doc/41991.php

Wirtschaftliche Aktivitäten des Menschen verursachen Umweltbelastungen und -schäden wie den Klimawandel. Über viele Jahrzehnte galt, dass Wirtschaftswachstum (Ansteigen des Bruttoinlandsprodukts, BIP) mit vermehrtem Energieverbrauch und dementsprechend auch mit höheren Emissionen verbunden war. Dieser Zusammenhang ist relativ einfach zu begründen: Ein Wachstum des BIP bedeutet, dass in einer Volkswirtschaft in einem Jahr mehr Güter und Dienstleistungen produziert werden als in dem vergangenen Jahr. Um zu produzieren, wird Energie benötigt, um mehr zu produzieren wird mehr Energie benötigt. Deshalb kann die Steigerung des BIP nicht nur positive Auswirkungen haben, sondern ist auch mit negativen Folgen verbunden, wie beispielsweise mit erhöhten Emissionen von Treibhausgasen.

In Deutschland hat sich der Energieverbrauch seit 1990 deutlich verringert. Beispielsweise haben neue Technologien in der Energieerzeugung und dem Energieverbrauch dazu geführt, dass sich in Deutschland der Ausstoß der CO_2-Emissionen, die wesentlich zum Treibhauseffekt beitragen, deutlich verringert hat. Beispiele dafür sind verbesserte Filteranlagen und sparsamere Automotoren.

Der Energieverbrauch pro Kopf in den europäischen Ländern unterscheidet sich zum Teil erheblich. Eine Erklärung dafür können die unterschiedlichen Kosten für Energie sein: In Norwegen, Schweden und Finnland ist beispielsweise der Strom vergleichsweise billig: Die Skandinavier produzieren große Mengen kostengünstig mit Wasserkraft, ohne CO_2-Emissionen. Da ist Stromsparen nicht angesagt. Den geringsten Stromverbrauch melden Portugiesen, Griechen und Italiener. In den Mittelmeerländern ist es heller und wärmer als in Nordeuropa. Es existiert auch weniger Industrie und viele Menschen leben auf dem Land. Sie kommen mit weniger elektrischem Strom aus. Der Strompreis ist dort deutlich höher.

1. In der Alltagssprache verwenden wir häufig den Begriff „Energieverbrauch". Energie kann nicht verbraucht, sondern nur umgewandelt werden, z. B. Strom in Wärme. Deshalb lautet der korrekte Begriff „Energiebedarf". Im privaten Haushalt werden drei Bereiche unterschieden, in denen Energiebedarf besteht: Kraftstoffe (z. B. Auto), Strom (z. B. Klein- und Großgeräte, Licht) und Wärme (z. B. warmes Wasser, Heizung). Wo besteht deiner Meinung nach der größte Energiebedarf?

Energie ist für uns alle wichtig, wie das folgende Beispiel zeigt:

B **Sabines (Energie-)Tagesablauf**

Sabine ist eine 15-jährige Realschülerin aus Emden, die in die 9. Klasse geht. Wenn keine Ferien sind, klingelt jeden Morgen von Montag bis Freitag um 6 Uhr der Wecker. Natürlich klingelt er nicht, sondern es erklingt zum Wecken Musik aus dem Radiowecker. Sabine steht auf, macht das Licht und die Heizung an, stellt für ihren Tee den Wasserkocher an und wünscht ihrer Mutter, ihrem Vater und ihrem Bruder, die auch schon aufgestanden sind, einen guten Morgen. Der Bruder hat schon die Kaffeemaschine eingeschaltet. Sie bittet ihre Mutter, ihr den Tee aufzugießen, und geht dann in das Badezimmer, putzt sich die Zähne mit der elektrischen Zahnbürste, wäscht sich mit warmem Wasser die Haare und bringt sie mit dem Föhn in Form. Kaffee und Tee sind inzwischen fertig und der Toast getoastet, sodass gefrühstückt werden kann, mit Musik aus dem Radio.

Nach dem Frühstück fährt Sabine mit dem Bus in die Schule, die von der Nachtheizung auf die Tagesheizung umgestellt ist, sodass die Schülerinnen und Schüler in eine warme Schule kommen.
In der ersten Stunde hat sie Wirtschaft. Das Stundenthema heute ist: „Von der Primärenergie zur ‚Nutzenergie'".

Bis zum Abend entfaltet Sabine dann noch viele andere Aktivitäten. Dann schaut sie noch etwas Fernsehen und nach dem Zähneputzen und Waschen liegt Sabine um 10 Uhr im Bett. Sie liest noch etwas, schaltet dann ihren Radiowecker ein und wenn keine Ferien sind, klingelt jeden Morgen von Montag bis Freitag um 6 Uhr der Wecker. Natürlich klingelt er nicht wirklich, sondern es erklingt zum Wecken Musik aus dem Radiowecker …

Wie wir an Sabines (Energie-)Tagesablauf sehen können: Auch wenn es uns manchmal kaum bewusst ist, unser aller Leben ist in starker Weise mit Energiebedarf verbunden. Ohne Energie funktioniert beinahe nichts mehr. Energie ist Wärme und Licht. Energie sorgt für Bewegung. Ob wir mit dem Auto fahren, die Kaffeemaschine einschalten oder unsere Wohnung heizen – immer ist Energie die treibende Kraft.

1. Ergänze die fehlenden Aktivitäten in Sabines Tagesablauf. Wo ist dabei Energie im Spiel? ○

2. Ihr sollt gemeinsam eine Geschichte schreiben. Überschrift: Ein (Energie-)Tag in meiner Stadt/meinem Dorf. Die Geschichte könnte so beginnen: In der Morgendämmerung verlöscht langsam die Straßenbeleuchtung, in den Häusern werden die Fenster hell … ○

SOZIALE MARKTWIRTSCHAFT – HERAUSFORDERUNGEN

Das Kyoto-Protokoll

> **INFO**
>
> Das **Kyoto-Protokoll** kann hier im Original gelesen werden:
> http://www.bmu.de/klimaschutz/internationale_klimapolitik/kyoto_protokoll/doc/5802.php
>
> **Ratifizieren** bedeutet, dass die Staaten den Vertrag mit ihrer Unterschrift bestätigen.

Einen Versuch, die Emissionen weltweit zu verringern, stellt das sogenannte Kyoto-Protokoll dar. Das Kyoto-Protokoll ist ein internationales Abkommen zum Klimaschutz. Es schreibt verbindliche Ziele für die Verringerung des Ausstoßes von Treibhausgasen fest, welche als Auslöser der globalen Erwärmung gelten. Das Protokoll wurde in der japanischen Stadt Kyoto verhandelt und Ende 1997 verabschiedet. Das Abkommen sollte jedoch erst in Kraft treten, wenn mindestens 55 Staaten, die zusammen mehr als 55 Prozent der CO_2-Emissionen (bezogen auf 1990) verursachen, das Abkommen ratifiziert haben. Nach der Kyoto-Konferenz gab es in regelmäßigen Abständen weitere Verhandlungen (z. B. in Montreal, in Nairobi, auf Bali).

Q Die USA und Australien haben als wichtige Industrienationen das Kyoto-Protokoll zwar unterschrieben, aber trotz des Drucks von Umweltschützern letztlich nicht ratifiziert. Die USA allein sind für etwa 30 Prozent des globalen Treibhausgas-Ausstoßes verantwortlich. Deutschland hat das Protokoll am 26. April 2003 ratifiziert und sich damit dazu verpflichtet, zwischen 2008 und 2012 insgesamt 21% weniger klimatische Gase zu produzieren als 1990. Im November 2003 hatten 120 Staaten das Protokoll unterzeichnet, die zusammen für 44,2 Prozent der Emissionen von 1990 verantwortlich waren. Im Laufe des Jahres 2004 hat dann auch Russland das Protokoll ratifiziert, sodass das Abkommen ab 2005 in Kraft treten konnte.

Quelle: Nordwest-Zeitung, 05. März 2004

Alternative Energiequellen im Energiemix

Mit dem neuen Jahrhundert hat das Zeitalter der erneuerbaren Energiequellen begonnen. So könnten laut einer Studie des Umweltbundesamtes schon Mitte des Jahrhunderts 50 % des gesamten elektrischen Energiebedarfs aus erneuerbaren Energiequellen wie Wasserkraft, Windenergie, Solarenergie und Bioenergie gedeckt werden. Um die Energieversorgung in Zukunft sicherzustellen, müssen die erneuerbaren Energiequellen stärker genutzt werden. Der Wind ist so eine Energiequelle. Er treibt die Rotorblätter moderner Windkraftanlagen an und erzeugt dadurch Strom. Windkraftanlagen werden vor allem an der Küste und in Mittelgebirgen gebaut. Bei der Nutzung der Sonnenenergie stehen wir noch am Anfang. Unterschiedliche Techniken wurden inzwischen entwickelt, sie sind aber noch nicht ausgereift und werden fortlaufend verbessert.

1. Neben der Reduktion von Treibhausgasen ist im Kyoto-Protokoll die Verbesserung der Energieeffizienz als Ziel angegeben. Kläre den Begriff „Energieeffizienz" bei dieser Internetadresse: http://www.bmu.de/energieeffizienz/aktuell/37894.php und finde drei alltägliche Beispiele, wo eine hohe Energieeffizienz wünschenswert ist.

Von großer Bedeutung ist der sogenannte Energiemix. Darunter versteht man die Anteile verschiedener Primärenergieträger zur gesamten Energieversorgung. Aus Primärenergieträgern gewinnen wir elektrische Energie, Wärmeenergie und andere Energieformen. Sie stehen am Anfang der Umwandlungskette, wie z. B. Erdöl, Erdgas, Wind und Sonne. Durch einen möglichst breit gefächerten Mix besteht keine Abhängigkeit von einer bestimmten Energiequelle.

Einige der hierzulande eingesetzten Energieträger dienen der Strom- und Wärmeerzeugung, andere fließen z. B. in das Verkehrswesen oder in industrielle Produktionsprozesse.

Die Bundesregierung hat sich zum Ziel gesetzt, den Strombedarf im Jahre 2020 zu mindestens 30 % aus erneuerbaren Energiequellen zu decken. Der Anteil soll in den Jahren danach fortlaufend gesteigert werden. Damit will Deutschland nicht nur unabhängiger von ausländischen Energielieferanten werden, sondern auch im Inland Arbeitsplätze schaffen und einen Beitrag zum Umweltschutz leisten.

1. Führe folgendes Experiment durch: Zwei schwarze Filmdöschen füllst du mit Wasser. Über eins wird ein Wasserglas gestülpt, beide stellst du in die Sonne. Miss alle drei Minuten die Temperatur und trage die Ergebnisse in eine Tabelle ein. Liefert dieses Experiment ein Argument zur Unterstützung der Ziele des Kyoto-Protokolls? Erkläre und begründe.

2. Deutschland hat einen Kohlenstoffdioxidausstoß von 897 Mio. t pro Jahr und eine Bevölkerung von 82 Millionen. China hat einen Kohlenstoffdioxidausstoß von 4732 Mio. t pro Jahr und eine Bevölkerung von 1296 Millionen. Rechnet den Pro-Kopf-Verbrauch beider Länder aus und erklärt den Unterschied.

Quelle:
nach: www.bmu.de

SOZIALE MARKTWIRTSCHAFT – HERAUSFORDERUNGEN

Umweltpolitik

Wie gelingt es dem Staat, Menschen dazu zu bringen, sich umweltschonend zu verhalten? Ganz einfach: Man verbietet das umweltschädigende Verhalten. Wer sich umweltschädigend verhält, bekommt eine Strafe: Eine Ermahnung, eine Geldstrafe oder in schlimmen Fällen sogar eine Haftstrafe.

Ganz so einfach ist es natürlich nicht. Wenn man etwas verbietet, muss man auch kontrollieren, ob die Verbote eingehalten werden. Das verursacht einen großen Aufwand und nicht zuletzt auch Kosten. Und: Werden alle Übeltäter erwischt?

In Deutschland haben wir zahlreiche Umweltgesetze in vielen Rechtsbereichen und sehr viele verschiedene Bestimmungen. Diese Gesetze sind in unterschiedlicher Weise wirksam. Sie schreiben etwas vor, z. B. wie Müll getrennt werden muss (Kreislaufwirtschafts- und Abfallgesetz), oder sie legen sogenannte Grenzwerte fest, z. B. wie viel Nitrate höchstens im Trinkwasser sein dürfen (Wasserhaushaltsgesetz), oder sie versuchen Anreize anderer Art zu schaffen, mit der Umwelt sorgsam umzugehen.

> **INFO**
>
> Ein **Anreiz** ist das, was einem an Positivem oder Negativem versprochen wird. Daher können Anreize dazu auffordern, bestimmte Handlungen auszuführen oder zu unterlassen.

In der Umweltpolitik, welche die Umweltgesetze macht, beschäftigt man sich mit der Frage, welche Anreize am besten dafür sorgen, dass Menschen sich umweltschonender verhalten. Das betrifft die Bürgerinnen und Bürger, Politikerinnen und Politiker sowie Führungskräfte in Unternehmen. Alle tragen Verantwortung für ihre Handlungen und deren Auswirkungen.

1. Ermittle mindestens zehn Gesetze zum Schutz der Umwelt. Das BMU ist dafür eine gute Quelle. ○

282

CO$_2$-Emissionshandel

Kommen wir noch einmal zum Kyoto-Protokoll zurück: Auch hier hat man sich die Frage gestellt, welche Anreize gesetzt werden müssen, damit CO$_2$-Emissionen tatsächlich verringert werden. In Europa versucht man das durch den CO$_2$-Emissionshandel zu erreichen.

> [...] das System scheint einfach und effektiv zugleich. Die Politik legt Emissionsgrenzen fest. Kraftwerke und größere Produktionsanlagen, die die ihnen zugestandenen Schadstoffmengen überschreiten, müssen Verschmutzungsrechte erwerben. Die können von Unternehmen kommen, die etwa dank Modernisierung von Anlagen unter ihr Limit gesunken sind und die damit Rechte frei haben [...] Ab Januar 2005 startet der Handel mit den Zertifikaten wie an einer Aktienbörse. Wer überzählige Rechte hat, kann diese verkaufen. Wer erweitert oder neu baut, muss kaufen.

Quelle: nach: Nordwest-Zeitung, 05.03.2004, S. 5

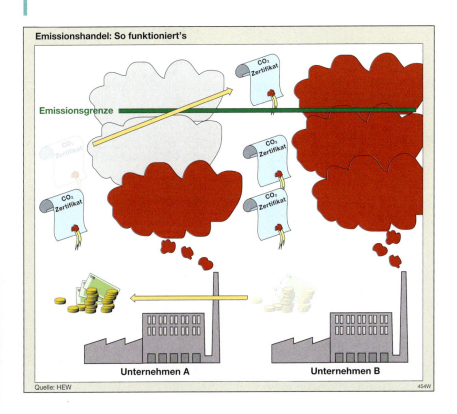

> Der Bundesumweltminister hat angekündigt, den nationalen Zuteilungsplan für die zweite Runde des Emissionshandels ab 2008 deutlich zu verschärfen. Die Obergrenze für den erlaubten Kohlendioxid-Ausstoß soll von ursprünglich geplanten 482 Millionen Tonnen auf 465 Millionen Tonnen reduziert werden. Das bedeutet, dass zwischen 2008 und 2012 wesentlich weniger Emissionsrechte an die Handelsteilnehmer ausgegeben werden, als es im ersten Entwurf vorgesehen war.

Quelle: www.bmu.de

L LERNBILANZ

In diesem Kapitel habt ihr zwei besondere Herausforderungen für die soziale Marktwirtschaft genauer betrachtet. Zum einen kennt ihr jetzt Ursachen und Folgen der Arbeitslosigkeit und habt Jugendarbeitslosigkeit als ein für junge Leute schwerwiegendes Problem erkannt. Ihr könnt außerdem Maßnahmen des Staates benennen und beschreiben, mit denen er dem Problem der Arbeitslosigkeit entgegentritt.

Zum anderen wisst ihr um den Zusammenhang von Umwelt, Energie und Wirtschaft sowie Erderwärmung/Klimawandel und könnt begründen, warum Energiesparen heute notwendig ist. Ihr kennt Möglichkeiten der Politik und könnt erläutern, wie auf die in diesem Kapitel dargestellten Probleme reagiert wird.

Mit den folgenden Aufgaben kannst du dein Wissen überprüfen:

1. Erläutere mit eigenen Worten, welche Formen der Arbeitslosigkeit es gibt und was sie beinhalten. ◒

2. Diskutiere, welche Folgen Arbeitslosigkeit für die betroffenen Personen haben kann. ●

3. Beschreibt Beispiele für friktionelle, saisonale und strukturelle Arbeitslosigkeit. ○

4. Begründe, warum Arbeitslosigkeit nicht nur ein finanzielles Problem für die Betroffenen ist. ●

5. Erläutere, welche Bedeutung die Berufsausbildung für den einzelnen Menschen und für die Unternehmen hat. ◒

6. Erläutere und beurteile folgenden Satz: Die Gründe für Jugendarbeitslosigkeit können individueller und struktureller Art sein. ●

7. Die Ziele der Arbeitsförderung sind ein hoher Beschäftigungsstand, Verbesserung der Beschäftigungsstruktur und die Vermeidung und Verkürzung von Arbeitslosigkeit. Erstelle eine Tabelle, in der du diese Ziele auflistest und Maßnahmen der Arbeitsförderung zuordnest, mit der diese Ziele erreicht werden sollen. Zum Erstellen der Tabelle kannst du auf die PowerPoint-Präsentation zur Arbeitsförderung (S. 274) zurückgreifen. ○

8. Verschaffe dir einen Überblick über Maßnahmen zur Verhinderung oder zum Abbau der Jugendarbeitslosigkeit. Vergleiche diese Maßnahmen miteinander und beurteile ihre Wirksamkeit. ◒

9. Erkläre, wie sich Jugendliche vor Arbeitslosigkeit und vor allem vor Langzeitarbeitslosigkeit selbst schützen können. ◒

10. Etwa ein Drittel der Ausbildungsverträge werden wieder gelöst; es kommt zum sogenannten Ausbildungsabbruch. Recherchiere im Internet nach Gründen.

11. Beschreibe, welche Bedeutung der natürliche Treibhauseffekt für das Leben auf der Erde hat. Was wäre, wenn es ihn nicht gäbe?

Quelle:
Die Aufgaben 11 und 12 sind angeregt durch die BMU-Bildungsmaterialien: Klimaschutz und Klimapolitik

12. Du hast gelernt, dass Kohlenstoffdioxid (CO_2) für den Treibhauseffekt von großer Bedeutung ist. Der Eintrag in die Atmosphäre durch die Nutzung fossiler Brennstoffe beträgt 6,3 Mrd. t/Jahr. Der Eintrag in die Atmosphäre durch Verbrennen von Biomasse (z. B. ein Waldbrand) beträgt 1,7 Mrd. t/Jahr. Die Speicherung in lebender Biomasse beträgt 2,4 Mrd. t/Jahr. Die Weltmeere nehmen pro Jahr 2,3 Mrd. Tonnen auf. Stelle diesen Sachverhalt in einem Kreislaufschema dar. Rechne aus, wie viel Kohlenstoffdioxid in diesem Kreislauf „übrig" bleibt, also in die Atmosphäre abgegeben wird.

13. Die CO_2-Emissionen sind weltweit ständig gestiegen. Die Kurven, mit denen man diese Steigerung darstellen kann, weisen aber immer Zacken auf. Solche Zacken traten bei wesentlichen historischen Ereignissen auf, die im Folgenden genannt werden. Ihr müsst entscheiden: Zacken nach oben: Emissionen sind gestiegen, oder Zacken nach unten: die Emissionen sind gefallen.
1918 war der Erste Weltkrieg zu Ende, 1945 der Zweite
1929 Weltwirtschaftskrise
1950 war der Beginn der massenhaften Verbreitung des Automobils
1973 und 1979 Ölkrisen
1991 und 2003 Golfkriege
2009 Weltwirtschaftskrise

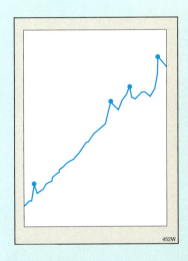

14. Versucht mithilfe der Grafik „Emissionshandel: „So funktioniert's" (S. 283) herauszufinden, wie in den folgenden Fällen verfahren wird. Begründet eure Entscheidungen.
a) Ein Unternehmen möchte seine Produktion ausweiten und wird dadurch mehr Schadstoffe emittieren, als ihm zustehen.
b) Ein neues Unternehmen mit CO_2-Emissionen will sich in der Region ansiedeln.
c) Der Staat verringert die Emissionsgrenze und damit auch die Verschmutzungsrechte.

15. Deutschland ist in der sogenannten Umwelttechnologie führend, z.B. bei der Technik zum Schutz der Umwelt, Filter- und Kläranlagen für Luft und Wasser. Stimmst du folgender Aussage zu oder nicht zu? Begründe: Umweltschutz ist nicht nur für die Umwelt gut, sondern auch für Deutschlands Arbeitsmarkt wichtig.

285

XII Wirtschaften ist international

Ihr seid beim letzten Kapitel des Buches angelangt. Es bildet den Abschluss des Themenfeldes „Ökonomisches Handeln regional, national, international". Ihr wisst schon einiges über die Verflechtungen der Wirtschaft in Deutschland mit dem Ausland.
Daran knüpft ihr nun an, indem ihr lernt, was die Europäische Union für jeden Einzelnen von uns bedeutet und warum die Wirtschaft globalisiert ist.

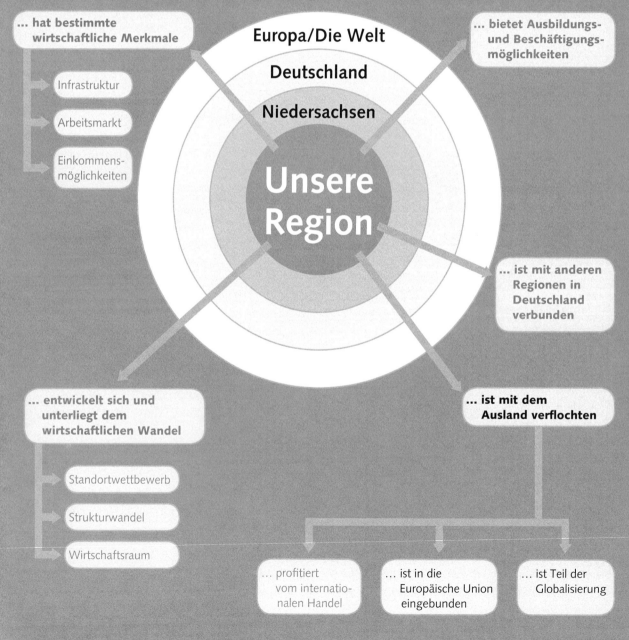

287

WIRTSCHAFTEN IST INTERNATIONAL

> **INFO**
>
> Das Wort **„Europa"** entstammt der griechischen Mythologie: Danach hat Zeus die schöne Jungfrau Europa am Strand gesehen, sich in einen Stier verwandelt und sie über das Meer nach Kreta entführt. Dort verwandelte er sich in einen Mann und heiratete sie.

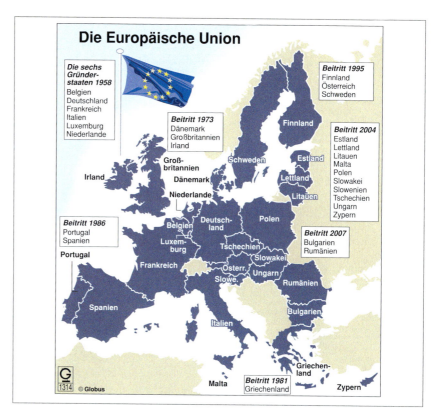

Europa auf dem Stier

1 Die Europäische Union (EU)

Die EU im Überblick

Die Europäische Union (kurz: EU) besteht zurzeit aus 27 europäischen Staaten. In der EU arbeitet man auf vielen Gebieten (Politik, Kultur, Justiz usw.) zusammen, besonders im wirtschaftlichen Bereich. Die EU ist heute der größte Wirtschaftsraum der Welt, über 490 Millionen Menschen leben und arbeiten in ihr. Der politische und wirtschaftliche Zusammenschluss bestimmt sehr stark, wie die Bürgerinnen und Bürger in den Mitgliedstaaten leben und arbeiten. Nicht immer ist uns diese Tatsache bewusst. Schaut man aber genauer hin, etwa beim täglichen Einkauf, sieht man viele Hinweise auf die EU.

Die „Geburt" der EU war 1957, damals bestand der Vorläufer, die „Europäische Wirtschaftsgemeinschaft" (EWG), aus nur sechs Staaten, u. a. Deutschland. Seitdem wächst die Gemeinschaft stetig und die Zusammenarbeit wird immer enger. Als EU-Bürgerinnen und -Bürger brauchen wir für Reisen immer seltener einen Pass, die Grenzen sind offen für den Warenaustausch, eine gemeinsame europäische Währung, der Euro, erleichtert den Zahlungsverkehr. Die EU setzt sich für sichere Nahrungsmittel und einen besseren Umweltschutz ein und kämpft gemeinsam gegen Kriminalität. In einer starken Gemeinschaft sorgt man nicht zuletzt dafür, dass die

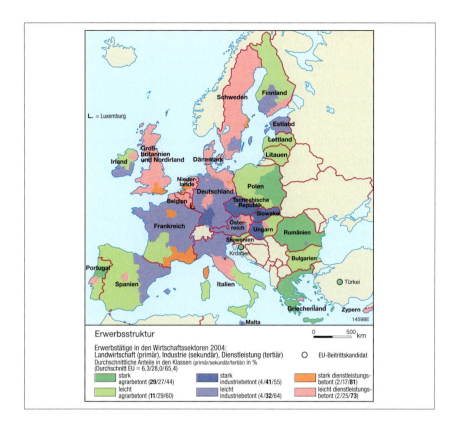

reicheren Staaten die weniger reichen Regionen unterstützen. Dies sind einige Vorteile der EU.

Aber natürlich ist die EU nicht vollkommen. Wenn viele Staaten zusammenarbeiten, gibt es auch viele Probleme. Es ist für die Länder nicht immer leicht, sich zu einigen. Und den Politikern gelingt es auch nicht immer, zu erläutern, was und warum sie etwas tun. Viele Bürgerinnen und Bürger beklagen insbesondere die große Bürokratie in Brüssel, der „Hauptstadt" der Europäischen Union.

1. Was weißt du bereits über die Europäische Union? Präsentiere deine Kenntnisse deinen Mitschülern. ○

2. Kennst du aus dem Geschichtsunterricht Beispiele für die „wechselvolle Geschichte" Europas? Zähle auf. ○

3. Viele osteuropäische Staaten sind erst nach der Jahrtausendwende der EU beigetreten (siehe Abbildung). Ermittle Gründe. ○

4. Werte die Abbildung zur Erwerbstruktur aus: Welche generellen Aussagen lassen sich über „ärmere" und „reichere" Staaten in der EU treffen? Begründe. ●

WIRTSCHAFTEN IST INTERNATIONAL

Wir sind Europäer!

Welchen Nutzen verbinden ganz unterschiedliche Menschen mit der EU? Lest selbst, was Unternehmerinnen und Unternehmer, Bürgerinnen und Bürger, Verbraucherinnen und Verbraucher denken.

B Die Sicht der Unternehmerinnen und Unternehmer

Herr Holle, 65 Jahre, Kaufmann für Autoersatzteile
„Als es den Euro noch nicht gab, haben wir jeden Tag die Wechselkurse studiert. Denn die Autoteile, die wir in Taiwan gekauft haben, wurden in US-Dollar abgerechnet. Die Ware wurde dann in ganz Europa, vor allem in Skandinavien verkauft. Aufgrund der Wechselkursschwankungen hatten wir manches Mal erhebliche Verluste. Der Euro gibt uns größere Sicherheit im Geschäftsleben."

Frau Sonnig, 50 Jahre, Geschäftsführerin eines Möbelherstellers
„Ich bin sehr froh, dass nun auch Polen das Schengen-Abkommen unterzeichnet hat. Endlich sind die Grenzen offen und wir können unsere Waren ohne lange Wartezeiten und Kontrollen ins Land exportieren. Unsere Spediteure haben oft stundenlang warten müssen auf die Abfertigung, da ist immer richtig Geld verbrannt worden... Also, dass es innerhalb der EU keine Zölle gibt und eben keine Warterei an den Grenzen, das ist gut fürs Geschäft. Da wir fast 80 % unserer Möbel ins europäische Ausland verkaufen, profitieren wir ganz klar vom Euro und den offenen Grenzen."

Deutsch-polnische Grenze

B Die Sicht der Bürgerinnen und Bürger

Johann, 17 Jahre, Schüler
„Nach der Schule möchte ich gerne den Europäischen Freiwilligendienst leisten. Man kann ein Jahr in einem Land der EU leben und arbeiten, z. B. in einer Behinderteneinrichtung oder einer anderen gemeinnützigen Einrichtung. Ich möchte gerne nach Finnland, das Land interessiert mich sehr. Das ist eine tolle Möglichkeit, die Kultur und Sprache eines EU-Nachbarn kennenzulernen."

Herr Simon, 45 Jahre, Tischlermeister
„‚Die da in Brüssel ...', so fangen doch viele Sätze an, wenn über Europa gesprochen wird. Die ganze schlimme Bürokratie wird dann angeführt und dass die EU nur gigantisch viel Geld verschlinge, von dem wir zu Hause nichts wiederbekämen... Die meisten Leute, sagt mein Freund Henner, wissen aber gar nicht, wie sehr die EU mittlerweile die wirtschaftlichen und politischen Strukturen und Spielregeln in Deutschland und auch in ihrer Region bestimmen. Außerdem: Ohne die EU würden wir vermutlich nicht seit vielen Jahrzehnten friedlich miteinander leben in Europa."

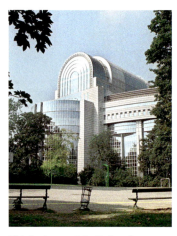

EU-Parlament in Brüssel

B **Die Sicht der Verbraucherinnen und Verbraucher**

Mia, 17 Jahre, Schülerin

„In den Sommerferien möchte ich mit dem Zug quer durch Europa fahren. Zum Glück brauche ich dafür keine Visa, das macht das Reisen sehr einfach, und fast überall kann ich mit der gleichen Währung bezahlen: dem Euro!"

Peter, 18 Jahre, Auszubildender

„Wenn ich meinen Onkel in Holland besuche, kaufe ich immer auch Dinge ein, die dort viel günstiger sind als bei uns. Als Azubi verdiene ich nicht so viel und muss auf die Preise achten. So wie ich machen es viele Deutsche, die grenznah an Holland wohnen."

Frau Schmitz, 39 Jahre, Bankangestellte

„Die große Vielfalt an Waren aus der EU, die mir im Supermarkt und generell im Einzelhandel geboten wird, gefällt mir. Ich bin auch froh darüber, dass die EU viel für den Schutz der Verbraucherinnen und Verbraucher unternimmt und entsprechende Gesetze und Bestimmungen erlässt."

Mit dem Zug durch Europa

1. Erläutere, inwiefern du in deinem Leben von der EU betroffen bist.

2. Bereitet arbeitsteilig eine Umfrage zum Thema „Was bringt Ihnen die Europäische Union?" vor. Befragt Konsumenten und Unternehmer nach ihren Ansichten und stellt die Ergebnisse der Klasse vor.

3. Erkläre die Karikatur zur „Bürgernähe" in der EU.

291

WIRTSCHAFTEN IST INTERNATIONAL

Welche Ziele hat die Europäische Union?

Es gibt vor allem vier Gründe für eine europäische Einigung in der EU:

1. Sicherung des Friedens
Die Einigung Europas soll sicherstellen, dass die Geschichte der Kriege und des Blutvergießens in Europa der Vergangenheit angehören.

2. Wirtschaftliche Einigung
Die wirtschaftliche Einigung soll zur Steigerung des Lebensstandards und zur Verbesserung der Lebensverhältnisse in allen europäischen Staaten beitragen.

3. Politische Einigung
Starke Impulse für eine politische Einigung erhielt der europäische Einigungsprozess durch das Bestreben der Europäer, sich gegenüber den beiden Weltmächten USA und UdSSR (heute: Russland) zu behaupten.

4. Sozialer Zusammenhalt
Die Einigung Europas hat nur dauerhaft Bestand, wenn die wirtschaftliche und politische Einigung zu mehr sozialem Fortschritt für alle Bürgerinnen und Bürger der Gemeinschaft führt.

Das Atomium – Wahrzeichen von Brüssel, dem Hauptsitz der Europäischen Union

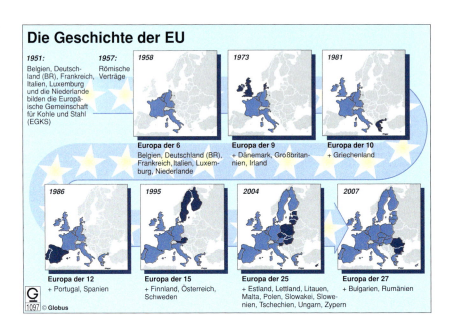

1. Recherchiere Beispiele für die unterschiedlichen Stufen einer wirtschaftlichen Integration. ○

2. „Von der politischen Union ist die EU noch weit entfernt!" Begründe diese Aussage. ●

Auf dem Weg zur politischen Union

Das wirtschaftliche und politische Zusammenwachsen von Staaten verläuft über mehrere Stufen. Am Ende dieses Prozesses steht die politische Union. Damit ist eine vollständige Verschmelzung von Staaten auf allen Gebieten gemeint. Das wirtschaftliche Zusammenwachsen – man spricht von „Integration" – wird durch den Abbau von Handelshemmnissen zwischen Staaten erreicht. Die folgende Zeichnung enthält alle Stufen:

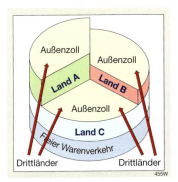

Freihandelszone

1. Freihandelszone

> Es gibt freien Handel zwischen den Mitgliedern. Aber jedes Land legt einen eigenen Zoll gegenüber Ländern außerhalb der Zone fest.

2. Zollunion

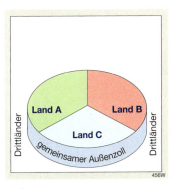

Zollunion

> Zwischen den Mitgliedstaaten gibt es ebenfalls keine Handelsbeschränkungen. Aber gegenüber Ländern außerhalb der Union gibt es einen gemeinsamen Zoll und es wird eine gemeinsame Handelspolitik betrieben.

3. Gemeinsamer Markt (Binnenmarkt)

> Auf einem gemeinsamen Markt gibt es binnenmarktähnliche Verhältnisse mit einheitlichen Wettbewerbsregeln. Es gilt Freizügigkeit für alle Produktionsfaktoren, die „vier Freiheiten" (vgl. S. 294).

Gemeinsamer Markt

4. Wirtschafts- und Währungsunion

> In einer Wirtschafts- und Währungsunion streben die Mitgliedstaaten eine gemeinsame Wirtschafts- und Währungspolitik an. Es muss dabei aber nicht unbedingt eine gemeinsame Währung wie den Euro geben.

5. Politische Union

Gemeinsame Währung

> Die politische Union ist eine vollständige Verschmelzung der Mitgliedstaaten auf allen Gebieten.

WIRTSCHAFTEN IST INTERNATIONAL

Die „Vier Freiheiten" – der europäische Binnenmarkt

In einem Binnenmarkt, auch „gemeinsamer Markt" genannt, spielt sich das wirtschaftliche Geschehen nach einheitlichen Regeln ab. Es gibt gleiche Rechte, aber auch gleiche Pflichten für alle. Die Voraussetzungen für den Gemeinsamen Markt sind die sogenannten „Vier Freiheiten". Man versucht, diese in der EU Schritt für Schritt umzusetzen:

Freier Warenverkehr

1. **Freier Personenverkehr** beinhaltet vor allem den Wegfall der Grenzkontrollen beim Reiseverkehr und ein freies Niederlassungs- und Wohnrecht für Bürger der EU. Die Bürger können sich also in allen EU-Ländern eine Arbeit suchen und haben dabei die gleichen Rechte wie inländische Arbeitskräfte.

2. Für den **freien Warenverkehr** gilt ebenfalls ein Wegfall der Grenzkontrollen. Handelshemmnisse, z. B. Zölle, bestehen nicht und die EU-Länder erkennen die technischen Normen und Vorschriften gegenseitig an. Da die Steuersätze in den Ländern unterschiedlich sind, müssen diese „harmonisiert" werden.

> **INFO**
>
> **Harmonisierung**
> meint in der EU, dass Normen, Verfahren usw. angeglichen bzw. vereinheitlicht werden.
>
> **liberalisieren:**
> von Einschränkungen befreien, freiheitlich gestalten, häufig im Zuge einer Privatisierung

3. Der **freie Dienstleistungsverkehr** bietet Freiberuflern und Unternehmen die Möglichkeit, sich in jedem EU-Land niederzulassen und ihr Gewerbe auszuüben. Er setzt auch voraus, dass bestimmte Märkte, wie z. B. für Transport, Post oder Energie, liberalisiert und geöffnet werden.

4. **Freier Kapitalverkehr** heißt, dass es keine Handelsbeschränkungen für den Zahlungsverkehr gibt, sondern einen gemeinsamen Markt für Finanzdienstleistungen. Ziel ist, dass man für sein Kapital überall die günstigste Anlagemöglichkeit suchen kann.

Freier Dienstleistungsverkehr

Freier Kapitalverkehr

Freier Personenverkehr

294

Was hemmt die Ausübung der „Vier Freiheiten"?

Die „Vier Freiheiten" in einem Binnenmarkt gibt es nur dann, wenn der Austausch von Sachgütern, Dienstleistungen und Kapital nicht gehemmt oder eingeschränkt wird. Beschränkungen des Handels müssen überwunden werden, damit das wirtschaftliche Zusammenwachsen gelingt. Doch was sind Handelshemmnisse?

Bei **tarifären Handelshemmnissen** handelt es sich um Zölle, die bei der Aus- oder Einfuhr von Waren an einen Staat bezahlt werden müssen. Durch Zölle werden diese Produkte teurer. Grund für die Zollerhebung ist einerseits der Wunsch von Staaten, ihre Einnahmen zu verbessern. Andererseits wollen sich einzelne Produzentengruppen vor der Konkurrenz aus anderen Ländern schützen.

Mit **nicht-tarifären Handelshemmnissen** sind alle Hemmnisse außer den Zöllen gemeint, mit denen Länder ihre Märkte schützen wollen. Dazu gehören z. B. technische Bestimmungen oder Lebensmittelvorschriften. Produkte, die den Bestimmungen eines Landes nicht entsprechen, dürfen hier nicht verkauft werden. In diesem Bereich werden Staaten manchmal sehr kreativ!

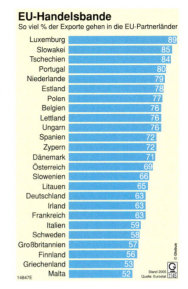

EU-Handelsbande
So viel % der Exporte gehen in die EU-Partnerländer

Land	%
Luxemburg	89
Slowakei	85
Tschechien	84
Portugal	80
Niederlande	79
Estland	78
Polen	77
Belgien	76
Lettland	76
Ungarn	76
Spanien	72
Zypern	72
Dänemark	71
Österreich	69
Slowenien	66
Litauen	65
Deutschland	63
Irland	63
Frankreich	63
Italien	59
Schweden	58
Großbritannien	57
Finnland	56
Griechenland	53
Malta	52

Stand 2005, Quelle: Eurostat

Hemmnisse aufzubauen ist stets einfacher, als sie abzubauen. Wenn man sich erst einmal daran gewöhnt hat, die eigene Wirtschaft vor ausländischer Konkurrenz zu schützen und zudem Einnahmen zu erzielen, dann kostet es viele politische Anstrengungen, diese Hemmnisse wieder abzuschaffen.

1. Ordne die Aussagen der Personen auf den S. 290 und 291 („Wir sind Europäer!") den „Vier Freiheiten" zu. ○

2. Der Binnenmarkt ist für die Mitgliedsländer der EU das wichtigste Ziel für ihre Exporte (vgl. Grafik). Erläutere, warum der Abbau von Handelshemmnissen daher wichtig ist. ◐

3. Erkläre die Karikatur. ◐

WIRTSCHAFTEN IST INTERNATIONAL

Wirtschaftskrise: Stimmung in Euro-Zone sinkt auf Rekordtief

Reform der Kfz-Steuer: EU-Kommission verlangt Korrektur

EU erleichtert Wechsel des Energieanbieters

Streit um EU-Erweiterung

EU-Gipfel: Einigung auf europaweite Konjunkturspritze

Europäische Kommission ergreift Maßnahmen zum Schutz vor Cyber-Angriffen

Problemfelder der Europäischen Union

„Schau an, die Literatur hat aber doch enorme Fortschritte gemacht seit Moses!"

Einwegfeuerzeug

Ihr habt einiges darüber erfahren, wie vorteilhaft die Europäische Union für Verbraucher und Unternehmen gleichermaßen ist. Aber natürlich gibt es auch viele Probleme in der EU. Kein Wunder, wenn sich 27 Staaten mit ganz unterschiedlichen Interessen auf eine gemeinsame Linie in vielen Politikbereichen verständigen müssen!

Durch die große **Flut europäischer Regelungen**, Richtlinien, Verordnungen und Gesetze findet man als Normalbürger gar nicht mehr durch. Von der „Eurokratie" ist manchmal die Rede, und so kommt es, dass in Brüssel, der „Europa-Zentrale" EU-weit festgelegt wird, wie ein Einwegfeuerzeug oder eine Injektionsnadel zu gestalten sind.

Zu den Problemen zählen auch die angesprochenen **nicht-tarifären Handelshemmnisse** (vgl. S. 295), die von vielen Ländern eingesetzt werden um die einheimischen Märkte zu schützen. Dabei kann es sich z.B. um Subventionen für eine Industrie handeln, die ohne staatliche Hilfe nicht mehr konkurrenzfähig wäre.

Weiter gibt es **große soziale Unterschiede** zwischen den Mitgliedstaaten, die sich auf ungleiche wirtschaftliche Strukturen zurückführen lassen: Der Süden und der Osten der EU sind insgesamt strukturell schwächer als der Norden und der Westen der EU. Die Erweiterungen der EU in Mittel- und Osteuropa stellt die Union vor gewaltige Herausforderungen, politisch, ökonomisch und kulturell. Für den Frieden in Europa es ist aber sehr wichtig, dass sich die Lebensverhältnisse auf lange Sicht angleichen.

Es gibt schließlich viele weitere Handlungsfelder, in denen die Mitgliedstaaten nicht nur zusammenarbeiten, sondern größtenteils auch eine gemeinsame Politik beschließen. Hierzu zählen etwa der Energiemarkt, der Umwelt- und Klimaschutz (vgl. hierzu Kapitel XI), der Verbraucherschutz, die Landwirtschaft und viele mehr. Gesetze und Richtlinien, die in Brüssel in einem meist langwierigen Prozess ausgehandelt werden, müssen dann in den einzelnen Ländern umgesetzt werden. Und das ist nicht immer einfach, weil es auch in den einzelnen Ländern unterschiedliche Interessen gibt.

Ein großes Problem: Arbeitslosigkeit

Der folgende Zeitungsartikel handelt von einem Problem, das nicht nur für die unmittelbar Betroffenen eine große Schwierigkeit darstellt: Arbeitslosigkeit. Arbeitslosigkeit gibt es in unterschiedlichem Umfang in jedem Land. EU-weit wächst die Zahl der Menschen, die ohne Erwerbsarbeit sind, seit der Wirtschaftskrise 2008 kontinuierlich an.

Allen Konjunkturhilfen zum Trotz werden in der Europäischen Union in diesem Jahr rund 3,5 Millionen Jobs verloren gehen. [...] Die Analyse geht von einem Anstieg der durchschnittlichen Arbeitslosenquote um rund 2,5 Prozentpunkte in den nächsten zwei Jahren aus. Das bedeutet, dass 2011 etwa jeder zehnte Arbeitnehmer in der EU keinen Job haben wird. Bis dato hat sich die weltweite Wirtschaftskrise begrenzt auf die Beschäftigung in Europa ausgewirkt. Im Allgemeinen schlage sich ein Rückgang der Wirtschaftskraft mit einer Verspätung von drei Monaten auf dem Arbeitsmarkt nieder, begründen die Brüsseler Experten. Zudem hätten Kurzarbeit und andere flexible Arbeitszeitregelungen bisher Entlassungen in größerem Stil vermieden. Das werde sich in den kommenden Monaten ändern. Die Zahl freier Stellen ging [...] deutlich zurück. Das gelte auch für Deutschland und Großbritannien, obwohl in beiden Ländern immer noch rund eine halbe Million Arbeitsplätze angeboten würden. [...] Laut EU-Kommission schrumpft der Arbeitsmarkt in allen großen Mitgliedstaaten. [...]

Quelle:
Handelsblatt vom 18. 2. 2009,
Thomas Ludwig

1. Erkläre die Karikatur auf S. 296. 🌓

2. „Der Süden und der Osten der EU sind strukturell schwächer." Stelle dar, was hiermit gemeint ist. Hierzu brauchst du deine Kenntnisse darüber, wie man Wirtschaftsräume beschreiben und vergleichen kann (vgl. Kapitel IV). 🌓

3. „Die große Arbeitslosigkeit in der EU ist eines der schlimmsten Probleme, die wir haben." Bewerte diese Aussage. ⬤

297

2 Globalisierung

Was ist „Globalisierung"?

Der Begriff Globalisierung begegnet uns häufig, beispielsweise in den Medien und in vielen Gesprächen. Das Wort „global" wird mit „auf die Erde bezogen", „weltumspannend" übersetzt. Es sind die meisten Bereiche des Lebens erfasst: Wirtschaft, Politik, Kultur und andere.

Auf die Wirtschaft bezogen kann man Folgendes festhalten: Globalisierung bedeutet die immer engere Verzahnung der Weltwirtschaft. Es werden Rohstoffe aus einem Land und Vorprodukte aus einem anderen Land eingeführt. Das Endprodukt wird dann in einem weiteren Land montiert und ausgeliefert. Die große Zunahme des Handels ist ein wichtiger Teil der wirtschaftlichen Globalisierung. Das kommt vor allem daher, dass die Kosten für den Transport enorm gesunken sind. Im Dienstleistungsbereich können Produkte (z. B. Software oder Datenbanken) per Internet in Sekunden von einem Ende der Welt zum anderen geschickt werden.

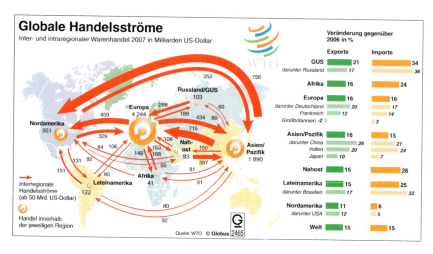

Der Weg einer Jeans

An einem ganz alltäglichen Bekleidungsprodukt, der Jeans, soll gezeigt werden, wie viele unterschiedliche Länder und Unternehmen an der Herstellung und Präsentation einer Ware beteiligt sein können:

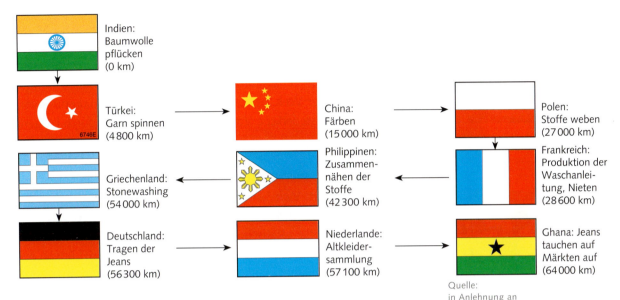

Quelle: in Anlehnung an www.e-globalisierung.org

Der Kern der Globalisierung ist die Ausweitung der internationalen Arbeitsteilung. Über die Gründe der internationalen Arbeitsteilung, die vor allem mit Kostenunterschieden und der Verfügbarkeit von Rohstoffen zu tun haben, habt ihr in einem vorangegangenen Kapitel bereits etwas gelernt. Die internationale Arbeitsteilung ist auch verbunden mit dem Abbau von Handelsbeschränkungen und dem Öffnen der Waren- und Dienstleistungsmärkte, der Arbeits- und Finanzmärkte (vgl. auch die Abschnitte zu den „Vier Freiheiten" in der EU).

Die internationale Arbeitsteilung ermöglicht es einem Land, seine Stärken auszuspielen und dadurch höhere Einkommen zu erhalten. Der Prozess der Globalisierung erhöht damit entscheidend den Wettbewerb zwischen den einzelnen Unternehmen und hat darüber hinaus erhebliche Auswirkungen auf die Sicherheit der Arbeitsplätze.

1. Zählt auf, was ihr, nicht nur aus dem wirtschaftlichen Bereich, mit dem Begriff „Globalisierung" verbindet. ○

2. Beschreibt und erklärt die Karikatur auf S. 298. ◐

3. Ermittelt die wesentlichen Aussagen der Grafik auf S. 298. ◐

4. Wählt ein Produkt (z. B. Fußball, Auto) und analysiert dessen Weg bei der Herstellung und im Vertrieb. Veranschaulicht und präsentiert diesen Weg in Anlehnung an das Beispiel mit der Jeans. ◐

Preis im Laden in Deutschland = ca. 70 Euro, Transportkosten = ca. 40 Cent

299

WIRTSCHAFTEN IST INTERNATIONAL

Woher kommt Globalisierung, was bewirkt sie?

Die Globalisierung hat mehrere Ursachen:

Schließung des Nokia-Werkes in Bochum

Wirtschaftliche Ursachen: Der Prozess der Globalisierung wird durch den „globalen" Verbraucher beschleunigt. Dieser gibt sich nicht mehr nur mit einheimischen Waren zufrieden, sondern verlangt z. B. exotisches Obst und Gemüse. Durch Zusammenschlüsse von nationalen und internationalen Unternehmen und die Verlagerung von Unternehmen ins Ausland werden neue Kunden in aller Welt gewonnen. Häufig hat die Verlagerung von Unternehmen auch steuerliche Vorteile und Kostenvorteile durch billigere Arbeitskräfte.

Bananen aus Entwicklungsländern

Politische Ursachen: In Mittel- und Osteuropa haben sich die politischen Verhältnisse geändert. Viele Länder sind offener geworden und haben die Marktwirtschaft eingeführt. Dadurch treten sie auch auf internationalen Märkten auf. Auch die asiatischen Märkte sind offener geworden. Der Abbau politischer Spannungen hat internationale Handelsbeziehungen gefördert. Auch Entwicklungs- und Schwellenländer treten verstärkt auf den Weltmärkten auf und es gibt mehr Konkurrenz.

Satellit für Telekommunikation

Technologische Ursachen: Technologien, wie z. B. Computer, Satellitentechnik, Internet und Mobiltelefon, bilden die Grundlage für ein weltweites Kommunikationsnetz. In Sekundenschnelle können Informationen und Wissen überall auf der Welt abgerufen werden. Die Informationsmöglichkeiten für alle Beteiligten am Wirtschaftsprozess sind so groß, dass sehr schnell bekannt wird, wo es günstige Güter und Dienstleistungen zu kaufen und welche Neuerungen es gibt.

Soziokulturelle Ursachen: Überall auf der Welt nutzen die Menschen die gleichen Medien. Dazu gehören vor allem Internet und Fernsehen, mit häufig ähnlichen Angeboten, Programmen und Werbung. Auf diese Weise entsteht eine weltweite Anpassung der Lebensstile, insbesondere bei Mode und Musik.

Wer wird Millionär in Deutschland und Indien

Rollenspiel: Das neue Handy

Thomas freut sich. Zum Geburtstag hat er das gewünschte Handy der neuesten Generation bekommen. Stolz zeigt er es im Freundeskreis herum, doch das Echo ist geteilt.
Peter: Super, Glückwunsch. Das lässt ja nichts zu wünschen übrig.
Silke: Na toll, wieder so ein ausländisches Teil. In Deutschland machen sie die Werke zu und entlassen die Mitarbeiter, wie meinen Vater, aber ihr kauft weiter die Dinger und tragt dazu bei, dass immer mehr Arbeitsplätze in Billiglohnländer abwandern.
Thomas: Oh, Mann! Handys in dieser Form und zu dem Preis würde es doch gar nicht geben, würden sie nicht in anderen Ländern produziert werden.
Silke: Ach ja, und am Ende hat hier keiner mehr Arbeit, nur weil alle billig einkaufen wollen? Man sollte darauf achten, möglichst viele deutsche Produkte zu kaufen.
Peter: Nun hör aber auf, Deutschland profitiert doch nun weltweit wirklich mit am stärksten vom internationalen Handel. Schon mal gehört: Deutschland ist zum wiederholten Mal Exportweltmeister geworden. Wir verkaufen also mehr ins Ausland als jedes andere Land. Unser Wohlstand und viele unserer Arbeitsplätze existieren überhaupt nur, weil es internationalen Handel gibt.

Thomas, 16 Jahre: Achtet beim Einkauf nicht auf die Herkunft der Ware, sondern auf Preis und Qualität. Hat sich über Zusammenhänge der internationalen Wirtschaft bislang wenig Gedanken gemacht, glaubt aber, der internationale Handel bringe Vor- und Nachteile für Deutschland.
Silke, 16 Jahre: Ihr Vater hat den Job verloren, weil das Unternehmen die Produktion ins Ausland verlagert hat. Sie ist der Meinung, man sollte deutsche Produkte kaufen, um die Wirtschaft vor Ort zu unterstützen.
Peter, 15 Jahre: Seine Eltern haben ein mittelständisches Unternehmen, das auch im Ausland produziert. Der Vater sagt, ohne diesen Schritt wäre der Betrieb heute pleite. Er ist der Meinung, dass Deutschland den weltweiten Handel braucht und von ihm profitiert.

1. Teilt euch in Gruppen auf und bereitet jeweils eine der drei Rollen vor. Wählt einen oder zwei Schüler, die diese Person im ersten und zweiten Rollenspieldurchgang verkörpern sollen.

2. Die ausgewählten Spieler führen das Rollenspiel in zwei Durchgängen durch und setzen den Dialog fort.

3. Die restlichen Personen beobachten das Rollenspiel und halten wesentliche Aspekte mithilfe des Analysebogens fest.

4. Wertet das Rollenspiel aus (vgl. S. 16–17).

Vorbereitung

Durchführung

Diskussion

Ergebnis

Globalisierung im Überblick

Die Sache mit der Globalisierung ist gar nicht so einfach. Sie erscheint in unterschiedlichen Formen und hat verschiedene Gründe. Außerdem hat die Globalisierung Folgen für Verbraucher und Unternehmer – mal gute und mal weniger gute. Das kommt immer auf den Blickwinkel an. Eins steht fest: Sie schreitet immer weiter voran. Es kommt darauf an, wie die Menschen sie gestalten! Schau dir die folgende Abbildung genau an:

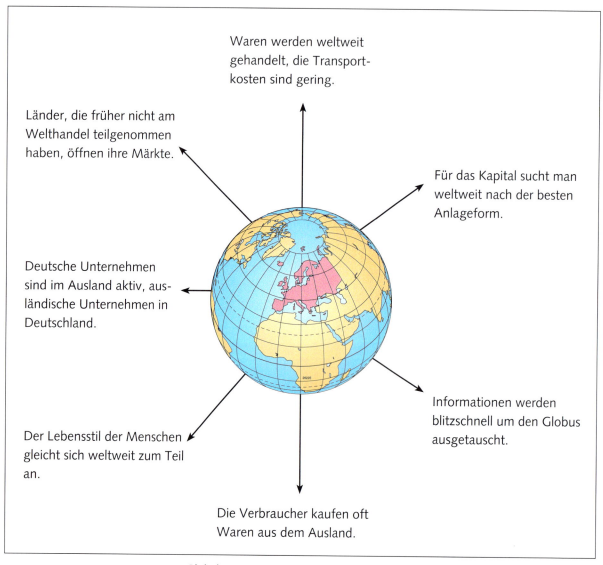

Globalisierung

1. Erkläre in eigenen Worten, was man unter „Globalisierung" versteht.
2. Zähle Beispiele für die Punkte in der Abbildung auf.
3. Erschließe Beziehungen zwischen den Punkten in der Abbildung.

Deutschland im weltweiten Standortwettbewerb

Jedes Land steht in Konkurrenz zu vielen anderen Ländern. So wie eine Stadt im Standortwettbewerb bestehen muss (vgl. Kapitel VIII), müssen Länder sich mit den globalen Wettbewerbsbedingungen auseinandersetzen. Vor diesem Konkurrenzkampf gibt es keinen Schutz. Und für ein Land wie Deutschland, dem aktuellen Exportweltmeister, ist die Globalisierung sehr wichtig.

Die Vorteile der Bundesrepublik sind aus Sicht der befragten Manager dabei: hervorragende Telekommunikationssysteme, hohe Qualifikation der Arbeitnehmer, guter Ausbau der Verkehrs- und Transportwege sowie die hohe Lebensqualität am Standort Deutschland.

INFO

Direktinvestitionen
Finanzielle Beteiligung eines Unternehmens in einem Unternehmen in einem anderen Land. Ziel: dauerhafter Einfluss auf die Geschäftspolitik.

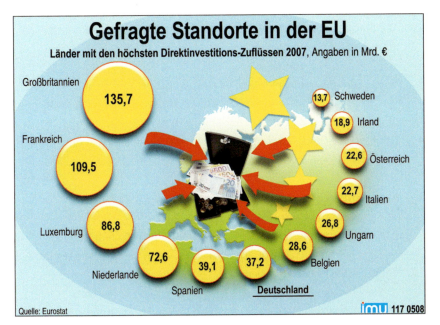

Entwicklungsländer werden durch die Globalisierung in die Lage versetzt, sich auf die Herstellung arbeitsintensiver Produkte wie zum Beispiel Bekleidungserzeugnisse zu spezialisieren, dabei die Löhne zu erhöhen und die Einkommensverteilung zu verbessern. Tatsächlich haben Länder, die sich wirtschaftlich geöffnet haben, meist ein höheres Wachstum erreicht und die Armut stärker reduziert als Länder, die sich der Öffnung verweigern. Das Problem für alle am Globalisierungsprozess beteiligten Staaten und Volkswirtschaften ist, dass sie sich stets wechselnden Bedingungen anpassen müssen.

Fabrik in Mexiko

1. Werte die obige Grafik aus.

2. Wähle eins der Länder aus und recherchiere (z. B. im Internet), was das Land für Unternehmen attraktiv macht. Stelle die Ergebnisse der Klasse in einem PowerPoint-Vortrag vor.

Lernbilanz

Am Ende des Kapitels solltet ihr wissen, was die EU ist, wie sie sich entwickelt hat, welche Ziele sie hat und welche Vorteile sie für die Akteure im Wirtschaftsgeschehen bringt.

Außerdem habt ihr gelernt, was es mit der Globalisierung auf sich hat und welche Chancen und Risiken sie mit sich bringt.
Beantwortet die folgenden Fragen, um eure Kompetenzen zu überprüfen.

1. Die EU hat heute … Mitgliedstaaten (ergänze).

2. Die Europäische Union hat für Verbraucher und Unternehmer viele Vorteile, und zwar…. (ergänze).

3. In der Europäischen Union gibt es auch Probleme, und zwar… (ergänze).

4. Schau dir die Zeichnungen genau an: Wobei handelt es sich um eine Freihandelszone, wobei um eine Zollunion? Erkläre den Unterschied.

5. Ermittle die richtigen Aussagen und begründe.
   a) Die EU besteht aktuell aus 15 Staaten.
   b) Die Zusammenarbeit in der EU findet nur im Wirtschaftlichen statt.
   c) Die EU ist mitverantwortlich dafür, dass wir in Westeuropa seit über 60 Jahren in Frieden leben.
   d) Die Freizügigkeit des Kapitals ist eine der „Vier Freiheiten".
   e) Die vollständige Verschmelzung von Volkswirtschaften nennt man „Freihandelszone".
   f) Den Menschen in der EU geht es überall gleich gut.
   g) Eine Zollgebühr ist ein Handelshemmnis.

6. Die Realisierung der „Vier Freiheiten" ist kein leichtes Unterfangen. Nenne Beispiele für Hemmnisse und Einschränkungen.

7. Kann man für oder gegen Globalisierung sein? Diskutiert und begründet eure Meinung.

8. Stellt euch vor, es gäbe keine Globalisierung. Entwerft ein Bild eures Alltags und erörtert die Unterschiede.

9. Große Unternehmen, die weltweit agieren, werden auch „global player" genannt. Stelle dar, was sich hinter dem „global play" verbergen kann. Denke dabei an das Beispiel mit der Jeans.

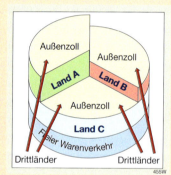

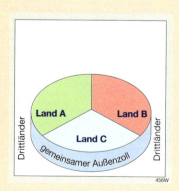

10. Buchstabensalat: Die Begriffe sind durcheinandergeraten. Schreibe die korrekten Begriffe in dein Heft:
Baliglorungsie; Nezohanfreidels; Nenmarktbin; Gratetionin; Hemmdelsnishan.

11. Entscheide, ob es sich jeweils um wirtschaftliche, politische, technologische oder soziale Gründe der Globalisierung handelt:
a) In einem afrikanischen Land entwickeln sich demokratische Strukturen und die Regierung beschließt, am internationalen Handel teilzunehmen.
b) Ein Popkonzert wird in die ganze Welt übertragen.
c) Der Markt für Telekommunikation wird für die Konkurrenz aus dem Ausland geöffnet (= der Markt wird liberalisiert).
d) Ein deutsches Unternehmen im Autoteilemarkt gründet eine Niederlassung in Shanghai.
e) Eine Verbesserung der Satellitentechnik sorgt für schnellere und sicherere Telefonverbindungen.

12. Erläutere das folgende Zitat: „Die Teilnahme am wirtschaftlichen Wettbewerb ist wie ein Fahrradrennen: Erst fällt man zurück, und dann fällt man um. Also sollten wir alle weiter in die Pedale steigen." (Horst Köhler, geb. 1943, seit dem 1. Juli 2004 Bundespräsident der Bundesrepublik Deutschland)

13. Erkläre und bewerte die folgende Karikatur.

GLOSSAR

Absatz: Menge der in einem bestimmten Zeitraum verkauften → Güter und → Dienstleistungen

Akteur: Akteure im Wirtschaftskreislauf sind Unternehmen, private Haushalte, Banken und der Staat.

Angebot: Die auf einem Markt bereitgestellte Menge von Gütern und Dienstleistungen.

Arbeitsförderung: Die Arbeitsförderung umfasst verschiedene Maßnahmen des Staates, um Arbeitslosen den Wiedereinstieg ins Berufsleben zu erleichtern.

Ausbildungspakt: Der Ausbildungspakt wurde zwischen der Bundesregierung und Spitzenverbänden der deutschen Wirtschaft geschlossen, damit es wieder mehr Ausbildungsplätze für Jugendliche gibt.

Beschaffung: Damit ein Unternehmen Güter produzieren kann, müssen die → Produktionsfaktoren beschafft werden.

Binnenmarkt: Markt innerhalb eines Landes oder innerhalb eines Wirtschaftsgebietes wie der EU.

Brainstorming: Methode, mit der eine Gruppe zunächst ungeordnet Gedanken zu einem Thema sammelt und diese dann in eine Ordnung bringt.

Dienstleistung: → Güter

Duales System: Die Berufsausbildung wird meistens im dualen System absolviert. Das bedeutet, dass die Auszubildenden im Betrieb und in der Berufsschule lernen.

Emissionshandel: Instrument der Umweltpolitik. Unternehmen handeln mit den Rechten, eine bestimmte Menge an Emissionen produzieren zu dürfen.

Energieverbrauch: Energie wird nicht „verbraucht", sie geht nur von einem Zustand in den nächsten über.

Existenzbedürfnis: Bedürfnis, das zum Leben befriedigt werden muss, z. B. das Bedürfnis nach Nahrung, Kleidung usw.

Export: Die Ausfuhr von Gütern in das Ausland wird Export genannt.

Formale Organisation: Die formale Organisation eines Unternehmens umfasst die Ablauf- und Aufbauorganisation.

Fortbildung: Qualifikationen, die bereits in einem Ausbildungsberuf erworben wurden, sollen erhalten, erweitert, der technischen Entwicklung angepasst oder so ausgebaut werden, dass ein beruflicher Aufstieg möglich wird.

Generationenvertrag: Der Generationenvertrag ist die Grundlage der gesetzlichen Rentenversicherung. Von den heute eingezahlten Beiträgen werden die heutigen Einkommen der Rentner finanziert. Die von einem Arbeitnehmer eingezahlten Beiträge werden also nicht für seine eigene Rente gespart.

Geschäftsidee: Bei der Gründung eines Unternehmens braucht man eine Geschäftsidee. Damit beschreibt man das Ziel des Unternehmens und wie man es erreichen möchte.

Gewinn: Sind die Aufwendungen geringer als die Einnahmen durch den Verkauf von Waren oder Dienstleistungen, hat man einen Gewinn gemacht. Die Höhe des Gewinns zeigt den wirtschaftlichen Erfolg des Unternehmens.

Globalisierung: Zunehmende internationale Arbeitsteilung, deren Folge eine weltweite Vernetzung der Märkte ist. Begünstigt wird diese Entwicklung durch verbesserte Informations- und Transportsysteme.

Güter: Alle Mittel, die der Bedürfnisbefriedigung dienen. Wirtschaftliche Güter sind knapp, haben einen Preis und erfordern einen Aufwand bei der Herstellung. Güter werden eingeteilt in Sachgüter (Getreide, Fahrräder usw.), Dienstleistungen (Transport oder Verkauf von Sachgütern) und Rechte (z. B. Patente und Lizenzen). Sachgüter lassen sich einteilen in Gebrauchs- und Verbrauchsgüter. Verbrauchsgüter sind nach dem Konsum nicht mehr vorhanden, z. B. Lebensmittel. Gebrauchsgüter nutzt man über einen längeren Zeitraum (Haushaltsgeräte, Musikgeräte usw.).

Handelshemmnis: Ein Handelshemmnis wirkt sich hemmend auf den Austausch von Gütern und Dienstleistungen aus. Es können tarifäre Hemmnisse sein, z. B. Zölle und Steuern oder nicht-tarifäre, wie die Festlegung bestimmter Anforderungen an Produkte.

Import: Die Einfuhr von Gütern aus dem Ausland in das Inland.

Industrialisierung: Der Übergang von der Agrargesellschaft, in der rund 80 % der Bevölkerung von landwirtschaftlichen Tätigkeiten lebten, zur Industriegesellschaft. In Deutschland fand dieser Prozess etwa zwischen 1830 und 1900 statt. Kennzeichen sind, dass ein Großteil der Handarbeit in der gewerblichen Produktion durch Maschinenarbeit ersetzt wird. Es gibt neue Transportmittel, z. B. die Eisenbahn. Die Arbeit in der Fabrik wird zur vorherrschenden Arbeitsform.

Informale Organisation: Als informale Organisation bezeichnet man die Gesamtheit der informellen Beziehungen in einem Unternehmen, also Betriebsklima, Zusammenarbeit der Mitarbeiter usw.

Kapital: Neben Arbeit und Boden ein Produktionsmittel. Kapital sind nicht nur Geld, sondern z. B. auch Produktionsanlagen.

Klimawandel: Durch den Treibhauseffekt verändert sich unser Klima, es wandelt sich. Beschlüsse wie das Kyoto-Protokoll sollen Abhilfe schaffen.

Konsum: Beim Konsum verbrauchen Menschen Waren und Dienstleistungen, um die eigenen Bedürfnisse zu befriedigen. Die Menschen müssen dabei stets entscheiden, ob sie ihr Einkommen für Konsum verwenden oder sparen wollen.

Kosten: In jedem Betrieb fallen bei der Produktion von Sachgütern oder Dienstleistungen Kosten an, z. B. Löhne und Gehälter.

Kulanz: Entgegenkommen, das ein Verkäufer zeigt, wenn er eine Ware umtauscht, obwohl er nicht gesetzlich dazu verpflichtet ist.

Kulturbedürfnis: Dieses Bedürfnis ist aufschiebbar und austauschbar, z. B. das Bedürfnis Literatur, Musik, Theater.

Luxusbedürfnis: Bedürfnis, das aufschiebbar und austauschbar ist, z. B. nach teurem Schmuck, teuren Autos.

Marketing: Konzept von Unternehmen, das betriebliche Handeln auf den Markt auszurichten. Der Grundgedanke ist, dass die Produkte eines Unternehmens auf dem Markt verkauft werden müssen und dass es deshalb z. B. wichtig ist, nicht nur die Produkte zu verkaufen, sondern auch als Unternehmen von den Kunden positiv bewertet zu werden. Kauft man ein Produkt dieser Firma, dann kauft man auch das positive Ansehen der Firma.

Maximalprinzip: ökonomisches Prinzip, bei dem mit begrenzten Mitteln ein größtmöglicher Nutzen erzielt werden soll.

Minimalprinzip: ökonomisches Prinzip, bei dem ein festgelegtes Ziel mit den geringsten Kosten erreicht werden soll.

Nachfrage: Das Verlangen von Gütern und Dienstleistungen zur Befriedigung von Bedürfnissen.

Peergroup: Gruppe der Gleichaltrigen, diese hat auf Kinder und Jugendliche einen größeren Einfluss als Eltern und Lehrer.

GLOSSAR

Produktionsfaktoren: Die betrieblichen Produktionsfaktoren sind Arbeit, Boden, Betriebsmittel und Werkstoffe. Betriebsmittel sind Maschinen und Werkzeuge, die bei der Produktion genutzt werden. Werkstoffe gehen in die Produkte ein, z. B. Mehl als Bestandteil von Brot, oder werden als Hilfsmittel gebraucht, z. B. Energie.

Produktlinienanalyse: Eine Ökobilanz, die zusätzlich die sozialen und gesellschaftlichen Gesichtspunkte eines Produktes darstellt.

Regenerative Energiequellen: regenerieren = lat. für erneuern. Erneuerbare Energiequellen sind Wind, Sonne und Wasser.

Ressourcen: Mittel, die für die Herstellung von Gütern gebraucht werden; Arbeit, Kapital, Boden, Wissen.

Rohstoffe: Werkstoffe, die bei der Produktion von Gütern eingesetzt werden. Sie sind Hauptbestandteile dieses Produkts.

Soziale Marktwirtschaft: Wirtschaftsordnung der BRD seit 1949. Sie verbindet wirtschaftliche Freiheit und sozialen Ausgleich.

Standortfaktoren: Diese beeinflussen die Entscheidung eines Unternehmens, sich an einem bestimmten Ort niederzulassen. Dazu zählen z. B. Steuern, Abgaben, Subventionen, Absatzmarkt, Infrastruktur, Arbeitskräftepotenzial, Ressourcenverfügbarkeit.

Strukturpolitik: Sie umfasst alle wirtschaftspolitischen Maßnahmen, bei denen die Gestaltung der Struktur einer Volkswirtschaft im Zentrum steht. Sie wird z. B. beeinflusst durch die Zusammensetzung der Erwerbsbevölkerung, die vorhandenen natürlichen Ressourcen eines Landes oder die Verteilung von Einkommen und Vermögen.

Tauschprozess: Unternehmen, Haushalte, Banken und der Staat tauschen im Wirtschaftsprozess Waren und Geld.

Volkswirtschaft: Bezeichnung für alle Prozesse, die sich in einem Land zwischen und in den Unternehmen, den privaten Haushalten und den staatlichen Einrichtungen sowie zwischen diesem und dem Ausland vollziehen.

Weiterbildung: Berufliche Weiterbildung ist notwendig, um die erworbenen Kenntnisse zu aktualisieren und auszuweiten.

Werbebotschaft: Durch die Werbebotschaft soll ein bestimmtes Gefühl oder eine Nachricht vermittelt werden.

Werbeträger: Transporteure für die Werbung, z. B. Fernsehen.

Werbung: Ziel ist es, das Nachfrageverhalten von Personen so zu steuern, dass bestimmte Produkte bevorzugt gekauft werden. Es wird zwischen informierender und manipulierender Werbung unterschieden.

Wirtschaftskreislauf: Der Wirtschaftskreislauf ist ein vereinfachtes Modell einer Volkswirtschaft, in dem die wesentlichen Tauschvorgänge zwischen den Wirtschaftsakteuren dargestellt werden.

Wirtschaftsordnung: Die Wirtschaftsordnung umfasst alle (Rechts-)Normen und Institutionen, die das wirtschaftliche Geschehen in einer Volkswirtschaft regeln. Die Wirtschaftsordnung legt die Spielregeln fest, nach denen die Akteure eines Landes im Wirtschaftsgeschehen handeln können und sollen. Sie beeinflusst im Wesentlichen die Form, den Umfang und die Entwicklung einer Volkswirtschaft.

Wirtschaftsprozess: Unternehmen produzieren Waren, die von den Haushalten konsumiert werden. Dieser immer wiederkehrende Ablauf wird Wirtschaftsprozess genannt. Unternehmen und Haushalte tauschen Waren und Geld.

STICHWORTVERZEICHNIS

Ablauforganisation 149
Absatz 50, 55
AIDA-Formel 130
Angebot 225
Arbeit 20
Arbeitgeberverbände 171
Arbeitseinkommen 18
Arbeitsförderung 274 f.
Arbeitslosengeld II
Arbeitslosenquote 266, 276, 297
Arbeitslosigkeit 266 ff., 297
Arbeitslosigkeit, Folgen 271
Arbeitslosigkeit, friktionelle 268
Arbeitslosigkeit, konjunkturelle 268
Arbeitslosigkeit, offene 268
Arbeitslosigkeit, saisonale 268
Arbeitslosigkeit, Ursachen 269
Arbeitslosigkeit, verdeckte 269
Arbeitsplatzerkundung 58 f.
Arbeitsteilung 20 ff.
Aufbauorganisation 149, 254
Ausbildung 88 f.
Ausbildungspakt 272 f.
Ausbildungsplatzsuche 93
Ausbildungswege 87
Ausgaben, feste 25
Ausgaben, veränderliche 25
Außenhandel 118

Bedarf 13
Bedürfnisse 12 ff.
Berufe 87 ff.
Berufswahl 33 ff.
Berufswahlordner 33 ff.
Berufswahlpass 39
Beschaffung 50, 52 f.
Besitzeinkommen 18
Betriebspraktikum 96 ff.
Betriebsrat 158 ff.
Betriebsverfassungsgesetz 157
Bewerbung 240 ff.
Bewerbungsschreiben 241
Bezugsquellentreue 135
Binnenmarkt 293 f.

Brainstorming 12
Bundesland 70

Demokratie 186
Denkmodell 224
Dienstleistungsbetriebe 43

Einkommen 14, 18 ff., 24 f.
Einkommensarten 18
Einkommensentstehung 18
Einkommensverwendung 27
Einstellungstest 244
Electronic Cash 232
Emissionshandel 283
Energie 277 ff.
Energiemix 280
Energieverbrauch 278
Entlohnung 165
Erkundung 94, 204 f.
erweiterter Wirtschaftskreislauf 84
Europäische Union 288 ff.
Expertenbefragung 209
Export 114, 119

Fallstudie 152 f., 192
Freihandelszone 293

Geld 28 f.
Geld, Funktionen 28 f.
Gemeinde 70
Geschäftsfähigkeit 234
Geschäftsidee 250
Gesetz der abnehmenden Nachfrage 226
Gewerkschaften 170
Gleichgewichtspreis 226
Globalisierung 298 ff.

Handelshemmnisse 293
Haushaltsplan 25

Import 117
Infrastruktur 108 ff., 199

innerbetriebliche Arbeitsteilung 23
internationale Arbeitsteilung 23, 201, 299
internationaler Handel 212 ff.
Internet 233
Internetrecherche 85, 95

Jugend- und Auszubildendenvertretung 161
Jugendarbeitslosigkeit 272

Kaufvertrag 235
Klimawandel 277
Knappheit 13
Kommune 70
Kompetenzprofil 37
Konsum 128
Konsument 78
Krankenversicherung 188
Kulanz 236
Kyoto-Protokoll 280 f.

Landwirtschaft 203
lebenslanges Lernen 92
Lebenslauf 242
Leistungslohn 165
Lernkartei 22
Litfaßsäule 131
Lohn 162

Markentreue 135
Markt 220 ff.
Markt, Einteilung 222
Markt, Funktion 223
Marktmechanismus 227
Marktmodell 225
Maximalprinzip 139
Meinungsführer 129
Metropolregion 111
Minderung 235
Mindestlohn 167
Minimalprinzip 139
Mitbestimmung 155 ff.

309

STICHWORTVERZEICHNIS

Nacherfüllung 235
Nachfrage 225
Neue Technologien 256 ff.

Öffentliche Unternehmen 49
Öffentliche Wirtschaft 76
Ökobilanz 61
Ökologie 140
Online-Bewerbung 243
Organigramm 148
Organisation 148 ff.

Peergroup 129
politische Union 292 f.
PowerPoint-Präsentation 274
Praktikumspräsentation 99
Preis 229 ff.
Preis, Funktion 229
Preisbildung 224, 228
Preisbildungsmodell 226
Preisvergleich 135
private Unternehmen 42 ff.
private Wirtschaft 76
Produktion 50, 54
Produktionsbetriebe 43
Produktlinienanalyse 143
Projektarbeit 120 f.

Rechtsform 252
Rechtsordnung 74
Recycling 140
Region 104 ff.
regionaler Wirtschaftsraum 104,
110, 120 f., 207
Reklamation 236
Rentenversicherung 192
Rollenspiel 16 f., 301
Rücktritt 235

Schadensersatz 235
Schülerfirma 250 ff.
Selbstständigkeit 261 f.
Soziale Marktwirtschaft 183 ff.,
266
Soziale Sicherung 187

Sozialstaat 186
sparen 27
Staat 69 ff., 117
Standort 251
Standortfaktoren 198
Standortmarketing 198 f.
Standortwettbewerb 198 f., 303
Steuern 75
Stiftung Warentest 134
Strukturpolitik 74, 211
Strukturwandel 200, 202 f., 206
Stufenausbildung 91
Subvention 296

Tarifautonomie 170
Tarifverhandlung 172
Tarifvertrag 170
Taschengeld 19
Taschengeldparagraf 234
Tauschmittel 28
Transfereinkommen 18
Treibhauseffekt 277

Umtausch 236
Umwelt 277 ff.
Umweltbelastung 60
Umweltpolitik 282
Unfallversicherung 189
Unternehmen 42 ff., 148 ff.
Unternehmensziele 46
Unternehmer 78
Unternehmereinkommen 18

Verbraucherberatungsstellen 25,
134
Verbraucherschutz 134 ff.
Verkaufsstrategien 132
Verpackung 140
Versicherung 237
Volkswirtschaft 81
Vorstellungsgespräch 245 ff.

Währungsreform 183
Weiterbildung 257 ff.
Werbung 130 ff.

Wertaufbewahrungsmittel 29
Wirtschafts- und Währungsunion
293
Wirtschaftsbereiche 112
Wirtschaftsförderung 208
Wirtschaftskreislauf 82 ff., 215
Wirtschaftsordnung 178 ff.
Wirtschaftsprozesse 70, 80
Wochenmarkt 220 ff.

Zahlungsmittel 28
Zeitlohn 165
Ziele 46 ff.
Zollunion 293
zwischenbetriebliche Arbeits-
teilung 23

BILDQUELLENVERZEICHNIS

A1PIX, Taufkirchen: 300/M2
Action Press GmbH & Co. KG, Hamburg: 292/M1
akg images, Berlin: 200/M2, 288/M1
Alamy, UK: 108/M2 (Betty Johnson), 137/M2 (Bernard Jaubert)
alimdi.net: 163/M3 (Anton Luhr)
AndersArtig, Werbung und Verlag GmbH, Braunschweig: 95/M2 (B. Funke), 200/3, 206/1/2
Baaske Cartoons, Mühlheim: 245.1 (Puth. K.)
Bayer AG, Leverkusen: 47/M1, 125/3
Berger, M., Braunschweig: 213/M1
Bildarchiv Preußischer Kulturbesitz, Berlin: 31/1, 183/M2, 204/2 (H. Hubmann)
Bildarchiv Werner Bachmeier, Ebersberg: 114/3
Bräuer, K., Leipzig: 14/2
Bredol, M., Seeheim: 69/M1–4
Buderus Heiztechnik GmbH, Wetzlar: 279/M3 (Wolfgang Volz)
Bundesagentur für Arbeit, Nürnberg: 95/M1
Caro Fotoagentur, Berlin: 239/1
cartoon-caricature-contor, München: 170/M1 (Schwalme), 172/M1 (Mayer), 195/1, 276/2 (Schoenfeld), 296/1 (Wolter), 298/1 (Plaßmann), 305/1 (Mester)
CeWe Color, Oldenburg: 41/4, 42/1, 44/M1, 45/5, 46/M1, 54/1–8, 55/1, 56/2, 57/1–3, 64/1
City- und Regioplan Verlag, Oldenburg: 224/M1
CMA, Bonn: 144/1
Corbis, Düsseldorf: 114/1 (Richard Morrell), 303/M1 (Daemmrich)
Dägling, A., Oldenburg: 22/1/2, 28/M1/M2, 29/M1, 39/1, 80/M1, 108/M1/M2, 109/M1/M2, 116/M1, 118/1, 128/1, 150/M1, 156/1, 181/M1–M4, 209/M1, 244/1, 245/1
Das Fotoarchiv, Essen: 147/2
Das Luftbildarchiv Dunse, Wennigsen: 78/1

Deutsche Steinkohle AG, Saarbrücken: 177/2
Deutsches KFZ-Gewerbe, Zentralverband, Bonn: 21/2
Duales System Deutschland AG, Köln-Porz-Eil: 140/M3
Eckel, J., Berlin: 197/4
Ecopix Fotoagentur, Berlin: 265/3 (Andreas Froese)
ESA, Darmstadt: 300/M3
Fabian, Michael J., Hannover: 243.1, 255/1
Focus Photo- und Presseagentur GmbH, Hamburg: 125/1 (H. Silvester)
Footprints® Schuh GmbH, Bad Honnef: 130/M1
fotolia.com: U1 (René Schubert), U Mi. re (Claude Beaubien), 32/2, 74/M1 (mohaa), 76/M2, 79/M4 und 81/4 (Franz Pfluegl), 88/1 (Ralf Gosch), 105/2, 125/M2 (hapat), 165/M2, 177/1 (Michael Leben), 214/1 (Joss), 240/3, 240/4 (Jeremias Münch)
Frommelt-Beyer, R., Lahstedt: 111/3
Getty Images, München: 220/1
Globus Infografik GmbH, Hamburg: 19/M3, 24/1, 27/1, 27/M1, 116/1, 128/M1, 131/M1, 135/M1, 139/1, 140/M1, 167/M1, 168/M1, 193/M3, 200/M3, 204/1, 207/1, 212/1, 221/M1, 230/M2, 237/M1, 252/1, 271/M1, 278/M1, 281/M1, 288/1, 292/1, 295/M1, 298/2
Haus der Geschichte, Bonn: 157/1
Hein, W., Walddorfhäslach: 125/M3
Helga Lade Fotoagentur GmbH, Frankfurt/M.: 114/2
Henzler, Nürtingen: 250/1
Hoffmann, K., Hannover: 24/M3, 219/2
Holfeld, U., Kleinsaubernitz: 127/4
IMA e.v., Bonn: 204/3
Image & Design, Bettina Kumpe, Braunschweig: 20/M1, 60/M1, 141/M2, 225/1/2/M1–M3
images.de: 26/M1 (Giribas)

imu infografik, Duisburg: 233/1, 303/1
Intro Foto, Berlin: 249/3 (Ausserhofer)
Joker, Bonn: 111/2 (Peter Ahlbaum)
Jump Fotoagentur, Hamburg: 255/2 (A. Falck)
Keystone Pressedienst, Hamburg: 125/2 (Volkmar Schulz), 166/M1 (Jochen Zick)
Knaußmann, Katrin, Mediendesign, Gifhorn: 279/M2, 294/M3
Köcher, U., Hannover: U u. re., 136/M3
Kohn, Klaus G., Braunschweig: 33/1, 48/1–4, 101/1, 136/M1/M2, 250/M2, 251/M1, 254/1
Kompetenzzentrum Frauen in Informationsgesellschaft und Technologie – Girl's Day, Bielefeld: 100/1
Krückeberg, H., Hannover: 24/M2, 93/M1, 131/M3, 180/2
Laif, Köln: 79/M2, 81/2
Langner & Partner, Hemmingen: 74/1, 174/1, 277/1
Lindner, A., Braunschweig: 16/M1–M4, 17/M1–M3, 22/M1–M3, 43/1, 51/1/2, 52/1, 58/M1–M3, 63/M1/M2, 71/1, 82/1, 83/1, 84/1, 87/1, 96/M1–M4, 101/M1–M 3, 102/M1–M4, 107/1, 115/M1–M3, 117/1, 120/M1, 122/M1–M3, 123/M1, 151/1, 152/M1–M4, 153/M1/M2, 158/1, 164/1, 179/1, 185/1, 192/M1–M4, 193/1, 193/M1/M2, 205/1/M1–M3, 209/M2–M4, 215/1, 216/1, 217/1, 226/1, 231/1, 246/M1–M3, 250/M1, 252M1/M2, 254/M1, 261/1, 272/1, 274/M1, 275/M1/M2, 276/1, 283/1, 285/M1, 293/M1–M4, 301/M1–M4, 304/M1/M2
Maretzki, Jörg; Elektro Maretzki, Leiferde: 147/4
Marie Marcks, Heidelberg: 169/1
Marx, Hagen: 24/M1
mauritius images, Mittenwald: 119/M1, 138/M2 (Rosenberg),

311

BILDQUELLENVERZEICHNIS

200/2, 219/1 (M. Gilsdorf), 267/M1 (Rosenfeld), 294/M2

Mecom, Hamburg: 294/M1

Mellinghoff, A., Frankfurt/M.: 165/M1

Müller, R., Prof. Dr., Braunschweig: 224/M3

Natterer, Freiburg: 142/M1, 223/2

New Holland, Heilbronn: 74/M2

Nietan, D.: 223/3

Objektiv Press, Bochum: 103/1

picture-alliance, Frankfurt/M.: 11/1–4, 12/1 (P. Holzschneider), 12/2 (P. Grimm), 12/M1 (J. Schierenbeck), 18/M1 (ZB/M. Hiekel), 18/M2 (ZB/J. Kalaene), 18/M4 (dpa/F. May), 19/M2 (J. Wolfraum), 23/M2 (dpa/Scheidemann), 23/M3 (dpa/I. Wagner), 24/M4 (U. Perrey), 32/1 (B. Wüstneck), 32/3 (P. Grimm), 32/4 (M. Schutt), 41/1 (dpa/R. Jensen), 41/2 (H. Hollemann), 41/3, 65/2 (I. Wagner), 65/M1 (J. Woitas), 67/1 (J. Kalaene), 67/M2 (P Deliss/GODONG), 68/1 (J. Lübke), 68/2 (Fotograf-kiel.de), 76/M1 (Theissen), 77/M1 (R. Hirschberger), 79/M1 (Itar Tass), 79/M3 (F. Leonhardt), 81/1 (Itar Tass), 81/3 (F. Leonhardt), 88/2 (D. Karmann), 88/3 (J. Castensen), 88/4 (ZB/B. Settnik), 100/2 (ZB/Kaspar), 105/3 (J. Lübke), 105/4 (H. Ossinger), 110/1 (K.-H. Spremberg / CHROMORANGE), 110/2 (R. Weihrauch), 110/3 (B. Wüstneck), 111/1 (K. Nietfeld), 117/M1 (C. Rehder), 117/M2 (Willi Arand), 117/M3 (P. Pleul), 119/M2 (R. Jensen), 119/M3, 125/4 (Imaginechina/Gao yuwen), 127/1 (H. Hollemann), 127/2 (J. Lange), 127/3 (J. Wolf), 129/M1 (united archives/91070), 129/M2 (J. Wolf), 132/1 (F. May), 132/M1 (H. Link), 133/2 (M. Schutt), 134/1 (J. Büttner), 137/M1 (dpa/W. Kumm), 138/M1 (M. Schutt), 147/1 (P. Pleul), 147/3, 154/M1 (B. Marks), 159/M1 (A. Gebhard), 160/M1 (Schulte), 163/M1 (C. Hager), 163/M2 (R. Weihrauch), 166/M2 (maxppp/F. Cirou), 171/1 (I. Wagner), 178/1 (P. Steffen), 180/1 (W. Thieme), 184/M1, 184/M2 (W. Weihs), 187/M1 (dpa/Rumpenhorst), 189/M1 (M. Schutt), 190/1, 197/2 (U. Zucchi), 199/1 (Euroluft-bild.de), 199/M1 (I. Wagner), 200/M1 (akg-images), 200/4 (U. Deck), 202/M1 (P. Almasy), 202/M2 (B. Wüstneck), 202/M3 (B. Pflaum), 203/M1 (F. Gentsch), 207/M1 und 208/M2 (I. Wagner), 210/1 (P. Steffen), 210/M1 (S. Sauer), 213/M3 (H. Wiedl), 219/3 (J. Wolf), 220/2 (R. Wittek), 220/M1 (F. Rumpenhorst), 223/1 (W. Baum), 224/M2 (W. Thieme), 227/M1, 227/M2 (U.Perry), 228/M1 (S. Sisulak), 228/M2 (K. Pohl), 228/M3 (K. Mittenzwei), 230/M1 (P. Steffen), 231/M1 (dpa/G. Breloer), 235/M1 (F. Rumpenhorst), 240/1 (F. Waldhäusl/CHROMORANGE), 240/2 (F. May), 249/1 (Imaginechina Gaofeng), 249/2 (Lehtikuva Tuomas Marttila), 255/3 (P. Seeger), 255/5 (H. Ossinger), 258/M1–M3 (Bachmann, N.) 259/M1 (Hochheimer), 262/1 (dpa/R. Wittek), 265/1 (J. Eisele), 265/2 (B. Thissen), 267/M2 (ZB/W. Grubitzsch), 270/M1 (F. von Erichsen), 280/M1 (I. Wagner), 287/1 (Klar), 287/2 (Imagechina Ruweizhen), 287/3 (Imagechina Lang shuchen), 290/M1 (P. Pleul), 290/M2, 291/M1, 294/1 (P. Pleul), 300/2 (epa str), 300/M1 (R. Weihrauch) Port of Hamburg: 177/3 (H.-J. Hettchen)

RTL – Television, Köln: 300/1

Samtgemeinde Sögel: 67/M1

Scotti-Rosin, Sandra, Frankfurt/M.: 133/M1

Seidel, J., Köln: 173/1

Sierig, P., Braunschweig: 249/4

Simper, M., Wennigsen: 296/M2

sinopictures, Berlin: 213/M2

Spiegel Bildredaktion, Hamburg: 295/1

Staatliche Museen zu Berlin / Stiftung Preußischer Kulturbesitz, Berlin: 183/M1

Stadtwerke Hannover AG: 49/M1

Süddeutscher Verlag, München: 183/1

TopicMediaService, Ottobrunn: 211/M1

ullstein bild, Berlin: 65/1, 200/1, 263/1a/1b, 281/1

Umweltbundesamt, Berlin: 140/M2

Verbraucherzentrale e.G., München: 25/M1

Visum Foto GmbH, Hamburg: 67/M3 (Aussieker), 162/M1 (F. Rothe)

Volkswagen AG, Wolfsburg: 23/M1, 94/M1

von Reeken, Torsten, Ganderkesee-Bookholzberg: 72/1

Wedekind, Hamburg: 111/4

Weiss GmbH Fotostudio, Gersthofen: 14/M1, 125/M1, 232/M3, 270/M2

Westermann Archiv Braunschweig: 191/M1, 299/M1

Westermann Kartographie, Braunschweig: 289/1, 299/1–10

Westermann Tegra Braunschweig: 37/1/2, 70/1, 105/1, 106/1, 113/M1, 118/M1, 120/1, 142/1, 164 M2, 197/1, 197/5, 211/M1, 212/M1, 302/1

Wiedenroth, G., Flensburg : 159/M1

Wildlife, Hamburg: 265/4 (C.Heumader)

Wirtschaftsförderung Kassel GmbH: 197/3

Zahlenbilder Erich Schmidt Verlag, Berlin: 161/1, 170/1, 188/1, 189/1, 274/1

Zefa Visual GmbH, Düsseldorf: 68/M1 (Weigel).

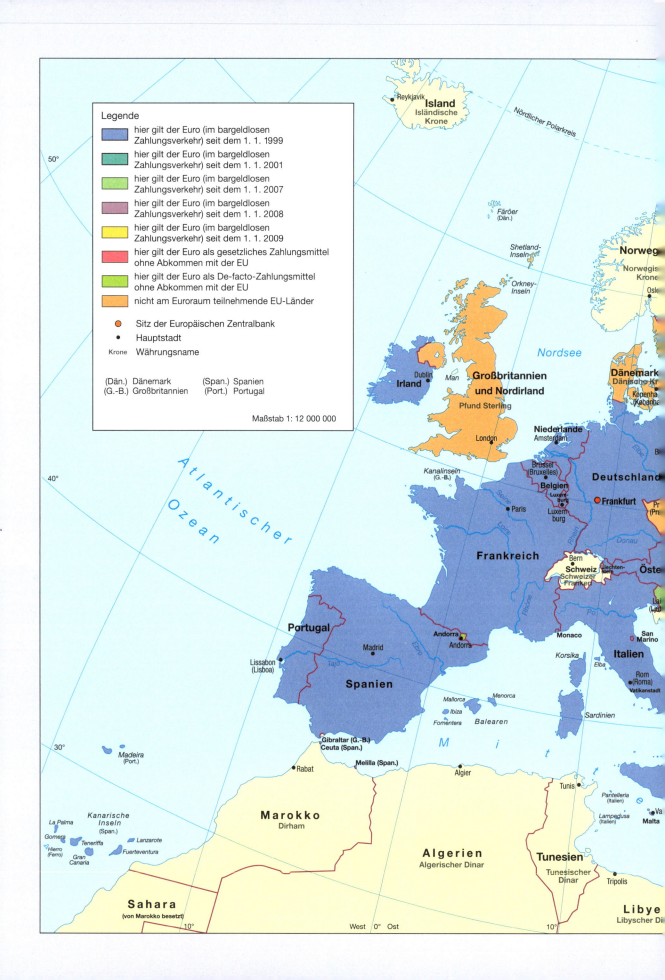